21 世纪高等教育
经济管理类双语系列教材

ECONOMIC
MANAGEMENT

International Marketing

国际市场营销

（双语版）

◎ 田盈 徐亮 主编

◎ 陈伟 蔡薇 李江 副主编

◎ 卢静 覃勤 姬妍婷 编委

人民邮电出版社

北京

图书在版编目（CIP）数据

国际市场营销：双语版 / 田盈，徐亮主编. -- 北京：人民邮电出版社，2013.9

21世纪高等教育经济管理类双语系列教材

ISBN 978-7-115-32518-1

Ⅰ. ①国… Ⅱ. ①田… ②徐… Ⅲ. ①国际营销－双语教学－高等学校－教材 Ⅳ. ①F740.2

中国版本图书馆CIP数据核字(2013)第188688号

内 容 提 要

本书关注全球营销环境发生的深刻变化，从体系结构设计、知识面涵盖等方面，整合现有国内外教材的内容并加以创新的基础上编写而成。本书突出我国企业国际营销案例的应用以及对国际营销学关键术语的双语注释，构建与国际商务环境变化相适应的国际营销学知识体系，体现国际市场营销的理论与实践发展与时俱进的时代特征。

全书共分为11章。首先介绍国际市场营销的基础知识，明确国际市场营销的概念、国际营销与市场营销和国际贸易的关系、企业国际化的动机以及发展阶段和方式等；其次分析国际营销环境，剖析国际营销的宏观和微观环境的构成因素及国际营销环境的影响；然后介绍国际营销调研的步骤与技术，探讨国际目标市场选择与国际市场进入方式，并考察国际市场营销战略；接着分别阐释国际市场营销的产品策略、价格策略、渠道策略以及促销策略；最后讨论国际市场营销活动的管理以及国际市场营销实践的新发展。

本书可作为高等学校经济类、管理类各专业国际市场营销课程的教材，也可作为国际市场营销工作者的自学参考用书。

◆ 主　　编　田　盈　徐　亮

　　副主编　陈　伟　蔡　薇　李　江

　　编　委　卢　静　覃　勤　姬妍婷

　　责任编辑　刘　琦

　　执行编辑　喻文丹

　　责任印制　沈　蓉　焦志炜

◆ 人民邮电出版社出版发行　　北京市丰台区成寿寺路 11 号

　　邮编　100164　　电子邮件　315@ptpress.com.cn

　　网址　https://www.ptpress.com.cn

　　涿州市般润文化传播有限公司印刷

◆ 开本：787×1092　　1/16

　　印张：22.5　　　　　　　　2013 年 9 月第 1 版

　　字数：379 千字　　　　　　2025 年 7 月河北第 17 次印刷

定价：55.00 元

读者服务热线：(010)81055256　印装质量热线：(010)81055316

反盗版热线：(010)81055315

丛书序

PREFACE

经济全球化的发展，使各国家和地区之间的联系越来越紧密，开展和推进双语教学对高等教育国际化的重要性和迫切性日益凸显。为了培养满足现代社会要求的复合型人才，双语教学已经成为现代高等教育中不可或缺的重要部分。教育部颁发的《关于加强高等学校本科教学工作提高教学质量的若干意见》中明确提出，要在高校积极推动使用英语等外语进行教学，其中还提到"本科教育要创造条件使用英语等外语进行公共课和专业课教学"。双语教学就是实施双语教育的手段，它强调的是在非语言学科中用外语上课，目标是培养既有丰富专业知识，又精通外语的国际型人才。目前，这已经成为高等教育改革的热点，同时也是高等教育改革的一个重要方向。

经济管理类专业作为涉外性、应用性、实践性强的专业类型，在专业中会广泛地应用到相关的英语专业术语，日常操作规范、法律、法规以及国际惯例等也都以英文文本形式出现。在经济管理类课程教学中采用双语教学，能较快地提升学生的外向型综合素质、开拓视野、提高竞争力。不仅能使培养出的经济管理类专业人才更贴近培养目标，还能使专业发展与国际接轨，提升教学内容的科学性、前瞻性，让培养出来的学生能够在以后的工作中按照国际规则行事，提升工作的国际化水准。特别是在经济金融全球化的背景下，大批具有国际化视野、与国际接轨的高级经济类专业人才是我国境内跨国机构的主要雇用人员，我国企业也将随着中国"走出去"战略的实施，需要派出大量的人才到国外分支机构进行日常管理与运营。因此，培养国际化的人才是经济管理类专业进行人才培养的迫切要求，而实施双语方式教学将是高校进行国际化人才培养的一个重要实现方式。

然而，高等院校专业课双语教学在实施过程中也遇到了一系列的问题，在教学师资对象内容、教材等方面仍存在一定的问题，导致教授内容的深度和广度受到了限制。双语教学不只是教学语言的改变，它还有三方面的作用：传授专业知识，传授英语知识，训练专业方法和英语的应用技能。因此对高校来说，要想成功地进行双语教学，首先需要改变传统的教育思想和教学方法，使教育、教学更接近世界先进水准。也正是基于这个原因，很多高校选择使用英文原版教材，但是经过多年教学发现，英文原版教材在我国高校教学使用中的缺陷也很突出。原版教材的作者一般以其母国为背景，所以编制的教材不涉及我国国情，教师在教学中就需要对教材进行重新加工，提供适合我国国情的相关案例、资料和思考讨论题，以启发学生对相关理论、规律、法规的适用性的思考，这无疑大大地加重了教师的负担。如果能够开发一套适合我国经济管理类专业教学规律的优质双语教材，就可以解决目前双语教学的困境。可见，编写优质的双语（英文）教材，不仅是我国高校双语教学的迫切要求，也是我国高校教师的历史责任。正是基于以上原因，我校组织了经济管理类专业核心课程的优质师资力量，编写了这套"21世纪高等教育经济管理类双语系列教材"。这套教材采用"中文内容，英文批注"的形式，巧妙地将内容讲解和英语教学结合起来，既降低了学生对专业知识理解的难度，又实现了教师对英文内容的讲解和传授。

雨果说：当一种观念的时代已经到来，没有什么力量能够阻挡它。双语教学的模式从过去到目前一直是一个充满争议的话题，但我们相信，双语教学的时代已经到来，所以希望通过积极的尝试，能够更好地融入这个双语时代，尽管这个过程将注定充满曲折。

丛书编写组

前　言

FORWARD

　　全球经济一体化进程的不断深入，为世界各地区的经济发展带来了前所未有的机遇和挑战。越来越多的企业渴望突破国家间的界限与壁垒，开展国际贸易和国际经济合作。在这些经济活动中，企业渴求大量深谙国际市场营销理论与实务的专业人才，因此对我国高等院校传统的单语种教学方式提出了严峻的挑战。近年来，尽管很多高校和出版社引进了大量外文原版教材用于教学，但在实践中发现，由于学生的语言和认知能力有限，专业课程的讲授要么变成了疏导词句的外语课，要么为了顾及多数学生的理解能力而降低讲解知识的深度，教学效果大打折扣。

　　为了改善这种情况，四川外国语大学国际商学院进行了大量的探索和实践，编写了这套"21世纪高等教育经济管理类双语系列教材"系列丛书。我们认为，使用双语注释的教材，以双语教学为课堂手段的教学方式具有极大的优势。双语教学结合了母语的快速认知和外语、专业课知识的同步传授，能够使初步接触国际经贸课程的学生在学习认知中尽量降低门槛、加深体会，能够使他们在未来的工作中灵活运用、沟通中外、成竹在胸。

　　作为系列丛书的重要组成部分，本书在体系结构设计、知识面的涵盖等方面，整合现有国内外的相关知识内容并加以创新，突出对国际营销学关键术语的双语注释以及我国企业国际营销案例的应用等，构建与国际商务环境变化相适应的的国际营销学知识体系，体现国际市场营销的理论与实践发展与时俱进的时代特征。

　　本书分为11章。

　　第1章为国际市场营销概述，包括国际市场营销的概念、国际市场营销观念及其发展，以及企业开展国际市场营销活动的动因。

　　第2章为国际市场营销环境，包括国际市场营销的文化、人口、经济、自然、法律环境等宏、微观环境因素的含义和内容，以及国际市场营销环境与企业国际市场营销活动的关系。

　　第3章为国际市场营销调研，包括国际市场营销调研的概念、内容、程序和方法等。

　　第4章为国际目标市场营销与国际市场进入方式，包括国际市场细分的含义和标准、国际目标市场营销策略、国际市场定位的含义和方法，以及企业在进入国际市场所面临的障碍因素的分析等。

第 5 章为国际市场营销战略，包括市场领导者、挑战者、追随者以及补缺者等战略的含义及运用，以及国际战略联盟的含义和主要形式。

第 6 章至第 9 章为国际市场营销的产品策略、价格策略、渠道策略以及促销策略等，具体分析市场营销学"4P"方法在国际市场营销领域的应用。

第 10 章讨论国际市场营销活动的管理，包括制定国际市场营销计划的步骤、全球营销的组织结构，以及国际市场营销常用的控制方法等。

第 11 章为国际市场营销的新观念，探讨了整合营销传播策略以及文化营销等在国际营销活动中的运用与实践。

本书具有以下特点。

1. 双语注释。每一章中的重要概念、关键术语、主要原则及方法等，都添加了相应的英文注解，便于双语教学的开展，有利于提高学生拓宽该学科的英文知识以及在该领域中英文的应用及交流。

2. 丰富的国内案例。本书加入了大量我国企业进行国际营销活动以及跨国公司在我国市场上进行营销的案例，体现了我国在实施"引进来，走出去"战略的过程中，国际市场营销理论在我国的实践与发展，有助于形成适用于我国国情的国际营销理论，从而进一步科学指导我国企业在国际营销活动的成功开展。

3. 紧扣理论和实践前沿。本书在第 11 章《国际市场营销新观念》中，专门探讨了 21 世纪以来国际市场营销理论与实践的最新发展，如整合营销、绿色营销、文化营销、网络营销等，有利于老师和学生掌握国外教学研究的最新成果与发展趋势。

本书的编写，吸取了众多国内外同行在其报告、论文、专著和教材中的精华。在此，谨向这些专家和作者表示感谢。

在本书的编写和出版过程中，四川外国语大学国际商学院杨柏、李训、徐亮、陈伟、蔡薇、李江、覃勤、卢静、姬妍婷等老师付出了辛勤的努力，重庆师范大学田盈教授给予了宝贵建议，在此向所有编写人员表示深深的谢意。

万壑树参天，千山响杜鹃。山中一夜雨，树杪百重泉。国际市场营销方兴未艾，作为一门知识结构和理论体系不断发展、深化的新兴学科，其研究和应用领域十分广阔。由于时间仓促，本书在理论探讨、讲述方式等方面，还可进行更深入的研究。

由于编者水平和经验有限，书中难免有欠妥和错误之处，恳请读者批评指正。

徐 亮

2013 年 5 月于重庆沙坪坝

目 录

CONTENTS

chapter 1

第1章 国际市场营销概述

学习目标：

本章主要介绍国际市场营销观念等内容。通过学习，使学生了解国际市场营销的概念以及国际市场营销与市场营销和国际贸易的关系；理解企业经营国际化的动因及发展阶段，掌握企业经营国际化的主要方式。

重点难点：

· 国际市场营销概念

· 国际市场营销观念及其发展

· 应用国际市场营销思想分析实际问题

· 企业开展国际市场营销活动的动因

1.1 国际市场

1.1.1 国际市场的概念

国际市场是商品交换在空间范围上扩展的产物，它表明商品交换关系突破了一国的界限。同时，国际市场又是不同的文明、文化在时间和空间上交织而成的多维概念。[1]

国际市场可以有不同的解释，它可以被理解为国际产品交换的场所，也可以被理解为国际商品购买者或购买集团的总和，还可以被理解为国际商品交换所反映的经济关系和经济活动现象的总和。

1.1.2 国际市场的类型

1. 按照历史逻辑的演进和国际市场交换关系所涉及的空间范围大小划分

国际市场可以细分为外国市场、国际区域市场和世界市场三个不同的层面。[2]其中，外国市场是指商品交换的范围突破国别的界限，由与某个外国之间的商品交换关系构成的市场，通常，外国市场即指国别市场，如美国市场、日本市场等；国际区域市场是指商品交换关系进一步扩大，由若干个国家或地区构成的统一市场，如欧盟、北美自由贸易区等；世界市场是指全球的统一市场，是在世界范围内的所有国家或地区之间，在国际分工基础上交换商品、交换劳务和进行资源配置所形成的统一体。

2. 按照地区划分 可以分为欧洲市场、北美市场、亚洲市场、非洲市场、拉丁美洲市场和大洋洲市场等。[3]

3. 按照不同国家的经济发展水平划分 可以分为发达国家市场和发展中国家市场。[4]

4. 按照经济集团划分 可以分为欧洲联盟市场、中美洲市场、东南亚联

---

[1] The international market is the product of commodity exchange on spatial expansion basis , and it shows that the commodity exchange relationship has broken through the boundaries of a country. Meanwhile, the international market is a multidimensional concept that different in different civilization and culture interwoved through time and space.

[2] According to the evolution of historical logic and the space size involved in the international market exchange relations , international markets can be devided into foreign markets, international and regional markets , world markets which are at three different levels.

[3] According to the regional division, international market can be divided into the European market, the North American market, the Asian market, the African market, the Latin American market and the Oceania market.

[4] According to the level of economic development in different countries, international market can be divided into the markets of developed countries and developing markets.

盟市场、西非国家经济共同体市场和阿拉伯共同市场等。[5]

5. 按照商品构成情况划分 可以分为工业制成品市场、半制成品市场和初级产品市场。工业制成品市场又可分为机械产品市场、电子产品市场和纺织品市场等。[6]

6. 按照交易对象划分 可以分为商品市场、劳务市场、技术市场、资本市场和劳动力市场等。[7]

7. 按照垄断程度划分 可以分为垄断性市场、半垄断性市场和非垄断性市场等。[8]

1.1.3 国际市场的特点

国际市场与国内市场相比较，具有以下特点。

1. 国际市场规模迅速扩大 [1] 科学技术推动生产力的发展，使生产资料市场和消费市场规模不断扩大，国内市场趋于饱和，客观上需要扩大市场；交通运输工具不断革新、效率不断提高、通信工具日益现代化，使国际市场扩大成为可能。据统计，第二次世界大战后，国际间商品和劳务数量有了巨大的增长、范围有了显著的扩大，国际市场容量迅速扩大。

1. International market scale is rapidly expanding.

2. 国际市场构成更加复杂 [2] 首先是国际构成上发生了变化。第二次世界大战后一大批发展中国家的崛起，打破了过去欧、美、日垄断世界经济的传统格局。他们在国内努力自主发展经济；在国际市场上通过联合，为建立国际经济新秩序而斗争，并取得了一定的进展和成果。其次是商品构成上发生了变化。这表现为商品构成的比重发生了变化，即初级产品比重下降，制成品比重上升，各大类商品中的种类不断增加。最为突出的是，科学技术知识成为商品，技术贸易迅速发展。

2. International market constitution becomes more complex.

3. 国际市场垄断性不断增强 [3] 生产和资本的集中导致垄断，是市场经

3. The monopoly of the international market is enhancing.

---

[5] According to the economic group, international market can be divided into the EU market, the Central American market, the Association of Southeast Asian market, the ECOWAS market and the Arab Common market.

[6] According to the commodity situation division, international market can be divided into manufactured products market, semi-finished products market and commodity products market. Of manufactured goods, market can be divided into the market of machinery products market, the electronic products market and the textile products market.

[7] According to the transaction object, international market can be divided into commodity market, labor market, technology market, capital market, and the labor market.

[8] According to the degree of monopoly, international market can be divided into the monopoly market, the quasi-monopolistic market and the non-monopolistic market, etc.

济发展的必然趋势。西方发达国家之间争夺销售市场和投资范围的竞争加剧，促使垄断组织走上生产和销售国际化的道路，国际市场上的垄断进一步加强，跨国公司的作用越来越大。美国 149 家最大的加工工业企业控制了美国制成品出口总量的 1/3；英国 35 家最大公司的出口总量占全国出口总量的 1/4。跨国垄断资本在国外广泛建立生产与销售分支机构或子公司，同时购买或兼并其他国家的垄断资本，实行快速扩张，以实现国际商品市场的加速扩张。美国国际商用机器公司（IBM）垄断了世界上大部分电子计算机市场，意大利的"菲亚特"公司和法国的"雪铁龙"成立联合公司，从而分别提高了其在国际市场上的竞争地位。

4. 贸易保护主义势力抬头 [4]　自 20 世纪 70 年代以来，由于能源危机的加深和经济危机的迸发，不少国家的贸易收入严重恶化，各国为减轻其贸易逆差，尤其是西方发达工业化国家为了保护本国利益，纷纷实行新贸易保护主义政策。所谓"新贸易保护主义政策"，是指不以关税壁垒为主要措施的贸易保护主义的新方式。突出表现是贸易战加剧，新的关税壁垒层出不穷，迫使对方国家开放市场，保护本国产业和市场不受外来产品的冲击。

5. 国际市场日益向法制化、条约化、规范化方向发展 [5]　当今世界，由于国际贸易规模越来越大，内容越来越复杂，发展越来越快，竞争日趋激烈，垄断性增强，加之贸易保护主义抬头，因此，国际贸易法规、国际条约和国际惯例越来越成为维护国际贸易当事人正当权益的工具。在国际贸易中，交易的磋商，支付、运输、保险等条件的选择，合同的签订和履行，索赔和理赔，都要参照有关条约的规定及相关国际与国内法律和国际惯例办理。所以，世界各国都力图将自己的经贸活动纳入国际条约和法规的保护之下。

1.2　国际市场营销

经济一体化的趋势不可阻挡，企业面对迅猛变化的环境，只有主动地加以适应和变革，才能在不断加剧的市场竞争中求得生存和发展的空间。互联网、航空、电话与传真和世界卫星电视的发展，都使这个星球上每一个角落在地理和文化上的距离大大缩小，这在客观上为国际市场营销创造了条件，它们共同促进了经济和文化交流的增加，使生产与交换日趋国际化，市场的范围大大拓宽，越来越多的企业跻身国际经济舞台。从著名的跨国公司到名不见经传的中小企业，它们的决策层都在思考如何在激烈竞争的国际市场上赢得竞争，求得发展。国际市场营销是基础市场营销的延伸和扩展，要全面、系统地学习国际市场营销，必须从分析基础市场营销开始。

1.2.1 国际市场营销的概念

1. 国际市场营销的概念

国际市场营销是国内市场营销的延伸与扩展，是指企业在一国以上从事经营与销售活动。[9]美国著名营销学家菲利普·R·凯特奥拉[6]在《国际市场营销学》一书中指出："国际市场营销是指在一国以上把企业生产的商品或劳务引导到消费者或用户中去的经营活动"[10]。随着经济全球化的发展，各国企业经营活动日益同国际市场发生紧密的联系，许多企业由过去考虑"应该在国内什么地方建立新厂或开辟市场"发展到现在考虑"应该在世界什么地方制造或销售新产品"。也就是说，企业跨国经营，不仅是把国内生产的产品销售到国际市场，而且是在海外投资建厂生产及在国外销售产品。如美国通用汽车公司、国际商用机器公司、可口可乐、麦当劳等公司都是典型的跨国公司。广东惠州麦科特玛骐摩托车有限公司在柬埔寨设厂主要是为了开拓东盟市场。国际市场营销活动的舞台是世界市场，由于世界各国的政治、经济制度不同，经济发展水平悬殊，社会、文化和语言环境差异大，法律制度各具特点，加之参与国际市场经济活动的既有企业，又有政府行政干预，甚至包括社会公众和政治力量，因而呈现出纷繁复杂的情况。国际市场营销专家认为：研究国际市场经营的实质，不仅是研究采用什么营销技巧，更重要的是分析和掌握国际市场多种多样的市场营销环境，并在此基础上采取各种有针对性的经营战略。国际市场营销学，在一定意义上可以被认为是国际市场营销环境适应学。

2. 国际市场营销学的形成与发展

国际市场营销学是 20 世纪 60 年代开始形成，70 年代后逐步趋于完善，并于 80 年代初奠定了其国际地位。20 世纪 70 年代后期，美国的全美商学院大会要求各商学院增加以国际经济为导向的课程，从而开始了对国际市场营销学的研究。随着研究的不断深入，国际市场营销学的理论体系逐渐形成。

国际市场营销学形成的标志主要表现在以下两个方面：1959 年，克莱默首先提出了"国际市场营销学"的术语。60 年代以后，国际市场营销学的基

6. Philip. R. Cateora, a famous American marketing expert.

---

[9]   International marketing is the extension of domestic marketing, and it refers to a marketing activity that enterprises deal with business and sales in more than one country.

[10]   "International marketing is an operating activity that guides the goods and services from enterprises to consumers and users in more than one country."

本内容和理论体系得以逐步完善，其标志之一是 1965 年费耶威泽所著的《国际市场营销学》，该书系统地阐述了国际市场营销观念、国际市场营销调研和营销组合；标志之二是 1966 年美国科罗拉州大学教授菲利浦·卡特奥拉和约翰·麦斯合著的《国际市场学》，该书建立了国际市场营销的系统框架，被誉为本学科的代表之作。

1982 年后，国际市场营销开始在世界范围内受到重视。1982 年 6 月，当时北美及欧洲的著名国际市场营销学者聚集在荷兰商学院，对国际市场营销学所面临的一些理论和实际问题进行了深入和广泛的探讨，从而奠定了国际市场营销学的全球性地位。

美国在国际市场营销学的研究和实践中居于领先地位。随着研究的不断深入，国际市场营销的理论体系逐渐形成，并被成功地运用到美国企业的营销实践中，使美国企业迅速占领了国际市场中的许多领域。反过来，美国企业在国际市场上的营销活动的成功经验，又推动了国际市场营销学理论研究的进一步深化。

接着，日本和西欧一些国际的企业也纷纷效仿、引进、消化和吸收美国创立的国际市场营销的思想、理论和技术，并迅速应用于本国企业的国际市场营销实践中，在国际市场上很快形成了对美国企业的极大威胁，成为美国企业在国际市场上强有力的竞争对手。

最后，包括我国在内的发展中国家，在发展民族经济以及对外开放中也相继引入了国际市场营销的思想，并结合本国特点加以完善和发展，取得了良好的效果。

1.2.2　国际市场营销与市场营销

国际市场营销学是市场营销学原理的延伸和应用，市场营销学原理中用于指导国内企业营销的基本原理、策略、方法，诸如关于市场营销调研、细分市场、选择目标市场、采取市场营销组合策略等，对国际市场营销都是适用的。但由于国际市场营销是一种跨越国界的经贸活动，它同国内市场营销相比较，又有许多不同之处。

（一）国际市场营销与市场营销的联系

国际市场营销与市场营销的联系主要表现在以下 3 个方面。

1. 基本原理相同 [7]　国际市场营销学与市场营销学都以经济学的基本原理作为理论基础，融合现代管理学、统计学、数学、会计学、社会学、心理学等诸多学科的内容，既可以应用于国内的市场营销活动中，又广泛运用于

7. The same basic principle.

国际市场营销之中。[11]

2. 都以消费者的需求为中心 8 国际市场营销与国内市场营销都经历了一个由"生产观念"到"市场观念"，从以生产者为中心到以消费者和用户的需求为中心的发展过程。[12] 现在的企业更加认识到不仅要满足消费者和用户对商品或服务在使用价值上的需求，还要满足消费者和用户在心理观念上的需求。因此，不管是在国内市场还是在国际市场，企业首先要给自己生产、销售的产品和服务制定一个很好的市场定位，积极开拓自己的目标市场，建立特定的用户群；其次，企业提供的产品和服务，不仅要能在物质功能上满足目标市场的需求，而且还要符合目标市场的价值观念，此外还要具有挖掘潜在市场需求的能力；再次，企业销售产品和服务的时间、地点、方式、价格等方面，都必须符合顾客的购买习惯和承受能力；最后，还要为顾客提供相应的信息和满意的售后服务，以满足顾客和潜在顾客对商品和服务的多种需要，从中找到产品更新换代的方向，增强产品的竞争能力。

3. 从经营发生的过程看，国际市场营销是国内市场营销的延伸 9 一般来说，企业都是先从事国内市场营销，再逐渐发展到国际市场营销的，换句话说，企业从国内市场营销走向国际市场营销，一般都有一个渐进的过程。企业最初只面向国内市场，企业的经营范围、发展战略和营销组合策略，都以国内市场需求为导向，仅有部分产品由于某些偶然因素出口销往国际市场。随后，由于国内市场疲软，销售不景气，企业被迫向国外市场寻找销路，伺机进入国际市场，但仍以国内市场为主。随着企业在国际目标市场上的逐步深入，对国际市场信息越来越敏感，对国际市场的需求变化的反应越来越敏捷，企业开始为国际市场需求安排生产、组织销售，将越来越多的产品投入国际市场。随着生产的发展、先进技术的采用、企业规模的扩大、经济实力的增强和国际营销经验的积累，企业开始有条件主要面向国际市场，进行全球跨国营销，实行国际化营销活动。从上述过程可以看出，企业一般先从国内经营开始，逐渐向国际市场扩展，并不断扩大国际市场的范围。

8. Focus on customer requirements

9. To the process of management, international marketing is the extension of domestic marketing.

---

[11]　Both international marketing and marking management cite the economic rationale as their basic theory, including the Modern Management , statistics ,mathematics, accounting, sociology, psychology and other subjects, which can not only be used in the activities of domestic marketing management , but are also broadly used in the activities of international marketing.

[12]　Both international marketing and marking management have experienced the developing process from production concept to marketing concept, from producer centered to customer and user's requirements centered.

（二）国际市场营销与市场营销的区别

1. 市场营销环境和背景不同　这是国际市场营销同国内市场营销的最主要差异。[10] 国际市场营销与国内市场营销环境和背景的不同主要体现在文化背景的差异上。不同国家的社会文化背景不同，风俗习惯、教育水平、语言文字、宗教信仰、价值观念差异也很大，各种社会力量的影响程度也有差别，不同国家的法律、政策也有很大的区别。由于环境的影响，不同国家的消费者的消费方式和需求的侧重点不同，因此，对同一产品或信息的理解也就不同，这就直接影响到了产品的设计、产品被接受的程度、信息传递的方法、分销和推广的措施等。

国内市场营销是在一个国家的疆界范围内进行的，虽然一个国家内部的不同地区也存在环境上的差异，但是与国际市场营销比较，这种环境差异要小得多，特别是法律、政策环境在一个国家内部应该是基本相同的。而国际市场营销则必须跨越国家的界限，不同国家政府机构的工作方法和政策会有很大差别，这种差别必然会对企业的营销活动产生重大的影响。

案例1-1

针对国际市场特点展开国际市场营销活动

荷兰飞利浦公司在日本销售小型家用电器时，针对日本人的特点进行了产品改进，以适应日本市场的需求，获得了丰厚的利润。飞利浦公司发现日本人的厨房比较狭小，便缩小了咖啡壶的尺寸，因此受到日本家庭主妇的欢迎；剃须刀是飞利浦公司的重要产品，当飞利浦公司发现日本人的手比较小时，便缩小了剃须刀的尺寸，因而受到日本男性的欢迎。

宝洁公司的佳洁士牙膏在墨西哥做广告时，仍然采用在美国做广告时的主题，遭遇了失败的厄运，因为墨西哥人根本不考虑如何预防牙齿方面的疾病。宣传科学道理的广告对墨西哥人是毫无吸引力的。

资料来源：寇小萱.国际市场营销学.对外经济贸易大学出版社.

启示：从以上飞利浦产品在日本和宝洁产品在墨西哥的例子可以看出，企业在国际市场营销中，必须考虑目标市场国消费者的特点、偏好和风俗习惯等因素，如此才能取得营销活动在国际市场上的成功。否则，如果把在本国市场的成功模式照搬到国际市场上，往往会由于当地消费者消费行为的特殊性而很难取得成功。

环境与背景的差异要求国际市场营销比国内市场营销更注重市场环境的

10. Marketing environment and background are different, which is the main difference between international marketing and domestic marketing.

调研和分析，在产品的功能设计、外观设计、质量和品种、规格、包装等方面，都应以目标市场国的消费者的需要、价值观、效用观为标准，而不是以本国人的标准代替他国人的标准。

因此，当一个企业进入两个以上国家市场的时候，其国际市场营销的战略、方式、方法也要因环境的变化而变化，显然，这会增加调整的难度和成本。国际市场营销的环境差异很大，企业只有对各种国际环境加以考虑和细致地分析，才能找到切实可行的方法，有针对性地开展国际市场营销活动。所以，分析国际市场营销中出现的问题并找到解决方法，必然需要比国内营销更广泛、更全面的技能、阅历和洞察力。

2. 市场营销组合策略有区别 [11] 国内市场营销只面对国内不可控的环境因素，市场营销组合策略相对要简单些、容易些。国际市场营销活动受双重环境，尤其是各国环境的影响，使营销组合策略复杂得多、难度也大得多。[13]

11. Marketing combined strategy is different.

（1）在产品策略方面，国际市场营销面临产品标准化与差异化策略的选择。在大多数情况下，差异化产品策略是主要的，因为各个国家和地区的市场需求存在着巨大差异，企业的产品只有适应当地市场的需要，才可能会满足当地顾客的需求。只有在市场需求相同时，才能选择标准化产品策略。如果忽略了国际市场需求的复杂性和多样化，企业国际营销将会陷入困境。

（2）在定价策略方面，国际市场定价比国内市场定价复杂得多。国内市场定价除考虑成本外，还考虑市场供求状况及竞争状况，企业营销人员较易于把握国内市场价格的变化。国际市场定价不仅考虑成本，还要考虑不同国家市场的需求及竞争状况，而且其成本还包含运输费、关税、外汇汇率、保险费等。此外，还要考虑各国政府对价格进行调控时依据的法规。因此，国际市场定价较为复杂，营销人员更难以把握价格的变化。

（3）在分销策略方面，国内企业的营销人员对国内分销渠道比较熟悉，比较容易做出选择分销渠道的决策，对国内分销渠道也较易控制和管理。国际营销企业不仅要面临对国内出口商的选择，还要对国外中间商进行选择。由于各国营销环境的差异，形成了不同的分销系统与分销渠道，各国分销机构的形式、规模不同，分销渠道的长短也不同。如日本的分销渠道很长，在日本，消费品从生产者到消费者手中，需要五六个环节，从而增加了企业产

---

[13]　Domestic Marketing is only in the face of domestic uncontrollable environmental factors, the marketing combined strategy is relatively simple and easy. International marketing activities under dual environment, particularly by the influence of the environment, is more complex and the difficulty is much greater.

品进入日本市场的难度。

（4）在促销策略方面，由于各国文化、政治、法律、语言、媒体、生产成本及公司政策不同，企业对广告策略的选择更复杂、难度更大。

3. 国际营销战略及营销管理过程更复杂 [12] 由于各国营销环境差异大，各国消费者需求又存在着巨大差别，国际营销战略计划要多种，营销管理过程更加复杂和困难。如制订国际营销战略计划及进行营销管理，既要考虑国际市场需求，又要考虑市场竞争状况，还要考虑本公司的情况。如果是多国公司，需要考虑企业的决策中心对计划和控制承担的责任应当达到什么程度，其分支机构对计划和控制承担的责任又应达到什么程度等。

4. 利用资源、获得比较优势的程度不同 [13] 企业从事国内市场营销通常是利用本国资源，在本国生产，并在国内市场销售。国际市场营销一般是在国内市场营销的基础上发展起来的，国内市场营销往往是国际市场营销的先导。在国际市场营销中，由于资本、资源、技术服务的广泛流动性，生产一种产品可以是第一国的资源、第二国的资本、第三国的技术、第四国的劳动力等。国际市场营销使资源在两个或两个以上的国家进行配置，强调发挥不同国家的特长，组合成一个有竞争力的综合产品。这种国际上各种要素的组合可以提高效益、降低成本，获得比国内市场营销更大的比较优势。

5. 市场营销过程的风险性程度不同 [14] 环境的差异性和系统的复杂性，必然给国际市场营销过程带来许多不确定因素，使之比国内营销更具风险性。国际市场营销的不确定性几乎在每一个步骤中都被明显地表现出来，如环境的差异使各国消费者的需求有很大的差异；系统的复杂性也可能改变企业市场营销活动对目标市场国的影响力，此外，国际市场营销中的产品设计、汇率变化等导致产品设计的弹性空间加大、影响价格的因素增加，不确定性加大。因此，国际市场营销的风险程度远远超过了国内市场营销的风险程度。

1.2.3 国际市场营销与国际贸易

国际市场营销与国际贸易都是以获得利润收入为目的而进行的跨越国境的经济活动，但它们之间又存在着明显的差异，这些差异主要表现在市场主体、理论基础、生产经营特征、商品交换范围、利益机制等方面，都有不同特点。美国经济学家费恩·特普斯特拉（Vem Terpstra）对此进行了详细比较（见表1-1）。[14]

12. International marketing strategy and marketing management process are more complicated.

13. Different level of the use of resources and the access to the comparative advantage.

14. The marketing process' degree of risk is different.

---

[14] International marketing and trading are the international commercial activities aimed at making profits, but they also have distinct differences which lies in the market entities, theory rationales, production and running characteristics, range of exchanges, interest mechanism, etc. Vem Terpstra, an American economist, has compared the two projects as follows (Table 1-1).

表 1-1 国际市场营销与国际贸易特点比较

内 容	国 际 贸 易	国 际 营 销
1. 行为主体	国家	公司或企业
2. 产品是否跨越国界	是	不一定
3. 动机	比较利益	利润动机
4. 信息来源	国际收支表	公司账户
5. 市场活动		
①购销	是	是
②仓储、运输	是	是
③定价	是	是
④市场研究	一般没有	有
⑤产品开发	一般没有	有
⑥促销	一般没有	有
⑦渠道管理	没有	有

由表 1-1 可以看出,国际营销与国际贸易的区别存在以下几点。

1. 所依据的理论点不同 [15] 应该说,英国古典政治经济学家——亚当·斯密(Adam Smith)首创的"绝对优势说"以及英国另一位古典政治经济学家大卫·李嘉图(David Ricardo)所创立的"比较成本说"奠定了现代国际贸易的理论基础 [15],这些理论都诞生在 200 多年前。与此不同的是,市场营销理论的问世,仅仅是 21 世纪初的事,而把国际市场营销学作为一门专门的学科,从市场营销学中分离出来专门讨论,只是近二三十年的事。国际贸易所立足的理论是比较利益,只要存在着比较利益,就可将货物从一国运到另一国,从一地运到另一地。但国际市场营销则是站在企业的角度,所考虑的问题是如何使企业利润最大化。当然比较利润与利润最大化之间也存在着内在的联系,但并不存在着绝对的、必然的联系。

2. 商品(劳务)交换的行为主体不同 [16] 国际贸易是两个国家之间产品或劳务的交换,从总体上讲,国家是国际贸易的组织者,国家是交换行为的主体;而国际营销是在企业与企业之间进行的,企业是国际营销活动的组织者,企业是交换行为的主体。[16] 也就是说,产品或劳务的卖主是企业,买主可能

15. The foundation theories are different.

16. The entities for the goods (or labor services) exchanges are different.

[15] The absolute advantages pioneered by Adam Smith, a British classical political economist and the comparable costs initiated by the other counterpart David Ricardo have laid a theoretical foundation for the modern international trade.

[16] The international trade refers to the exchanges between the two countries of the products or the labor services in which the countries are the organizers of the international trade and they act as the entities of the exchanges. In the contrast, the international marketing is conducted among the businesses in which the companies are the organizers for the marketing and the enterprises form the entities in the exchanges.

是国家也可能是这个国家的企业或个人，还可能是本企业的海外子公司或附属机构。

3. 强调重点不同 [17] 国际贸易是由世界各国的对外贸易构成的，而每一个国家的对外贸易又包括进口贸易和出口贸易两个方面，即国际贸易包括购进和售出两个方面；而国际市场营销虽然也涉及购进与售出两个方面，但它更强调售出这一方面，即根据国际市场要求状况，提供适销对路的产品。[17]

4. 商品（劳务）转移的形态不同 [18] 就国际贸易而言，产品或劳务的交换必须是超越国界的，真正从一个国家转移到另一个国家；而国际市场营销作为跨越国界的市场营销活动，是指它的活动超越国界，产品或劳务既可以超越国界，也可能无需超越国界。[18] 例如，某公司在几个国家分别设有分公司，生产出的产品在国外销售，这样，尽管企业的产品并末发生超越国界的转移，而是在当地生产、当地销售，但企业所进行的市场营销活动则是超越国界的。国际贸易与国际市场营销的这一差异反映到西方国家的统计数据上就是，海外企业的营业额载入本公司的营销记录中，但不计入国际贸易额中。因此，各企业国际市场营销的售出额的总和往往大于国际贸易额中的出口额。

5. 国际市场营销涉及企业整体发展战略问题 [19] 国际贸易尽管也涉及产品购销、实体分配、产品定价等市场营销活动，但缺乏整体营销计划、组织和控制；而国际市场营销活动，不仅涉及产品购销、实体分配、产品定价，而且涉及市场营销调研、产品开发、市场营销计划的制订、执行与控制。也就是说，注重企业整体营销活动的管理。[19]

6. 评价绩效的信息来源不同 [20] 评价国际贸易绩效的信息来源是一国的国际收支状况，从而可以看出一个国家的进出口贸易状况；而评价国际市场

17. Different highlights.

18. The difference in the ways of commodity (labor services) dealing

19. International marketing involves the issues of overall business development and strategy.

20. Performance measurement by information from different resources.

---

[17]　The international trade is formulated by the foreign trade among the various countries in the world which include imports and exports that is buy-in and sell-out. While the international marketing touches on purchasing and selling, it put more emphasizes on supply namely providing the merchantable products according to the international market demand.

[18]　For international trade, the exchange of commodity or labor services is required to be transnational; while for international marketing, it refers to the transnational feature of the activities and its commodity or labor services are not necessary to be transnational.

[19]　International trade also refers to the purchasing and selling of products, distribution, pricing and other marketing activities, but is lacking of overall marketing design, organization and control;while the international marketing activities not only relates to the purchasing and selling of products, distribution and pricing, but also relates to the marketing research, product development, the marketing planning, implementation and control. That is to say, we should pay attention to the management of the enterprise in the overall marketing campaign.

营销绩效的信息来源是企业的国际市场营销记录。[20]

因此，国际营销活动比国际贸易更富有主动性及创造性，是集生产、交换和消费于一身的综合性企业活动，而不仅仅是单纯的贸易活动。

1.3 企业国际化经营与国际市场营销

1.3.1 企业国际化经营的动因

伴随着经济全球化及国内市场经济的发展，各国经济、技术及文化日益交融在一起。当今，各国大部分企业的经营活动已纳入全球经济范围，每个企业必须准备好在全球市场中参加竞争，无论企业是否走出国门，都会受到国际市场的影响。

同时，近年来，各国通信事业的发展、交通运输设施的发达、进口关税的降低导致了世界贸易与投资的迅猛发展。在这种情况下，本国市场不再是本国企业的专有市场，而是充斥着大量国外企业的资金、技术和产品的市场。由于企业自身条件和具体目标的不同，跨国营销的原因也会有所不同。

1. 国际营销的市场动因 [21] 企业开展国际市场营销活动的首要动机是获得更大的市场，具体来说，表现在以下 4 个方面。

（1）顺利进入国外市场。[22] 各国政府为了保护本国市场、扶持本国企业的生产和经营，往往采取一系列贸易保护措施，因此，企业需要通过技术转让和对外直接投资等方式，将产品生产转移至市场国或不受贸易壁垒限制的第三国，以避开关税和非关税壁垒，使产品顺利进入该国市场。

（2）市场拓展化。[23] 由于一个国家的市场容量总是有限的，为了扩大市场、获得更大的生存和发展空间，企业需要通过国际市场营销活动来开拓市场。

（3）市场多元化。[24] 通过国际营销，将国内市场已经饱和的产品销往尚未饱和的国外市场，企业就可以维持经营稳定，减少销售波动带来的经营风险。当企业在各地设有分支机构从事生产经营活动时，企业经营活动的灵活性就会加大，对整个市场的适应性也会增大。通过市场多元化，企业的经营风险可以被降低。

21. The driving factors of international marketing Enterprises' foremost aim of developing international marketing is to obtain more access to a larger market.

22. Having a smooth access to the international market.

23. Expanding the market.

24. Diversifying the market.

---

[20] The information resource of evaluation of the international trade performance is the balance of international payments, which shows the state of import and export; and the information resource of evaluation of the international marketing performance is the international marketing records of enterprise.

25. Internalizing the market.

（4）市场内部化。[25] 通过国际市场营销活动，特别是国际企业分散在世界各国市场的子公司之间的交易活动，企业可以将原来外部化的市场交易尽可能地内部化，纳入到企业的管理体系中，实现对市场的支配和控制。所以，将国际市场内部化并发挥其优势，是国际市场营销的深层次动因。

26. Competitive motives of international marketing.

2. 国际营销的竞争动因 [26] 企业开拓国际市场的另一个重要原因是出于市场竞争的需要，这里又有4个层次的动因，其竞争目的不断深化，反映了企业的竞争动机更为理性和成熟。[21]

27. Avoiding the competitive edge.

（1）避开竞争锋芒。[27] 目前，许多产品的国内市场需求日趋饱和，竞争十分激烈，为了避开竞争锋芒，企业开始走出国门，寻找更大的市场空间。

28. Chasing the competitors.

（2）追逐竞争对手。[28] 由于企业的竞争对手已经进军国际市场，因而，企业若不追随竞争对手进入国际市场，就会产生一种市场失落感或竞争失败感。这实际上是一种"寡占反应"，它是指在寡占市场结构中，只有少数大厂商，它们互相警惕地关注着对方的行为，如果有一家率先投资海外，其他竞争对手就会相继仿效，追逐带头的企业去海外投资，这里固然有海外投资利润诱人的原因，但更重要的是为了保持竞争关系的平衡。

29. Exercising the competitive power.

（3）锻炼竞争能力。[29] 除了以上原因之外，许多企业跨出国门、开拓国际市场也是为了锻炼国际市场营销人员，提高其在国际市场的竞争能力。因为国际市场的竞争水平一般超过国内市场，企业进入国际市场，就有机会参与较高水平的市场竞争，从而可以借助竞争的动力和压力来推动企业技术创新和提高管理效率。

30. Extending the product life cycle and playing its competitive advantage.

（4）延长产品生命周期，发挥竞争优势。[30] 由于各国的经济发展阶段和技术进步水平不同，同一产品在不同国家处于生命周期的不同阶段，在一个国家市场上已不具备优势的产品，可能在另一个国家的市场上仍具有显著的竞争优势。某些在国内市场上供大于求、市场竞争力逐渐衰退的产品，可能在另一个国家的市场上正处于成长期，产品供不应求。因此，企业可将国内市场上已不具备优势的产品转移到国外市场，延长产品的生命周期，发挥其竞争优势。

31. Resource motives of international marketing. Various countries have respective resources superiority. The international enterprises may fully use these resources superiority through the international marketing and obtain the global benefit maximization.

3. 国际营销的资源动因 各国都有各自的资源优势，国际企业可以通过国际营销充分利用这些资源优势，实现全球利益最大化。[31]

---

[21] Another important reason for enterprises to explore international markets is the need for competition in the market. There are four levels of motivation, and its competition goal deepened unceasingly which has reflected the motivation of competition is more rational and mature.

（1）开发自然资源。³² 由于各国的自然资源条件不同，企业通过国际直接投资、开发国外的自然资源，可以弥补本国资源的不足，因此，对于资源贫乏的国家来说，利用国外资源成为其重要的投资目的。此外，开发国外资源，可能比开发国内资源成本更低、收效更大。

32. Exploiting natural resources.

（2）利用劳动力资源。³³ 不少发达国家的企业纷纷来华投资，直接从事生产经营活动，除了看中中国巨大的市场外，更看中了中国所拥有的较低廉的劳动力资源。

33. Utilizing labor resources.

（3）获取技术资源。³⁴ 国际营销活动还可以使企业获得通过其他途径无法获得的先进技术。这对于发展中国家企业尽快缩小与发达国家企业的技术差距有着十分积极的意义。

34. Obtaining technology resources.

（4）赢取信息资源。³⁵ 一方面，企业直接面对国际市场，有利于更及时地了解国际市场的有关信息，为企业把握机会、科学决策提供条件；另一方面，企业走出国门，走向世界，也可以更直接地向海外市场传递信息，加强与国外消费者和用户的沟通。

35. Winning information resources.

4. 国际营销的利润动因 企业开展国际营销活动的根本目的是实现全球利益最大化。国际企业可以通过开拓市场、利用国外的资源优势等取得更大的收益。³⁶

（1）通过规模效应，获得更大利润。³⁷ 当企业的产品销量增加时，可以使单个产品分摊的成本降低，从而实现规模经济效益。通过国际营销活动，企业可以将产品销往国外市场，从而实现大销量、取得规模经济效益的目的。目前，我国大部分产品的国内市场已基本饱和，要扩大市场就应该积极开拓国际市场。

36. Profit motives of international marketing. The fundamental purpose of the enterprises to carry out international marketing activities is to achieve the maximization of global benefits. Through developing markets and taking advantages of foreign resources, international companies can achieve greater benefits.

（2）利用资源优势，获得更大利润。³⁸ 国际企业通过利用东道国的资源优势，包括上述自然资源、劳动力资源及信息资源等，可以降低成本，从而取得更大的收益。

（3）利用优惠政策，获得更大利润。³⁹ 各国政府为了鼓励本国企业走向海外，实施的鼓励与支持企业出口的政策是驱动企业走向国际市场的巨大推动力。一般说来，政府主要通过税收政策如减税、退税，金融货币政策如低息贷款、担保贷款、出口价格补贴，为企业提供诸多服务，如提供外贸咨询、国际市场信息等，所有这些支持均有利于加强企业的国际市场竞争实力。

37. Getting more profit through the scale effect

38. Getting more profit by the resources superiority.

39. Getting more profit by the preferential policy.

同时，一些国家为了吸引外商投资，在税收等方面采取一系列优惠政策。国际企业也可以通过东道国政府的优惠政策获得更大的收益。

1.3.2 企业国际市场营销的发展阶段

企业国际营销的发展同世界经济一体化及本国市场经济的发展也是紧密相连的，其发展演变经历了一个过程，即国内营销—出口营销—多国营销—全球营销。从目前的现实看，众多国家仍处于国际营销阶段，少数经济发达国家的跨国公司已进入全球营销阶段。

1. 国内营销（Domestic Marketing）　在第二次世界大战以前，即使是产品具有出口潜力的企业，也会在其成长过程中经历一段"纯国内营销"时期。国内营销是指国内市场为企业唯一的经营范围，企业经营的目光、焦点、导向及经营活动集中于国内消费者、国内供应商、国内竞争者的营销。其公司在国内从事营销活动可能是有意识的、自觉的战略选择，或者是无意识地、不自觉地想躲避国外竞争者的挑战，有时甚至由于对外界环境的无知而造成"出口恐惧症"，对出口销售持消极态度。[22]

2. 出口营销（Exporting Marketing）　出口营销时期一般指20世纪第二次世界大战后至60年代。但是，此阶段仍以出口产品为主组织国际市场营销活动，对国际市场调研、产品开发的自觉性还不够，这是企业进入国际市场的第一阶段。其目标市场是国外市场，企业在国内生产产品到国外销售，满足国外市场需求。在这一阶段，产品与经验成为发展出口营销的关键。同时，国际营销者还要研究国际目标市场，使产品适应每个国家的特殊要求。[23]

3. 国际市场营销（International Marketing）　这是企业进入国际市场的

---

[22]　Before the World War II, even enterprises whose products have the exporting potential, in its growth process, also would go through a period of "pure domestic marketing". The domestic marketing refers to the domestic market which is its only management scope. The vision, focus, orientation and management of activities which the enterprise manages are focusing on the domestic consumer, domestic supplie and domestic competitor. Their company which is engaged in the domestic marketing activity may see it as a conscious and conscious strategic choice, or it is unconsciously or not consciously wants to avoid the challenge of foreign competitors. Sometimes even the ignorance of the external environment can cause the "export phobia", which makes company having a negative attitude on export sales.

[23]　Export marketing generally refers to the period after World War II to the 1960s of the 20th century. However, this stage is mainly by exporting products to organize international marketing activities, and the consciousness of international market research, product development are not enough. This is the first stage of the enterprises to enter international markets. Its target market is the foreign markets and enter prises in the domestic production of products sell abroad, meet the demand in foreign markets. Products and experiences at this stage become the key to the development of export marketing. At the same time, international marketers should also study the international target markets to make the product to adapt to each national special request.

第二阶段。国际市场营销把国内营销策略和计划扩大到世界范围。在国际营销阶段，企业往往将重点集中于国内市场，实行种族中心主义或本国导向，即公司不自觉地把本国的方法、途径、人员、实践和价值应用于国际市场；此时，国内营销始终是第一位的，产品出口只是国内剩余产品向国外的延伸，大多数的营销计划制定权集中于国内总公司。国外经营所采取的政策与国内相同。随着企业从事国际营销的经验日益丰富，国际营销者日益重视研究国际市场，实行产品从国内发展到国外的战略。[24]

4. 多国营销（Multinational Marketing） 这是企业进入国际市场的第三阶段。在这一阶段，企业的导向是多中心主义。多中心主义是假设世界市场是十分不同和独特的，企业要获得营销的成功，必须对差异化和独特化市场实行适应的战略。这一阶段产品的战略是适应各国市场的战略。[25]

5. 全球营销（Global Marketing） 全球营销一般指 20 世纪 80 年代以后的时期。这一时期，科技革命使产业结构发生深刻变化，这是企业跨国经营的最高阶段。它以全球为目标市场，将公司的资产、经验及产品集中于全球市场。全球营销是以全球文化的共同性及差异性为前提的，主要侧重于文化的共同性，实行统一的营销战略，同时也注意各国需求的差异性而实行地方化营销策略。全球营销实行以地理为中心导向，其产品战略是扩展、适应

---

[24]　This is the second stage of the enterprises to enter into international markets. International marketing expands the domestic marketing strategies and plans to expand the world-wide. In international marketing stage, enterprises tend to focus on the domestic market, implementing ethnocentrism or country-orientation. The companies adapt their methods, approaches, personnels, practices and values to the international market unconsciously;at this point, the domestic marketing has always been the first .Export is just an extension of the domestic surplus products to foreign countries, and the power of formulating majority marketing plans is focusing on the domestic main corporation.The policies adopted by the foreign business are the same as domestic .With the increasingly rich experience of enterprises engaged in international marketing,international marketers emphasize the study of international markets day by day, implementing the strategy of the products from the domestic to foreign.

[25]　This is the third stage of enterprises to enter into international markets. At this stage, the enterprise orientation is polycentrism. The polycentrism assumes that the world market is so different and unique, and enterprises to achieve marketing success must implement adaptation strategies of differentiation and unique market. This stage of the product strategy is a strategy to adapt to the national market.

及创新的混合体。[26]

必须注意，全球营销并不意味着进入世界上的每个国家，进入世界上多少国家主要取决于公司资源、面临的机会及外部威胁的性质。

小资料

跨国公司在中国市场的营销现状

中国改革开放以来，特别是 1993 年以来，世界著名跨国公司纷纷投资中国，在中国展开了大规模、系统化的投资。

跨国公司进入中国市场的主要原因是：① 中国经济快速增长对任何以谋求利润增长为目标的跨国公司都产生了难以抵御的诱惑；②中国有广阔的市场；③中国有良好的投资环境；④中国有大量低成本的劳动力；⑤早期成功的麦当劳与肯德基、可口可乐与百事可乐、感光市场上的柯达与富士等，为跨国公司描绘了前景；⑥对中国加入世贸组织后的良好预期。

经过一段时间的发展，跨国公司在我国的投资呈现以下发展趋势：①投资形式从合资走向独资；②投资领域从劳动密集型走向技术密集型；③投资的地区分布从集中于中心城市向其他地区发展；④ 在华投资的公司，从主要是港、澳地区的公司向国际跨国大公司转变；⑤ 在中国采取的战略从全球化向本土化发展。当然，由于参与跨国经营具有提高企业国内市场的竞争水平、利于企业扩展市场空间、利于企业发现和捕捉新的经营机会等特点，我国不少企业也走上了跨国经营的道路。

资料来源：中国市场营销网

1.3.3 我国企业国际化经营的主要方式

我国企业国际化是中国企业逐步融入国际经济的渐进过程，它主要通过

---

[26]　The global marketing generally refers after 1980s. At this time, the technical revolution causes the industrial structure to have the profound change. This is the enterprise transnational management's highest stage. It takes the whole world as the goal market, concentrating the company's property, the experience and the product in the global market. The global marketing is taking the global culture common traits and the difference as the premise, mainly stresses on the cultural common traits and implements the unification of the marketing strategy, simultaneously also pays attention to the difference of various countries' demand to implement the localization of marketing strategy. The global marketing takes the geography as the central guidance, and its product strategy is the mixture of expansion, adaptation and innovation.

It must be noted that global marketing does not mean to enter into every country in the world, and into how many countries in the world depends largely on corporate resources, the opportunities and the nature of external threats.

吸收和利用外资、国际贸易和对外直接投资这几种方式发展起来的，认真讨论总结这方面的经验，有利于促进我国越来越多的企业加快国际化经营的步伐。

1. 吸收和利用外资 [40] 据统计，至 1995 年末，投资我国的外资项目近 25 万个，实际利用外资 1 300 余亿美元。通过与外商合资经营，中国企业在本土上实现了与国际经济的融合。但是，外资企业对地区的投资极不平衡，东部地带所占比重接近 90%，而中西部地区仅占 10% 左右，其中尤以西部地带为最少。这种情况也有其必然性，因为吸收和利用外资应具备一定的条件。

（1）吸引和利用外资与国内经济发展之间存在着内在的联系。[41] 如果一个国家或地区收入水平极低，人均国民收入少于 400 美元，这样的贫穷国家或地区对跨国公司没有吸收力。因此，当前对我国中西部地区实行经济倾斜政策、扶贫政策和东部沿海地区支持带动中西部地区的经济发展政策，逐步缩小东部地区和中西部地区的差距，是我国经济全面实现与国际接轨的首要条件。

（2）良好的投资环境是吸引和利用外资的重要条件。[42] 在吸引和利用外资方面，我国中西部与东部地区最大的差距就是投资环境，后者生产区位优势较差，没有吸引力。于是，越是经济落后的地区，投资环境越差，外商投资也越少，经济发展也越慢，与经济发达地区的差距也越来越大，形成恶性循环。因此，努力改善我国中西部地区的投资环境，充分挖掘和利用中西部地区的区位优势，对我国企业国际化经营具有重要意义。主要措施应包括：提高国民素质，培养高素质的劳动力；国家、地区和企业共同努力，多方筹资，进行基础设施建设；实行科技扶贫，培养和吸引各种专业技术人才，增加产品科技含量，合理开发和利用当地自然资源，保护生态环境，防止和治理环境污染；制定相应的外资优惠政策，吸引外资合作，使企业在国际化经营中具备较好的条件。

2. 对外商品贸易 不同国家和地区的经济实体之间进行的跨边界商品交换活动是国际化经营过程中最初级的形式，也是最重要的市场进入方式。一个国家通过在生产率方面具有较大比较利益的商品或服务的进出口，可以获得可观的经济利益。[27]

商品出口可分为直接出口、间接出口和易货贸易。[43] 间接出口投资少、

---

[27] Cross-border exchange of commodities between different countries and economic entities of the region's external merchandise trade is the most junior and most important market access to international operations. A country using the productivity which has a larger comparative advantage in the import and export of goods or services, can obtain considerable economic benefits.

40. Absorption and utilization of the foreign investment.

41. Attraction and utilization of the foreign investment have an intrinsic link between foreign and domestic economic development.

42. A good investment environment is an important condition for attracting and utilizing foreign investment.

43. Merchandise exports can be divided into direct exports, indirect exports and barter trade.

风险少、灵活性较大，对一些刚刚开展国际市场业务的企业或绝大部分中小企业来说是一个捷径。但缺点是，出口企业不能迅速、准确地掌握国际市场信息，无法获得在国际市场的经营经验，市场份额和价格无法控制，企业的信誉难以提高。直接出口投资较大，风险较大，潜在报酬也较高。但是要求出口的生产企业享有自营进出口权，并有自己的国际营销渠道，有专人负责出口营销管理工作，如设驻办事处、建立国外销售子公司或国内出口部等，以竞争者的身份与对手进行人员、财务、销售渠道、市场等方面的竞争。易货贸易形式互补性很强，是一种进出口结合的交易方式，交货速度快，不用现汇支付，适用于国内企业与周边国家进行的贸易。在对方急需我出口商品的情况下，可以以出带进，争取到我方急需而又不易买到的重要物资进口；或是在对方急于推销其过剩商品条件下，可以通过易货以进带出，扩大出口。在买方资金不足情况下，设备出口方可采用补偿贸易方式出口设备和技术，并利用对方廉价劳动力、原材料或返销产品获利。

44. License Trade.

45. Patent technology.

46. Trademarks.

47. Proprietary technology.

3. 许可证贸易[44] 许可证贸易方式是技术贸易最主要、最基本的形式，其贸易的标的内容包括专利技术[45]、商标[46]和专有技术[47]三方面。从我国情况看，一些具有高新技术的大型企业和高科技企业掌握了一定的专利技术和专有技术，具备了出口技术的条件，技术出口即可成为新的利润增长点。但是与国外企业相比，我国较多的企业产品生产技术落后，产品开发能力较差，与世界科学技术的飞速发展和产品升级换代步伐不相适应，急需引进消化一些必要的和关键性的生产技术，节省较大的产品技术开发投资，用较短的时间达到世界一流的生产技术水平，增强企业国际化经营的竞争实力。

许可证贸易给技术出口企业提供了一种低成本、低风险进入国际市场的形式，特别是在目标国货币贬值，实行进口限制或投资限制时，许可证贸易可能是进入国际市场最有效的甚至是唯一的方式。它能迅速扩大企业及其产品的声誉和市场占用率，并使自己的无形资产迅速增加。运用技术投资还有利于扩大企业知识资产的开发效益。当企业不愿意或不可能在国外设立企业开发已有技术时，特许授权的许可证贸易则成为较好的选择。当一家企业开发的新产品多，限于企业资源的关系而无力全部批量生产时，可将其中某些批量生产的产品授权给外国企业生产，以使新产品得以在竞争力量形成之前就在世界范围内先行开发出来。在跨国经营中，对外授权与有控制权的直接投资联同进行，会给母公司带来更多产权收益，并有利于对子公司进行更为有效的控制。

对于进口技术的企业，许可证贸易为企业获得拓展所必须的业务提供了一条有效途径。一些企业利用特许授权所得到的关键技术和知识，顺利地完成了生产效益和产品质量的突破，也有的企业通过这一途径在新的经营领域完成了经营多样化。

对外授权进行技术贸易也存在技术泄露、培植潜在市场竞争对手、授权人的名誉存在风险、对外授权收益有限等缺点。

4. 对外直接投资 [48]　对外直接投资主要有国际间企业购并、合资经营和独资新建企业几种形式。企业购并当前已成为国际直接投资的主要形式。通常是一家占优势的公司吸收一家或更多的公司来扩大自己的经营规模和经营领域。[28] 可根据以下有利条件选择企业购并方式：为竞争和占领国际市场，在国外组织生产和销售，绕过国际贸易的关税和非关税壁垒；能够提高企业的规模经济，降低生产成本，有利于企业组织专业化生产，先进的管理方法和科研开发能力等资源也可以得到充分共享；可以使企业以较低的成本进入新的行业；可以使企业获得某些竞争优势并有利于实现经营"当地化"；被购并企业有发展前途和获利能力；能获取技术信息，管理知识，经营决窍等公开市场不易获得的稀缺资源。

48. Foreign direct investment.

合资经营适应范围较广，既为绝大多数大型跨国公司采用，也为众多的中小型跨国公司和刚跨出国门的企业采用。其适用条件是：由于世界上许多国家对于外资企业的所有权形式存在不同程度的限制，在法令所限制的行业或领域设立企业时，就得选择合资经营；既可以长期取得当地的重要原料与资源，又避免与东道国发生利益冲突；需借助当地企业的协助来进入和扩大当地市场；企业在资本与经营能力不足情况下，想要进入更多的海外市场，选择以专利和技术投资入股，则不需投入货币资本或只需要投入少量的货币资本，即可取得较多股权。

国外独资经营是企业国外生产的最高阶段，意味着企业在国外市场上单独控制着一个企业的生产和营销。独资经营可以使企业获得百分之百的所有权和全部利润，可以使国外子公司的营销战略与企业的总体战略融为一体，但企业投入的资金最多，风险也最大。

十几年来，我国在引进外资和对外直接投资方面都取得了很大成绩，但引进外资与对外直接投资之间的比率不大协调，平均比率为 1∶0.1，不仅远

---

[28]　Foreign direct investment has several forms, such as international corporate mergers and acquisitions, joint ventures and wholly-owned new enterprises. Corporate mergers and acquisitions have become the main form of international direct investment. It is usually a dominant company to absorb one or more companies to expand their business scale and business scope.

远落后于发达国家的平均水平，而且也与中国现阶段的经济发展水平不相适应。从中国对外直接投资的项目规模看，规模较小，单个项目超过百万美元的不多，多数项目只有几十万美元，甚至只有几万美元。这说明我国企业海外投资的竞争能力有限。究其原因，一是我国缺少大公司，投资实力较差；二是参加跨国投资的多是中小企业且初次涉足国际市场，对利用国际资本市场的多种资金来源，既无经验又无手段，只能靠自有资金，从而限制了投资规模。因此，以资本为纽带，积极组建具有现代企业制度和经营机制的规模大、有竞争实力的企业集团，是促进中国企业国际化的重要措施。其次是努力学习和积累企业国际化经营的知识和经验，充分利用国外各种资源，包括国际资本市场的多种资金，利用国际经济组织的重要作用，进行跨国投资和经营，促进中国企业国际化的发展。

本章小结

· 国际市场可以被理解为国际产品交换的场所，也可以被理解为由国际商品购买者或购买集团构成的总和，还可以被理解为国际商品交换所反映的经济关系和经济活动现象的总和。

· 国际市场营销是国内市场营销的延伸与扩展，是指企业在一国以上从事经营与销售活动。

· 国际市场营销与市场营销基本原理相同；都以消费者的需求为中心；从经营发生的过程看国际市场营销是国内市场营销的延伸。国际市场营销与市场营销的市场营销环境不同；市场营销组合策略有区别；国际营销战略及营销管理过程更复杂。

· 国际贸易是指各国之间的产品和劳务交换，主要着眼于国家的权益。而国际市场营销则是以企业为主体从事的国际市场的商品和劳务的交换活动，主要是以企业利益为基础的生产经营活动。因而两者在市场主体、理论基础、生产经营特征、商品交换范围、利益机制等方面，都有不同特点。

· 企业国际化经营的动因主要体现为：国际营销的市场动因；国际营销的竞争动因；国际营销的资源动因；国际营销的利润动因。

· 企业国际营销的发展演变经历了一个过程，即国内营销—出口营销—多国营销—全球营销。

· 我国企业国际化主要是通过吸收和利用外资、国际贸易和对外直接投资这几种方式发展起来的。

【主要概念】

国际市场 国际市场营销 国际贸易[29]

---

[29]　Main concepts: International market , International marketing and International trade.

思考与练习

1. 简述国际营销和国际贸易的异同。

2. 简述企业走向国际市场的主要动因。

3. 试区别国内营销、出口营销、国际营销、多国营销、全球营销。

4. 案例分析。

中国企业国际市场营销发展的进程

中国企业的国际市场营销发展经历了 3 个阶段：出口营销为主的阶段、OEM 为主的营销阶段以及跨国并购热起的阶段。中国企业进入国外市场的方式从单一的出口贸易发展到出口、海外直接投资与合资等多种形式；在海外市场的营销战略，也从被动的来料加工向更加主动地自建品牌和销售渠道的方向转变。

1. 出口营销为主的阶段（1979～1990）1979 年，中国开始实行对外开放政策。国内一些企业以出口创汇为目的，开始进入国际市场。国内产品主要通过出口的方式进入国际市场，有些企业在国外设立自己的销售机构、海外代表处或成立合资企业。出口商品结构落后，制成品中，主要是劳动密集型的轻纺产品和石油制品。参与国际市场的企业还比较少，主要是国有大中型工业企业和外贸公司。中国企业海外投资规模小、投资行业范围狭小，投资地区主要是发展中国家以及港、澳地区。中国企业的海外投资受政府控制，企业缺乏自主权。

2. OEM 为主的营销阶段（1991～2001）为了使产品更适合当地市场需求以及绕过壁垒，更好地进入海外市场，很多中国企业开始直接在国外投资办厂。20 世纪 90 年代之后，制造类产品的出口比重大大增加，产品的科技含量也大大提高。一些企业加强科研投入，进行技术创新，创立了品牌，甚至在一些发达国家也获得了很大一部分市场份额。参与国际化经营的企业数量迅速增长，经营领域多元化，地域扩大。投资领域由发展中国家扩大到部分发达国家。投资主体由外贸专业公司向生产企业、集团企业转变。民营企业异军突起，成了中国企业国际化中的一支重要力量。在国内较大规模的民营企业中，万向、华为、新希望、正泰等公司，都已不同程度地走向国际市场。这些公司目前在 40 多个国家投资，其中包括亚洲以外的国家。民营企业通过兼并、收购、控股、中外合资等多种形式与国外企业进行战略联盟，形成优势互补。民营企业大多规模较小，多采用 OEM 模式进军海外市场。近年来，一些成功的民营企业还自创出反 "OEM" 模式，取得了巨大成功，创造出蛇吞象的奇迹。此外，私营生产企业获得自营进出口权，成为中国外贸出口新的增长点。

3. 跨国并购热起的阶段（2002 至今）跨国并购作为新兴的"走出去"形式在我国发展迅速。2002 年是中国加入世贸组织的第一年，中国企业从此更加深入、全面地卷入全球化的潮流中。中国企业进军国际市场的脚步大大加快了，企业的海外并购暗潮涌动。国内一些实力较强大的企业通过收购、组建国际战略联盟，获得国外的销售渠道和著名品牌，形成优势互补，以更快的速度进入当地市场。国内企业以自有品牌进入国际市场的趋势也更加明朗化，联想、厦新等企业纷纷更改企业标识，以更好地将品牌打入国际市场。

表：中国企业国际营销发展阶段特征对比

阶 段	主要进入方式	主要的公司战略	主流的营销策略
1979～1990 出口营销为主的阶段	出口贸易	• OEM • 通过外贸公司或利用海外营销渠道	• 订单生产 • "推"的策略
1991～2001 OEM 为主的营销阶段	出口、合资、海外直接投资	• OEM＋自有品牌 • 自建渠道 • 海外设厂	• 价格和规模竞争 • 当地化营销 • "推"与"拉"的策略作用并行
2002 至今 跨国并购热起的阶段	出口、合资、海外直接投资、国际战略联盟	• OEM＋反向 OEM＋自有品牌 • 跨国并购 • 海外上市	• 品牌收购 • 品牌识别国际化 • 差异化营销 • "拉"的策略地位上升

问题讨论：

1. 中国企业在国际市场营销发展进程中的 OEM 阶段是不是跨国营销阶段？为什么？

2. 中国企业目前是否已经进入全球营销阶段？跨国并购是不是全球营销？

chapter 2

第2章 国际市场营销环境

学习目标：

本章将主要探讨国际市场营销面临的宏观和微观环境。通过学习，学生应该能够了解国际市场营销宏观和微观环境的含义和内容，掌握国际市场营销环境分析的要点及国际市场营销环境分析对国际市场营销的影响，学会分析国际市场营销环境。

重点难点：

· 国际市场营销的文化、人口、经济、自然、政治、法律环境的含义和内容

· 国际市场营销环境同企业国际市场营销活动的关系

2.1 市场营销环境概述

据有关资料显示，早在 20 世纪 50 年代评选出来的世界 500 强企业，到目前已有 2/3 已破产倒闭，剩下的也只有 1/3 了。为什么有些企业的寿命长，有些企业的寿命如此短暂呢？从事国际市场营销的企业经常面临着陌生的国外市场环境。现代营销学认为，成功的国际市场营销关键在于适应一种不断变化的、多半难以控制的、没有经历过而又与营销企业密切相关的环境。要适应环境，首先就要了解环境，并且知道环境的重要性以及如何去适应环境，然后指导企业科学地设计其国际市场营销策略。企业在制定出正确的国际市场营销策略之前，必须首先了解和掌握经济、政治、文化等对企业国际化策略有较大影响的环境要素 [1]。

2.1.1 国际市场营销环境的含义

国际市场营销环境是指影响企业营销活动及其目标实现的各种力量和因素，国际市场营销环境包括国际市场营销宏观环境和微观环境 [2]。

宏观环境是指企业在从事国际营销活动时难以控制也较难影响的营销大环境，及能给企业的营销活动带来市场机会和环境威胁的主要社会力量，包括人口环境、经济环境、自然环境、技术环境、政治法律环境以及社会文化环境 [3]。企业及其微观市场营销环境的参与者，无不处于宏观市场营销环境中。

微观环境是企业在不同目标市场进行营销活动时所构建的处于不同国家和不同地域的分支机构的组织结构，以及与当地社会文化特征相结合的企业

---

[1]   In order to adapt to the environment, we must first understand the environment, learn the importance of the environment and how to adapt to the environment, and then direct firms to scientifically design their international marketing strategies. Before the correct international marketing strategies are worked out, we must first understand the economic, political, cultural, and other environmental elements which may have a greater impact on firms' internationalization strategy.

[2]   International marketing environment refers to the various forces and factors that affect corporate marketing activities and goals' realization. International marketing environment includes macro-environment and micro-environment.

[3]   Macro-environment refers to the environment which is difficult to control and could hardly be influenced by companies, and also refers to the major social forces which bring companies market opportunities and threats, including demographic environment, economic environment, natural environment, technological environment, political, environment legal and social and cultural environment.

文化特征等环境[4]，主要包括企业自身、供应商、营销中介、顾客、竞争者及社会公众[5]。这些因素与企业有着双向的运作关系，在一定程度上，企业可以对其进行控制或施加影响。

企业与营销环境之间的关系如图 2-1 所示。

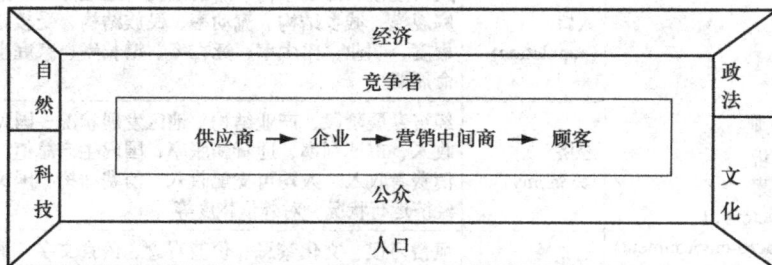

图 2-1　国际企业与环境的关系

国际市场营销环境通过对企业构成威胁或提供机会影响营销活动。环境威胁是指环境中不利于企业营销的因素及其发展趋势，对企业形成挑战，对企业的国际市场地位构成威胁。市场机会指由环境变化造成的对企业国际营销活动富有吸引力和利益空间的领域。

2.1.2　国际市场营销环境的分析思路

在营销实践中，营销人员可以使用表 2-1 所示的营销环境分析思路表进行分析判断。（可以根据个人理解增加或减少有关因素）具体做法为：对表中所列内容由大类到小类、由小类到因素逐个分析，并对相关重要的因素进行深入分析。

表 2-1　营销环境分析思路表

大类	小类	分析内容
宏观环境因素 (factors of macro-environment)	政治 (politics)	社会制度、政治局势、相关政策、政治体制、政务效率、政治团体、社会治安、执政党、政务清廉状况、东道国与母国的关系

---

[4] Micro-environment refers to the organizational structure of the branches built in different countries and different regions by corporate performing marketing activities in different target markets, as well as the characteristics of corporate culture combined with the local social and cultural characteristics.

[5] It mainly includes corporates themselves, suppliers, marketing intermediaries, customers, competitors and the public.

大类	小类	分析内容
宏观环境因素 (factors of macro-environment)	法律 (law)	立法情况（专用法规、相关法规）、执法状况、司法制度、国际法及国际惯例、东道国与母国的法律交流等
	人口 (population)	人口规模、性别结构、年龄结构、地理分布、家庭规模、城乡结构、流动率、民族结构、受教育程度、职业、出生率、死亡率、增长率、家庭生命周期
	经济 (economy)	经济发展阶段、产业结构、地区发展状况、国民收入、市场利率、通货膨胀率、国内生产总值、消费者收入、人均可支配收入、消费结构、国民经济运行状况、对外依赖度等
	文化 (culture)	风俗习惯、文化禁忌、价值观念、语言文字、消费观念、民族亚文化、地理亚文化、宗教亚文化、思维方式、社会阶层、饮食习惯等
	科技 (technology)	新材料、新工艺、新设备、新技术、新兴销售方式、换代产品技术、替代产品技术、新营销手段、物流技术、新型支付手段、新型媒体技术等
	自然 (nature)	气候、生态环境、资源、能源、污染、环保、地形地貌、地理位置、交通状况等
微观环境因素 (factors of micro-environment)	目标顾客 (target customer)	居民顾客群、中间商顾客群、制造商顾客群、非营利组织顾客群、顾客需要、顾客动机、顾客心理、顾客行为、购买力水平、所属社会阶层、相关群体、文化观念、年龄、家庭生命周期阶段、职业、经济状况、信息来源等
	竞争对手 (competitor)	愿望竞争对手、平行竞争对手、形式竞争对手、品牌竞争对手、市场主导者、市场挑战者、市场跟随者、市场利基者、替代品生产者等
	供应商 (supplier)	供货能力、供货质量、信贷制度、供货价格、供货周期、供货政策、供货市场状况等
	营销中介 (marketing intermediary)	经销商、代理商、物流企业、咨询公司、保险公司、批发商、零售商等
	营销公众 (marketing public)	金融公众、媒介公众、政府公众、企业内部公众、社团公众、社区公众等
	企业内部条件 (internal conditions of the firm)	企业生产能力、企业营销能力、企业管理能力、企业员工素质、企业财务状况、企业技术水平、企业制度、企业组织结构、企业领导风格、企业经营理念、企业规模实力等
	行业 (industry)	行业寿命周期阶段、行业在社会经济中的作用与重要性、行业分布、行业依赖程度、行业竞争结构、行业市场结构、行业发展趋势、进入该行业的障碍、退出该行业的障碍等
	地区 (region)	企业所在地政策、生产要素供应、配套设备、产业集群状况、居民收入水平等

2.1.3 国际市场营销环境分析方法

随着经济、社会、科技等诸多方面的迅速发展，特别是世界经济全球化、一体化过程的加快，全球信息网络的建立和消费需求的多样化，企业所处的环境更为开放和动荡。这种变化几乎对所有企业都产生了深刻的影响。正因为如此，环境分析成为一种日益重要的企业职能。下面介绍一个常用的环境分析方法——SWOT分析法。

（一）SWOT的含义

SWOT英文字母代表：Strength（优势），Weakness（劣势），Opportunity（机会），Threat（威胁）。

SWOT分析企业（单位）的优势、劣势、机会和威胁。从整体上看，SWOT可以分为两部分：第一部分为SW，主要用来分析内部条件；第二部分为OT，主要用来分析外部条件。如图2-2所示。因此，SWOT分析实际上是对企业内外部条件各方面内容进行综合和概括，进而分析组织的优劣势、面临的机会和威胁的一种方法[6]。其中，优劣势分析主要着眼于企业自身的实力及其与竞争对手的比较，而机会和威胁分析将注意力放在外部环境的变化及对企业的可能影响上；但同时，外部环境的同一变化给具有不同资源和能力的企业带来的机会与威胁却可能完全不同，因此，两者之间又有着紧密的联系。

在发达国家，许多公司、医院、政府机构、工厂、学校，不管是营利单位，还是非营利单位，都非常关注本单位的发展。所以，他们经常用SWOT方法进行分析、研究，有的一年一次，有的一季度一次，有的甚至一两个月一次，因为他们已经习惯了对目前的情况、存在的问题、条件和环境的变化经常进行了解，以期得到较清晰、连续的跟踪，并根据自己的发展目标，做出一套相适应的计划和规范来保证达到目的。他们非常希望知道本单位的市场、产品、顾客、服务等的定位情况。在国内，运用SWOT分析问题时，一定要考虑到中国的国情和企业（单位）的具体情况。只有将SWOT分析法同本单位的实际情况结合起来，并考虑到中国的文化、经济、政治、人文等因素，才能得出较正确的结论。

（二）SWOT分析流程

1. 分析环境因素 [1] 运用各种调查研究方法，分析出公司所处的各种环境因素，即外部环境因素和内部环境因素。外部环境因素包括机会因素和威

1. Analyzing environmental factors.

---

[6] SWOT analysis is actually an integrated summary of the various aspects of the internal and external corporate conditions, and also a method of further analyzing the organization's strengths and weaknesses, opportunities and threats.

胁因素，它们是外部环境对公司的发展直接有影响的有利和不利因素，属于客观因素，一般归属为经济、政治、社会、人口、产品和服务、技术、市场、竞争等不同的范畴；内部环境因素包括优势因素和弱点因素，它们是公司在其发展中自身存在的积极和消极因素，属主动因素，一般归类为管理、组织经营、财务、销售、人力资源等不同的范畴。在调查分析这些因素时，不仅要考虑到公司的历史与现状，更要考虑公司的未来发展。

2. 构造 SWOT 矩阵 [2]　将调查得出的各种因素根据轻重缓急或影响程度等排序方式构造 SWOT 矩阵。在此过程中，将那些对公司发展有直接的、重要的、大量的、迫切的、久远的影响因素优先排列出来，而将那些间接的、次要的、少许的、不急的、短暂的影响因素排列在后面。

3. 根据 SWOT 分析，选择竞争战略 [3]　通过以上对企业内部和外部的综合分析，至少就可以展现一个比较简明的企业的总体态势，发现企业处在一个什么样的地位，可以采取哪些相应的措施来加以改进、防御或发展，这对企业发展战略的制定、执行和检验可以起到重要的参考作用。

	优势（S）	劣势（W）
机会（O）	SO 战略	WO 战略
威胁（T）	ST 战略	WT 战略

图 2-2　SWOT 矩阵分析

2.1.4　企业对策

分析国际营销环境的目的在于，寻求营销机会和避免环境威胁 [7]。所谓环境威胁，就是营销环境中对企业营销不利的趋势，对此如无适当应变措施，则可能导致某个品牌、某种产品，甚至整个企业的衰退或被淘汰；而营销机会则是企业能取得竞争优势和差别利益的市场机会。在现实生活中，机会和威胁往往并存。同一环境变化对不同行业的影响也不相同，它可能对某些行业或企业造成威胁，同时却给另一些行业或企业提供机会。营销管理者的任务就在于，善于抓住机会、克服威胁，以有力措施迎接市场上的挑战。对企业所面临的市场机会和环境威胁，市场营销管理者应该采取什么反应或可采用什么对策呢？根据图 2-3 企业在机会威胁水平分析图中的位置，可分别采取不同的对策。

2. Constructing SWOT Matrix.

3. Choosing competitive strategy according to SWOT analysis.

---

[7]　The purpose of analyzing a firm's international environment is to seek marketing opportunities and to avoid environmental threats.

1. 理想企业[4]　这类企业的市场营销环境处于高机会、低威胁的状况。企业应当抓住机会，充分发挥企业优势，密切注意威胁因素的变动情况。

2. 成熟企业[5]　这类企业的市场营销环境处于低机会、低威胁的状态。成熟并不表明企业经营环境处于良好状态，低机会限制了企业的发展，企业应当居安思危，努力发掘对企业有利的市场营销环境因素，提高企业营销机会。

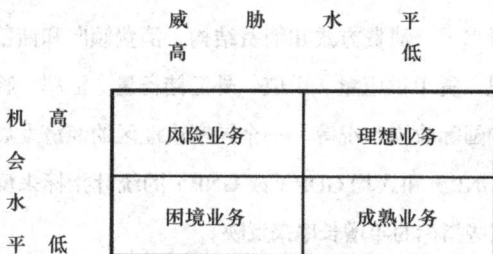

4. Ideal firms.

5. Mature firms.

		威　胁　水　平	
		高	低
机会水平	高	风险业务	理想业务
	低	困境业务	成熟业务

图 2-3　机会威胁水平分析

3. 冒险企业[6]　这类企业的营销环境处于高机会、高威胁的状态。高机会表明企业营销环境对企业营销活动具有极强的吸引力，但高威胁又表明企业环境因素对企业营销活动构成了强大的威胁。因此，企业必须在调查研究的基础上，限制、减轻或者转移威胁因素或威胁水平，使企业向理想企业转化。

4. 困难企业[7]　这类企业的营销环境处于低机会、高威胁的状态。此时的企业营销活动出现危机，企业应当因势利导，发挥主观能动性，"反抗"和"扭转"对企业不利的环境因素，或者实行"撤退"和"转移"，调整目标市场，经营对企业有利、威胁程度低的产品。

6. Venture firms.

7. Firms in difficulties.

2.2　国际市场营销的经济环境

国际市场营销的经济环境是各种直接或间接影响和制约国际市场营销的经济因素的集合，是国际市场营销环境的重要组成部分，具有国际市场营销环境的各种特征。其分为三个不同层次，一是从全球的角度出发，考察整个世界经济的基本状况及国际营销在全球层面的经济环境；（国际金融环境、国际贸易环境、经济周期、世界经济结构）[8] 二是从一个国家角度出发，考察某个具体国家的经济状况及其对国际营销的国别层面的经济影响；（即本地

---

[8]　The economic environment of international marketing is divided into three different levels. Firstly, from a global perspective, we have to examine the basic situation of world economy as a whole, and the economic environment of the international marketing at the global level (international financial environment, international trade environment, the economic cycle, the world economy structure).

经济环境）[9] 三是从世界区域性范围及区域性组织出发，考察某些文化背景相似、经济发展水平相当、关系往来密切的一系列国家和地区的区域性层面的经济环境[10]。具体包括：本国、目标市场国和国际的经济形势，经济发展规模、速度、水平，经济制度、体制，参加国际经济组织、国际经济活动的状况，国际经济地位、经济发展阶段、经济结构类型、国家或地区的产业布局和城市（城镇）化程度，以及水利、能源、交通、通信等基础设施状况，消费者收入水平、消费水平、消费方式和消费结构，消费倾向和储蓄倾向，消费者储蓄和信贷状况，货币供应量、币值、外汇储备量、汇率、物价水平、通货膨胀率，外贸和国际收支状况等。一个国家或地区的经济发展规模和水平通常以 GDP（或 GNP）和人均 GDP（或 GNP）的统计指标来反映，经济发展速度则通常由这些指标的年增长率来反映。

一般说来，经济环境对国际营销的影响最大，它直接影响企业产品的销售去向、方式以及数量，因此，对经济环境的分析也就十分重要。

2.2.1　经济发展水平 [8]

企业的市场营销活动要受到一个国家或地区的整个经济发展水平的制约。经济发展阶段不同，居民的收入不同，顾客对产品的需求也不一样，从而会在一定程度上影响企业的营销。例如，以消费者市场来说，经济发展水平比较高的地区，在市场营销方面，强调产品款式、性能及特色，品质竞争多于价格竞争。而在经济发展水平低的地区，则较侧重于产品的功能及实用性，价格因素比产品品质更为重要。在生产者市场方面，经济发展水平高的地区着重投资较大而能节省劳动力的先进、精密、自动化程度高、性能好的生产设备。因此，对于不同经济发展水平的地区，企业应采取不同的市场营销策略。

美国学者罗斯顿（W.W.Rostow）根据他的"经济成长阶段"理论，将世界各国的经济发展归纳为 5 种类型。

第一阶段：传统社会 [9]。处于该阶段的国家，生产力水平低，未能采用现代科技方法从事生产，识字率低，无能力进行建设。

第二阶段：起飞前夕 [10]。该阶段是经济起飞阶段的过渡时期。在此阶段，

8. The stage of economic development.

9. Traditional economic society.

10. Preparation stage before the economic take-off.

[9]　Secondly, from the point of view of a country, we need to study the economic situation of a country-specific economic environment and its effect on the international marketing at the country level (that is, the local economic environment);

[10]　Thirdly, from the level of world's regional scope and regional organizations, we can examine the economic environment of counties or regions with common similar cultural background, close economic development level or close relationship in between.

现代科学技术知识开始运用于工农业生产。运输、通信、电力、教育、保健等公共事业已开始发展，只是规模还小，不能普遍实行。

第三阶段：起飞阶段 [11]。这一阶段大致已形成了经济成长的雏形，各种社会设施及人力资源的运用已能维持经济的稳定发展，农业及各项产业逐渐现代化。

11. Economic take-off stage.

第四阶段：趋于成熟 [12]。处于该阶段的国家，不但能维持经济的长足发展，将更加现代化的科技应用于各种活动中，而且能多方面参与国际营销活动。

12. Economic maturity stage.

第五阶段：高度消费阶段 [13]。在这一阶段，主要经济部门开始转向生产耐用消费品和服务。实际人均收入达到较高水平，大量居民拥有相当规模的可自由支配的收入。

13. Mass consumption stage.

假如像兰博基尼（Lamborghinis）这种每辆价值 15 万美元的汽车要寻找市场，在处于第一阶段和第二阶段的国家里，市场是极小的。兰博基尼汽车的最大出口市场是葡萄牙（属于第三个阶段的国家），虽然葡萄牙是西欧最穷的国家，但那里却有足够富裕的家庭买得起这种汽车。

2.2.2　经济结构

经济结构（Economic Structure）是一个内涵非常广泛的概念，它一方面反映的是各种经济成分、要素互相联结、互相作用的方式及其运动变化规律，另一方面也是各类经济行为体在各个不同的经济领域按照一定的方式活动，构造具有不同效能的经济侧面，进而介入经济生活的直接体现。任何一个社会的经济结构都是多方面因素共同作用下的结果。就经济结构的组成而言，它会涉及产业结构、分配结构、就业结构、供给结构、需求结构等 [11]。

经济结构有两种含义：一是指社会经济结构的简称，即由反映一定社会生产关系的社会经济成分组合而成的有机整体，是决定其余社会关系的经济基础。二是指某地区国民经济各部门、各系统以及社会经济各环节的构成及其相互联系、相互制约的比例关系。地区经济结构是在社会、经济、地理条件影响下经济长期发展的结果。经济结构的种类和层次很多，主要有：①产业结构 [14]，如按三大产业的各部门、行业、产品等进行多层次的分类；②技术结构 [15]，按各行业的技术水平和层次分类；③规模结构 [16]，按企业和产业经济规模大小分类；④经济成分结构 [17]，按所有制形式分类。还可以按经济活

14. Industrial structure.

15. Technological structure.

16. Scale structure.

17. Economic composition structure.

---

[11]　In terms of the composition of the economic structure, it refers to the industrial structure, distributional structure, employmental structure, the structure of supply and demand, etc.

动的各个环节和各个方面进行划分，如出口和进口商品结构、就业结构、地区结构、价格结构、投资结构、交换结构和消费结构等。

总之，经济结构是一个由许多系统构成的多层次、多因素的复合体。一个国家的经济结构是否合理，主要看它是否建立在合理的经济可能性之上。结构合理就能充分发挥经济优势，有利于国民经济各部门的协调发展。经济结构状况是衡量国家和地区经济发展水平的重要尺度。不同经济体制、不同经济发展趋向的国家和地区，经济结构状况差异甚大。

2.2.3　经济特征

经济特征是国际营销中最重要的经济环境指标 [12]。衡量各国经济特征的指标有人口、收入、消费者储蓄和信贷水平、消费结构和城市化程度等 [13]。

人口状况可以反映市场的规模、结构状况 [14]。人口是构成需求的基本因素，市场是由有购买欲望和购买能力的人构成的，人口越多市场规模也越大。当前，发展中国家人口增长加快，美国、西欧等发达国家人口增长率下降，儿童减少。许多国家的人口趋于老龄化，科技的进步、经济的发展使得现代人的平均寿命延长、死亡率下降。因此，保健品市场、旅游、娱乐市场将大有可为。许多国家人口流动性大，形成人口城市化、城镇化的浪潮。人口流动促使人口的密度和分布发生变化，这对消费结构、消费规模、消费水平、商业网点和服务方式均会产生重大的影响。

在分析和评估国际市场的经济环境时，要特别重视目标市场的市场购买力 [15]，而市场购买力主要受该国或地区消费收入水平、消费支出结构、储蓄信贷水平和城市化程度等因素的影响。收入水平是影响市场购买力最重要的因素。国民生产总值是因素之一，该指标反映一国或地区的国民经济发展水平，反映该国或地区的总体市场规模。因素之二是人均收入，其可用来衡量和比较一国消费者的平均购买力，并可以根据一般规律推测消费水平和消费结构。因素之三是个人收入，其可以衡量当地消费者市场的容量和购买力的高低。

[12]　The economic characteristics is the most important economic environmental indicator in international marketing.

[13]　Indicators to measure countries' economic characteristics include the population, income, consumer savings and credit level, consumption structure and the degree of urbanization, etc.

[14]　Population status can reflect the size of the market and structural condition.

[15]　When analyzing and evaluating the economic environment of the international market, we need to pay particular attention to the purchasing power of the target market.

因素之四是个人可支配收入，其可以反映消费者消费支出和储蓄的能力。因素之五是家庭收入，对一些以家庭为购买单位的商品而言，家庭收入的高低决定购买力水平和消费结构。发达国家目前的消费结构特点是：恩格尔系数显著下降，西方国家大都降到 20% 以下，衣着消费比重下降，住宅消费比重增加，劳务消费支出比重上升，消费开支占国民生产总值和国民收入的比重上升。而一些贫困国家的恩格尔系数在 60% 以上，吃穿成为最大需求。

2.2.4　国际经济组织

国际经济组织是指两个或两个以上国家政府或民间团体为了实现共同的经济目标，通过缔结或加入国际条约或协定而成立的组织[16]。到目前为止，国际经济组织已出现在交通、运输、邮政、通信、货物买卖等各个领域。

（一）国际经济组织的分类

1. 按参加范围，可分为世界性的国际经济组织和区域性的国际经济组织[17]　世界性的国际经济组织是指参加者包括世界各洲或多数洲的国家或民间团体的国际经济组织。世界性的国际经济组织主要有：国际货币基金组织、世界银行集团、世界贸易组织、联合国贸易和发展会议等[18]。区域性的国际经济组织是指参加者局限于某一洲或某一地区的国家或民间团体的国际经济组织。区域性的国际经济组织较有代表性的就是欧洲经济共同体，此外，东南亚联盟、加勒比共同市场、北美自由贸易区、亚洲开发银行等也属于区域性国际经济组织。

2. 按商品结构，可分为各种根据某项特定商品的特点而建立的国际经济组织[19]　此类国际经济组织也称专业性国际经济组织，参加者大多是某项特定商品的生产国或出口国。其特点是以协调各成员方的出口政策（包括出口数量和价格）、对商品的生产和销售作出统一安排为宗旨，维护成员方在有

---

[16]　International economic organization refers to the organization established through the conclusion of or accession to international treaties or agreements between two or more national governments or non-governmental organizations in order to achieve common economic goals.

[17]　According to the range of participants, it can be divided into worldwide international economic organizations and regional international economic organizations.

[18]　The worldwide international economic organizations mainly include the IMF, the World Bank Group and the World Trade Organization, the United Nations Conference on Trade and Development.

[19]　It can also be divided into a certain of specific international economic organizations established in accordance with the characteristics of a particular commodity.

关商品的国际贸易中的共同经济利益。目前，几乎所有的原料和初级产品都有自己的国际经济组织，如石油输出国组织、国际小麦理事会、国际茶叶委员会、国际食糖组织、国际咖啡组织等。

（二）国际经济组织的法律地位

国际经济组织的法律地位是指国际经济组织的法律人格[20]。没有法律人格就不能成为国际经济活动的参加者，不能直接享有国际经济法上的权利以及承担国际经济法上的义务。国际经济组织的法律地位由其成员方在其章程性文件中授予。多数国际经济组织都在其章程性文件中规定，该组织具有国际法律人格或法律人格，具有缔约或签约权、取得与处置财产权、进行法律诉讼权。有的还规定具有特权和豁免权。政府间国际经济组织尽管由主权国家组成，但是其法律地位及权力并不凌驾于主权国家之上，也不是"超国家"实体，其法律地位仍受其章程性文件约束。此外，政府间国际经济组织更不能等同于国家，它不具有国家主权，不拥有领土和居民。

2.3 国际营销的政治环境

政府对环境的影响，是通过政府政策、法令规定以及其他限制性措施而起作用的。政府对外商的政策和态度反映出其改善国家利益的根本想法。因此，企业在进入一个国家之前必须尽可能评估该国的政治环境和法律环境。一国的政治环境主要包括：政府与政党体制、政府政策、民族主义以及政治风险等[21]。国际营销人员要注意了解现政府的构成及其对经营和外商的主要政策。政府是保守的、中立的，还是极左的？目前的商业政策是鼓励自由经营体制，还是鼓励国家所有制？要回答这些问题，还必须考虑执政党的主张。一个企业要想掌握外国政府的政治气候，就必须研究现政府的主张，并且尽可能考虑其政治发展的长远方向。政府政策的稳定性直接影响企业经营战略的长期性。尽管政府政策始终处于某种渐变状态，但企业首要关注的是一国对外政策的根本性变化。这种根本变化可以定义为不稳定性。尽管政党和政府的更替可能会引起政府—企业关系的不稳定，但当今世界影响国际营销最关键的政治因素应属强烈的经济民族主义。民族主义对外国企业的影响，无论在发

[20] The legal status of the international economic organization refers to the legal personality of the international economic organization.

[21] A country's political environment mainly includes the system of government and political parties, government policy, nationalism, political risks, etc.

达国家还是发展中国家都是一样的，只是激烈程度不同而已。但是，所有的东道国都会在其国内控制利润和借贷、控制外商对本国公司的冲击、控制外资对本国企业的投资规模等。

2.3.1 国际政治风险的概念及类型

过去，只有特大型跨国公司才会关注政治风险。然而，随着越来越多的公司在全球范围内进行采购和销售，政治风险已逐渐成为一个普遍的议题。如今，在多数高层决策者的议程上，政治风险管理占据了越来越重要的地位。

政治风险是一国发生的政治事件或一国与其他国家的政治关系发生的变化对公司造成不利影响的可能性[22]。政治风险是企业在跨国经营中经常遇到的一种风险，这种风险不仅发生在广大的发展中国家，而且在发达国家也时常发生。例如，1980年，加拿大采取新的能源政策，将外国在能源方面的参与率从75%降到50%，从而急剧改变了其在石油工业中欢迎外国投资的传统做法，使外国投资者的利益受到损害。政治风险之所生产生，主要有两方面的原因：一是企业与东道国的目标冲突，企业实行国际化经营，追求的是经济利益的最大化，并力图使自己的股东、供货商、用户和债权人满意，而东道国政府不仅关心本国经济的发展，还有政治的、社会的、文化的、意识形态的目标，因此双方经常发生目标冲突。如所有权与控制权问题、外资的流入与东道国资本的流出等；二是企业运营与东道国政府的规定冲突。为了达到国家的预定目标，东道国政府经常颁布一些法律和行政制度以限制其辖区内的企业运营，这些措施的实施常给外资企业带来风险。从其产生的原因可以看出，政治风险与东道国政治制度、经济政策及文化、法律有着密切的关系，是企业投资者无法控制的风险。

政治风险来自于东道国未来政治变化的不确定性和东道国政府对外国企业未来利益损害的不确定性[23]。它一般包括四类：总体政局风险，所有权/控制权风险，经营风险，转移风险[24]。总体政局风险产生于企业对东道国政治制度前景认识的不确定性。总体政局不稳定不一定会迫使企业放弃投资项目，

---

[22] Political risk is the possibility of an adverse effect of the political events occurring in one State or changes of a country's political relations with other countries.

[23] Political risk comes from the uncertainty of the host country's political change in the future and the uncertainty of the benefit or damage of the foreign enterprise charged by host government.

[24] It generally includes four categories: overall political risk, ownership / control risk, operation risk, transfer risk.

但肯定会干扰企业经营决策和获利水平。经营风险产生于企业对东道国政府控制性惩罚认识的不确定性，它主要表现在对生产、销售、财务等经营职能方面的限制。转移风险主要产生于对东道国政府限制经营所得和资本的汇出认识的不确定性。转移风险还包括货币贬值的风险。

2.3.2　政治风险的主要表现

1.　单纯征用[18]　政府针对一个单独的外国投资者的行为。单纯征用在以下三种情况下被视为合法行为：一是征用是为公开的目的进行的；二是征用不是歧视性的、武断的；三是征用伴随着立即有效和足够的补偿。

2.　没收[19]　这是一种东道国政府从项目中剥夺财产的风险，财产剥夺没有任何补偿。国有化是将整个工业项目融入国家总体重组计划的一种没收。

3.报复性充公[20]　这是政府对外国资产实施直接的控制，是对投资者或其政府非礼行为的反应。在这种情况下，东道国政府不会向投资者提供任何补偿。

4.　政府禁令[21]　东道国从多方面影响投资者的经营，不仅造成投资者对投资的失控，而且使项目失去赢利的机会，使投资者的决策完全依赖于政府的要求和政策，而不是根据市场情况。

5.　东道国政府毁约[22]　东道国政府不履行项目协议中的有关承诺，这种承诺可能是多方面的，有的承诺建设一些基础设施，如道路、管道和出口终端等，有的包括劳工协议和取消一些政府法规和杂费等。

6.　政治动乱[23]　包括战争、革命、颠覆、政变、内乱、破坏和恐怖活动。

因为政治风险具有覆盖面广、辐射力强、造成的损失大和不可抗拒等特点，所以在海外投资，应加强对政治风险的管理。对东道国的政治风险，要在认识风险的基础上对政治风险做出评估，根据风险的特点及风险的大小制定防范措施。

18. Simple expropriation.

19. Confiscation.

20. Retaliatory confiscation.

21. Government bans.

22. The host government breach of contract.

23. Political unrest.

小资料

可口可乐杀回，配方仍为秘方

自1991年来，生产可口可乐的配方一直被严加保密。后来，印度政府命令可口可乐公司公开其配方，否则必须停止其在印度的经营活动。据说一种名为7-X的秘密成分使可口可乐风味独特。印度工业部长告知印度国会，可口可乐在印度的分公司必须将其60%的股权转让给印度人，并在 1978 年 4 月前交出其生产技术，否则就关门停止。

虽然可口可乐在印度的销量占其全球销量不足 1%，但是一个拥有 8 亿人口的国家的潜在市场是巨大的。印度拒绝让可口可乐公司进口必需的原料，这种曾经多得像在几乎每一个拥有 5 万人以上的印度城镇均有销售的瓶装饮用水一样的可口可乐只得打道回府。那位工业部长说，可口可乐在印度的活动"提供了一个经典例子，说明投资于发展中国家不受重视但收益很高的领域的跨国公司是如何取得迅猛的发展并玩弄弱小的本地工业的"。可口可乐公司表示不愿放弃配方，因此印度说它必须离开。

16 年以后，随着印度对外国投资态度的改变，可口可乐重新进入了该国市场，但这回不再需要公布其配方。在可口可乐被驱逐的 16 年间，百事可乐打入印度市场并获得了 26% 的市场份额。但是这无需担心，因为印度人均年消费仅为 3 瓶 8 盎司容量的饮料，而巴基斯坦为 12 瓶，美国则为 731 瓶，所以两家公司均有巨大的发展潜力。

资料来源："Indian Government Rejects Coke's Bid to Sell Soft Drinks"，"The Wall Street Journal"，March16，1990，p.B5；及 "Coke Adds Fizz to India"，"Fortune"，January 10,1994,p14-p15.

2.3.3　国际政治风险的预测评价方法

目前,国际上的研究机构提出的对政治风险的评估方法主要有以下几种。

1. 预先报警系统评估法[24] 该方法是根据积累的历史资料，对其中易诱发政治风险的诸因素加以量化，测定风险程度。例如用偿债比率、负债比率、债务对出口比率等指标来测定资源国所面临的外债危机，从而在一定程度上体现该国经济的稳定性。

24. The pre-alarm assessment system.

2. 分类评估法[25] 根据伦敦的控制风险集团（CRG）的做法，政治风险按照规模有 4 种分类，即可忽略的风险、低风险、中等风险和高风险。

25. Category assessment method.

（1）可忽略的风险：适应于政局稳定的政府，如瑞士和奥地利政府。

（2）低政治风险：往往孕育在那些政治制度完善、政府的任何变化通过宪法程序产生、缺乏政治持续性、政治分歧可能导致领导人的突然更迭的国家，如西欧国家。

（3）中等政治风险：往往会发生在那些政府权威有保障但政治机构仍然在演化的国家，或者存在军事干预风险的国家，如委内瑞拉。

（4）高政治风险国家：是那些政治机构极不稳定、政府领导有可能被驱逐出境的国家，如阿富汗。

上述评估机制表明，政治风险通常与政治动荡和政权变动有关系。为了正确分析政治风险，重要的是要设立未来的多种方案、熟悉一国的政治人物和政策并弄清该国的基本经济问题。

2.3.4 国际政治风险的控制

1. 政治风险准保险 [26] 国外投资抵御政治风险的方法很多，如尽量减少投资者的风险性资产、增大投资者对可能引发财产没收事件的控制能力、减少东道国政府进行没收和充公的机会，或者减少对东道国直接投资的价值。这些方案尽管在理论上有很大的吸引力，事实上却很难达到目的，因为这些措施与东道国的利益都是对立的，而东道国法律的存在降低了这些措施的有效性。

然而，抵御政治风险还有其他更加微妙的方式，目的就是不让政府参与项目，这种方式在西方被称为"软性政治风险保险"。具体方法包括，与当地公司成立合资企业；争取多边机构参与项目；确保项目的"辛迪加贷款者"来自更多的国家，包括东道国银行。

安全问题也是政治风险防范所考虑的重要内容，如果东道国不能保证项目工作人员的人身安全，那么东道国就不能说服投资者相信其政治环境的可靠。尽管项目在地质前景和合同条款上很具诱惑力，但整个投资要重新评估。

2. 国家间条约 [27] 如果东道国政府和投资者的母国政府签订某种国家间条约，那么政治风险将会大大降低。世界上比较流行的签约方式有两种，即双边投资条约（BIT）和商业经济条约。双边投资条约可以向投资者保证东道国政府给予它们非歧视性待遇（国民待遇），当没有公平的市场价值补偿东道国政府时不会没收其财产，并同意将纠纷送交中立仲裁场所解决。商业经济条约也保证给予投资者非歧视性待遇，并保证其财产不被没收，但同时还保证货币的可兑换性和利润的汇出。

这些条约是东道国政府履行其义务的有效机制。实际上，一旦其侵犯了条约中投资者获得保证的权利，其行为不仅违反了通行的国际法标准，而且违反了与投资者母国签订的条约。换言之，如果东道国政府企图侵犯投资者的权利，条约的存在就增强了东道国政府对利害关系的平衡。然而，上述条约并不能保证万无一失，投资者的权利还要由其他形式的保护措施来保证。

3. 政治风险保险 [28] 投资者获得政治风险保险的途径比较多，它们可以从出口信贷机构、多边机构和私营保险公司等处获得保险。

26. The political risks quasi insurance.

27. Treaties between the States.

28. Political risk insurance.

（1）出口信贷机构的政治风险保险 [29]

29. Political risk insurance from export credit agencies.

以美国的海外私人投资公司（OPIC）为代表探讨一下出口信贷机构的政治风险保险业务开展的情况。OPIC 是美国政府下属的独立机构。为支持美国的投资和出口，它为美国海外的项目提供政治风险保险、贷款、贷款担保和咨询服务等业务。OPIC 的保险业务依靠政府的信贷和自身的储备支持。

其征用险包括简单征用和爬行征用，但是不包括因为投资者原因引起的由政府采取合法行为而造成的损失。对于股权投资，征用发生日期的账面价值决定赔偿金额；对于贷款，赔偿只涉及未偿还的本金和贷款的累计利息。

OPIC 的保险有一套合法性方面的标准：一是投资者必须是美国的公民或团体，或者是由美国公民或团体拥有 95% 以上股权的外国企业；二是投资项目必须是新的项目、扩建项目，或者现有项目的私有化；三是在投保日期上，必须在实际投资或投资承诺之前进行；四是 OPIC 的政治风险保险可能不适用于没有和美国签订投资协议的国家；另外，东道国政府必须批准 OPIC 对项目的保险。

（2）多边机构的政治风险保险 [30]

30. Political risk insurance from multilateral institutions.

世界银行于 1988 年成立的多边投资担保机构 (MIGA) 就是通过提供投资担保来防范战争内乱、财产征用、货币转移和东道国违约等风险，从而鼓励外资流入发展中国家。

MIGA 的条款内容主要有：有效期长达 15 年，对股权资本和贷款都进行担保。对于股权，MIGA 的担保范围是 90% 的投资和 180% 的投资收入；对于贷款，MIGA 负责 90% 的贷款本金和贷款期内的累计利息。担保费用因部门、项目和业务种类的不同而有所不同。

2.4 国际市场的社会文化环境

随着经济全球化进程的加快，企业必须积极开拓国际市场，全方位地参与国际商务活动。这种跨国界的商务活动与国内营销的最大区别就是要与处于不同文化环境的人打交道。处于不同文化环境的人，由于在语言、宗教信仰、价值观念、思维方式、风俗习惯等方面都存在着差异，因此不仅对商品和服务的需求不同，而且对同一句话、同一个动作、同一件事往往有着不同，甚至相反的理解。也就是说，在某个特定的文化环境中有效的营销方法在另一个文化环境里可能就没有效果，甚至产生误解、摩擦和冲突。在进行国际市场营销活动中，企业必须重视各种文化环境因素的影响，分析并适应这些不同的文化环境。

2.4.1 文化的含义和特征

1. 文化的含义 "文化"这个词语极为抽象和复杂，国外的学者已先后对它下过近 200 种定义，但至今尚未取得一致的意见。目前，学术界普遍认为，被称为"人类学之父"的英国人类学家 E.B. 泰勒，是第一个在文化定义上具有重大影响的人。泰勒对文化所下的定义是经典性的，他在《原始文化》"关于文化的科学"一章中说："文化或文明，就其广泛的民族学意义来讲，是一复合整体，包括知识、信仰、艺术、道德、法律、习俗，以及作为一个社会成员的人所习得的其他一切能力和习惯。"[25]

2. 文化的特征 文化的特征表现在以下方面。

（1）社会的历史性。文化就其本质而言，它不是单个人创造的，是处于复杂的社会关系之中的人们共同创造的社会财富。文化就其存在状态而言，不是凝固不变的，它将随着社会的变迁而变化。在阶级社会中，它具有鲜明的阶级性，随着不同社会、不同阶级的变化而具有不同的阶级性。在社会发展中，随着民族的产生和发展，文化还具有民族性。

（2）继承性。文化虽然具有随社会的变化而变化的历史性，但文化的这种历史性的特点并没有使文化的发展完全脱离人类文明发展史的大道，任何后来的文化都包含着对以往文化的继承。尽管社会历史不断地发生变化，新文化也不断产生，但新文化总是在吸取以往文化的营养成分基础上产生的。

之所以中国的文化与西欧的文化存在着显著不同的特色，是因为前者继承了先秦以来的文化传统，而后者则继承了古希腊、古罗马以来的文化传统。

（3）抽象性。文化并非指某一种具体的文化表现形态，而是指体现在这个具体表现形态之中的心智文明程度，是人们对具体文化现象进行抽象和概括而形成的关于文化的概念。如物质文化虽然包括工具，但不是指某一个具体的工具，它是对所有工具的能体现人类文明程度的共同本质的抽象、概括。

（4）模式性。文化就其动态而言，是指社会的生活方式，体现为人们的风俗、习惯、行为、价值观念等。它是人类群体（包括家庭、民族、社会）共同享有的一种生活方式，而不是某一个人独享的生活方式。中国长期在封闭的、稳定的、自给自足的经济条件下生活，于是形成了中华民族礼让、谦

---

[25] Culture or civilization, in terms of a broad sense of ethnology, is a complex integration, including knowledge, belief, art, morals, laws, customs and all the other ability and habits acquired by a person as a member of society.

逊的文化特色；美国是一个移民性的国家，美国长期在自由、开拓的环境中生活，于是形成了多样化与进取的文化特色。

（5）功能性。由于文化归根结底是人们的生活方式，集中地表现为人们的行为规范，所以，文化对人们改造客观世界具有很大的能动作用。有怎样的文化就会有怎样的行为规范，就会有怎样的文化功能和文化效用。

2.4.2　国际营销中应考虑的主要文化因素

曾经有机构就"什么是在全球市场上做生意的最大障碍"问题对营销人员进行调查，其调查结果为文化差异、法律、法规、价格竞争、信息、语言、交通、外汇和时差。其中文化差异居首，可见文化差异对国际市场营销活动的影响之深远。文化对国际市场营销的影响遍及整个营销活动，包括定价、促销、分销、产品、包装和款式等各个环节。在国际市场营销中，企业应考虑的文化环境因素大致有以下几种。

1. 语言 [31]　据语言学家称，目前世界上起码有 3 000 多种语言。其实，每种语言就是某种文化的代表，以此类推，当今世界亦有 3 000 多种文化。语言文化的这种多样性给国际市场营销工作带来了非常大的困难。目前最流行的语言有英语、日语、德语、法语、西班牙语和阿拉伯语等。企业进行跨国界经营活动时，必须与外国的政府、顾客、中间商和雇员等各方面进行沟通，了解顾客的需求，向顾客介绍企业及产品，说服顾客购买，稍有不慎就可能犯错误。

2. 宗教信仰 [32]　宗教信仰是文化的一个重要方面，对国际市场营销的影响不可低估，因为宗教信仰与社会价值观念的形成密切相关，对人们的生活习惯、生活态度、需求偏好及购物方式等都有重要影响。在拉丁美洲的一些国家，宗教已经渗透到个人、家庭、社会群体的各个方面，甚至对某种食物、衣物的接受，对于某种消费行为的认可，都会受到宗教的影响。这种影响甚至决定了产品促销的成败与否。比如，在一些国家，如果广告过多的涉及人体表演，就被认为是不道德的，这种产品自然也会被拒之门外。

3. 价值观念 [33]　价值观念是一种信仰，它阐明什么是正确的、什么是错误的，或说一种总的偏爱。不同的国家、不同的民族，在价值观念上常常存在着较大的差异。如在时间观上，美国人崇尚"时间就是金钱"、"今天能做的事不要推到明天"，因而他们谈生意的安排得紧，常常是一见面就谈，而且是今天来、明天走。然而，这在阿拉伯国家却可能被视为傲慢无礼、不尊重人，他们喜欢慢慢来。掌握世界各国的时间观念有利于国际市场营销决

31. Language.

32. Religion.

33. Values.

策的制定，把时间观念和办事效率结合在一起。美学观念是一种文化中的审美观。世界各国在美学观念上有很大的差异。如在产品的款式、颜色等方面，对于西方的一些国家，新奇、独特、表现个性为他们的审美观，东方人则讲究端庄、典雅。企业在国际市场营销过程中，尤其在产品设计、制作、包装决策等方面应准确理解和把握各国的审美观。

4. 家庭 [34] 家庭是社会的基本单位。国外家庭对国际市场营销具有重要的作用，很多产品都是以家庭为单位购买的。如现在美国离婚率很高，而且美国人普遍晚婚，妇女婚后要参加工作的人数也在增加，这就关系到妇女在家庭中的地位，以及对家庭购买决策起到何种作用的问题。因此，企业在进行跨国经营时，应根据国外家庭的状况，适当地调整营销策略。

5. 社会阶层 [35] 等级和社会阶层一般代表非伦理性社会群体，虽然划分的基础不同，但对国际市场营销的影响是一样的，即它形成一些子市场。确定社会阶层有很多标准，一般包括教育、收入和职业。在国际市场营销中，应根据不同社会阶层有差异地进行产品定位和市场定位。

国际营销中应考虑的主要文化因素还有很多，以上只是选择了冰山一角进行分析而已，企业要有针对性地研究目标市场国家的文化环境，从而采取不同的国际市场营销策略，迎接日益激烈的国际竞争。

2.4.3 文化的适应与变迁

市场营销活动是否适应当地文化决定着市场营销活动的成败。因此，国际市场营销人员必须认真学习与本国文化截然不同的异国文化，切记，克服"自我参照准则（SRC）"至关重要。所谓 SRC（Self-Reference Criterion），是指国际营销人员一旦碰到经营中的具体状况，就不由自主地用自己的价值体系作为理解和处理这种状况的尺度和标准。在国际市场营销活动中，应始终牢记：文化没有对与错、好与坏之分，有的只是差异。所以，在国际市场营销中，企业应当积极地分析和适应不同的文化环境。

小资料

我国长白山人参在过去出口时，一直用木箱装运，每箱重达 20 千克，并且包装十分简陋，很显然，这是与我国传统的价值观念相符合的。但这种贵重山珍的出口价却因此一直被外商压得很低。后来经过多方研究才恍然大悟，原来在西方人的观念中，越是贵重的东西，其包装就越

34. Families.

35. Social class.

要讲究，只有廉价品才因陋就简。后来，长白山人参改为一支装，并配以精美的工艺盒，其价格就成十倍地上升了。从这一例子我们可以看出，克服 SRC 现象，必须学会站在对方的立场上思考与分析问题。

1. 对目标市场国的文化进行市场调研 [36] 企业进行跨国调研的费用是十分高的，但如果企业不进行调研，有可能付出更高的代价。没有充分、完整和准确的市场信息，跨国经营的决策便无从谈起，可能会给企业带来巨大的损失。企业在进行国际市场的文化调研时，要尽可能地找到一个在目标市场国长时间生活过的本国人，或者是在本国找到一个目标市场国的外来人来参与这项工作，就是说，必须要有一个双重文化影响下的人。这样，调研起来省时、省力，而且相对准确和完整。

36. Marketing research on the culture of the target market country.

2. 加强国际营销人才的培养 [37] 在企业开展国际市场营销的活动时必须有自己的专门人才，这种人才不仅要具备经济学、市场营销学、消费者行为学、人类学、心理学和语言学等基本理论知识，更重要的是应熟悉他国文化背景、掌握商务惯例。

37. Strengthening personnel cultivation of international marketing.

3. 按照目标市场国的文化进行产品的设计 [38] 文化对人的影响最终是通过行为流露出来的，这就是说，不同国家和地区的消费者往往是通过购买行为的差异表现出其所属的文化群体。因此，在进行国际市场营销时，一定要把他们所属文化的特性设计到产品中去，适应他们的文化个性。比如，一种法国头发油的牌子叫"Tartex"，其发音在巴尔的摩听上去很像"鞋油"。品牌是这样，包装也是如此，如非洲人常常喜欢醒目的颜色，因而包装可以选择国旗的颜色。

38. Designing the product according to the culture of country of target market.

4. 按照目标市场国的文化特点进行企业管理 [39] 不同国家文化上的差异性还要求企业在管理制度的制定和执行上要做到适应，尤其要做到企业文化和当地文化的兼容，使企业文化扎根于民族文化的土壤中。例如，在 1982 年设在美国的本田汽车制造厂的日本经理曾试图让美国工人也像在日本本田制造厂一样，穿厂服、戴厂徽，并在上班前唱厂歌，却遭到美国工人的拒绝。他们马上认识到，在日本行之有效的企业管理办法在美国却不一定适用，因为他们强调个性的价值观，和日本强调集体的价值观不同。

39. Managing the business in accordance with the cultural characteristics of the country of target market.

2.5 国际市场的法律环境

法律环境是指企业和外部发生经济关系时所应遵守的各种法律、法规和规章[26]。它们是企业营销活动的准则，企业只有依法进行各种营销活动，才能受到国家法律的有效保护。

世界各国的法律限制，对于国际市场营销的影响程度差异甚大，例如广告和标签方面的法律就因国而异：意大利政府禁止出售美国生产的瓶装可口可乐，认为应把饮料成分标在瓶子上，而不应标在瓶盖上；加拿大要求产品标签用英、法两种文字标明，而法国却只使用法文产品标签；许多国家禁止电视广告或限制广告播放时间和广告内容。商标法也尤为重要。中国企业在打入国际市场时，可能会发现某个外国的竞争对手已经在该市场内使用本企业的产品品牌，或者这一市场没有商标保护方面的措施。1987年，在日本、英国、法国、德国、加拿大等国和东南亚地区，中国出口商品商标被外商抢先注册的有200多个，仿冒中国企业商品商标的事件30多起，江苏的芭蕾珍珠霜就在中国香港地区、印度尼西亚和新加坡等地被外商抢先注册，后由中方花20多万美元才把商标权买了回来。因此，企业在从事国际营销活动时，既要遵守本国的法律制度，还要了解和遵守市场国的法律制度和有关的国际法规、国际惯例和准则。

2.5.1　母国的法律环境

即营销企业所在国本身有关从事国际市场营销的一些法律、法规[27]。各国制定的与国际市场营销关系较密切的国内法主要有产品质量法、标准法、商标法、包装法、直销法、反不正当竞争法、广告法、工业产权保护法，以及关于绿色营销的规定等。

许多国家为了保护国内市场、增加国内就业机会，以及更好地与国际惯例接轨，都制定了明确的法律、法规，其内容大体包括出口控制、进口控制、外汇管理等。

2.5.2　东道国的法律环境

影响国际市场营销活动最经常、最直接的因素是东道国有关外国企业在该国活动的法律规范。

1. 法律制度的两大体系　目前，世界上大多数国家现行的法律制度，大

---

[26]　The legal environment refers to a variety of laws, rules and regulations to be followed when a corporate develops economic relations with others.

[27]　It refers to some of the laws and regulations on international marketing in host countries.

致可分为两大体系：大陆法系和英美法系 [28]。法国、德国和其他一些欧洲大陆国家以及南美洲各国、日本、土耳其、中国等世界上大多数国家的法律制度，都属于大陆法系。大陆法系最重要的特点就是以法典为第一法律渊源，在实行大陆法系的国家，明确的法律条文非常重要。大陆法系国家的司法不是依据法院以前的裁决，同样的条文可能产生解释上的偏差，这样就使国际营销人员面临一个不确定的法律环境。英美法系最重要的特点是以传统导向为主，重视习惯和案例，过去案例的判决理由对以后的案件有约束力，即所谓的先例原则。近年来英国、美国等国家制定了大量的大陆法作为对习惯法的补充，但是合同法与侵权行为法仍属于英美法系。

不同的法律制度对同一事物可能有不同的解释。因此，国际市场营销人员在进行国际市场营销时，必须对国外市场的法律环境进行慎重而明确地分析。

2. 东道国法律对营销的影响（由于各国法律体系极其复杂，这里只讨论它们对国际营销组合的直接影响）

（1）产品 [40]。由于产品的物理和化学特性事关消费者的安全问题，因此，各国对产品的纯度、安全性能都有详细的法律规定。各国法律对包装也有不同规定，例如比利时规定只能用八边型的褐黄色玻璃瓶盛装药剂，以其他容器盛装的药剂不得进入该国市场。有关标签的法律要求更严格。一般来说，标签上须注明的项目包括产品的名字、生产商或分销商的名字、产品的成分或使用说明、重量（净重或毛重）、产地。各国对保修单的要求比较宽松。不过，英美法系国家一般对此要求较严格，而大陆法系国家对此要求相对宽松。品牌名称和商标的法律要求也不一致。世界上的许多主要大国都是"巴黎同盟"或其他国际商标公约的成员国，因此，这方面的要求比较统一。可是，大陆法系国家与英美法系国家关于品牌或商标所有权的法律处理截然不同。前者实行"注册在先"，而后者则实行"使用在先"。因此，必须了解在什么地方和什么情况下会发生侵权问题。

40. Product.

（2）定价 [41]。如何控制定价是世界各国普遍遇到的问题。许多国家对"维持再售价格"（Resale Price Maintenance，RPM）都有法律规定，但是"维持再售价格"的范围和方式因国而异。

41. Price.

许多国家通过政府价格控制部门来制定法律、法规。它们中有的对所有产品都实行价格控制，而有的只对极个别产品实行价格控制。例如，法国政府冻结若干个产品的价格，而日本只对一种消费品——大米实行价格控制。

[28] Currently, legal systems in most countries in the world can be broadly divided into two systems: civil law and common law.

42. Distribution.

（3）分销 [42]。各国法律关于分销的规定比较少，所以企业在选择东道国分销渠道时自由度比较大。当然，有些东道国的某些分销渠道也并不一定适用。例如，法国法律特别禁止挨门挨户推销。事实上，各国最强硬的法律限制也不会从根本上影响国际企业在东道国的分销，但是通过分销商或代理商销售的出口企业却不能不受到东道国有关法律的限制。出口企业必须知晓东道国关于分销商合同的法律条文，以避免造成损失。

43. Promotion.

（4）促销 [43]。在国际营销中，关于广告的争议最多，而且广告也最易受到控制。世界上大多数国家都制定有关于广告的法律规定，许多国家的广告组织也有自己的约束准则。例如，新西兰关于广告的法律条令不少于 33 个。世界各国的广告规则有如下几种形式：一是关于广告词的可信度，例如，德国不允许使用比较性广告和"较好"或"最好"的广告词。二是限制为某些产品做广告，例如，英国不许在电视上做烟草或酒类广告。三是限制促销技巧，例如，佣金的规模、价值和种类也被许多国家明确限定。佣金只能占产品销售额的有限部分且佣金的使用只能与该项产品有关，也就是说，手表的广告佣金不能用来做肥皂的广告等。

2.5.3 国际法与国际市场营销

国际法是调整交往中国家间的相互关系，并规定其权利和义务的原则和制度 [29]。国际法的主体，即权利和义务的承担者一般是国家而不是个人。其主要依据是国际条约、国际惯例、国际组织的决议，以及有关国际问题的判例等。这些条约或惯例可能适用于两国间的双边关系，也可能适用于许多国家间的多边关系。尽管国际上没有一个相当于各国立法机构的国际法制定机构，没有一个国际性执行机构实施国际法，也没实际的法官去裁判国际法，国际法依然在国际商业事务中扮演了重要的角色。例如，关税与贸易总协定（GATT）对其成员国规定了若干经济实践准则。尽管这些规定并不直接对各个公司发生作用，但是它们提供了一个较为稳定的国际市场环境，从而间接地促进了公司的国际营销活动。

目前世界上对国际市场营销活动影响较大的国际经济法，主要有以下几个方面的立法：保护消费者利益的立法、保护生产制造者和销售者的立法、保护公平竞争的立法和调整国际间经济贸易行为的立法。

---

[29] International law is a principle and system which adjusts to the relationship between exchanging countries and provides the rights and obligations.

2.5.4　解决法律事务争端的途径

在国际商务中，难免要发生争议。一般发生法律纠纷的双方有三种情况：一是政府间，二是公司与政府间，三是两家公司间。政府间的争议可诉诸国际法庭，而后两种争议则必须由有关双方中的一方所属的国家法庭进行审理或仲裁。这里有几个重要的问题需要考虑。

1. 法庭和法律的选择问题 [44]　国内法律只适用于一国之内的营销。当两个不同国家的当事人之间发生商务争端时，最重要的问题是要明确诉诸哪种法律。如果交易双方对裁决事项没有共同协议，一旦发生纠纷，国际营销人员就将面临两种选择。

（1）以签订合同所在地的法律作为依据。

（2）以合同履行所在地的法律作为依据。一般来说，如果合同中没有写明以何地法律为准，多以签订合同所在地的法律为准。但是为了降低不确定性，避免不必要的矛盾，国际营销人员在签订合同时应该写明裁决方式。

2. 诉讼问题 [45]　有很多原因使企业不愿在法院打官司。除了花费大、拖延时间长和使事情更加恶化外，还有以下一些原因。

（1）害怕产生不好的名声，以至影响公共关系。

（2）害怕外国法院的不公正待遇。

（3）害怕泄密。

企业在发生国际商业争端时往往愿意通过较为和平的方式（协调、调解和仲裁）解决问题。

3. 仲裁问题 [46]　仲裁一般可以避免诉讼的缺点，裁决快、费用省。而且由于仲裁过程秘密并且不存在敌意行为，因此对商誉没有破坏性影响。正是因为仲裁具有调解的特点，所以国际商务中大约有 1/3 的案件在裁决之前就通过当事人直接对话解决了。由于仲裁者不以法官面目出现并且经验丰富，因此仲裁结果比较公正，也易于被当事人接受。仲裁期间，允许当事双方一面争议一面继续做生意，所以避免了更大的损失。仲裁不是基于法律条文，而是基于对事实的公道处理，争执双方也因不必诉诸对方的国家法庭而感到满意。正因如此，仲裁在解决国际商务争端中的作用越来越大。甚至，在斯德哥尔摩还成立了解决东西方贸易争端的仲裁机关。

仲裁的程序简单、直接。如果国际企业希望将未来争端通过仲裁解决，那么只须在合同中注明仲裁条款即可。

仲裁的优点及其地位越来越重要，它已成为解决商业争端广受欢迎的措施。不过，仲裁不是包治百病的万灵药，在个别情况下，一项仲裁耗时数年、

44. Issues of choosing court and law .

45. Litigation.

46. Arbitration.

费资数万也时有所闻。但是，不管怎么说，仲裁仍是解决商业争端的最佳选择，据国际商会称，其裁决只有 8% 受到异议或得不到执行。

2.6 国际市场营销的科技环境

2.6.1 技术革命与国际营销

技术革命带来技术创新，改变企业生产、经营和管理组织模式，同时改变市场运行模式和机制。近年来的信息技术革命带来全球经济一体化，推动知识经济发展，改变了传统工业经济时代的营销模式和竞争策略[30]。特别是对于一些发达国家，它们的经济正在发生或已经发生转型，知识经济已初见端倪，因此企业在制定国际营销策略时，必须注意到技术革命，特别是信息技术发展带来的变化。以信息技术革命为中心的知识经济，作为一种新型经济形式，对企业开展国际营销的影响是多方面的。

47. The impact on customers' needs.

1. 对顾客需求的影响[47] 由于技术革命推动世界经济飞速发展，人民生活水平迅速提高，消费需求由低层次的生理需求向高层次满足转变，从物质需求向精神需求转变；消费需求日益趋向个性化；对服务水平和产品的品质有更高需求；信息技术革命使得一对一服务成为可能。

48. The impact on product strategy

2. 对产品策略的影响[48] 技术革命对产品策略的影响表现在：

（1）知识经济时代，知识成为经济的核心要素，产品的价值由传统上以物质价值为基础变为以知识含量为基础进行衡量。因此，利用技术革命对产品实行技术创新，提高产品的技术含量是企业的重要竞争策略。

（2）国际市场一体化和竞争激烈化，使得企业要在国际市场立于不败之地，必须利用新技术不断对产品进行创新以及不断地提高品质。

（3）技术发展日新月异，产品的设计、开发和使用周期缩短，时间成为产品策略成败的关键。

49. The impact on transactions.

3. 对交易方式的影响[49] 技术革命特别是信息技术革命，使得全球经济呈现出网络化、数字化特征，传统的以实物交换为基础的交易方式被以数字交换为基础的无形交易所代替。网络化和数字化技术使得世界各地市场被无形地连接在一起，在不同地区市场之间进行交换是透明的，不受地理位置和

---

[30] Technological revolution brings about innovation, which changes patterns of the production, operation and management of organizations, and changes the mechanism of marketing. In recent years, the revolution in information technology has brought global economic integration, promoted the development of knowledge economy and changed the marketing models and competitive strategies in traditional industrial economy times.

第
2
章
国际市场营销环境

时间约束，信息的交换变得非常容易且成本低廉，通过网络获取国际市场信息和开展国际营销变得异常简捷，同时国际营销中的交易活动也变得更加灵活、直接，通过网络与国外市场交易如同在国内市场交易一样便捷。因此，信息技术发展推动了交易的全球化、交易的直接化和便捷性。开展国际营销必须充分利用世界性网络进行信息交互和沟通，降低国际交易的费用和交易风险。

4. 对营销管理的影响 [50]　国际营销是在国际市场上进行营销活动，企业面对的国际环境和因素比国内市场要复杂得多。因为传统的国际营销管理受地理位置和时间约束，一般采取松散型管理，而且对不同市场都必须设立相应的机构和配套组织，所以开拓国际市场的成本相当高，而且风险相当大。而信息技术革命带来的全球通信便捷，使得远程办公、远程会议和远程管理成为可能，而且随着信息成本不断下降，这种现代化的管理模式和方式越来越易于操作，并且可以大幅度压缩传统的旅行费用和额外开支，可见国际营销的迅猛发展与信息技术革命是紧密相连的。同时，知识经济的兴起促使企业从传统的侧重机构组织等硬管理向教育、培训和提高员工的归属感等软管理转变，而培养国际员工的归属感和提高员工素质与企业国际营销战略是紧密相连的。

50. The impact on marketing management.

5. 对竞争战略的影响 [51]　技术革命的加速发展，使企业在获取巨大利润的同时，需要大量的投入和承担巨大的风险，因此，采用高技术开拓国际市场的企业一般都注重与相关企业建立战略合作联盟，从而使传统的单纯竞争形式变成既是竞争对手又是合作伙伴、相互依赖相互竞争的形式，如美国的英特尔公司为开拓存储器市场就与日本的富士通公司联合开发研制，共同享受成果。同时，由于知识经济的发展，国际市场的竞争由传统的对资本等低层次资源占有的竞争，转变为对知识生产、占有和利用能力的竞争。

51. The impact on competitive strategy.

2.6.2　因特网（Internet）与国际营销

知识经济时代要求企业的发展必须以服务为主，以顾客为中心，为顾客提供适时、适地、适情的服务，最大限度地满足顾客需求。因特网作为跨时空传输的"超导体"媒体，正好克服了国际营销过程中时空的限制，可以为国际市场中所有顾客提供及时的服务，同时，通过因特网的交互性可以了解不同市场顾客的特定需求并针对性地提供服务，因此，因特网可以说是国际营销中满足消费者需求的最具魅力的营销工具。因特网将同 4P（产品 / 服务、价格、分销、促销）和以顾客为中心的 4C（顾客、成本、方便、沟通）相结合，对企业国际营销产生深刻影响 [31]。

1. 以顾客为中心提供产品和服务 [52]　针对国际市场顾客需求差异性大的特点，利用因特网具有的很好的互动性和引导性，企业可引导用户对产品或服务进行选择或提出具体要求，并根据顾客的选择和要求及时进行生产并提供及时服务，同时，企业还可以及时了解顾客需求的变化以及时满足顾客变化的需求，并提高企业的生产效益和营销效率。

2. 以顾客能接受的成本进行定价 [53]　传统的以生产成本为基准的成本导向定价，在当代经济全球化、全球竞争日益激烈的市场格局下，应当转变为以市场为导向的定价方法。由于国际营销面对不同市场和地区的顾客，其消费层次和需求千差万别，因而要求价格具有很大的弹性。以需求为导向定价，除考虑顾客的价值观念外，还要考虑顾客能接受的成本，并依据该成本来组织生产和销售。企业以顾客为中心定价，必须能测定市场中顾客的需求以及对价格认同的标准，否则，以顾客的接受成本来定价是空中楼阁。顾客可以通过因特网提出接受的成本，企业根据顾客的成本提供柔性的产品设计和生产方案供用户选择，直到顾客认同并确认后再组织生产和销售。

3. 产品的分销以方便顾客为主 [54]　网络营销是一对一的分销渠道，是跨时空进行销售，顾客可以随时随地利用因特网订货和购买产品。

4. 从强迫式促销转向加强与顾客直接沟通的促销方式 [55]　传统的促销是以企业为主体，通过一定的媒体或工具对顾客进行强迫式的促销，以加强顾客对公司和产品的接受度和忠诚度，顾客是被动的接受，缺乏与顾客的直接沟通，同时公司的促销成本很高。因特网上的营销是一对一和交互式的，顾客可以参与到公司的营销活动中来，因此因特网更能加强与顾客的沟通和联系，直接了解顾客的需求，引起顾客的认同。

---

[31]　Internet will have a profound impact on firm's international marketing by combining 4P (product / service, price, distribution, promotion) and the customer-centered 4C (customer, cost, convenience, communication).

52. Providing products and services for customers as the center.

53. Pricing based on the cost accepted by customers.

54. Distributing the product based on the convenience of our customers.

55. Shifting from the forced promotion to the promotional ways of strengthening direct communication with customers.

本章小结

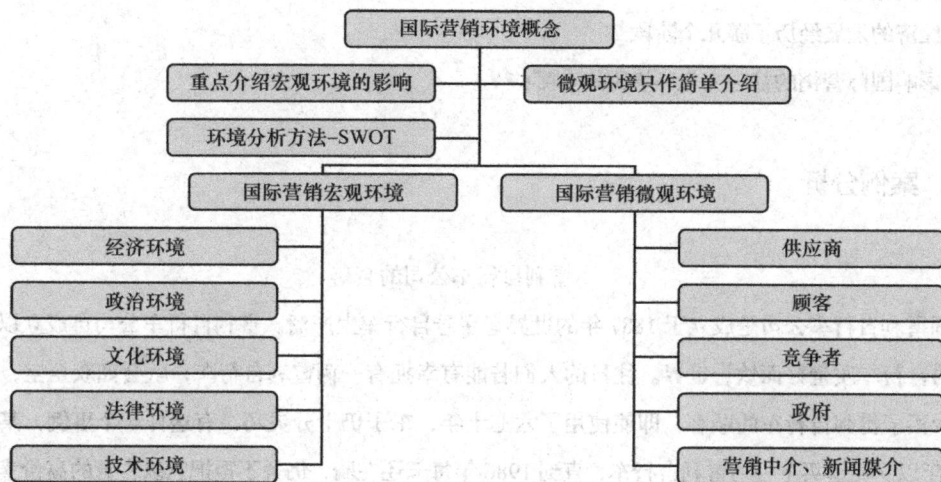

【主要概念】

经济环境　　　　　政治环境
文化　　　　　　　社会阶层

思考与练习

一、简述题

1. 经济的发展经历了哪几个阶段？
2. 影响国际营销的社会文化环境因素有哪些？

二、案例分析

雷利自行车公司的衰落

英国雷利自行车公司是成立于 1887 年的世界老字号自行车生产商，雷利自行车公司自成立以来，由于生产的自行车质量好而饮誉世界。往日的人们若能有幸拥有一辆雷利自行车，就会如获至宝，引以自豪。不少买了雷利自行车的顾客，即使使用了六七十年，车子仍十分灵巧。有这样一个事例，某位顾客在 1927 年以 9 英镑买下一辆雷利自行车，直到 1986 年每天还在骑，仍舍不得把它以古董的高价卖出去。雷利自行车成为高质量的代名词，它行销世界各地，尤其在欧美更是抢手货。

然而，随着时间的推移，市场需求却在悄悄地变化，而此时的雷利公司仍固守原来的经营理念，没有什么创新。自行车是作为一种方便、灵活的交通工具流行起来的。但到了六七十年代，比自行车更理想的交通工具——轿车，在一些经济发达国家开始普及。自行车与轿车相比，就显得速度慢、活动半径小。所以消费者纷纷选购轿车作为自己便利的交通工具，自行车消费陷入低潮，雷利自行车也难逃此厄运。

另一方面，在新技术的冲击下，发达国家自行车的主要消费者——青少年的消费偏好也发生了很大变化。以往，16 岁以下青少年购买雷利自行车的，约占英国国内自行车消费量的 70%；而现在，青少年感兴趣的已是电子游戏机了。在欧美工业化国家里，自行车即使免费赠送给青少年，也未必受欢迎。青少年消费偏好的这一变化，给雷利自行车带来了很大的打击。

面对着变化了的市场，许多精明的企业家或进行多角度经营，分散经营风险；或根据市场的新情况研制、开发新产品，增强企业的生存能力与发展能力。在自行车行业，一些富于开拓精神的企业家，很快设计生产出新型的自行车，使它集游玩、体育锻炼、比赛于一体。这样一来，自行车又很快成为盈利丰厚的"黄金商品"。如美国的青少年，迷上这种多功能自行车的比比皆是，够买一辆这种新车需 200~300 美元，一顶头盔约 150 美元，各种配套用品约 250 美元，更换零件平均约 100 美元。这种连带消费，使那些应变能力强，率先开发出新式自行车的厂商财源滚滚。

然而，雷利公司却一直坚持"坚固适用"的生产经营理念。直到 1977 年，由于实在很难再维持下去，他才投资筹建成千上万自行车比赛队，想让雷利自行车在体育用品市场上大显身手。1980 年，雷利自行车终于成为自行车大赛的冠军车，雷利自行车因此名声大振，当年在法国销售达 4 万辆。雷利公司尝到甜头后，便集中力量发展作为体育运动器械用的自行车，想借此重振雄风。谁料天公不做美，1986 年夏天，北欧各国一直是阴雨绵绵、寒冷潮湿的气候，这使自行车运动无法进行，购买自行车的人数锐减，造成雷利自行车积压严重，公司周转资金严重不足。

亚洲一些国家和地区的自行车业的崛起和低价销售，也使雷利自行车不得不退出传统的利润丰厚的美国等市场，从而加快了他衰落的步伐。雷利自行原来有 30％ 是出口外销的，其出口目标主要是欧美国家，特别是美国市场。但 80 年代以后，亚洲一些国家、地区的厂商以低廉的价格和灵活多样的行销方式，相机夺走了雷利自行车在欧美的市场份额。例如，一度风行美国的花式自行车，每年都可销售几百万辆。这本来是雷利自行车公司的传统市场，但在中国台湾厂商与美国行销商的默契合作下，这笔生意被中国台湾厂商抢走了。他们采取了将中国台湾地区生产的商品挂上美国商标的推销方法。中国台湾地区的自行车厂家由于对美国市场不太了解，不想为自己的商标花重金进行广告宣传，而是将自行车直接以出厂价供给美国的经销商，美国经销商再将这些自行车运回美国，打上自己的商标然后出售，这种自行车销价低且质量可靠，很快在市场上打开了销路。到 1986 年，这种自行车在美国的销售量达 580 万辆。

雷利自行车公司不仅失去了欧美的自行车市场，而且也失去了第三世界的自行车市场。以往，尼日利亚年平均进口雷利自行车都达数万辆。1986 年以后，英国与尼日利亚两国关系日渐恶化，尼日利亚政府对英国设置贸易壁垒，从而使雷利自行车无法进入这一市场。祸不单行，两伊战争爆发，昔日雷利自行车的另一大买主——伊朗，出于战争需要，几乎全部停止了雷利自行车的进口。此外，往日的财政困难、产品积压、人员过剩等一系列问题更日趋严重，使得雷利自行车出口日趋困难。

讨论问题：

1. 分析环境对雷利自行车的影响，并根据你对未来环境发展变化趋势的判断，提出对自行车行业发展的建议。

2. 雷利自行车衰落的原因是什么？给我们哪些启示？

chapter 3
第 3 章 国际市场营销调研

学习目标：

通过本章的学习，使学生了解国际市场营销调研的广度和范围，熟悉国际市场营销调研的程序、步骤，掌握国际市场调研的方法及其应用，学会如何进行国际市场营销调研，理解国际市场营销信息系统的构成及作用。

重点难点：

- 理解国际市场营销调研的概念
- 掌握国际市场营销调研的内容
- 国际市场营销调研的程序和方法
- 国际市场营销信息系统的构成
- 国际市场信息的主要来源和收集渠道

随着各国国内市场的进一步饱和以及经济全球化趋势的日益增强，企业越来越有必要立足全球市场开展商务活动。而在展开此类活动之前，实施正确的国际市场调研显得十分重要。由于在文化、民族、经济、政治、法律、社会和环境等方面存在巨大差异，在国际市场上执行调研任务比在国内市场要复杂得多。因此，对于当今的商业社会而言，让人们了解实施国际营销调研活动的过程和方法就显得非常迫切。

3.1 国际市场营销调研概述

3.1.1 国际市场营销调研的概念

1. International Marketing Research.

所谓国际市场营销调研[1]，是指运用科学的方法，有目的地、系统地收集、记录和分析国际市场信息，以使开展国际营销的企业能正确认识市场环境、评价企业自身行为，为其制定国际营销决策提供充分依据的活动[1]。

国际市场营销调研的主要任务是：1．为确定国际目标市场营销计划提供科学依据；2．为及时解决国际市场营销中的供需矛盾提供科学依据；3．为检查落实国际市场营销方针、政策、计划提供科学依据；4．为战胜竞争对手、作出有效营销决策提供科学依据；5．为预测国际市场未来发展变化提供科学依据。

3.1.2 国际市场营销调研的主要内容

2. The Market Needs Research.

1．市场需求容量调研[2] 市场需求容量调研主要包括：市场最大和最小需求容量；现有和潜在的需求容量；不同商品的需求特点和需求规模；不同市场空间的营销机会以及企业的和竞争对手的现有市场占有率等情况的调查分析[2]。

3. The Controllable Factor Research.

4. Product Research.

2．可控因素调研[3] 可控因素调研主要包括对产品、价格、销售渠道和促销方式等因素的调研。（1）产品调研[4]：包括有关产品性能、特征和顾客对产品的意见和要求的调研；产品寿命周期调研，以了解产品所处的寿命期

---

[1] International marketing research is an activity of applying the scientific approach purposefully and systematically collect and analyse international market information in order to let those companies recognize the market correctly and evaluate themselves, and then they can provide enough information for the company to make a international marketing strategy.

[2] The market needs research mainly includes: the marketing maximum and minimum needs; the present and potential needs; different goods' needs character and scale; the survey of different marketing opportunities, corporate and competitors' current market shares.

的阶段；产品的包装、名牌、外观等给顾客的印象的调研，以了解这些形式是否与消费者或用户的习俗相适应。（2）价格调研 [5]：它包括产品价格的需求弹性调研；新产品价格制定或老产品价格调整所产生的效果调研；竞争对手价格变化情况调研；选样实施价格优惠策略的时机和实施这一策略的效果调研。（3）销售渠道调研 [6]：它包括企业现有产品分销渠道状况，中间商在分销渠道中的作用及各自实力，用户对中间商尤其是代理商、零售商的印象等项内容的调研。（4）促销方式调研 [7]：主要是对人员推销、广告宣传、公共关系等促销方式的实施效果进行分析、对比。

3. 不可控制因素调研 [8]　主要包括：

（1）政治环境调研 [9]。包括对企业产品的主要用户所在国家或地区的政府现行政策、法令及政治形势的稳定程度等方面的调研。

（2）经济发展状况调研 [10]。主要是调查企业所面对的市场在宏观经济发展中将产生何种变化。调研的内容有各种综合经济指标所达水平和变动程度。

（3）社会文化因素调研 [11]。调查一些对市场需求变动产生影响的社会文化因素，如文化程度、职业、民族构成、宗教信仰、风俗习惯、社会道德与审美意识等方面的调研。

（4）技术发展状况与趋势调研 [12]。主要是了解与本企业生产有关的技术水平状况及趋势，同时还应把握社会同类产品生产企业的技术水平的提高情况。

（5）竞争对手调研 [13]。在竞争中要保持企业的优势，就必须随时掌握竞争对手的各种动向，在这方面主要是关于竞争对手数量、竞争对手的市场占有率及变动趋势、竞争对手已经并将要采用的营销策略、潜在竞争对手情况等方面的调研。

3.2　国际营销调研的程序与方法

3.2.1　国际市场营销调研的程序

营销调研是一项有序的活动，它包括准备阶段、实施阶段和总结阶段三个部分 [3]。

（一）调研准备阶段

这一阶段主要是确定调研目的、要求及范围，并据此制订调研方案。在

5. Price Research.

6. Marketing Channel Research.

7. Promotion Mechanism Research.

8. The Uncontrollable Factor Research.

9. Politic Environment Research.

10. Economic Development Research.

11. Social Culture Factor Research.

12. Technology Development Status and Trend Research.

13. Competitor Research.

---

[3]　Marketing research is an orderly event. It includes three stages which are preparation phase, implementation phase and the phase of conclusion.

这阶段中包括 3 个步骤。

1. 调研问题的提出 [14] 营销调研人员根据决策者的要求或从市场营销调研活动中所发现的新情况和新问题，提出需要调研的课题。

2. 初步情况分析 [15] 根据调查课题收集有关资料作初步分析研究。许多情况下，营销调研人员会对所需调研的问题尚不清楚或者对调研问题的关键和范围不能抓住要点而无法确定调研的内容，这就需要先收集一些有关资料进行分析，找出症结，为进一步调研打下基础，通常称这种调研方式为探测性调研（Exploratory Research）。探测性调研所收集资料的来源有：现有的资料和向专家或有关人员作调查所取得的资料。探测性调研后，需要调研的问题已明确，就有以下问题以待解决。

3. 定调研方案 [16] 调研方案中确定调研目的、具体的调研对象、调研过程的步骤与时间等，在这个方案中还必须明确规定调查单位的选择方法、调研资料的收集方式和处理方法等问题。

（二）调研实施阶段

在这一阶段的主要任务是根据调研方案组织调查人员深入实际收集资料。它又包括两个工作步骤：

1. 组织并培训调研人员 [17] 企业往往缺乏有经验的调研人员，要开展营销调研首先必须对调研人员进行一定的培训，目的是使他们对调研方案、调研技术、调研目标及与此项调研有关的经济、法律等知识有一明确的了解。

2. 收集资料 [18] 首先收集的是第二手资料 [19]，也称为次级资料。其来源通常为国家机关、金融服务部门、行业机构、市场调研与信息咨询机构等发表的统计数据，也有些发表于科研机构的研究报告或著作、论文上。对这些资料的收集方法比较容易，而且花费也较少，我们一般将利用第二手资料进行的调研称之为案头调研 [20]。

其次，是通过实地调查来收集第一手资料，即原始资料 [21]。这时就应根据调研方案中已确定的调查方法和调查方式，确定好的选择调查单位的方法，先一一确定每一位被调查者，再利用设计好的调查方法与方式来取得所需的资料。我们将取得第一手资料并利用第一手资料开展的调研工作称为实地调研 [22]。这类调研活动与前一种调研活动相比，花费虽然较大，但是它是调研所需资料的主要提供者。本章所讲的营销调研方法、技术等都是针对收集第一手资料而言，也就是介绍如何进行实地调研。

（三）调研总结阶段

营销调研的作用能否充分发挥和做好调研总结的两项具体工作密切

14. The proposal of the research problem.

15. The preliminary analysis.

16. Developing the research plan.

17. Organizing and training researchers.

18. Collecting data .

19. Secondary Data.

20. Desk Research.

21. Primary Data.

22. Field Research.

相关。

1. 资料的整理和分析 [23] 营销调查取得的资料往往相当零乱，有些只是反映问题的某个侧面，带有很大的片面性或虚假性，所以对这些资料必须做审核、分类和制表工作。审核即去伪存真，不仅要审核资料的正确与否，还要审核资料的全面性和可比性。分类是为了便于资料的进一步利用。制表的目的是使各种具有相关关系或因果关系的经济因素更为清晰地显示出来，便于作深入地分析研究。

23. Collation and analysis of the data.

2. 编写调研报告 [24] 它是调研活动的结论性意见的书面报告。编写原则应该是客观、公正、全面地反映事实，以求最大程度地减少营销活动管理者在决策前的不确定性。调研报告包括的内容有调研对象的基本情况、对所调研问题的事实所作的分析和说明、调研者的结论和建议。

24. Compiling the research report

3.2.2 国际市场营销调研的基本方法

（一）案头调研

1. 案头调研的过程 案头调研又称为间接调研、办公室调研、文献调研，是对现有的、由他人所搜集、记录、整理和积累的资料（即二手资料、间接资料）再搜集、整理和分析，从而间接地获得对自己有用的信息并加以利用的活动。其主要过程有：（1）制定调研课题、确调研目的；（2）具体化信息需求；（3）详细陈述调研设计并确定资料来源；（4）调研内部二手资料；（5）调研外部二手资料；（6）整理和编辑二手资料；（7）统计和分析二手资料；（8）撰写调研报告 [4]。

2. 案头调研的优缺点分析 案头调研具有相当的好处：（1）节省费用；（2）缩短调研时间；（3）超越时空限制；（4）搜集信息方便、自由、迅速。

案头调研也具有一定的局限性，主要是：（1）时效性差；（2）某些市场资料匮乏；（3）可靠性不稳定等。

（二）实地调研

实地调研是指市场调研信息资料直接来源于国际市场，从而取得第一手

---

[4]　The main process of the desk research are generally divided into the following two major steps: (1) make research topic, clear research purpose; (2)specify information demand; (3) detail survey design and determine the information stated source; (4) research internal second-hand material; (5) survey external second-hand material; (6) sorting and edit second-hand material; (7)count and analyse used material; (8) write research report.

资料的调研方式 [5]。

实地调研与案头调研的主要区别在于：一个是直接资料，一个是间接资料。实地调研所得到的直接资料来源于两种方式：一种是调研人员亲自到现场进行调查从而收集到资料，另外一种方式是通过调查问卷等方式直接从被调查者处获得资料。

1. 调查方法 调查方法一般分为三类，即访问法、观察法和实验法。

25. Interview method.

（1）访问法 25。访问法是营销调研中使用最普遍的一种调查方法。它把研究人员事先拟订的调查项目或问题以某种方式向被调查者提出，要求给予答复，由此获取被调查者或消费者的动机、意向、态度等方面的信息。按照调查人员与被调查者接触方式的不同访问法又分为个人访谈、电话访问和邮寄访问。

26. Observation method.

（2）观察法 26。观察法是由调查员直接或通过仪器在现场观察调查对象的行为动态并加以记录而获取信息的一种方法。观察法分人工观察和非人工观察，在市场调研中用途很广。比如，研究人员可以通过观察消费者的行为来测定品牌偏好和促销的效果。随着现代科学技术的发展，人们设计了一些专门的仪器来观察消费者的行为。利用观察法可以观察到消费者真实的行为特征，但是只能观察到外部现象，无法观察到调查对象的一些动机、意向及态度等内在因素。

27. Experiment method.

（3）实验法 27。实验法是指在控制的条件下对所研究的现象的一个或多个因素进行操控，以测定这些因素之间的关系，它是因果关系调研中经常使用的一种行之有效的方法。实验方法来源于自然科学的实验求证，现在广泛应用于营销调研，是市场营销学走向科学化的标志。现场实验法的优点是方法科学，能够获得较真实的资料。但是，大规模的现场实验往往很难控制市场变量，影响实验结果的内部有效性。实验室实验正好相反，内部效度易于保持但难于维持外部有效度。此外，实验法实验周期较长，研究费用昂贵，严重影响了实验方法的广泛使用。

2. 问卷设计 调查问卷是市场营销调研的重要工具之一。在大多数市场调查中，研究者都要依据研究的目的设计某种形式的问卷。问卷设计没有统一、

---

[5] Field research refers to the market research information directly from the international market, and thereby is the research way to obtain first-hand material.

固定的格式和程序，一般说来有以下几个步骤 [6]。

（1）确定需要的信息。在问卷设计之初，研究者首先要考虑的就是要达到研究目的、检验研究假设所需的信息，从而在问卷中提出一些必要的问题以获取这些信息。

（2）确定问题的内容。确定了需要的信息之后，就要确定在问卷中要提出哪些问题或包含哪些调查项目。在保证能够获取所需信息的前提下，要尽量减少问题的数量，降低回答问题的难度。

（3）确定问题的类型。问题的类型一般分为以下 3 类：A）自由问题。这种回答问题的方式可以获得较多较真实的信息，但是被调查人因受不同因素的影响，各抒己见，使资料难以整理。B）多项选择题。这种问题应答者回答简单，资料和结果也便于整理。需要注意的问题是选择题既要包含所有可能的答案，又要避免过多和重复。C）二项选择题。二项选择题应答者回答简单也易于整理，但有时可能不能完全表达出应答者的意见。

（4）确定问题的词句。问题的词句或字眼对应答者的影响很大，有些表面上看差异不大的问题，由于字眼不同应答者就会做出不同的反应。因此，问题的字眼或词句必须斟酌使用，以免引起不正确的回答。

（5）确定问题的顺序。问题的顺序会对应答者产生影响，因此，在问卷设计时问题的顺序也必须加以考虑。原则上，开始的问题应该容易回答并具有趣味性，以提高应答者的兴趣，涉及应答者个人的资料则应最后提出。

（6）问卷的试答。一般在正式调查之前，设计好的问卷应该选择小样本进行预试，其目的是发现问卷的缺点，改善提高问卷的质量。

3. 抽样方法 大多数的市场调查是抽样调查，即从调查对象总体中选取具有代表性的部分个体或样本进行调查，并根据样本的调查结果去推断总体。抽样方法按照是否遵循随机原则分为随机抽样和非随机抽样。

（1）随机抽样方法 [28]。随机抽样就是按照随机原则进行抽样，即调查总体中每一个个体被抽到的可能性都是一样的，是一种客观的抽样方法。随机抽样方法主要有：简单随机抽样、等距抽样、分层抽样和分群抽样。

28. Random sampling method.

（2）非随机抽样方法 [29]。常用的非随机抽样主要有以下几种。

29. Non-random sampling method.

①任意抽样 [30]。任意抽样也称便利抽样，这是纯粹以便利为基础的一种

30. Free sampling.

[6] The main process of the questionnaire design are generally divided into the following two major steps: (1) determining the information needed; (2) to determine the content of the problem; (3) to determine the type of problem; (4) to determine problematic words; (5) to determine problem of the sequence; (6) the pro-test of questionnaire.

抽样方法。街头访问是这种抽样最普遍的应用。这种方法抽样偏差很大，结果极不可靠，一般用于准备性调查，在正式调查阶段很少采用。

31. Judgement sampling.

②判断抽样 [31]。判断抽样是根据样本设计者的判断进行抽样的一种方法，它要求设计者对母体有关特征有相当的了解。在利用判断抽样选取样本时，应避免抽取"极端"类型，而应选择"普通型"或"平均型"的个体作为样本，以增加样本的代表性。

32. Quota sampling.

③配额抽样 [32]。配额抽样与分层抽样法类似，要先把总体按特征分类，根据每一类的大小规定样本的配额，然后由调查人员在每一类中进行非随机的抽样。这种方法比较简单，又可以保证各类样本的比例，比任意抽样和判断抽样样本的代表性都强，因此实际上应用较多。

33. Entrust research.

（三）委托调研 [33]

1. 委托调研的含义　在国际市场营销中，委托调研又称为国际市场营销调研代理业务，是指企业通过委托有关国际市场调研机构为之进行情报收集与分析而开展的市场调研活动。

委托调研与企业自行开展国际市场调研相比较，具有以下优点。

（1）具有调研方面的特长；

（2）熟悉当地的市场，在语言等方面沟通障碍小；

（3）由调研机构承办的调研项目所提出的调研结论往往比较客观、中立，有利于进行科学决策；

（4）与企业组织现场调研相比，成本低。

同时，委托调研也存在着一定的不足之处，如在委托调研之前首先要对调研机构进行调查。

2. 国际市场营销调研的组织机构及其职责　目前，市场营销调研机构可以分为两类：一是企业内部的市场调研机构，二是专业的市场调研机构。专业的市场调研机构通常包括以下几种类型：（1）市场调研公司；（2）广告公司的调研部门；（3）咨询公司。

另外还有一些国家政府机构设立的调研部门。调研机构的职责包括以下几个方面：①针对企业发展目标广泛收集有关市场信息；②开展专项研究；③监测和评估市场计划进行的进度与效果；④对市场调研过程进行控制和管理。

3. 委托调研实务　委托调研主要有以下工作。

34. Research agent selection.

（1）调研代理的选择 [34]。面对众多的国家市场调研代理公司，在指定调研代理公司时，当然要进行慎重的选择。一般来说，先要认真研究调研代理公司的技术能力和资信状况，必要时请其提供以往所作的调研项目，以便于从其客户处了解该企业的技术能力和资信状况。另外，还可以通过调研项目建议书的形式，请其设计出调研计划草案，进行严格审核。

（2）调研代理合同 [35]。通常一份调研代理合同应包括以下条款：①市场调研范围和调研方法条款；②支付条款；③调研项目预算条款；④参与调研人员条款；⑤最后期限条款；⑥调研报告条款。

35. Research agency contract.

（3）与调研代理的合作 [36]。选定调研代理后双方必须本着平等互惠、相互信任的原则开展工作。委托方须提供的合作一般包括说明调研目标、提供本企业的各种必需的情况、与调研代理共同制定调研方案等。

36. The cooperation with research agency.

对于调研活动的全过程，委托方都要进行必要的监督。调研过程中，应及时了解工作进度和调研成果，并与标准相对照，如有出入，应及时与调研代理分析和查找原因、协商对策、及时纠正偏差。调研结束后应要求调研代理及时提交调研报告，以便及时为企业决策提供信息支持。

3.3 国际市场营销调研信息系统

企业的管理信息系统 [37] 通常可以分为营销信息系统、生产信息系统、财务信息系统、人力资源信息系统等子系统。营销信息系统是企业管理信息系统的重要组成部分。

37. Management Information System.

3.3.1 国际市场营销信息系统 [38] 的组成

营销信息系统是指人、机（以计算机为核心）和程序 3 个方面有机组合，对与营销相关的内部信息进行系统地收集、整理、分析、评价，目的是为营销决策提供可靠的依据 [7]。

38. International Marketing Information System.

从信息开发的角度，一般可以将营销信息系统分为以下几种。

（1）内部报告系统 [39]，内部报告系统为管理人员提供结果数据。

39. Internal Report System.

（2）国际市场营销情报系统 [40]

国际市场营销情报系统是使公司经理获得日常的关于国际市场营销环境发展的恰当信息的一整套程序和来源。

40. International Marketing Intelligence System.

（3）国际市场营销调研系统 [41] 内部报告系统和国际市场营销情报系统

41. International Marketing Research System.

---

[7] The Management Information System usually consists of human,computers and programs. Information Marketing System is the most important part of Enterprise management.

42. International Marketing Decision Support System.

的信息一般属于常规性的。

（4）国际市场营销决策支持系统 [42]

国际市场营销决策支持系统是通过软件与硬件的支持，协调数据收集、系统、工具和技术，解释企业内部和外部环境的有关信息，并把它转换成为国际市场营销活动的基础。

3.3.2　国际市场营销信息系统的作用

（1）可以满足营销人员对国际市场营销信息越来越多的需求。

（2）可以适应顾客的要求越来越高的需要。

（3）可以适应国际市场营销活动地域范围不断扩大的需要。

（4）可以适应国际市场营销活动内容不断丰富的需要。

3.3.3　国际市场信息的来源和收集渠道

1. 国际市场直接信息的来源　国际市场信息的来源分为两大类：一类是企业信息人员亲自搜集、整理、加工的各种原始信息，即主要靠实地考察得来的直接信息；另一类是他人搜集并经过整理、加工的各种间接信息资料，即第二手信息资料 [8]。

直接信息主要是靠实地考察得来的。许多发达国家都有比较严密的直接信息搜集网络。通过这些信息网，许多企业对国际市场有关产品的生产、销售、财务、技术价格等行情几乎了如指掌。国际市场直接信息主要有 6 种来源。

---

[8]　The source of international marketing information can be divided into two categories: one is the enterprise information by information technology talents personally collecting, assembling and processing of all kinds of the original message which is mainly gotten through on-the-spot investigation; the other is others' collecting information through sorting, processing various kinds of indirect information material, which is the second-hand information.

There are mainly six sources of direct information from the international market:

- The enterprise technical staff, information or marketing staff collect market information by on-the-spot investigation in a certain international market field.
- To obtain information by domestic overseas economic and trade institutions which commissioned by the enterprise with investigation.
- To entrust overseas domestic personnel (especially economic and technical contingents) with specific international-market- related investigations or incidental surveys.
- The information materials consistently reflected from the sales outlets all over the world.
- To seek help from the agents, retailers, importers, wholesalers or other middlemen who locate in the country for collecting market-related information.
- Network information.

（1）企业派技术人员、信息人员或推销人员等到一定的国际市场进行实地考察、搜集市场信息；（2）委托本国驻外经济贸易机构进行调查，获取信息；（3）委托本国出国人员（特别是经济、技术访问团）对有关国际市场进行专门调查或附带调查；（4）企业在世界各地的销售网点，从市场反馈得到的信息资料；（5）委托市场所在国的代理商、零售商、进口商、批发商或其他的中间商，帮助搜集有关的市场信息；（6）网络信息。在收集信息时，一定要注意通过便宜、不受地理位置及时间约束的因特网收集信息。这样既可以保证信息的正确性和直接性，同时也可以保证信息的时效性，比如，通过因特网可以同时了解网上公布的世界实时金融、商品、价格等市场信息。

2. 国际市场间接信息的来源　间接信息的来源包括企业内部信息源和企业外部信息源两个方面。

与国际市场有关的企业内部信息源，主要是企业自己搜集、整理的国际市场信息、企业产品在国际市场销售的各种记录、档案材料和历史资料，如客户名称表、购货销货记录、推销员报告、客户和中间商的通信、信件等。

企业外部的国际市场信息源包括的范围极广，主要是国内外有关的公共信息机构。

（1）本国政府机构。政府有关部门、国际贸易研究机构以及设在各国的办事机构，通常能够较全面地搜集世界或所在国的市场信息资料。本国的对外贸易公司、外贸咨询公司等，也可以提供较为详细、系统、专门化的国际市场信息资料。

（2）外国政府机构。世界各国政府都有相应的部门搜集国际市场资料，很多发达国家专设贸易资料服务机构，向发展中国家的出口企业提供部分或全部的市场营销信息资料。如世界各国进出口贸易统计资料，销售机会，各国进口要求和手续，各国市场销售方法和营销惯例，经营各类具体产品的进口商、批发商和代理商的名称表，求购具体数量的具体产品的买主名称。此外，每个国家的统计机关都定期发布各种系统的统计数字，一些国家的海关甚至可以提供比公布的数字更为详尽的市场贸易和营销方面的资料。美国政府是世界上最大的信息来源机构，它集中了全世界各大市场的大量资料，只要打个电话到美国商务部查询，计算机就能迅速输出需要的信息，收费比较低。

（3）图书馆。每个国家都有图书馆，无论是大学的、地方的，还是国立的、私人的，也无论是专业的，还是综合性的，都可以提供有关市场贸易方面的资料。公共图书馆和大学图书馆至少可以提供市场背景资料的文件和研究报告，有关具体课题的大量资料一般从专业图书馆和资料室索取，这种图书馆在发达国家很多。最有价值的信息往往来自附属于对外贸易部门的图书馆，这种图书馆起码能提供各种贸易统计数字、有关市场的产品和价格情况，以及国际市场分销渠道和中间商基本的市场信息资料。

（4）国际组织。这类组织很多，目前大多数组织在因特网上设有网址，要查最新信息时，可以通过网站直接查询。与国际市场信息有关的主要国际组织有以下几种。

①联合国 [43] 出版有关国际的和国别的贸易、工业和其他经济方面的统计资料，以及与市场发展问题有关的资料。②联合国粮农组织 [44] 出版农业以及与农业有关的统计资料，包括国际的和地区的农业市场发展资料。③ 联合国贸易与发展会议 [45] 出版有关国际贸易方面的会议公报、专业文件和各种国际贸易、国际市场经营方面的资料，如贸易壁垒、普遍优惠制等。④联合国工业发展组织 [46] 可以提供有关工业发展、工业化、工业生产率、技术转让等方面的资料和信息。⑤国际贸易中心 [47] 提供特种产品的研究、各国市场介绍资料，还设有答复咨询的服务机构，专门提供由电子计算机处理的国际市场贸易方面的全面、完整、系统的资料。⑥国际货币基金组织 [48] 出版有关各国和国际市场的外汇管理、贸易关系、贸易壁垒、各国对外贸易和财政经济发展情况等资料。⑦世界银行 [49] 出版有关世界银行及成员国银行业务的年度报告以及国际开发协会、国际金融公司的各项政策和业务，以及成员国经济贸易、投资、货币、外汇、汇率的变化发展状况等信息资料。⑧世界贸易组织 [50] 世界贸易组织是从关税及贸易总协定（GATT） [51] 发展而来的，在 1996 年开始正式代替关税及贸易总协定职能，而且组织机构更规范、职能更广泛，可以提供有关国际贸易进出口许可证、关税和非关税贸易壁垒、互惠原则、国际收支、倾销、海关、产品督察、政府采购、条例契约和新闻公报等信息资料。

此外，一些国际性和地方性组织提供的信息资料，对了解特定地区或国际经济集团的经济贸易、市场发展、国际市场营销环境也是非常有用的，如西方发达国家的经济与合作发展组织、欧盟、中美洲共同市场、亚太经济与合作发展组织（APEC）、石油输出国组织、七国集团、拉丁美洲经济体系、欧洲自由贸易联盟、东南亚国家联盟、非洲、加勒比和太平洋国家集团等搜集出版的资料信息。

（5）商会。商会分为若干级。①国际商会 [52] 总部设在巴黎，会员是各国和全国性商会。国际商会可以提供有关国际商业、国际贸易、国际市场营销方面的信息资料。信息面广，综合性强，具有权威性。②第二级是双边或多边商会，会员大多从事国际贸易和国际市场营销工作。这种商会能提供开

43. United Nations.

44. United Nations. Food and Agricultural Organization.

45. United Nations Conference on Trade and Development.

46. United Nations Industrial Development Organization.

47. International Trade Center.

48. International Monetary Fund.

49. World Bank.

50. World Trade Organization.

51. General Agreement on Tariffs and Trade.

52. International Chamber of Commerce.

展贸易和营销业务的客户、两国或多国之间的贸易情况，以及其他的市场营销信息。③第三级是各国和全国性商会和地方商会。这些商会可以提供有关本国或本地的贸易状况、需求特点、产品结构、价格行情、商业机构、营销政策、经济法规、中间商及销售渠道等信息。

（6）同业公会或行业协会。它们是特定工业行业或贸易行业中各企业的联合体。如化工、机电、采矿、进出口等行业。很多同业公会或行业协会出版有关行业的生产、销售定期统计资料和会员名录以及行业现状、供给结构、需求结构、未来发展、营销规划等方面的信息。

（7）各国外交使团和贸易机构。各国驻在国外的大使馆，常常能够提供驻在国的大量信息资料，包括贸易统计数字、关税、进出口额、进出口产品品种、市场价格、生产企业、贸易企业和进出口企业名录，以及该国能够提供帮助的官方和非官方组织名称等。

（8）银行。银行往往是经济信息的丰富源泉，企业开户银行对客户比对其他人可以提供更多的信息和帮助，特别是国际银行总行或在各地的分行、代理行，能提供极为详尽、准确的贸易资料。通常情况下，国际性的大银行可以提供以下信息资料和帮助。

①有关世界大多数国家的定期的或特定的市场报告，内容包括市场动态、贸易政策和未来展望等；②各家公司的商业信誉和信用程度；③有关国家的信贷期限、支付方式、利率、汇率的最新资料；④向外国商人作介绍并安排约会，提供贸易洽谈机会等。许多国际性大银行都发行期刊，而且通常是一经索取就可以免费得到。这些期刊上一般有全国性的经济调查、商品评论以及上面提及的有关资料。这些资料有利于把握国际市场和各细分市场的营销环境。

（9）商情调研机构。这些机构除为委托人完成研究和咨询工作外，还定期发表市场报告和专题研究论文。比较具有代表性的机构，如英国的经济学家情报所（The Economist Intelligence Unit）、美国的斯坦福研究院（Stanford Refearch Institute）和国际商业情报中心（International Business Intelligence Center）。其信息有时不完全符合企业对市场信息的要求，但至少它们能够提供大部分所需信息的背景材料，从而使信息调研省去大量工作。如《欧洲工业品市场资料汇编》、《英国销售信息资料集》等对企业搜集和分析国际市场信息极为有用。

（10）消费组织或协会。现在，在许多国家，尤其是在发达国家，有一些以保护消费者利益和社会利益为目的的组织。这种组织多参与检验在它们国家出售的产品，并且在其定期出版物里报告检验结果。它们还能系统报道市场行情的各个方面，并进行消费者调查。此外，消费组织还向有关部门索取资料。

（11）相关竞争企业。参与市场经营的各类企业是市场信息的重要来源之一。市场信息人员只要写信给这些企业的外联部门索取商品目录、产品资料、价目表、经销商、代理商、批发商和经纪人一览表、年度报告等，就可以得到有关竞争者的大量资料，了解竞争者的全貌和竞争环境。

（12）出版物。这包括报纸、贸易杂志、专业杂志、统计专刊、年鉴、专著、手册等上述各种机构发行之外的一切出版物。例如，国内有《国际商报》、《外贸调研》、《海外市场剪辑》、《国际经贸消息》、《国内国际市场动态》、《中国对外经济贸易年鉴》等。国外主要的有美国的《商业周刊》、《经济影响》、《幸福》、《美国经济评论》等杂志，美国财政部编的《对美出口》、《美国进口商号和出口商号名录》、《世界贸易手册》，美国统计局编的《进口与出口重点介绍》、《依商品分类的进口商品》。在日本，有东南亚贸易投资和旅游促进中心出版的《日本贸易机会》，日本关税税则协会出版的《日本海关税则》、《进口统计册》，日本贸易振兴会出版的《日本的进口和销售规则》，日本经济新闻出版社出版的《日本经济年鉴》、《日本工业评论》等。在英国，有《经济学家》、《国际商业》、《贸易与工业》、《金融时报》、《英国商业》等。

从上述机构获得的资料，一般不必花费很大的人力、物力和财力，因为公共构提供信息资料费用较低，也比较方便。

------- 🖋 小资料 -------

日本佳能公司的调研艺术

日本企业经理认为，唯有自己直接从分销渠道的零售商和批发商那里获得的情报才是最可靠的，所以他们十分重视实地调查。

日本的市场调研侧重两种资料："软资料"，即在访问经销商或其他渠道成员、顾客时所得到的情报；"硬资料"，即关于商品运输、存货水平以及零售额的数据记录。在日本，企业的中上层管理人员都参加"软资料"收集工作，他们认为，这对于进入市场及其以后维持良好的市场关系都是至关重要的。

　　佳能公司在美国市场的分销战略的制订过程为如何收集"软资料"提供了一个很好的例子。20 世纪 70 年代后期，佳能照相机在美国市场的销售业绩不太理想，它的主要竞争对手美能达照相机在美国市场的销售份额遥遥领先。于是，佳能公司派了三个管理人员组成调查小组赴美国寻找问题的根源。该调查小组在美国花了大约六个星期的时间专门访问各种照相机零售店，通过与店主交谈，他们了解到，由于美国经销商推销力量有限，不可能给佳能公司很多支持。此外，他们还了解了何种照相机和促销支持是美国中间商所感兴趣的。

　　这种"软资料"的收集方法看上去似乎不如现代科学调研技术那么严谨，但是它决不是什么主观臆断的产物。事实上，这种调查结果更有意义，因为他们实地考查了消费者在商店的举止行为以及推销人员的各种反应。调查人员走进商店，像顾客那样在店里浏览，仔细观察照相机是如何陈列的、商店售货员是如何为顾客服务的，随后向售货员简单地问了一问："你们仓库里还有什么照相机？"调查人员据此判断这些商店对经销佳能照相机是否具有热情。接着，调查人员亮出自己身份，邀请商店经理共进午餐，一起讨论有关照相机的销售情况，从中了解经销商的种种想法和需要，通过这种调查所得到的收获远远超过了正规市场调研所能提供的信息，调查人员不仅获得了必要的信息，还与中间商建立了友谊，而这正是现代企业经营中一个十分必要的竞争优势。通过这次调查，该公司确定了佳能照相机在美国的分销战略，通过专业中间商独家经销佳能照相机，并集中为一个高层次、高质量的细分市场服务。1976 年佳能 AE-1 照相机在美国的成功充分证实了这一分销战略的正确性。

◀▌ 本章小结

- 国际市场营销调研是指对企业在国际市场营销活动全过程所需要的信息，进行系统地调查、收集、整理、分析和研究，使企业能够发现国际市场营销机会和开拓潜在国际市场，使企业在进行国际市场营销决策和在营销策略及方案的适应性调整时，具有真实可靠的客观依据。

- 国际市场营销调研的内容主要包括国际市场需求容量调研、国际市场产品信息调研、国际市场价格信息调研、国际市场分销渠道调研、国际市场促销调研、国际市场政治环境调研、国际市场经济发展状况调研、国际市场社会与文化因素调研、国际市场技术发展状况与趋势调研和国际市场竞争调研等方面的问题。

- 国际市场营销调研的程序一般包括准备阶段（调研问题的提出、初步情况分析和制定调研方案）、实施阶段（组织并培训调研人员和收集资料）和总结阶段（资料的整理和分析和编写调研报告）3个部分。

- 国际市场营销调研方法主要有直接调研法、间接调研法和委托调研法等。文案调研主要是进行有关国际市场第二手信息资料的搜集、整理和研究；实地调研包括询问法、观察法、实验法等具体做法，其目的是完成对国际市场第一手信息资料的收集、整理和分析。

- 国际市场信息是国际市场上各种经济（特别是市场要素）活动和相关环境的数据、资料、情报的统称。一般可将营销信息系统分为内部报告系统、国际市场营销情报系统、国际市场营销调研系统和国际市场营销决策支持系统。

- 国际市场信息一是企业信息人员亲自搜集、整理、加工的各种原始的第一手信息；二是搜集并经过整理、加工的各种间接信息资料，即第二手信息资料。

【 主要概念 】

国际市场营销调研	案头调研
实地调研	委托调研
抽样调查	二手信息资料
第一手信息资料	询问法
观察法	实验法

思考与练习

一、问答题

1. 国际市场营销调研的主要任务是什么？

2. 国际市场营销调研主要包括哪些调研内容？

3. 一个完整的国际市场营销调研方案应包括哪些内容？

4. 实地调研常用方法有哪些？如何进行文案调研？

5. 如何选择合适的国际市场营销调研代理机构？

6. 美国、日本、西欧等国别市场各有哪些主要特点？

7. 中东海湾地区、东盟国家、非洲等国别市场各有哪些主要特点？

8. 世界各国消费者行为特征有哪些主要差异？试分析引起这些差异的主要原因。

9. 试举例说明如何进行抽样调查？

二、案例讨论

肯德基成功营销中国：市场调研先行

20 世纪 80 年代后期，肯德基开始考虑如何打入人口众多的中国市场，发掘这个巨大市场中蕴含的巨大潜力。虽然前景乐观，但是诸多现实问题也使得肯德基的决策者们倍感头疼，犹豫不决，因为进入中国市场前，肯德基对该市场是完全陌生的。

在情况不明朗时，肯德基对中国市场进行了更全面彻底地调查。地点是饭店经营的首要因素，餐饮连锁经营也是如此。连锁店的正确选址是实现连锁经营标准化、简单化、专业化的前提条件和基础。因此，肯德基对选址是非常重视的。选址决策一般是两级审批制。其选址成功率几乎是百分之百，是肯德基的核心竞争力之一。肯德基选址按以下步骤进行。

1. 商圈的划分与选择

（1）商圈划分。肯德基计划进入某个城市前，会先通过有关部门或调查公司收集这个片区的资料。有些资料是免费的，有些资料需要花钱去买。把资料备齐了，就开始规划商圈。通过打分把商圈分成好几大类。以北京为例，有高级商业型、区级商业型、定点消费性，还有社区型、社区商务两用型、旅游型等。

（2）选择商圈。选择商圈即确定目前在那个商圈开店、主要目标是哪些。在商圈选择的标准上，一方面要考虑餐馆自身的市场定位，另一方面要考虑商圈的稳定度和成熟度。餐馆的市场定位不同，吸引的顾客群不一样，决定了商圈的选择也不同。

2. 聚客点的测算与选择

（1）要确定这个商圈内最主要的聚客点在哪儿。肯德基开店的原则是努力争取在最聚客的地方及其附近开店。肯德基选址人员采集来人流数据，使用专用的技术及软件进行分析，就可得出在某地投资额的上限，而超过这个上限，开店就将得不偿失。

（2）必须考虑人流的主动线会不会被竞争对手截住。如果急症对手的选址比肯德基好，在动线的上游截住了人流，那么这个地址就不是最好的。

（3）聚客点选择影响商圈选择。聚客点的选择也影响到商圈选择。因为一个商圈有没有主要聚客点是这个商圈成熟度的主要标志。

讨论问题：

1. 肯德基为什么要花巨资进行市场调研？

2. 肯德基在选址时需要哪些数据进行支持？

3. 选择距离你较近的两家肯德基连锁店，试分析其选址策略的优劣。

4. 请选择相邻的肯德基和麦当劳连锁店，试比较其选址策略的优劣。

chapter 4

第4章 国际目标市场营销与国际市场进入方式

学习目标：

通过本章的学习，使学生了解国际市场细分的含义和作用以及国际市场细分的原则与步骤；掌握国际市场宏观细分与微观细分的标准；掌握国际目标市场的含义、国际目标市场的选择策略；掌握国际市场定位的含义、步骤和市场定位的策略；掌握国际市场进入的三种方式（包括出口进入、投资进入和契约进入）的基本内涵及各自的优缺点。

重点难点：

* 国际市场细分的含义和标准

* 国际目标市场营销策略

* 国际市场定位的含义和方法

* 企业在进入国际市场时所面临的各种障碍因素的分析

4.1 国际市场细分

满足国际市场的顾客需求是企业国际营销活动的关键。然而，世界上有两百多个国家和地区，不同区域的消费者需求特点差异很大。企业在难以同时满足所有消费者需求的情况下，必须依照一定标准对众多的国家和地区进行划分。企业在进行国际市场细分的基础上，还应对各个细分市场进行深入调研与评价，从中选出企业能满足其消费者需求的细分市场作为目标市场。此后，企业应对进入国际市场的战略进行选择。出口模式、契约模式和直接投资模式3种备选方案各有利弊，企业在进行进入模式选择时，要对目标市场环境及自身实力进行系统、全面地分析，从而制定正确的决策，保证国际市场营销目标的实现。

4.1.1 国际市场细分的基本理论

（一）国际市场细分的含义

国际市场细分（International Market Segmentation）是在市场细分的基础上发展起来的，是市场细分概念在国际市场营销中的运用。

在各种市场上，由于受诸多因素如自然条件、社会经济条件、心理条件等影响，消费者通常会有不同的需求。虽然生产力水平的不断发展为满足消费者的需求提供了物质保证，但随着生产水平的提高，又会有新的、更高的需求不断被提出。与国内市场相比，国际市场的购买者更多、分布范围更广，作为企业，由于自身实力的限制，往往更难满足全球范围内顾客的需要。为此，就需要对国际市场按照某种标准进行划分。

所谓国际市场细分 [1]，是指企业按照一定的细分标准，把整个国际市场细分为若干个需求不同的产品和营销组合的子市场，其中任何一个子市场中的消费者都具有相同或相似的需求特征，企业可以在这些子市场中选择一个或多个作为其目标市场。国际市场细分是企业确定国际目标市场和制定国际市场营销策略的必要前提。

（二）国际市场细分的基本方法

1. 单一变量法（Simple Variable Method）　单一变量法是指根据市场营销调研结果，选择影响消费者或用户需求最主要的因素作为细分变量，从而达到市场细分的目的。例如，玩具市场需求量的主要影响因素是年龄，可以

---

[1]　Forming segments of consumers who have similar needs and buying behavior even though they are located in different countries.

针对不同年龄段的儿童设计适合不同需要的玩具，这早就为玩具商所重视。除此之外，性别也常作为市场细分变量而被企业所使用，"妇女用品商店"、"女人街"等的出现正反映出性别标准为大家所重视。由于影响消费者或用户需求的因素是多种多样的，一些因素又相互交织在一起，共同对某种需求产生影响，例如性别与年龄、职业与收入、规模与对产品的要求等交织在一起，影响需求的增减变化，所以用单一变量法来细分市场只能是一种概括性的细分，也就是所谓"求大同，存小异"。

2. 多变量法（Multiple Variable Method） 这是一种为弥补单一变量法的不足而采用的市场细分方法。它同时以两种或两种以上影响需求较大的因素为细分变量，以达到更为准确地细分市场的目的。以某食品进出口公司对日本冻鸡市场的细分过程为例，该公司选择了"消费者习惯"和"购买者类型"两个因素为细分变量。以"消费者习惯"为变量可将日本冻鸡市场分为净膛全鸡、分割鸡、鸡肉串三类需求子市场；按"购买者类型"不同可将日本市场分为饮食业用户、团体（企业集团）用户和家庭用户三个需求子市场。两个变量交错进行细分，日本冻鸡市场就可分为九个细分市场。在此基础上，企业可再对各细分市场的情况进行调研，最终确定自己的目标市场。

3. 多层次变量法 (Multistage Variable Method) 这种方法是指从粗到细将整体市场分为几个层次，逐层细分，并确定该层次的样本市场，最终层次的样本市场就是企业将全力投入的目标市场。以某一铝制品公司的市场细分过程为例，公司选择三个变量，用三个层次分别对铝制品需求市场进行宏观细分。第一层以"最终用户"为细分变量，将市场分为汽车制造业、住宅建筑业、饮料容器制造业三个子市场。假定经过分析对比，以住宅建筑业为样本市场，但该样本市场内需求仍存在差异，就选择"产品用途"变量进行第二层细分，得到半制成品、建筑构件和铝制活动房三个市场。假定该层中又确定建筑构件市场为样本市场，分析后再按"用户规模"作为第三层细分的变量，得出大、中、小三个子市场。最后公司选择"大量使用者"为样本市场，公司对整体市场的宏观细分结束。在对"大量使用者"调研后，再以用户的要求为变量对其作微观细分，最终选定重视产品质量的大量使用者为目标市场。这个是以工业品市场细分过程作为例子介绍，消费品市场细分也同样可以这样进行。

（三）国际市场细分的作用

市场细分对企业的生产、营销起着极其重要的作用，尤其对于要走向国际市场、进行国际贸易的企业来说，它是市场营销活动的管理和决策者认识和研究国际市场、寻找新的市场营销机会、选择目标市场的首要依据。具体来讲，国际市场细分可以给企业带来许多利益。

1. 有利于选择目标市场和制定市场营销策略　细分的市场比较具体，使企业能较确切地了解消费者的需求，在开发经营过程中，可以根据本企业的经营思路、生产技术和营销力量，确定服务对象，即目标市场。选定目标市场后，企业便可以制定更加切实的营销策略，制定相应的对策，以适应市场需求的变化，提高企业的应变能力和竞争力。

2. 有利于企业发掘国际市场机会，开拓国际市场　所谓市场营销机会，是指市场上存在的各种未被满足的消费需求。这种机会的发现对企业来讲，起码有两个重要意义。其一，进入市场的成功率相对较高；其二，有较大的发展潜力。企业通过对纷繁复杂的整体市场进行细分后，对每一个细分市场的购买力、满足程度、竞争情况等进行分析比较，就能发现哪些是未被满足的需求，如能及时占领市场夺得竞争优势，将会给企业带来巨大利益。相对于世界500强而言，许多中小企业的竞争能力比较弱，只有通过市场细分，才能在国际市场中找到适合自己生存、发展的营销机会。"扬长避短"是利用市场细分结果采用相应策略的具体表现。

3. 有利于企业集中人力、物力和财力投入国际目标市场，以获取局部竞争优势　在市场经济条件下，企业的生产取决于市场需求的大小。如果在某一市场上某种产品有较好的销路，不可避免地会吸引多家企业参与竞争。企业要想在国际市场竞争中取胜，只有将其有限的资源集中到特定的国际目标市场获取局部的竞争优势才行。

4. 有利于企业准确把握当地市场需求，调整国际市场营销策略　国际市场范围广阔，各个区域的消费者需求和竞争者状况不断变化。企业通过对国际市场进行细分，可以有针对性地观察和收集细分市场信息，根据各个市场中的消费需求情况定制营销计划，所有的行动和手段都合乎当地的需要和偏好，对各个细分市场实行差异化的营销策略。当某个目标市场的需求特征和竞争态势发生变化时，企业可以及时地调整营销策略。

5. 有利于企业分配国际营销预算，提高国际营销效益　企业在对国际市场进行了细分后，可以根据各细分市场的市场潜量、竞争状况来合理地分配国际营销预算，使得在每个子市场的投入都能得到相应合理的回报，从而提高企业的国际营销效益。

可以说，市场细分在企业规划和市场营销的过程中一直扮演着至关重要的角色。对于企业规划来说，它是判断公司专长与市场机会是否匹配的前提条件，是决定进入一个新市场或退出一个老市场的依据，是分析市场优先级与重要性的有效工具，是确切地描述竞争对手战略、战术的先决条件。对于企业的市场营销运作来说，它会确定产品特征、定价、宣传、销售渠道的依据，是指引销售队伍主攻方向的有力工具，是分配人力资源、技术资源和资金的参考标准，是量化市场与用户、进行市场调查、把握市场趋势的关键。可以毫不夸张地说，市场细分做好了，市场营销就成功了一半。

案例4-1

日本手表打入美国

一直以来，欧洲手表称霸世界。作为一个后起之秀，日本手表制造商通过国际市场细分，成功地打进了欧洲表称霸天下的美国市场，为企业创造了巨大利益。日本手表商首先对美国市场进行了认真调研。按美国消费者对手表的需求不同，可以将其划分为三个细分市场：第一类，要求手表能计时，价格低；第二类，要求手表计时准又耐用，价格适中；第三类，要求手表是世界名牌，产品外观高雅，计时准确。调查结果表明：A. 三个细分市场的比例为23%、46%和31%；B. 当时在美国手表市场占有较大份额的瑞士手表厂商一贯将第三类消费者作为目标市场，专门经营名贵的机械表；C. 第一、二类消费者的需求未能满足。在经过市场细分和调查后，日本手表制造商发现了向美国消费者提供计时准、价格低廉的电子表的营销机会，结果大获成功。

启示：日本手表打入美国，靠的是科学的市场细分和市场定位。日本手表商主要运用购买行为因素对美国市场进行细分，发现了美国中低档价格手表市场需求尚未得到满足。他们抓住了这个机会，乘虚攻占了美国中低档手表市场。

4.1.2 国际市场细分的原则与步骤

国际市场细分是在跨国经营活动中识别机会、发现机会的有效手段，但并不是所有的国际市场细分都是有效的。过于细分可能会影响企业的销售面；细分不当也可能招致营销上的失败。国际市场比国内市场竞争更加激烈，为了使企业的市场细分具有实用价值，使之能为企业选择目标市场提供重要的依据，企业在进行国际市场细分时，必须遵循一定的原则，确定其细分的具体步骤，否则非但不能形成有效的细分，甚至可能是徒劳无益、得不偿失。

1. 国际市场细分的原则

（1）可测量性 [1]。这是指国际目标市场的销售潜量及购买力的大小必须是能被测量的。企业可以通过各种市场调查手段和销售预测方法来测量国际目标市场现在的销售状况和未来的销售趋势，否则，企业不宜轻易地决定选择其作为国际目标市场。

（2）需求足量性 [2]。这是指企业所选择的国际目标市场应当有较大的市场潜量，有较强的消费需求、购买力和发展潜力，企业进入这一市场后，有望获得足够的营业额和较好的经济效益。例如，发达国家人口增长缓慢，年龄结构老化问题日趋突出，那么对企业来说，老年市场具有相当潜力。各类老人保健、老人医院、老人娱乐和休闲等行业都将发展成具有足量性的市场。反之，对于那些需求不足的市场，细分就不会尽如人意。

（3）可进入性 [3]。这是指企业所选择的国际目标市场是未被垄断的，企业的资源条件、营销经验以及所提供的产品和服务在所选择的目标市场上具有较强的竞争能力。

（4）易反应性 [4]。这是指企业选择的国际目标市场能使企业有效地制定国际营销计划、战略和策略，并能有效地付诸实施。同时，企业在国际目标市场上还要能便利地调整其营销战略和策略，以应对各种可能的市场变化。

2. 国际市场细分的步骤 国际企业面对海外纷繁复杂的市场环境，要以尽可能少的风险、尽可能高的投资回报成功开拓海外市场，就必须对国际市场进行正确地细分化研究和分析，寻求市场机会，找到自己的目标市场定位。国际市场细分可依据以下步骤进行。

（1）确定产品市场范围。任何一个企业都有其自身的任务和目标，以此作为企业制定生产经营和市场开拓战略的依据。企业在进行市场细分时，必须先明确自己产品的市场范围，也就是说进入什么行业、生产什么产品。产品市场范围应以消费者的需求而不是产品特性来定，因为满足消费者的需求是企业的目标所在，消费者的需求是无限的，而企业的产品及其寿命则是有限的，一旦市场需求发生变化，整个产品的市场范围也要做相应的调整。

（2）分析潜在顾客的需求。选定产品市场范围以后，接下来就是分析潜在的顾客有哪些基本需求，在此基础上挑选出不同的细分市场变量。

（3）选择市场细分标准。根据国际市场的宏观和微观细分两个层次，按地理、经济、文化等标准，可以对国际市场进行宏观细分；如果该组宏观细分市场在市场营销活动上仍存在不同特点或要求，可以对其再按其存在的不同特点或要求，如消费者的心理、行为等标准等进行细分，得到微观细分市场。

（4）筛选。为了满足市场细分的需要，营销人员必须把各细分市场或各顾客群的共同需求筛选掉。这些共同需求虽然很重要，但只能作为设计市场营销组合的参考，不能作为市场细分的基础。

（5）分析、估量各个细分市场的规模和性质。要测量市场容量，不外乎三个因素——购买者数量、购买力和购买动机，其中的潜在购买者数量和购买能力决定了企业未来销售的潜力。

（6）为子市场定名。在对市场进行细分后，把选出的各个子市场确定名称，以便高度概括出每个子市场的特征。

（7）选择目标市场，设计市场营销组合策略。当我们完成以上的步骤后，我们已经明确了目前我们所处的细分市场以及我们将要进入的细分市场，接下来的工作，将是制定什么样的营销战略来攻克这个细分市场。

营销战略的制定除了考虑到运用各种各样的战略、策略以外，还应考虑到企业对每个方案的执行能力和执行程度。实际上有很多方案设计都束之高阁，就是因为没有站在企业现实情况的角度上去制定可操作性强的、有用的营销战略和营销方案。

4.1.3　国际市场宏观细分

世界上有众多的国家，企业究竟进入哪个（或哪些）市场最有利，这就需要根据某种标准（如经济、文化、地理等）把整个市场分为若干子市场，每一个子市场具有基本相同的营销环境，企业可以选择某一组或某几个国家作为目标市场，这种意义上的国际市场细分称为宏观细分。

国际市场宏观细分是整个国际市场细分过程中的第一步，因为只有在宏观细分的基础之上，首先确定进入哪个或哪些国家，然后才能进一步进行一国之内的微观细分。加拿大马西—弗格森公司是专业生产农业机械的公司，20 世纪 50 年代末，它将世界农机市场划分为北美与非北美两大市场，并将其业务重点放在非北美市场，结果由于避免了与其他几个农机行业巨人（如福特汽车公司、迪尔公司、国际收割机公司）的直接竞争而取得成功，在非北美市场上获得了较高的市场份额并持续盈利。

进行国际市场宏观细分主要有两个方面的问题：一个是确定以何种标准来对国际市场进行细分；二是确定宏观细分的过程或基本步骤。

1. 国际市场宏观细分标准

（1）地理标准 [5]。这是宏观细分最常用的标准。按地理标准，可以把全球市场大致分为亚洲市场、欧洲市场、拉丁美洲市场和大洋洲市场。其中亚

5. Geographic Standards.

洲市场又可分为东亚市场、西亚市场、南亚市场等；欧洲市场又可分为西欧市场、北欧市场、东欧市场等。这种细分方法的好处是，地理上接近的市场便于跨国公司进行国际业务管理，同时，处于同一地理区域的各国具有相似的自然条件，文化背景、消费习惯比较接近，可以当做一个市场来开发；特别是第二次世界大战后，区域性贸易和经济一体化发展迅速，从而使地理接近的市场更可能具有同质性。如欧盟（EU [6]）、北美自由贸易区（NAFTA [7]）和亚太经合组织（APEC [8]）等，这些区域性集团对国际营销影响很大，有时，企业进入了某一区域集团中的某一个国家就相当于进入了该集团的其他所有国家。

但是，应用地理标准也有其局限性，许多在地理上接近的国家并不一定能保证提供同样的市场机会，如北美的加拿大、美国、墨西哥三个国家地理毗邻，但经济发展水平却有较大差距，尤其是墨西哥的经济水平与美国不可同日而语，这些地区难以构成一个共同市场。

（2）文化标准 [9]。东西方文化的差异决定了中国市场与欧美市场的根本不同。因为生活方式密切地受到文化的影响，所以按照文化标准细分国际市场对营销决策是非常有益的。文化对国际营销决策的重要影响之一，就是文化的诸因素（如语言、教育、宗教、种族、美学、价值观和社会组织等）都能构成国际市场的细分标准。然而，由于世界上文化类型很多，要把世界上所有不同国家的文化类型进行分类，并为每种文化类型都制定一个策略是十分困难的。一个替代的方法是，将世界上众多的不同文化类型按以下五种要素进行再分类：① 物质文化（技术、经济）；② 社会制度（社会机构组织、教育、政治结构）；③ 信仰体系（宗教、民族、种族）；④美学；⑤ 语言。

单纯的将文化作为细分市场标准在很多情况下是不可行的。以宗教为例，仅以宗教为标准来划分国家，以实现对一组国家实施共同营销策略往往是不够的。巴基斯坦和沙特阿拉伯有相近的宗教信仰，可是两国在经济上的差别使得很难把它们联结起来实行同一营销策略。沙特阿拉伯的人均国民生产总值达 12 000 美元，是一个各类消费品和工业品的大买主；而巴基斯坦的人均国民生产总值只有 390 美元，这对国际营销者来说，市场潜力太小。因此，在应用文化标准进行国际市场宏观细分时，还应兼顾其他的一些细分变量，才能避免以单一变量进行细分而导致的片面性。

（3）经济标准 [10]。用经济标准细分主要是根据经济发展指标将各国进行归类，如国民生产总值、人均国民收入、经济增长率、基础设施发展水平等。其中一个最简单的方法就是将人均国民生产总值（GNP）作为衡量指标。

通常人们广泛接受的是，世界银行按照各国人均国民生产总值把国家划分为四类：低收入国家（人均 GNP 在 745 美元以下）、中下等收入国家（人均 GNP 为 746 美元至 2 975 美元）、中上等收入国家（人均 GNP 为 2 976 美元至 9 205 美元）和高收入国家（人均 GNP 在 9206 美元以上）。（世界银行 2003 年标准）

按经济标准细分国际市场的优点是使同一个子市场的国家在经济发展水平或经济环境上比较接近，并有助于按市场规模和质量来挑选目标市场及制定不同的营销策略。如联合利华公司根据不同国家的经济发展特点，开展有针对性的营销活动：在低收入国家推出肥皂，在中下等收入国家推出手洗洗衣粉，在中上等收入国家推出机洗洗衣粉，在高收入国家推出纤维软化剂。但处于经济发展同一水平的各国可能分布在世界各地，可供选择的目标市场可能较为分散，不利于提高营销效率和加强国际营销管理。

（4）组合细分 [11] 标准。国际市场组合法是以战略技术为基础，同时从国家潜量、竞争程度和风险大小三大因素分析国际市场，从而把国际市场的各个子市场分为 18 类的市场细分方法。在这种组合细分中，国家潜量是指企业的产品或服务在该国市场上的销售潜量，其基础包括人口、经济增长、实际国民生产总值、人均国民收入、人口分布、工业生产和消费模式等因素。竞争程度决定于内部因素和外部因素两方面。内部因素包括企业在该国市场上所占份额、企业资源和设施，以及企业适应该国特点的能力和优势；外部因素包括该行业中竞争对手的竞争力、来自替代产品行业的竞争，以及国内外的行业结构。风险是指企业在该国面临的政治风险、财务风险和业务风险（如消费者偏好的转移）以及各种影响利润、资金流动和其他经营结果的因素。

11. Combining segmentation Standards.

用组合法划分世界市场有如下优点：① 该方法考虑了三个方面，更全面地反映了多国环境；② 每个维度都与营销密切相关；③ 把风险单独作为一个维度，更符合实际情况，因为许多国家虽有较大的潜力和吸引力，但同时也有不同程度的风险；④ 每个维度都由若干因素构成，因此每一方面都是多元因素的综合计量，例如，无论是国民生产总值还是收入水平，单凭一个因素都不足以表示整个国家的市场潜量。

组合法是企业进行国际市场宏观细分的一个很有用的方法，可以作为企业分析国外市场机会的基础。不过，它需要许多信息，包括公司内部和外部的，这可能不太容易收集和分析。另外，这一方法适用于一种产品的市场层次而不是整个公司的层次。因此，一家在海外营销多种产品或劳务的公司将不得不为此做出许多细分规划，但是这样做会产生策略意义，并且有助于分析有潜力的产品市场的机会。

2. 国际市场宏观细分过程　国际市场宏观细分过程可以分为下述几个步骤。

（1）确定划分世界市场的方法，即确定细分标准；

（2）根据这种分类标准，将所有具有共同特点的国家划为一组，即构成一个子市场；

（3）了解满足每组需求对企业资源条件有哪些要求；

（4）根据本企业的特点，判断本企业满足哪个或哪些子市场最适当、最有优势；

（5）从理论分析，要满足目标市场的需求，应采取的措施；

（6）把这种理论上的策略和方法根据实际情况加以修正和调整。

假设一个生产电子计算机的企业打算进入国际市场，应用上述细分过程，该企业将分六个步骤来细分世界市场。

第一步：企业认为，应根据各国经济技术的发展水平和对电子计算机的需求来划分世界市场。

第二步：按照上述细分标准，可将世界电子计算机市场分成三个子市场，即需要简单、小型电子计算机（如第一代电子计算机）的市场；需要中型电子计算机的市场；需要大型、复杂电子计算机的市场。

第三步：要满足第一个子市场，企业只要具备生产简单电子计算机的技术能力和生产能力即可；要满足第二个子市场，需要具备中等技术水平和生产能力；要满足第三个子市场，需要企业拥有生产现代大型电子计算机的尖端技术，有能力与国际商业机器公司等一流企业抗衡。

第四步：根据企业的资源条件，分析服务于哪一个子市场最有力。

第五步：假设根据企业的资源条件，确定服务于第二个子市场，并假设下述国家或地区属于第二子市场：韩国、印度、新加坡、中国香港、墨西哥、巴西、尼日利亚。为满足这些目标市场国家或地区的需求，公司可以在尼日利亚、巴西和韩国分别建立一个组装厂，其他国家的需求，可以通过从这三个国家进口而得到满足。

第六步：假设经过进一步调研，发现韩国比较缺乏科技人才，在韩国建厂难免出现效率低的现象，而印度的科技人才较多，故决定把组装厂建在印度，再由印度向整个亚洲地区出口。

4.1.4 国际市场微观细分

国际市场微观细分是当企业进入某一海外市场后，如果发现当地市场顾客需求仍有差异，就进一步将其细分成若干市场，以选择其中之一或几个子市场为目标市场。国际市场微观细分与国内市场微观细分的方法是相同的，细分的标准也基本一致。由于购买目的和动机不同，市场细分的标准也不同，分为消费者市场细分标准和生产者市场细分标准。

1. 国际消费品市场的细分标准 国际消费品市场，由于受消费者所在地理区域、年龄、性别、宗教信仰、收入水平、生活方式和心理等多种因素的影响，不同的消费者群具有不同的欲望和需求，因而形成了不同的购买习惯和行为。企业可以按照这些因素把某个国家或地区的消费者市场细分为若干不同的市场部分或亚市场。由这些因素所决定的消费者需求的差异，是细分消费者市场的基础，在国际市场营销学中一般将其概括为地理因素、人口因素、心理因素和行为因素 4 大类。

（1）依据地理因素细分 [2] 12。这是指企业按照消费者所在的地理位置、城市规模、地理环境、气候条件等因素来细分市场，然后选择其中一个或几个子市场作为目标市场。

按照地理区域可以将一个国家细分为沿海与内地、东部与西部、南部与北部等不同的区域；按城市规模可以划分为特大型城市、大型城市、中型城市、小型城市和农村；按气候条件不同可以分为热带、亚热带、温带和寒带。

在应用地理因素细分时应注意的是，地理因素是一种静态因素，对消费者的区分较为笼统，且处于同一地理区域的消费者在需求上也存在明显差异，因此还必须结合其他因素进行市场细分。

（2）依据人口因素细分 [3] 13。这是按照人口总量、性别、年龄、文化程度、收入水平、家庭状况、宗教信仰、民族等人口统计学特征细分市场。由于人口因素直接影响消费者的需求特征，而且较其他因素更易于辨认和衡量，因而是国际消费品市场中最常用、最主要的细分标准。而在人口细分的诸变数中，又以人均收入、人口总量、年龄特征、宗教信仰四项最有参考价值。

① 人均收入。国民收入与居民人均收入水平的高低直接影响国际市场的规模。根据人均收入水平，可以将各国消费者的收入分为高收入、中等收入、

12. Geographic segmentation.

13. Demographic segmentation.

[2]　dividing a market into different geographical units such as nations, countries, cities or neighborhoods.

[3]　dividing the market into groups based on demographic variables such age, sex, family size, family life cycle, income, occupation, race and nationality.

低收入三个层次。世界上的高收入国家除日本外，大部分都分布在西欧和北美。

② 人口总量。在国际市场中，对于许多低值易耗的消费品来说，人口总量往往是比人均收入更为重要的细分变量，典型的例子就是中国和印度。但值得注意的是，像中国和印度这样人口众多但人均收入很低的国家，仍有一批比例较小但绝对数可观的高收入者，从消费水平上看，这些消费者已接近或达到了中等发达国家消费水平，从消费总量上看，也相当于一个小型的中等发达国家，因而这种情况也是在进行人口细分时应当考虑的。

③ 年龄。按照年龄大小我们可以将人生划分为婴幼儿、儿童、少年、青年、中年、老年六个阶段。处于不同年龄阶段的消费者，由于生理状况、兴趣爱好的不同，对商品的需求也不同。随着社会经济的发展及居民收入的提高，各阶段消费者的需求发生了巨大变化，这是国际市场细分不能忽略的因素。

④ 宗教信仰。世界范围内有三大宗教——基督教、伊斯兰教和佛教，另外还有许多种区域性宗教。不同宗教信仰的消费者在需求特征上也表现出差异。如在巴基斯坦，伊斯兰教为国教，信徒占全国人口的 95% 以上。信徒们严格遵守穆斯林传统，禁绝饮酒，在该国销售酒类就是错误的。

14. Psychographic segmentation.

（3）依据心理因素细分 [4] 14。所谓心理细分是指企业按照消费者的生活方式、个性等心理因素来细分消费者市场。随着社会经济的发展、人们生活水平的不断提高，消费者的需求从生理需求向心理需求转化。来自相同的亚文化群、社会阶级和职业的人们，可能各有不同的生活方式和个性，对商品的需要也会有不同。这就是说，心理因素是影响消费者的欲望和需要的一个重要因素。

在国际市场营销中，企业按照心理因素来细分国际消费品市场，不仅有利于企业针对不同生活方式和个性的消费群的需要与偏好来设计不同的产品和制定不同的国际市场营销组合策略，也有利于企业从市场细分中发现新的市场机会，拓展国际市场。

有越来越多的企业按照消费者不同的生活方式来细分消费者市场，例如，汽车制造商为"奉公守法"的消费者设计和生产经济、安全、污染少的汽车，为"玩车者"设计和生产华丽的、操纵灵敏度高的汽车；服装制造商为"朴素的妇女"、"时髦妇女"、"有男子气的妇女"等分别设计和生产不同的妇女服装。对于这些生活方式不同的消费者群，不仅产品的设计有所不同，而且产品价格、经销商店、广告宣传等也有所不同。

---

[4]　dividing a market into different groups based on social class, lifestyle or personality characteristics.

　　为进行生活方式细分，企业一般可用下面三个尺度来测量消费者的生活方式，即：① 活动（Activities），如消费者的工作、业余消遣、休假、购物、体育、款待客人等活动；② 兴趣（Interests），如消费者对家庭、服装的流行式样、食品、娱乐等的兴趣；③ 意见（Opinions），如消费者对自己、社会问题、政治、经济、产品、文化、教育、将来等问题的意见。

　　按照消费者的不同个性来细分市场，企业可以通过广告宣传，赋予其产品以与某些消费者的个性相似的"品牌个性"，树立"品牌形象"。例如，20世纪50年代后期福特汽车的购买者曾被认为是独立的、感情易冲动的、雄赳赳的、注意变化的和自信的消费者群，通用汽车公司雪佛兰汽车的购买者曾被认为是保守的、节俭的、计较信誉的、较少男子气概的和避免极端的消费者群，使这些个性不同的消费者对这些公司的产品发生兴趣，从而促进销售。

　　（4）依据行为因素细分 [5]15。所谓行为细分，是指企业依据消费者购买或使用某种商品的时机、所追求的利益、使用者状况及使用频率、对品牌的忠诚程度以及对各种营销因素的敏感程度等因素来细分国外消费者市场。

15. Behavioral segmentation.

　　将消费者购买或使用产品的时机不同作为细分变数的依据是许多消费或服务专门适合于某一特殊时机，如中国的春节、中秋节，西方国家的情人节、圣诞节等，营销人员推出适时的产品来满足这一时机的特殊需求一定会大获成功。在美国，消费者一般都是在早餐时饮用橙汁，某橙汁公司向广大消费者宣传介绍在午餐或宴会上饮用橙汁，以促进橙汁销售。

　　消费者往往因为各有不同的购买动机、追求不同的利益，所以购买不同的产品和品牌。以购买牙膏为例，有些消费者购买洁龈牙膏，主要是为了保持牙齿洁白；有些消费者购买芳草牙膏，主要是为了防治龋齿、牙周炎。按消费者购买商品时追求的利益不同，可将整体市场分为求实、求安全、求廉、求新异、求美、求名贵等细分市场。企业可根据自己的条件，权衡利弊，选择某一市场作为目标市场，设计和生产出适合目标市场需要的产品，并且用适当的广告媒介和广告词句，把这种产品的信息传达到追求这种利益的消费者群。西方国家企业经营管理的实践经验证明，利益细分是一种行之有效的细分战略。

　　许多商品的市场还可以按照使用者情况——未使用者、曾经使用者、潜在使用者、初次使用者和经常使用者等来细分。西方国家大公司资源雄厚，市场占有率高，一般都对潜在使用者这类消费者群感兴趣，它们着重吸引潜

---

[5]　　dividing a market into groups based on consumer knowledge, attitude, use or response to a product.

在使用者，以扩大市场阵地。小企业资源薄弱，往往着重吸引经常使用者。当然，企业对潜在使用者和经常使用者要酌情运用不同的市场营销组合，采取不同的市场营销措施。

按消费者对企业品牌的忠诚程度不同，一般可划分为四类不同的消费者群：① 绝对忠诚者。无论市场上出现了几家新企业或几种用途相同的新品牌商品，这类消费者群始终只购买某一种品牌的商品。② 喜好多样的忠诚者。同时对几家企业或几个品牌的商品感兴趣，经常地交替在固定的几家企业购货或固定购买几种品牌的商品。③ 转移的忠诚者。即从忠诚于某一企业或某一品牌商品转移到忠诚于另一企业或另一品牌的商品。④ 不忠诚者。这类消费者群从来不信赖于任何企业或品牌的商品。

应该注意的是，消费者的购买行为特征较为抽象，具体的数据较难采集。为了有效地运用这种细分方法为企业的国际市场营销决策提供依据，企业一方面要进行深入的市场调查，对消费者的行为特点进行定量地统计分析，另一方面还应结合其他的细分方法来进行双重或多重细分，以保证市场细分的有效性。

2. 国际工业品市场的细分标准　细分国际工业品市场的标准，有一些与细分国际消费品市场的标准相同，如地理因素、行为因素等。但由于国际工业品市场具有不同于国际消费品市场的某些特点，如购买的数量大、次数少、购买者地理位置集中、专业要求高等，企业还需运用其他一些因素来细分国际工业品市场。

（1）依据最终用户细分。在国际市场营销中，企业通常使用最终用户这个变数来细分国际工业品市场。这是因为不同的最终用户常常对产品及营销策略有不同的需要，他们的利益不同。如轮胎公司可以根据用户的最终用途将轮胎市场细分为飞机用轮胎市场、军用轮胎市场、一般工业用轮胎市场、农业用轮胎市场等子市场。

（2）依据顾客规模与购买力大小细分。顾客规模与购买力大小也是企业细分国际工业品市场的重要变数。工业企业常根据客户数量和大小来细分市场。不同类型的顾客，他们对产品质量、需求数量、服务等多方面均有不同的要求，企业可以根据顾客规模大小进行细分。如美国某大型办公用具公司根据用户大小将市场分为大客户（如 IBM 公司、福特汽车公司）以及其他小客户等子市场。

（3）依据购买组织的特点细分。购买组织的特点，是指企业的组织结构和组织系统、购买决策产生的过程和程序、什么人参与购买决策、他们在购买决策过程中充当什么角色、起什么作用。由于在国际工业品市场上的购买属于集团购买，因而购买集团或组织的特点是市场细分的重要变数。

一般说来，参与企业购买决策的人员和规模大小同所购买的产品、企业的规模和管理模式有关。如果一个企业采购少量低值的原材料，参与决策的人会很少；但如果采购的是大型成套设备，那么就会有经营管理人员、技术人员、采购人员等众多的人参与决策。在通常情况下，大企业参与购买决策的人多，小企业参与决策的人少；民主管理式企业参与购买决策的人多，家族式集中管理企业参与决策的人少。

4.2 国际目标市场选择

4.2.1 国际目标市场的含义

国际目标市场是企业在对国际市场进行细分之后，通过对细分市场的市场潜力、竞争状况、本企业资源条件等多种因素进行评估分析，最终决定进入的那部分市场，即企业所选择的准备以相应的产品和服务满足其需要的那部分购买者群体。

企业在国际市场细分后，先在众多的国家中确定某个国家或地区作为大的目标市场，然后把这个目标市场国家进一步依据地理、人口、行为、心理等因素进行微观细分，并从众多的子市场中选择一个或几个作为具体的目标市场，并且确保每个目标市场都具有未被满足的消费者需求，每个目标市场都足够广大以获得销售额的提高，为企业带来更多的利润。

国际市场营销中选择目标市场有两层含义：一是基于宏观细分基础上，在众多国家选择某个或某几个作为目标市场；二是通过微观细分，在一国众多的子市场中选择某个或某些作为目标市场，其选择策略即为无差异营销策略、差异性营销策略和集中性营销策略。

4.2.2 评估国际目标市场的标准

企业进行国际市场细分的目的是为了选择目标市场。然而，企业要想选择合适的目标市场，就必须对每个细分市场进行评估。企业评估国际细分市场主要可以按以下三个标准进行。

1. 细分市场的规模和发展潜力[16] 企业进入某一市场是期望能够有利可图，如果市场规模狭小或者趋于萎缩状态，企业进入后难以获得发展，此时应审慎考虑，不宜轻易进入。当然，企业也不宜以市场吸引力作为唯一取舍，

16. Segment Size and Growth.

特别是应力求避免"多数谬误"，即与竞争企业遵循同一思维逻辑，将规模最大、吸引力最大的市场作为目标市场。大家共同争夺同一个顾客群的结果是，造成过度竞争和社会资源的无端浪费，同时使消费者的一些本应得到满足的需求遭受冷落和忽视。很多企业动辄将大国尤其是发达国家作为其首选市场，而对发展中国家和较落后地区不屑一顾，很可能就步入"多数谬误"的误区，如果转换一下思维角度，一些目前经营尚不理想的企业说不定会出现"柳暗花明"的局面。

2. 细分市场结构的吸引力 [17]　细分市场可能具备理想的规模和发展特征，然而从盈利的观点来看，它未必有吸引力。波特认为有五种力量决定整个市场或其中任何一个细分市场的长期的内在吸引力，企业应对这五个群体对长期盈利的影响做出评估。这五个群体是：同行业竞争者、潜在的新参加的竞争者、替代产品、购买者和供应商。他们具有如下威胁性。

（1）细分市场内激烈竞争的威胁。如果某个细分市场已经有了众多的、强大的或者竞争意识强烈的竞争者，那么该细分市场就会失去吸引力。如果出现该细分市场处于稳定或者衰退、生产能力不断大幅度扩大、固定成本过高、撤出市场的壁垒过高、竞争者投资很大，那么情况就会更糟。这些情况常常会导致价格战、广告争夺战、新产品推出，因此公司要参与竞争就必须付出高昂的代价。

（2）新竞争者的威胁。如果某个细分市场可能吸引新的竞争者，他们会增加新的生产能力和大量资源，并争夺市场占有率，使这个细分市场就没有吸引力了。问题的关键是新的竞争者能否轻易地进入这个细分市场，如果新的竞争者进入这个细分市场时遇到森严的壁垒，并且遭受到细分市场内原来的公司的强烈报复，他们便很难进入。保护细分市场的壁垒越低，原来占领细分市场的公司的报复心理越弱，这个细分市场就越缺乏吸引力。

某个细分市场的吸引力随其进退难易的程度而有所区别。根据行业利润的观点，最有吸引力的细分市场应该是进入的壁垒高、退出的壁垒低（如图4-1）。在这样的细分市场里，新的公司很难打入，但经营不善的公司可以安然撤退。如果细分市场进入和退出的壁垒都高，那里的利润潜量就大，但也往往伴随较大的风险，因为经营不善的公司难以撤退，必须坚持到底。如果细分市场进入和退出的壁垒都较低，公司便可以进退自如，然而获得的报酬虽然稳定，但不高。最坏的情况是进入细分市场的壁垒较低，而退出的壁垒却很高。于是在经济良好时，大家蜂拥而入，但在经济萧条时，却很难退出，其结果是大家都生产能力过剩，收入下降。

17. Segment Structural Attractiveness.

	退出的壁垒	
	低	高
进入的壁垒 低	报酬低而稳定	报酬低而有风险
高	报酬高而稳定	报酬高但有风险

图4-1 行业进退的壁垒

（3）替代产品的威胁。如果某个细分市场存在着替代产品或者有潜在替代产品，那么该细分市场就失去吸引力。替代产品会限制细分市场内价格和利润的增长。公司应密切注意替代产品的价格趋向。如果在这些替代产品行业中技术有所发展，或者竞争日趋激烈，这个细分市场的价格和利润就可能会下降。

（4）购买者讨价还价能力加强的威胁。如果某个细分市场中购买者的讨价还价能力很强或正在加强，该细分市场就没有吸引力。购买者便会设法压低价格，对产品质量和服务提出更高的要求，并且使竞争者互相斗争，所有这些都会使销售商的利润受到损失。如果购买者比较集中或者有组织，或者该产品在购买者的成本中占较大比重，或者产品无法实行差别化，或者顾客的转换成本较低，或者由于购买者的利益较低而对价格敏感，或者顾客能够向后实行联合，购买者的讨价还价能力就会加强。销售商为了保护自己，可选择议价能力最弱的市场或者转换销售商。较好的防卫方法是提供顾客无法拒绝的优质产品供应市场。

（5）供应商讨价还价能力加强的威胁。如果公司的供应商——原材料和设备供应商、公用事业、银行、公会等，能够提价或者降低产品和服务的质量，或减少供应数量，那么该公司所在的细分市场就会没有吸引力。如果供应商集中或有组织，或者替代产品少，或者供应的产品是重要的投入要素，或转换成本高，或者供应商可以向前实行联合，那么供应商的讨价还价能力就会较强大。因此，与供应商建立良好关系和开拓多种供应渠道才是防御上策。

3. 企业自身的目标和能力 [18] 某些细分市场虽然有较大吸引力，但不能推动企业实现发展目标，甚至分散企业的精力，使之无法完成其主要目标，这样的市场应考虑放弃。另一方面，还应考虑企业的资源条件是否适合在某一细分市场经营。只有选择那些企业有条件进入、能充分发挥其资源优势的市场作为目标市场，才能立于不败之地。如果企业无法在市场或细分市场创造某种形式的优势地位，它就不应贸然而入。

18. Objectives and Abilities of Company.

4.2.3 选择国际目标市场的过程

企业选择国际目标市场的过程一般包括以下两个步骤。

1. 对所有国家的市场进行筛选 企业在选择国际目标市场时，首先要对各个国家进行初步选择，确认选取哪些国家的市场。其目的主要在于缩小选择的范围，降低进一步评估的成本。在进行初步筛选时，暂时不需要考虑进入方式的选择。筛选过程可分为以下 4 个具体步骤。

（1）建立目标国家的消费者与用户的特征剖析图。通过对现有的或潜在的消费者或用户的消费行为和特征进行分析，企业可以选择到有利于充分发挥企业竞争优势的市场作为目标市场，利用较为集中的营销资源投入，迅速和有效地占领目标国家市场。

对消费者特征的剖析包括：消费者的年龄、性别、收入水平、消费结构、消费者所处的社会阶层及其生活方式的特点。对工业品用户特征的剖析包括：使用本产品的行业的特征，典型客户的规模和组织结构，本企业所生产的产品或提供的服务在客户的价值链中处于哪一环节、起什么作用。

（2）直接估计市场规模。估计市场规模的主要方法是从企业所能够获得的统计资料入手，找出影响产品市场前景的各项因素，并通过回归分析方法找出各项因素对产品市场前景影响的具体程度，然后，再依据企业对各项影响因素的预测，推算出未来一定时间内产品在目标国市场的销售前景。具体地，可以建立如下的回归与预测函数：

$$S_{it} = f(X_{1t}, X_{2t}, \cdots, X_{nt})$$

其中，S_{it} 代表 i 产品在 t 时段内，在既定国际目标市场的潜在销售量；

X_{1t}，X_{2t}，$\cdots$，X_{nt} 表示影响 i 产品市场前景的诸因素在 t 时段的具体状况。

（3）间接估计市场规模。对市场规模的间接估计主要是通过对目标市场国家的宏观经济指标进行分析，从中间接地推算出市场规模。可供使用的宏观经济指标包括：国民生产总值（GNP），国内生产总值（GDP），国民收入（NI），物价指数（PI），以及这些指标在最近年份的变动状况。

（4）做出接受或放弃决策。在对前述资料有了较全面的掌握和较系统的分析后，企业就可以初步做出接受或放弃决策。具体地，可以运用市场选择指数法来进行分析。

运用市场选择指数法的具体过程是，首先确定影响企业在某细分市场上销售前景的影响因素，然后赋予其相应的权数并对各影响因素的现有状况进行评分，最后以各个细分市场的加权得分作为市场选择指数，从而选择得分高者作为企业的国际目标市场。

假设有 n 个细分市场，有 m 个市场因素，则市场选择指数的计算公式为：

$$V_k = \sum a_i X_{ik}$$

其中：V_k 代表第 k 个细分市场的市场选择指数；

a_i 代表第 i 个影响因素的权数，且 $\sum a_i = 1$；

X_{ik} 代表第 k 个细分市场在第 i 个影响因素上的评分，且有 $0 \leqslant X_{ik} \leqslant 100$。

2. 评估行业的市场潜力　经过第一阶段的初步筛选，我们已经选择出为数较少的国家或地区。对于这些国家或地区市场，企业需要进一步对其市场潜力做出较深入地评估。这一评估主要是预测在特定时期、特定国家，某个行业在未来相当长的时间内最大的销售量。在评估行业的市场潜力时，要同时考虑两个方面的情况：一方面是市场的现实规模，另一方面是行业在企业的战略计划期内的增长率。这也就需要企业必须了解它的竞争者，掌握竞争者的销售情况。

各种行业协会通常收集和发表全行业的销售情况，当然并不具体列出每家公司的销量，企业可通过对照全行业的情况预测行业增长情况；另外企业还要根据自己过去的销售实绩，进行时间序列分析，预测未来销售发展趋势。

4.2.4　国际目标市场战略及其影响因素

国际目标市场战略是企业在国际市场发展的综合性规划，它包括进入国际市场的目的、目标、资源和方针，是为了引导企业在世界市场上持续发展和开展国际经营活动。一般说来，进入战略的规划期为 3—5 年。

国际目标市场战略实际上是几项单独的产品与市场规划的组合。每个企业需要为每一项产品进入每个国际市场规划进入战略，然后将这些规划集中起来并加以协调，便形成了企业的总体战略。

每一项单独产品进入国际市场的战略具体包括如下决策：① 目标产品或目标市场的选择；② 进入目标市场的目的与目标；③ 选择目标市场的进入方式；④ 制定目标市场的营销规划；⑤ 监测目标市场的经营活动的控制制度。

国际目标市场战略的规划过程是一个连续无止境的过程，从选择目标产品与市场到确定目标市场的经营目标，接着选择市场进入方式，然后制定营销规划，最后通过控制制度，根据存在的问题分别对前面的战略因素进行修正，如此循环不断，保证企业进入战略的成功。

1. 国际目标市场战略　由于世界市场范围更加广阔和复杂，企业根据自身的实力，可选择的国际目标市场战略一般有有限集中、国家集中、国家多角化及全球多角化 4 种。

（1）有限集中策略 [19]。即选择集中在少数的国家与少数的市场中，只服务某一群的消费者。企业选择该种策略可能资金有限，只能在一个细分市场经营；这个细分市场中可能没有竞争对手；这个细分市场可能会成为促进细分市场继续发展的开始。公司通过密集营销，更加了解本细分市场的需要，并树立特别的声誉，因此便可在该细分市场建立巩固的市场地位。另外，公司通过生产、销售和促销的专业化分工，也获得了许多经济效益。如果细分市场选择得当，公司的投资便可获得很高的报酬。但是，密集市场营销较之一般情况风险更大。个别细分市场可能出现一蹶不振的情况，或者某个竞争者决定进入同一个细分市场。鉴于这些原因，许多公司宁愿在若干个细分市场分散营销。

（2）国家集中策略 [20]。即选择集中在少数的国家，但进入多个不同的市场。

（3）国家多角化策略 [21]。即同时进入多个不同国家，但只集中在少数的市场。例如，BENZ、BMW 等高级房车就同时进入多个不同国家，但集中在少数的高端消费群。

（4）全球多角化策略 [22]。即同时进入多个不同的国家及多个不同市场。大企业可以根据自身强大的资源势力，来实现全球多角化策略，覆盖整个国际市场。这里又可以通过两种方式来实现，即无差异市场营销和差异性市场营销。

无差异市场营销是指企业将细分市场之间的差异忽略不计，只提供一种商品在整个市场上销售。企业注意力是生产购买者普遍需要的产品，而不是生产他们所需要的不同的产品。企业只设计一种产品，制定一个市场营销计划，引起最广泛的顾客的兴趣。它采用大规模配销和大规模广告的办法，目的是使产品在人们心目中树立最佳形象。可口可乐公司在 20 世纪 60 年代以前曾以单一口味的品种、统一的价格和瓶装、同一广告主题将产品面向所有顾客，就是采取的这种策略。无差异营销可以减少企业在市场调研、产品开发、制定各种营销组合方案等方面的营销投入。这种策略对于需求广泛、市场同质性高且能大量生产、大量销售的产品比较合适。

差异性市场营销是指企业在大多数细分市场经营，但为每个有明显差异的细分市场精心设计不同的营销方案。如通用汽车公司宣称该公司将为每个财富、目标和个性不同的人生产一种汽车，它就是采用了这种市场营销策略。国际商用机器公司也向电脑市场上各种不同的细分市场供应不同的硬件和软件。差异性营销策略的优点是生产机动灵活、针对性强，使消费者需求更好

19. Limited Centralized Policy.

20. Country Focus.

21. Country Diversification.

22. Global Diversification.

地得到满足。另外，由于企业是在多个细分市场上经营，一定程度上可以减少经营风险。企业在几个细分市场上获得成功，有助于提高企业的形象及提高市场占有率，但是相应的营销、管理成本也会增加，可能使企业的资源配置不能有效集中，顾此失彼，使拳头产品难以形成优势。

2. 影响国际目标市场营销战略的因素

企业在国际目标市场上选择营销战略时，要充分考虑企业所处的内外环境的影响，趋利避害。一般来说，在选择国际目标市场营销战略时，要考虑的因素主要有以下几种。

（1）外部因素。影响企业进行国际目标市场选择的外部因素包括目标国家的市场因素、目标国家的环境因素、目标国家的生产因素和国内因素 4 个部分。其中，前 3 个部分是国外的外部因素，第 4 个因素是国内的外部因素。

① 目标国家的市场因素。目标国家的市场因素包括市场规模、市场竞争结构和营销基础设施 3 个方面。从市场规模方面来看，如果目标国家的市场规模较大，或者市场潜力较大，则企业可以考虑以投资模式进入，反之则可以考虑以出口模式或契约模式进入，以保证企业资源的有效使用。从竞争结构方面来看，如果目标国家的市场竞争结构属自由竞争，则以出口模式为宜；如果是垄断竞争或寡头垄断型竞争结构，则应考虑以契约模式或投资模式进入。从营销基础设施方面来看，如果目标国家的营销基础设施较好且较容易获得，则可采用出口模式进入，反之，则应考虑以契约模式或直接投资模式进入。

② 目标国家的环境因素。目标国家的环境因素包括政治环境、经济环境、社会文化环境、地理环境 4 个方面。从政治环境方面来看，如果目标国家的政局稳定、法制健全、贸易与投资政策较为宽松，则可以考虑以投资模式进入，反之，则以出口模式或契约模式进入为宜。从经济环境方面来看，如果目标国家的国民生产总值和人均国民收入较高，国际收支保持平衡，汇率稳定，则可以考虑以直接投资模式进入，反之，则以出口模式和契约模式进入为宜。从社会文化环境方面来看，如果目标国家的社会文化和公司母国的社会文化差异较大，则应对投资持谨慎态度，在开始以出口模式和契约模式进入为宜，反之，则可以考虑直接投资。从地理环境方面来看，如果目标国家和公司所在国家距离遥远，则可以考虑契约模式或投资模式，因为这样可以省去长途运输所带来的高额成本。

③ 目标国家的生产因素。生产因素是指企业组织生产所必需的各项生产要素（如原材料、劳动力、资金、基础设施等）的可获得性和价格。如果企

业在母国的生产成本加上运至目标国家市场的运费低于在目标国家生产所需花费的成本，则应采取出口模式，否则应考虑契约模式和投资模式。

④ 国内因素。国内因素主要包括本国市场竞争结构、生产要素和环境因素3个方面。从本国市场竞争结构方面来看，如果本国市场竞争结构属于垄断竞争或寡头垄断，企业可以考虑以契约模式或投资模式进入外国市场；如果本国市场竞争结构属于自由竞争，则企业可以采用出口模式。从生产要素方面来看，如果本国的生产要素价格便宜且容易获得，则企业可以采用先在本国生产，然后向国外出口的方式进入外国市场，反之，则应采用契约模式或直接投资模式进入外国市场。从环境因素方面来看，如果公司母国政府对出口采取鼓励和扶持的政策，或者对企业向境外投资有严格的约束，则可以采用出口模式，反之，则可以考虑契约模式或直接投资模式。

（2）内部因素。影响企业进行国际市场目标选择的内部因素包括产品因素和企业资源及投入因素两个部分。

① 产品因素。一般地，如果企业生产的产品价值高，技术复杂，则以出口模式为宜，因为高价值的产品在外国市场上可能需求不足，同时还可能由于当地技术基础无法达标和配套而难以在当地生产。如果企业生产的产品属低值易耗品，如日用化工产品、食品和饮料等，则可以在许多国家建厂生产。另外，如果企业所生产的产品的用户对售后服务要求较高，则一般以契约模式或投资模式为宜，以保证让用户满意。

② 资源和投入因素。如果企业的资金较为充足，技术较为先进，且积累了较丰富的国际市场营销经验，则可以采用直接投资模式进入外国市场。反之，则以出口模式和契约模式为宜，待企业实力增强，积累了一定的国际市场营销经验以后再采取直接投资模式。

4.2.5 国际目标市场的拓展

当企业在国外确定了自己的目标市场并站稳脚跟以后，通常需要以原有市场为据点，向市场广度和深度发展，拓展自己的地盘。目标市场拓展战略的选择依赖于市场本身的特征、各个市场的联系、市场竞争状况以及企业所具备的实力等条件。所以，企业在选择目标市场拓展战略时应该作深入细致全面的分析。

目标市场拓展战略适用于：① 市场增长率和相对市场占有率都高的企业，由于增长迅速，企业必须投入巨资以支持其发展；② 市场增长率高、相对市场占有率低的业务，也可能是投入市场时间较短的业务。

国际目标市场的拓展有4种策略。

1. 市场渗透策略 [6]23 即采取各种促销手段，扩大老产品在原有市场上的销售量，提高市场占有率。市场渗透最典型的特征，就是在产品市场寿命周期的各阶段变换营销组合，以保持老顾客、争取新顾客。

23. Market Penetration.

2. 市场开拓策略 [7] 24 即以老产品去开拓新市场，从而增加产品销售量。例如，美国的可口可乐、百事可乐，在进入中国市场时均选择广州开放区为突破口，在那儿取得成功，造成声势后，再逐渐向内地和北方延伸，最终行销全国市场。

24. Market Development.

3. 产品开发策略 [8]25 与前两者不同的是，产品开发策略是以新产品去巩固老市场。其方式，一是对老产品进行更新换代，满足消费者日益发展的需求，如日本电器80年代初向我国推进黑白电视机获得很大成功，然后又推出彩电，90年代又不断推出换代新产品，如平面直角带遥控的，带录相机的，带卡拉OK装置的，不断引起消费者新的需求，从而牢固地巩固了阵地；二是开发全新产品，激起消费者新的需求。

25. Product Development.

4. 经营多角化策略 [9] 26 亦称"市场多元化策略"，是一种利用多向发展的新产品，开拓多个新市场的策略。企业采用多角化策略的目的是通过开发新产品与开拓新市场相结合的手段，涉足多个行业，占领多个细分市场，增加企业竞争实力，减少经营风险。其具体策略包括以下几种。

26. Diversification.

（1）纵向多角化 [10] 27。即开发与企业现有产品同属一个产品领域、但属不同生产阶段的新产品策略，例如，某汽车厂不仅生产汽车整车的主件，还生产传动器、轮胎等零部件，并提供维修服务。

27. Vertical Diversification.

（2）横向多角化 [11] 28。即开发与本企业现有产品同属一个产品大类，但花色、品种、规格、用途、质量等不相同的产品策略，如汽车厂在生产大卡

28. Horizontal Diversification.

---

[6]　Market Penetration: a strategy for company growth by increasing sales of current products to current market segments without changing the product.

[7]　Market Development: a strategy for company growth by identifying and developing new market segments for current company products.

[8]　Product Development: a strategy for company growth by offering modified or new products to current market segments.

[9]　Diversification: a strategy for company growth through starting up or acquiring businesses outside the company's current products and markets.

[10]　Vertical Diversification:in risk management, the act or strategy of adding very different investments to one's portfolio to hedge against the investments already in it.

[11]　Horizontal Diversification: in risk management, the act or strategy of adding more investments of like kind to one's portfolio to hedge against the investments already in it.

车的基础上生产轻型卡车、客积两用车、小轿车等。

29. Concentric Diversification.

（3）同心多角化 [12] 29。即开发与企业现有产品原理相同、工艺相近、结构相似，但不属于同一个产品领域的新产品策略，例如汽车厂生产拖拉机、柴油机等。

30. Conglomerate Diversification.

（4）复合多角化 [13] 30。即开发与现有产品的产品领域、生产工艺、销售条件等毫无联系的新产品，如汽车厂生产电子计算机、冰箱、服装等。

产品进入国际市场假若不是偶然的行为，就需要制定长久的市场战略，就必然经历进入→渗透→拓展的进程，然而在经历这些进程时绝不会是一帆风顺的，整个过程将伴随着逐渐激烈的市场竞争，因而在产品市场占有率达到一定程度时，产品将面临各种各样的竞争对手的威胁。企业的任务就是采取各种竞争策略，保卫自己已获得的市场。如何迎接竞争对手的挑战、巩固自己的阵地，这将是下一章要回答的问题。

4.3　国际目标市场定位

企业在国际市场确定要进入的细分市场后，就必须决定在这些目标市场上如何进行定位，即企业产品将面向哪些顾客、计划给顾客留下什么印象、如何吸引顾客的注意力。

4.3.1　市场定位的含义

市场定位实质上就是企业在目标市场上为自己的产品确立某种形象，使之在目标顾客心目中占有一定位置，便于顾客了解和理解公司与竞争者的差异 [14]。具体讲，市场定位就是根据竞争者现有产品在市场上所处的位置，针对消费者或用户对该种产品或某种特征或属性的重视程度，强有力的塑造出本企业产品与众不同的、给人印象鲜明的印象或形象，并把这种形象生动地传递给

---

[12]　Concentric Diversification: a type of diversification in which a company acquires or develops new products or services (closely related to its core business or technology) to enter one or more new markets.

[13]　Conglomerate Diversification: type of diversification whereby a firm enters into (through acquisition or merger) an entirely different market that has little or no synergy with its core business or technology.

[14]　A product's position is the way the product is defined by consumers on important attributes-the place the product occupies in consumers' minds relative to competing products. Positioning involves implanting the brand's unique benefits and differentiation in customers' minds.

顾客，从而使该产品在市场上确定适当的位置。企业产品定位准确、形象鲜明，就容易在市场上获得成功，否则往往招致失败。如汰渍定位为强力、多用途的家庭洗衣粉；SoLo牌定位为蓬松剂和液体洗衣粉；Cheer牌为适应各种温度的洗衣粉等都取得了极大的成功。

消费者常被太多的产品和服务信息所包围，他们不可能每次做购买决策时，都重新评估产品。为简化购买过程，消费者把产品进行分类和定位。一个产品的定位是知觉、印象和消费者比较产品后的感觉的混合物。消费者定位产品时可以有营销人员的帮助，也可以没有，但营销人员必须策划定位，这样可以使其产品在选定的目标市场中更具有优势，同时也必须设计营销组合来实现计划中的产品定位。

企业进行国际目标市场定位，必须了解竞争对手的定位观念和定位战略，调查顾客对产品的评价和要求，在深入分析本企业竞争能力后，选择企业在目标市场上的竞争优势和定位战略，并准确传播企业的定位观念。

1. 竞争者的定位及其竞争优势分析 企业要形成自己的竞争优势，必须调查和分析竞争对手的定位策略，包括竞争者提供的产品、价格、包装、技术水平、新产品开发、产品成本等，从而确认其竞争潜力和竞争优势。竞争优势是在对企业比较优势加以集聚和整合，形成核心竞争力的基础上产生的。比较优势是相对于竞争对手而言所具有的优势，如知名的品牌、优良的产品品质、丰富的营销经验、独有的供货和销售渠道、优秀的员工、较低的成本、领先的产品技术、先进的管理技术、获取与分析市场竞争信息的能力等。核心竞争力是在企业现有资源和比较优势的基础上产生的，根植于企业内部组织运营中的知识、技能与经验的结合体。

企业可以通过提供比竞争者更低的价格或者是提供更多的价值以使较高的价格显得合理，也可以把自己的市场定位为向目标市场提供优越的价值，来使企业赢得竞争优势。具体来说，企业的竞争优势可以在以下几个方面得以体现。

（1）产品差异 [31]。企业可以从各个方面使自己的产品区别于其他产品，比如体现产品在外观设计、款式、结构等方面的形式差异。美洲虎牌轿车虽然有时可靠性稍差，但由于其特殊优美的款式，消费者依然愿意花高价购买。

31. Product differentiation.

（2）服务差异 [32]。竞争的激烈和技术的进步，使实体产品的建立和维持差异化越来越困难，于是，竞争的关键点逐渐向增值服务上转移。服务差异化日益重要，主要体现在订货方便、交货及时和安全、安装、客户培训与咨询、维修养护等方面。例如，通用电气公司不仅仅向医院出售昂贵的X光设备并

32. Service differentiation.

负责安装，还对设备的使用者进行认真培训，并提供长期服务支持。

（3）人员差异 [33]。企业可通过雇用和训练比竞争对手好的人员取得很强的竞争优势。例如，迪斯尼乐园的雇员都精神饱满、麦当劳的人员都彬彬有礼、IBM 的员工给人以专家的形象。

（4）形象差异 [34]。即使竞争的产品看起来很相似，购买者也会根据企业或品牌形象观察出不同来，因此，企业通过建立形象使自己不同于竞争对手。有效的形象差异化需要做到：建立一种产品的特点和价值方案，并通过一种与众不同的途径传递这一特点；借助可以利用的一切传播手段和品牌接触（如标志、文字、媒体、气氛、事件和员工行为等），传达触动顾客内心感受的信息，例如，耐克因其卓越的形象，在变幻莫测的青年市场始终保持了吸引力。

2. 了解目标顾客对产品的需求特征和评价标准 企业在调查了解竞争者情况的基础上，还应了解顾客对其所购买产品和服务的最大偏好和愿望，弄清他们对产品优劣的评判标准，为企业分析和确定竞争优势提供依据。

3. 分析目标市场的潜在竞争优势 所谓目标市场的潜在竞争优势，是指目标市场上所有竞争者的产品和服务中最能吸引顾客的是什么，即在目标市场上制胜的关键竞争优势是什么，或保证本企业取胜的竞争优势是什么。只有当企业的竞争优势能与特定市场上制胜的竞争优势相吻合时，企业才能在市场竞争中取胜。

企业需要避免 3 种主要的市场定位错误：第 1 种是定位过低，即根本没有真正为企业定好位；第 2 种错误是过高定位，即传递给购买者的公司形象太窄；第 3 种是企业定位混乱，给购买者一个模糊混乱的企业形象。

4. 选择竞争优势与定位战略 选择竞争优势是对企业可利用的竞争优势进行分析，确定优先顺序，筛选出最具有利用价值的竞争优势。在了解和分析目标市场顾客的需要与竞争对手的竞争优势、确定和选择企业的比较竞争优势的基础上，企业就可选择定位战略、进行市场定位。

企业可以在以下几方面的基础上进行产品定位。

（1）功能属性定位。产品属性 [15] [35] 是指产品本身的一些性能特点或产品能做什么，也可以叫产品特征，如价格、质量、豪华、新潮等。如本田公司在广告中宣传它的 Civic 型车是价格低廉的。在高级房车中，Toyota 的 Lexus 及 Nissan 的 Infiniti 在消费者心目中定位在高质量及省油，奔驰定位在豪华与

[15] Product attributes:characteristics of a raw material or finished good which make it distinct from other products. Attributes include size, color, functionality, components and features that affect the product's appeal or acceptance in the market.

尊贵，沃尔沃定位在安全，宝马定位在年轻及性能优异。

（2）利益定位 [16]36。产品利益是指消费者在购买产品后，会获得什么利益。国际营销人员可以以产品利益为基础，来从事产品定位，强调消费者买此产品能为消费者解决什么问题。Aim 牌牙膏强调味道极好，因为它定位的是孩子的产品，在美国牙膏市场开辟出了 10% 的份额。

36. Positioning by product attribute (product feature and/or benefit).

（3）使用者定位 [17] 37。这是指以使用者为基础来进行产品定位，强调哪些人适合及应该使用此产品。例如，La New 研发制造出适合中国台湾人脚型的鞋，并受理订制特殊鞋垫，让更多特殊脚型或需长久站立的消费者都能找到合脚且舒适的鞋；Virginia Slims 创造了"女人香烟"的定位，席卷了大片的女性市场。

37. Positioning by user.

（4）品牌个性定位 38。每个人都有不同个性，品牌也有独特的个性，国际营销人员可以以品牌个性为基础来从事产品定位。例如，2006 年 INFINITI 全新引进 FX45，舍弃早已僵化的 SUV 轮廓，充满时尚曲线和跑车的性感，搭配 18 吋铝圈，提供道路上尽情驱策的速度感，比其他 SUV 给人更多沉稳且值得信赖的安定感。

38. Positioning by brand character.

（5）竞争者定位 [18] 39。指将自己的产品或问题，拿来跟已经存在于潜在顾客群心中熟悉的相关事物互相比较，也就是针对竞争者来从事产品定位，强调竞争者的产品不够份量，自行抬高自己的身价。例如，美国的 Avis 采取迂回攻击战术，将自己定位为"在租车业艾维斯只是个老二，为什么选择我们？因为我们比谁都卖力"。借此来攻击市场老大"赫兹"，从而成功地使企业与行业老大赫兹公司进行比较。

39. Positioning versus competition.

5. 准确传播企业的定位观念　企业在做出市场定位的决策后，可以通过广告、公关等方式进行定位宣传，让公众准确理解企业的定位观念，并避免因宣传不当而使企业的市场定位与公众的理解产生偏差。企业应通过定位宣传，体现企业市场定位的排他性，突出企业产品和服务的特色和个性。

---

[16]　Positioning by product attribute (product feature and/or benefit):
A product attribute is a specific feature or benefit of the product. Positioning in this way focuses on one or two of the product's best features/benefits, relative to the competitive offerings.

[17]　Positioning by user : This positioning approach highlights the user (the ideal or representative target consumer) and suggests that the product is the ideal solution for that type of person and may even contribute to their social self-identity.

[18]　Positioning versus competition:With this approach the firm would directly compare (or sometimes just imply), a comparison against certain well-known competitors (but generally not the whole product class as above).

4.3.2 国际市场定位策略

市场定位策略实际上是一种竞争策略，它反映了一种产品或一个企业与类似产品或同行企业之间的竞争关系。在国际市场上，企业对其产品与国际竞争者品牌产品相互比较后，必须考虑用什么样的产品来满足目标消费者或目标消费市场的需求。通常情况下，企业原有产品在市场上已经在顾客心目中形成一定的形象、占有一定的地位，如可乐市场的可口可乐、刮胡刀市场的吉利、汽车市场的奔驰与宝马、主题乐园的迪斯尼、笔类的万宝龙等。在这些产品的市场上，参与竞争的企业要想争得立足之地是相当困难的。因此，企业必须选择适当的市场定位策略，才能在激烈的市场竞争中取得一席之地。在营销实践中，经常采用的市场定位策略有对抗定位、避强定位、反向定位和重新定位等。

1. 对抗定位策略 [40]　对抗定位是一种与在市场上居支配地位的竞争对手"对着干"的定位方式。即企业为占据较佳的市场位置，不惜与市场上占支配地位的、实力最强或较强的竞争对手发生正面竞争，而使自己的产品进入与对手相同的市场位置。在世界饮料市场上，作为后起的百事可乐进入市场时，就采用过这种方式。"你是可乐，我也是可乐"，与可口可乐展开面对面的较量。该种方式可能引发激烈的市场竞争，存在较大的风险性，因此企业必须做到知己知彼，力争比竞争对手做得更好。

2. 避强定位策略 [41]　也叫"拾遗补缺法"，指企业采取迂回方式，避开强有力的竞争对手的市场定位。当企业意识到自己无力与强大竞争对手相抗衡而取得绝对优势地位时，可根据自己的条件，发展目标市场上没有的特色产品，开辟新的市场领域，填补市场空位。避强定位策略能使企业较快地在市场上站稳脚跟，能在消费者或用户中树立形象，风险小，成功率较高，为多数企业所采用。七喜公司以"非可乐"汽水进行市场定位，避开与可口可乐和百事可乐的竞争，成为定位时代的一项伟大创意，在实行"非可乐"定位后的第一年销售额猛增 10%。

3. 反向定位策略 [42]　在竞争激烈的市场上，有时竞争对手的形象可能和自己差不多，也可能比自己卓越。在这种情况下，反向定位是一种比较理想的定位方式。Avis 是美国汽车租赁业的第二名，它打出的口号是："在租车业艾维斯只是个老二，为什么选择我们？因为我们比谁都卖力。"在过去的 13 年当中，Avis 年年亏损，当它彻底明白自己的老二地位的事实后，幡然醒悟，自己必须更加卖力工作，才有可能扭转日渐恶化的颓势。改变定位后的 Avis，营运立即好转，并逐渐地转亏为盈。

40. Confrontational positioning.

41. Niche positioning / Positioning to avoid strong rivals.

42. Reverse positioning.

4. 重新定位策略 [19]43 企业在选定了市场定位目标后，如定位不准确或虽然开始定位得当，但市场情况发生变化时，如遇到竞争者定位与本企业接近，侵占了本企业部分市场，或由于某种原因消费者或用户的偏好发生变化，转移到竞争者方面时，就应考虑重新定位。重新定位是以退为进的策略，目的是为了实施更有效的定位。

5. 对竞争对手进行再定位 44 为了准确地确定产品或品牌位置，有时可以给竞争对手重新定位。Beck's在进军美国市场时曾遇到麻烦。在美国，它既不可能是第一位的进口啤酒（喜力），也不可能是第一位的德国产进口啤酒（Lowenbrau）。最终，为卢云堡啤酒重新定位的策略解决了这个问题，"你已经尝试过了在美国最受欢迎的德国啤酒，那么现在来尝尝在德国最受欢迎的Beck's啤酒吧。"现在，贝克啤酒是美国销量第二大的欧洲啤酒。表面上看，这种方式并不是对自己产品或品牌的直接定位，但却可以间接的达到这个目的。

43. Repositioning.

44. Competitive Repositioning.

案例4-2

> 美国万宝路香烟刚进入市场时，是以女性为目标市场，它推出的口号是："像5月的天气一样温和"。然而，尽管当时美国吸烟人数年年都在上升，万宝路的销路却始终平平。后来，广告大师李奥贝纳为其做广告策划，他将万宝路重新定位为男子汉香烟，并将它与最具男子汉气概的西部牛仔形象联系起来，树立了万宝路自由、野性与冒险的形象，从众多的香烟品牌中脱颖而出。自20世纪80年代中期到现在，万宝路一直居世界各品牌香烟销量首位，成为全球香烟市场的领导品牌。

4.4 国际市场进入方式

所谓国际市场的进入方式，是指企业对进入外国市场的产品、技术、技能、管理诀窍或其他资源进行的系统规划。进入方式的选择是企业最关键的战略决策之一，因为它将直接影响到企业进入外国市场以后的经营活动以及一定数量资源的投入，因而如果开始选择不当，就会造成损失。而且从一种方式转换到另一种方式需要付出转换成本，有时候这种成本还会相当高昂，这就要求企业在选择进入方式时要进行深入地分析和准确地判断。

---

[19] Repositioning is the process of changing consumer perceptions of a brand relative to competitors.

企业可以有多种方式进入外国市场，这些方式包括：出口进入方式，包括间接出口、直接出口；契约进入方式，包括许可证、特许经营、管理合同、合同制造、交钥匙工程；投资进入方式，包括合资经营和独资经营[20]。选择特定的进入方式反映出企业在目标市场上想获得什么利益、如何获得这种利益等战略意图。因而，对于进行国际市场营销的企业来说，了解各种进入方式的特点有利于进行正确的选择。

4.4.1 国际市场进入的障碍

面对经济全球化，企业强大的标志之一就是走向国际化，但是通向国际市场的道路却是困难重重的。由于世界各国在经济、文化、政治和法律等方面存在巨大差异，企业必须突破原来狭小的营销观念，针对国际市场的复杂环境，制订相应的营销策略。政府部门也要积极行动，帮助本国企业开拓国际市场。目前，企业在进入国际市场时遇到的最大障碍是来自非关税壁垒的强大阻力，其次还有来自信息、人才、技术、文化等方面的一些问题。

45. Non-tariff barriers.

1. 非关税壁垒障碍[21] 45 所谓非关税壁垒，是指在关贸总协定推动下，关税壁垒的作用日渐弱化时，许多国家采用关税以外的各种手段限制进口、保护本国产业。其主要措施有：直接限制进口数量和金额、政府直接参与进口经营、外汇管制、规定进口商品的技术标准和卫生检疫标准等。在这个问题上，政府应该发挥它的积极作用，通过对可控因素的调节组合，为企业在国际营销中营造有利的环境。

我国正处于市场经济开始发育的阶段，企业作为独立的经营主体与国际市场竞争的时间不长，这些企业无论是经济实力还是市场经验都远不及发达国家的跨国企业集团，他们在非关税壁垒面前往往束手无策。在这种情况下，更需要政府同企业一起协调行动，才能确保企业顺利的突破非关税壁垒的阻碍，达到短期的营销目标。政府可以采取以下 3 个措施来协助企业冲破非关税壁垒：① 发展经济，优化产业结构。一般来说，发展中国家或地区出口商品多为供给弹性小的初级产品，受非关税壁垒限制比较大。因此，政府应该鼓励和引导企业依靠技术来取得垄断优势，超出非关税壁垒的影响范围，进入国际市场。② 利用政治为经济做嫁妆，积极加入各种地区性贸易组

---

[20]　Exporter, importer, distributor, direct sales, licensing and franchising, strategic alliances, joint ventures and consortia, direct foreign investment

[21]　Non-tariff barriers: a form of restrictive trade where barriers to trade are set up and take a form other than a tariff. Non-tariff barriers include quotas, levies, embargoes, sanctions and other restrictions, and are frequently used by large and developed economies.

织和贸易集团，推进双边和多边经济合作，通过谈判等外交途径向进口国施加一定压力，为本国企业在国际市场上争取平等地位。③ 政府还应采取统筹外贸的政策，通过协调，使全体出口商统一对外，以获得整合效应和规模效应。

2. 信息障碍[46] 企业进入国际市场，面临的是一个全新的投资环境，在信息沟通与交流方面都会存在很多问题。国际化经营企业只有快速洞悉国际市场、充分预测市场变化、对国际市场开展针对性的专项研究或了解消费者的消费心理特点和消费行为特征，才能掌握市场发展趋势和把握潜在的机会，加快国际化经营的进程。

46. Information barriers.

3. 人才障碍[47] 国际市场环境变幻莫测，跨国经营要求企业家必须具有全球化的眼光，善于以全球的视角定位企业的未来和发展方向，精通国际竞争规则，具有丰富的跨国经营管理经验。但在我国企业中，符合上述要求的管理人才数量十分有限，在进入一些发达国家和地区时，会面临较大的人才压力，这也是许多发展中国家的企业在进入国际市场时所面临的普遍性问题。

47. Talent barriers.

4. 技术障碍[48] 中国企业跨国投资技术含量较低，大多集中在劳动密集型的下游行业，其产品在国际市场上的竞争能力相应也较弱。2005 年中国企业500 强研发投入大约占 1%，而世界 500 强研发投入则占 3% 左右。此外，中国企业技术研发人员的数量和质量也明显低于国外跨国企业。中国企业大多生产技术含量较低的下游产品，缺乏核心技术。绝大多数的中国跨国企业在国外仅进行贴牌生产，企业不能成为技术创新的主体，产品也大多进入中低档品市场，在国际市场上缺乏技术竞争优势。

48. Technical barriers.

5. 文化障碍[49] 企业在进入不同国家的市场后，势必要招聘当地的员工。不同国家和地区由于历史、地理、自然环境等因素的不同，形成了复杂多变的社会文化。因此，在跨国企业内部，不同国家的企业员工会有不同的文化、宗教信仰或行为习惯。在日常的组织运营过程中，不同文化的碰撞更在所难免，在特定的情况下甚至会激化，这也成为跨国企业内部管理的一大障碍。只有采取有效的文化融合战略，促进不同背景的员工间的沟通和相互了解，使员工个人的思想、行为与组织目标有效地统一起来，才能增强跨国企业应付和适应不同文化环境的能力。

49. Cultural barriers.

4.4.2 出口进入方式

长期以来，出口一直被作为企业进入国际市场的重要方式。从宏观角度看，由于出口有利于增加国内就业、增加国家外汇收入、提高本国企业的国际竞争力，因此出口一直受到各国政府的鼓励。同时，从企业的角度看，为了降低国内竞争所带来的风险和进行自身扩张，各国的企业也都将扩大出口作为进入国际市场的重要方式。出口模式有许多优点：首先，由于出口面临的政治风险最小，它常被企业作为进入国际市场的初始方式；其次，当母国的市场潜量未能准确探知时，出口方式可以起到投石问路的作用；第三，当企业发现目标市场具有吸引力时，可以利用出口为将来直接投资积累经验；第四，当目标市场的政治、经济状况恶化时，可以以极低的成本终止与这一市场的业务关系。出口模式也有一些缺点，例如，汇率的波动和政府贸易政策的变动会给出口企业的收益带来负面效果。除此之外，出口企业也常常会发现难以对目标市场的变动作出迅速地反应，对营销活动的控制也较差。

出口可分为间接出口和直接出口两种方式。

1. 间接出口 [50] 间接出口是指企业使用本国的中间商来从事产品的出口。通过间接出口，企业可以在不增加固定资产投资的前提下开始出口产品，开业费用低，风险小，而且不影响目前的销售利润。而且，企业可借助此方式，逐步积累经验，为以后转化为直接出口奠定基础。

2. 直接出口 [51] 直接出口是指不使用本国中间商，但可以使用目标国家的中间商来从事产品的出口。在直接出口方式下，企业的一系列重要活动都是由自身完成的，这些活动包括调查目标市场、寻找买主、联系分销商、准备海关文件、安排运输与保险等。直接出口使企业部分或全部控制外国营销规划，可以从目标市场快捷地获取更多的信息，并针对市场需求制定及修正营销规划。

4.4.3 投资进入方式

随着经济全球化及各国经济开放的发展，越来越多的企业将对外直接投资作为进入外国市场的主要模式。对外投资可分为合资经营和独资经营两种形式。

1. 合资经营 [52] 它是指与目标国家的企业联合投资，共同经营，共同分享股权及管理权，共担风险。联合投资方式可以是外国公司收购当地的部分股权或当地公司购买外国公司在当地的股权，也可以是双方共同出资建立一个新的企业，共享资源、共担风险、按比例分配利润。

合资经营的好处是投资者可以利用合作伙伴的专门技能和当地的分销网络，从而有利于开拓国际市场，同时还有利于获取当地的市场信息，以对市场变化作出迅速灵活的反应。当地政府易于接受和欢迎这种模式，因为它可以使东道国政府在保持主权的条件下发展经济。但这种模式也存在弊端，例

50. Indirect export.

51. Direct export.

52. Joint venture.

如双方常会就投资决策、市场营销和财务控制等问题发生争端，有碍于跨国公司执行全球统一协调战略。

2. 独资经营 [53] 这是指企业独自到目标国家去投资建厂，进行产销活动。独资经营的标准不一定是 100% 的公司所有权，主要是拥有完全的管理权与控制权，一般只需拥有 90% 左右的产权便可以。独资经营的方式可以是单纯的装配，也可以是复杂的制造活动。其组建方式可以是收买当地公司，也可以是直接建新厂。

独资经营的好处是：企业可以完全控制整个管理与销售，经营利益完全归其支配；企业可以根据当地市场特点调整营销策略，创造营销优势；可以同当地中间商发生直接联系，争取他们的支持与合作；可降低在目标国家的产品成本，降低产品价格，增加利润。其主要缺陷是：投入资金多，可能遇到较大的政治与经济风险，如货币贬值、外汇管制、政府没收等。

4.4.4 契约进入方式

契约进入方式是国际化企业与目标国家的法人单位之间长期的非股权联系，前者向后者转让技术或技能。

1. 许可证进入方式 [22] 国际营销活动的深入发展使得许可证已成为一种被广泛采用的进入方式。在许可证进入方式下，企业可以在一定时期内向一外国法人单位（如企业）转让其工业产权，如专利、商标、产品配方、公司名称或其他有价值的无形资产的使用权，获得提成费用或其他补偿。许可证合同的核心就是无形资产使用权的转移。许可证进入方式是一种低成本的进入方式。其最明显的好处是绕过了进口壁垒，如避过关税与配额制的困扰。当出口由于关税的上升而不再盈利时，当配额制限制出口数量时，制造商可利用许可证模式。当目标国家货币长期贬值时，制造商可由出口模式转向许可合同模式。许可合同的另一个长处是其政治风险比股权投资小。当企业由于风险过高或者资源方面的限制而不愿在目标市场直接投资时，许可证不失为一种好的替代模式。

许可证模式同时也有许多的不利方面。企业不一定拥有外国客户感兴趣的技术、商标、诀窍及公司名称，因而无法采用此模式。同时，这种模式限制了企业对国际目标市场容量的充分利用；它有可能将接受许可的一方培养

53. Sole proprietorship.

---

[22] A means of establishing a foothold in foreign markets without large capital outlays is licensing. Patent rights, trademark rights, and the right to use technological processes are granted in foreign licensing.

成强劲的竞争对手；许可方有可能失去对国际目标市场的营销规划和方案的控制；甚至还有可能因为权利、义务问题陷入纠纷、诉讼。鉴于许可证进入模式存在的这些弊端，企业在签订许可证合同时应明确规定双方的权利和义务条款，以保护自身的利益。

2. 特许经营进入方式 [54]　这种方式是指企业（许可方）将商业制度及其他产权，诸如专利、商标、包装、产品配方、公司名称、技术诀窍和管理服务等无形资产许可给独立的企业或个人（特许方）。被特许方用特许方的无形资产投入经营，遵循特许方制定的方针和程序。作为回报，被特许方除向特许方支付初始费用以外，还定期按照销售额一定的比例支付报酬。

特许经营进入方式与许可证进入方式很相似，所不同的是，特许方要给予被特许方以生产和管理方面的帮助，如提供设备、帮助培训、融通资金、参与一般管理等。特许进入方式的优点和许可证进入模式很相似。在这种模式下，特许方不需太多的资源支出便可快速进入外国市场并获得可观的收益，而且它对被特许方的经营具有一定的控制权。它有权检查被特许方各方面的经营。如果被特许方未能达到协议标准和销售量或损其产品形象时，特许方有权终止合同。另外，这种方式的政治风险较小，且可充分发挥被特许方的积极性，因而它是广受欢迎的一种方式。特许进入方式的缺点是：特许方的盈利有限；特许方很难保证被特许方按合同所约定的质量来提供产品和服务，这使得特许方很难在各个市场上保证一致的品质形象；把被特许方培养成自己未来强劲的竞争对手。

3. 合同制造进入方式 [23][55]　合同制造进入方式是指企业向外国企业提供零部件由其组装，或向外国企业提供详细的规格标准由其仿制，由企业自身保留营销责任的一种方式。

利用合同制造方式，企业将生产的工作与责任转移给了合同的对方，以将精力集中在营销上，因而是一种有效的扩展国际市场的方式。但这种模式同时存在如下缺点：一是有可能把合作伙伴培养成潜在的竞争对手，二是有可能失去对产品生产过程的控制，三是有可能因为对方的延期交货导致本企业的营销活动无法按计划进行。

4. 管理合同 [24][56]**进入方式**　这种方式是指管理公司以合同形式承担另一

54. Franchising.

55. Contract manufacturing.

56. A management contract .

---

[23]　Contract manufacturing is a manufacturer that contracts with a firm for components or products. It is a form of outsourcing.

[24]　A management contract is an arrangement under which operational control of an enterprise is vested by contract in a separate enterprise which performs. The necessary managerial functions in return for a fee.

公司的一部分或全部管理任务，以提取管理费、一部分利润或以某一特定价格购买该公司的股票作为报酬，这种模式可以保证企业在合营企业中的经营控制权。

管理合同进入方式具有许多优点。企业可以利用管理技巧而不发生现金流出来获取收入，还可以通过管理活动与目标市场国的企业和政府发生接触，为未来的营销活动提供机会。但这种方式的主要缺点是具有阶段性，即一旦合同中约定的任务完成，企业就必须离开东道国，除非又有新的管理合同签订。

5. 交钥匙承包进入方式 [25] 57   这种方式是指企业通过与外国企业签订合同并完成某一大型项目，然后将该项目交付给对方的方式进入外国市场。企业的责任一般包括项目的设计、建造，在交付项目之后提供服务，如提供管理和培训工人，为对方经营该项目作准备。交钥匙合同除了发生在企业之间外，许多是就某些大型公共基础设施如医院、公路、码头等与外国政府签订的。

57. Turnkey contract.

交钥匙进入方式最具吸引力之处在于它所签订的合同往往是大型的长期项目，且利润颇丰。但正是由于其长期性，也就使得这类项目的不确定性因素增加，如遭遇政治风险。对企业来说，预期外国政府的变化对项目结果的影响往往是很困难的。

---

[25]   Turnkey contract: in turn key contract, the contractor is entrusted to design, construct, commission and handover the project to the employer. The employer will make the lump-sum payment to the contractor at the different stages of work as per the agreement. This type of contract is useful when the work has to be completed at a very short period. Here whole risk is borne by the contractor.

本章小结

- 国际市场细分是企业根据消费者的需求差异，按照一定的细分标准，把整个国际市场划分为若干个需求明显不同的产品和营销组合的子市场，从而在这些子市场中选择一个或多个作为其国际目标市场的过程。

- 国际市场宏观细分的标准有地理标准、经济标准、文化标准和组合细分标准。国际市场的微观细分又分为消费者市场和工业品市场两种类型。

- 国际消费者市场细分依据主要有地理因素、人口因素、心理因素、行为因素等，国际工业品市场细分依据主要有最终用户、顾客规模与购买力大小细分、购买组织的特点等。

- 国际市场细分必须遵循可衡量性、足量性、可进入性和易反应性的原则。

- 国际目标市场是企业决定进入的那部分市场，即企业所选择的准备以相应的产品和服务满足其需要的那部分购买者群体。

- 企业在选择国际目标市场时，要综合评估市场购买能力、企业应对能力、市场竞争状况、企业分销渠道以及企业自身实力等因素。

- 国际目标市场的战略包括对目标市场的选择、进入目标市场的目的与目标、选择目标市场的进入方式、制定目标市场的营销规划、监测目标市场的经营活动的控制制度。

- 国际目标市场选择策略一般有有限集中、国家集中、国家多角化及全球多角化四种策略。国际目标市场的拓展有市场渗透、市场开拓、产品开发和经营多角化4种策略。

- 国际目标市场定位的步骤包括竞争者的定位及其竞争优势分析，了解目标顾客对产品的需求特征和评价标准，分析目标市场的潜在竞争优势，选择竞争优势与定位战略，准确传播企业的定位观念。

- 经常采用的国际目标市场定位策略有对抗定位、避强定位、反向定位和重新定位等。

- 国际市场的进入方式，是指企业对进入外国市场的产品、技术、技能、管理诀窍或其他资源进行的系统规划。

- 企业通常有三种方式进入外国市场：出口进入方式，包括间接出口、直接出口；契约进入方式，包括许可证、特许经营、管理合同、合同制造、交钥匙工程；投资进入方式，包括合资经营和独资经营。

【主要概念】

国际市场细分	单一变量法
多变量法	多层次变量法
组合细分标准	国际目标市场
目标市场定位	无差异型市场营销
差异性市场营销	市场渗透策略
市场开拓策略	产品开发策略
经营多角化策略	对抗定位策略
避强定位策略	反向定位策略
重新定位策略	间接出口
直接出口	许可证进入
特许经营	交钥匙承包

思考与练习

一、简答题

1. 在进入国际市场之前，为什么需要进行国际市场细分？

2. 国际市场细分的原则与步骤是什么？

3. 国际市场宏观细分与国际市场微观细分有什么区别？

4. 国际消费品市场与工业品市场细分的标准分别有哪些？

5. 进行国际目标市场定位时应考虑哪些影响因素？

6. 企业如何进行国际目标市场的定位？定位策略有哪些？

7. 国际市场的进入方式有哪些？

8. 什么叫契约进入方式？具体有哪些操作方法？

二、论述题

1. 试述国际目标市场的选择与拓展策略。

2. 目前我国企业在进入国际市场时面临哪些常见问题？试分析我们应如何应对。

chapter 5

第 5 章 国际市场营销战略

学习目标：

通过本章的学习，要求学生掌握行业竞争结构分析方法与竞争对手的分析方法，掌握市场领导者、市场挑战者、市场追随者和市场补缺者 4 种战略的含义以及相应的策略方法，了解不同行业生命周期企业的竞争战略以及进入封闭国际市场的营销战略，掌握国际战略联盟的含义和主要形式，理解营销战略管理过程、国际战略联盟的管理和控制。

重点难点：

- 市场领导者、市场挑战者、市场追随者和市场补缺者四种战略的含义及其运用
- 掌握国际战略联盟的含义和主要形式

企业从国内市场拓展到国际市场，必然面临着新的国际营销环境，特别是国际竞争环境。当今国际营销竞争环境发展格局如何，国际竞争同以往的竞争比较具有何种特点，进入国际市场的企业如何分析国际竞争环境并针对国际竞争的特点采取相应的营销战略，当代经济全球化的发展又如何推动国际市场竞争战略——国际战略联盟的产生，国际战略联盟应如何进行管理和控制，这些是本章需要研究的问题。

5.1　国际市场竞争环境分析

5.1.1　行业竞争结构分析

企业在市场上的竞争地位，以及企业可能采取的竞争战略，往往要受到企业所在行业竞争结构的影响。美国著名管理学家迈克尔·波特提出，行业内部的竞争状态取决于5种基本竞争作用力，即新进入者 [1]、行业内竞争对手 [2]、供应商 [3]、顾客 [4]、替代品 [5] 的威胁。（如图5-1所示）[1] 这些作用力汇集起来决定着行业竞争的激烈程度，从而决定着行业最终的获利潜力以及资本向本行业的流向程度，这一切最终决定着企业保持高收益的能力。

1. New entrants.

2. Industry competitors.

3. Suppliers.

4. Customers.

5. Substitutes.

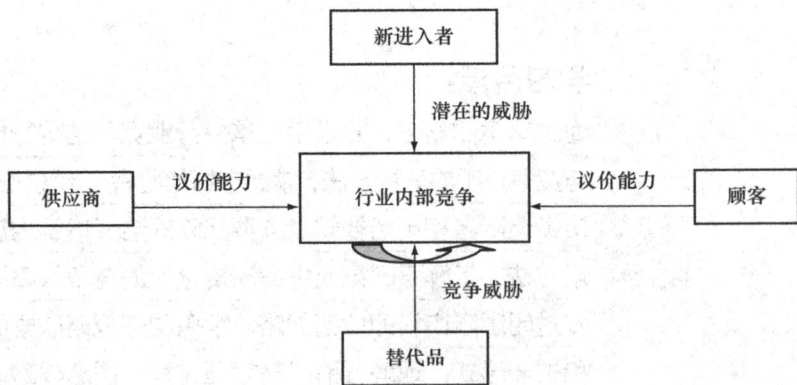

图5-1　驱动行业竞争的五种力量

1. 分析新进入者的威胁

任何新企业的进入都会形成对原有企业的威胁，其威胁的大小取决于进入行业的壁垒高低及行业内部现有企业的反应程度。进入行业壁垒越高，现有企业的反应越激烈，潜在竞争对手就越不易进入或不想进入，从而对行业

---

[1]　Michael Porter suggested that the state of competition within the industry depends on five basic competitive forces.

构成的威胁也就越小。进入行业壁垒主要有五个方面。

（1）规模经济 [2] 6。规模经济的存在阻碍了新企业的进入，因为新进入者的生产规模很难一下子达到大经济规模的要求，同时新进入者还承担遭受原有企业强烈抵制的风险，因而新进入者进入新行业会遇到很大阻力。

6. Economies of scale.

（2）资本需求 7。竞争需要的大量投资构成了一种进入壁垒，尤其是高风险或不能回收的前期投入，更是一般企业难以进入的。

7. Capital requirements.

（3）产品的差异化 8。产品差异形成了进入壁垒，它迫使进入者耗费大量资金来消除原有公司的顾客忠诚的优势，因而造成新进入者冒着进入失败或血本无归的风险。

8. Product differentiation.

（4）转换成本 [3]9。指买方由从原供应商处采购产品转换到另一供应商，所遇到的一次成本或转换成本。转换成本可以包括雇员重新培训成本、新的辅助设备成本、检测考核新资源所需的时间和成本，还包括要求供应方提供技术援助及产品重新设计耗费的成本等。如果这些转换成本很高，对新进入者将形成一种进入壁垒。

9. Switching costs.

（5）分销渠道的获得与控制 10。新进入者需要确保其产品的分销，这一要求也构成进入壁垒。一般来说，理想的分销渠道已被原有公司所占有，新进入者要获得分销渠道必须采取压价、协同分担广告费用等办法，促使中间商接受其产品，其结果必然降低利润。同时，由于原有公司通过各种方式控制了分销渠道，某些公司甚至独占了分销渠道，从而造成新进入者进入的高度壁垒。

10. Gaining and controling of the distribution channels.

2. 分析行业内部的竞争激烈程度

导致行业内部竞争加剧的原因可能有以下几种。

（1）行业的增长缓慢，对市场份额 [4]11 的竞争激烈；

11. Market share.

（2）竞争者数量较多，竞争力量大致相当；

（3）竞争对手提供的产品或服务大致相同，或者体现不出明显差异；

[2]　In micro-economics, economies of scale are the cost advantages that enterprises obtain due to size, with cost per unit of output generally decreasing with increasing scale as fixed costs are spread out over more units of output. Often operational efficiency is also greater with increasing scale, leading to lower variable cost as well.

[3]　The negative costs that a consumer incurs as a result of changing suppliers, brands or products. Although most prevalent switching costs are monetary in nature, there are also psychological, effort and time based switching costs.

[4]　Market share is the percentage of a market (defined in terms of either units or revenue) accounted for by a specific entity. Market share is a key indicator of market competitiveness , that is, how well a firm is doing against its competitors.

（4）某些企业为了规模经济利益，扩大生产规模，市场竞争均势被打破，产品大量过剩，企业开始诉诸于削价竞销。

3. 分析顾客议价能力

行业顾客可能是行业产品的消费者或用户，也可能是商业买主。顾客的议价能力主要表现在能否促使卖方降低价格、提高产品质量，或者提供更好的服务。行业顾客的议价能力受到下述因素的影响。

12. Purchasing quantity.

（1）购买数量 [12]。如果顾客购买数量多，批量大，作为买方的大客户，就有更强的讨价还价能力。如果顾客购买的是重要的原辅材料，或者顾客购买的支出比重大，这样，顾客就必然会广泛寻找货源，货比三家，从而拥有更强的议价能力。

13. The nature of the product.

（2）产品性质 [13]。若是标准化产品，顾客在货源上有更多的选择，可以利用卖主之间的竞争加强自己的议价力量；如果是日用消费品，顾客并非那么注重产品的质量，而是更关心产品的售价；如果是工业用品，产品的质量和可能提供的服务则是顾客关注的中心，价格就显得不那么重要了。

14. The characteristics of the customer.

（3）顾客的特点 [14]。消费品的购买者，人数多而分散，每次购买的数量少；工业品购买者人数少且分布集中，购买数量多；经销商不仅大批量长期进货，而且还可直接影响消费者的购买决策。因此，经销商或工业用户相对消费品购买者而言，具有更强的议价力量。

15. Market information.

（4）市场信息 [15]。如果顾客了解市场供求状况、产品价格变动趋势，并掌握卖方生产成本或营销成本等有关信息，就会有很强的讨价还价能力，就有可能争取到更优惠的价格。

4. 分析供货商的议价能力

供货商的议价能力，表现在供货商能否有效地促使买方接受更高价格、更早的付款时间或更可靠的付款方式。供货商的议价能力受到下述因素的影响。

16. The degree of control on the supply.

（1）对货源的控制程度 [16]。若货源由少数几家厂商控制或垄断，这些厂商就处在有利的竞争地位，就有能力在产品价格、付款时间或方式等方面对购货厂家施加压力、索取高价。

17. The features of product.

（2）产品的特点 [17]。若供货商的产品具有特色，或购买厂家转换货源供应需要付出很大的代价或很长的适应时间，则供货商就处于有利的竞争地位，就有能力在产品上议价。

18. The characteristics of the user.

（3）用户的特征 [18]。若购货厂家是供货商的重要客户，供货厂商就会采取各种积极措施来搞好与用户的关系，比如，合理的定价水平、优惠的付款条件、积极的产品开发活动或各种形式的产品服务，争取稳定的客户关系或长期的供货关系。

5. 分析替代品的威胁

替代品是指具有相同功能或者能满足同样需求，从而可以相互替代的产品，比如，石油与煤炭、铜与铝、咖啡与茶叶、天然原料与合成原料等互为替代品 [5]。

当行业中的产品存在替代品时，替代品便对产品生产企业形成了威胁。替代产品的价格如果比较低，它投入市场就会使本行业产品的价格上限只能处在较低的水平，这就限制了本行业的收益。

5.1.2　竞争对手的分析

知己知彼，百战不殆。企业欲生存发展、采取有效的竞争战略，就必须了解企业所在行业和市场以及参与竞争的对手，以提高每一步决策成功的把握。因此，竞争对手分析成为企业制定竞争战略中必不可少的组成部分。对竞争对手的分析，可按以下 6 个步骤进行 [6]，如图 5-2 所示。

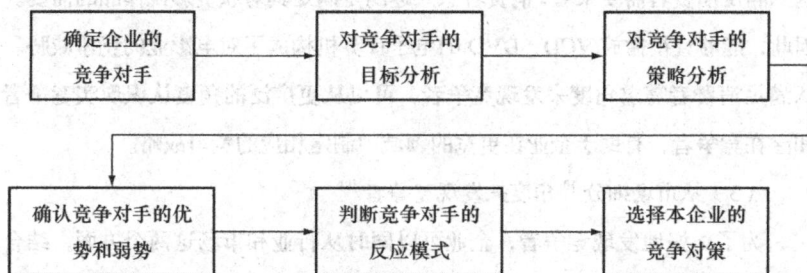

图 5-2　竞争对手的分析步骤

1. 确定企业的竞争对手 [7]

一般来说，将产品和市场两个角度结合在一起分析是最客观的：既要考虑与本企业所提供的产品（或服务）的相似性和替代性，更要考虑与本企业所欲满足的消费者的一致性。如若这两方面的程度都最高，便可以认定该企业

[5] Substitute goods: two goods are substitutes in demand if, when the market price of the first goods rises, the price of the second goods.Also rises, and vice-versa.

[6] To analysis competitors, according to the following six steps: (1) to determine the competitors of the enterprise; (2) target analysis of the competitors; (3) strategy analysis of the competitors; (4) confirm the strengths and weaknesses of competitors; (5) judge the competitors' reaction mode; (6) select the enterprise's competitive strategy.

[7] How to determine the competitors of the enterprise: (1) from the perspective of the industry to find competitors; (2) to find the competitors from the market, consumer demand perspective; (3) to find the competitors from the perspective of market segmentation.

为本企业的主要竞争对手。

（1）从本行业角度来发现竞争者

由于竞争者首先存在于本行业之中，企业先要从本行业出发来发现竞争者。提供同一类产品或服务的企业，或者提供可相互替代产品的企业，共同构成一个行业，如家电行业、食品行业、运输行业等。由于同行业企业产品的相似性和可替代性，彼此间形成了竞争的关系。在同行业内部，如果一种商品的价格变化，就会引起相关商品的需求量的变化。例如，如果滚筒式洗衣机的价格上涨，就可能使消费者转向购买其竞争产品波轮式洗衣机，这样，波轮式洗衣机的需求量就可能增加。反之，如果滚筒式洗衣机的价格下降，消费者就会转向购买滚筒式洗衣机，使得波轮式的需求量减少。

（2）从市场消费需求角度来发现竞争者

凡是满足相同的市场需要或者服务于同一目标市场的企业，无论是否属于同一行业，都可能是企业的潜在的竞争者。例如，从行业来看，电影可能是以同属于影视业的电视为主要的竞争对手，但是从市场的观点来看，特别是从满足消费者需要来看，消费者感兴趣的是满足其对欣赏影视作品的需要。因此，能够直接播放 VCD、DVD 的电子计算机构成了对电影业的竞争威胁。从满足消费者需求角度来发现竞争者，可以从更广泛的角度认识现实竞争者和潜在竞争者，有助于企业在更宽的领域中制定相应的竞争战略。

19. Market segmentation.

（3）从市场细分 [19] 角度来发现竞争者 [8]

为了更好地发现竞争者，企业可以同时从行业和市场这两个方面，结合产品细分和市场细分来进行分析。假设市场上同时销售五个品牌的某产品，而且整个市场可以分为 10 个细分市场。如果某品牌打算进入其他细分市场，就需要估计各个细分市场的容量、现有竞争者的市场占有率，以及各个竞争者当前的实力及其在各个细分市场的营销目标与战略。从细分市场出发发现竞争者，可以更具体、更明确地制定相应的竞争战略。

2. 对竞争对手的目标分析

对竞争对手的目标分析，可以了解竞争对手对未来营销环境发展变化的

---

[8]　Market segmentation is a marketing strategy that involves dividing a broad target market into subsets of consumers who have common needs (and/or common desires) as well as common applications for the relevant goods and services. Depending on the specific characteristics of the product, these subsets may be divided by criterias such as age and gender, or other distinctions, such as location or income. Marketing campaigns can then be designed and implemented to target these specific customer segments, addressing needs or desires that are believed to be common in this segment, using media that is used by the market segment.

判断和对策以及可能发生的战略调整。具体要注意以下几个方面的问题。

（1）不同竞争者目标组合的侧重点不同。企业必须了解每个竞争者的目标重点，才能对其竞争行为的反应作出正确的估价。例如，一个以"技术领先"为主要目标的竞争者，将对其他企业在研究与开发方面的进展作出强烈的反应，而对价格方面的变化相对不那么敏感。

（2）竞争者的市场目标[20]及其行为变化。通过密切观察和分析竞争者目标及其行为变化，可以为企业的竞争决策提供方向。例如，当发现竞争者开辟了一个新的细分市场时，也就意味着可以产生一个新的市场机会；当发现竞争者试图打入自己的市场时，需要加以认真对待。

（3）竞争者的市场目标存在的差异。竞争企业的市场目标可能存在着差异，从而影响到企业的经营模式。例如，竞争者是寻求长期业绩还是寻求短期业绩最大化，将影响到竞争者在利润与收入增长之间的权衡。

3. 对竞争对手的策略分析

（1）同一策略群体的竞争者。凡采取类似竞争策略[21]的企业，可以划为同一策略群体。例如，某些豪华百货公司采取的是面向高档市场的高价策略，而连锁商店采取的则是面向工薪阶层的低价策略。属于同一策略群体的竞争者一般采用类似的策略，相互之间存在着激烈的竞争。

（2）不同策略群体的竞争者。凡采取不同竞争策略的企业，可以划为不同的策略群体。在不同的策略群体之间也存在着竞争：企业具有相同的目标市场，从而相互之间存在着争夺市场的竞争；策略差异的不明确性，使顾客混淆了企业之间的差别；企业策略的多元性，使不同策略群体企业的策略发生了交叉；企业可能改变或扩展自己的策略，加入另一策略群体的行列。

4. 确认竞争对手的优势和弱势

企业分析竞争者的优势与劣势，以避其锋芒、攻其弱点、出其不意，利用竞争者的劣势来争取市场竞争的优势，从而来实现企业营销目标。

竞争者优、劣势分析的内容包括以下几点。

（1）产品[22]。竞争企业产品在市场上的地位，产品的适销性，以及产品系列的宽度与深度。

（2）销售渠道[23]。竞争企业销售渠道的广度与深度，销售渠道的效率与实力，销售渠道的服务能力。

（3）市场营销[24]。竞争企业市场营销组合的水平，市场调研与新产品开发的能力，销售队伍的培训与技能。

（4）生产与经营[25]。竞争企业的生产规模与生产成本水平，设施与设备

20. Market target.

21. Competitive strategy.

22. Products.

23. Sales channels.

24. Marketing.

25. Production and operation.

的技术先进性与灵活性，专利与专有技术，生产能力的扩展，质量控制与成本控制，区位优势，员工状况，原材料的来源与成本，纵向整合程度。

26. Research and development capability.

（5）研发能力 [26]。竞争企业内部在产品、工艺、基础研究、仿制等方面所具有的研究与开发能力，研究与开发人员的创造性、可靠性、简化能力等方面的素质与技能。

27. Financial strength.

（6）资金实力 [27]。竞争企业的资金结构、筹资能力、现金流量、资信度、财务比率、财务管理能力。

28. Organization.

（7）组织 [28]。竞争企业组织成员价值观的一致性与目标的明确性，组织结构与企业策略的一致性，组织结构与信息传递的有效性，组织对环境因素变化的适应性与反应程度，组织成员的素质。

29. Management capabilities.

（8）管理能力 [29]。竞争企业管理者的领导素质与激励能力、协调能力，管理者的专业知识，管理决策的灵活性、适应性、前瞻性。

5. 判断竞争对手的反应模式

了解竞争对手的目标、战略、强弱，都是为了解释其可能的竞争行动，及其对公司的产品营销、市场定位及兼并收购等战略的反应，也就是确定竞争对手的反应模式。此外，竞争对手特殊的经营哲学、内部文化、指导信念也会影响其反应模式。

30. Insensitive competitors.

（1）迟钝型竞争者 [9][30]

某些竞争企业对市场竞争措施的反应不强烈，行动迟缓。这可能是因为竞争者受到自身在资金、规模、技术等方面的能力的限制，无法做出适当的反应；也可能是因为竞争者对自己的竞争力过于自信，不屑于采取反应行为；还可能是因为竞争者对市场竞争措施重视不够，未能及时捕捉到市场竞争变化的信息。

31. Selective type competitors.

（2）选择型竞争者 [10][31]

某些竞争企业对不同的市场竞争措施的反应是有区别的。例如，大多数竞争企业对降价这样的价格竞争措施总是反应敏锐，倾向于做出强烈的反应，力求在第一时间采取报复措施进行反击，而对改善服务、增加广告、改进产品、

[9]   The reaction of some competitors is not strong but slow to the measure of market competition. This may be because the competitors are limited by their own capacity constraints in the capital, scale, technology, and unable to respond appropriately; may also be overconfident to themselves on their competitiveness, disdain to take the reaction behavior; may also be because competitors are not placed enough emphasis on market competition measures, failed to capture the change in market competition.

[10]   The response of competitive enterprise to the different measures of market competition is different.

强化促销等非价格竞争措施则不大在意，认为不构成对自己的直接威胁。

（3）强烈反应型竞争者 [11]32

32. Strong reaction competitors.

许多竞争企业对市场竞争因素的变化十分敏感，一旦受到来自竞争者的挑战就会迅速地做出强烈的市场反应，进行激烈的报复和反击，势必将挑战自己的竞争者置于死地而后快。这种报复措施往往是全面的、致命的，甚至是不计后果的，不达目的决不罢休。这些强烈反应型竞争者通常都是市场上的领先者，具有某些竞争优势。一般企业轻易不敢或不愿挑战其在市场上的权威，尽量避免与其做直接的正面交锋。

（4）不规则型竞争者 [12]33

33. Irregular competitors.

这类竞争企业对市场竞争所做出的反应通常是随机的，往往不按规则出牌，使人感到不可捉摸。例如，不规则型竞争者在某些时候可能会对市场竞争的变化做出反应，也可能不做出反应；他们既可能迅速做出反应，也可能反应迟缓。

6. 选择本企业的竞争对策

经过上述步骤对主要竞争对手进行分析后，就要决定自己的对策，是发动进攻还是躲避。可根据以下几种情况做出决定。

（1）竞争对手的强弱。多数企业认为应以较弱的竞争者为进攻目标，因为这样可以节省时间和资源，但获利较少。反之，有些企业认为应以较强的竞争者为进攻目标，因为这样可以提高自己的竞争能力并且获利较大，况且强者总会有弱点。

（2）竞争对手与本企业相似程度的大小。多数企业主张与相近似的竞争者展开竞争，但同时又认为应避免摧毁相近似的竞争者，因为那样做的结果很可能反而对自己不利。例如，美国博士伦眼镜公司在 20 世纪 70 年代末与其他生产隐形眼镜的公司竞争，大获全胜，导致竞争者完全失败而相继将企业卖给了竞争力更强的大公司，结果使博士伦公司面对更强大的竞争者，处境更难。

（3）竞争者的表现是良好还是具有破坏性。有时竞争者的存在对企业是必要的和有益的，具有战略意义。竞争者可能有助于增加市场总需求；可分

---

[11]　Many competing companies are sensitive to the change of market competition factors. Once they were challenged by their competitors, they will make a strong market response, and will do fierce reprisals and counter-attack, is bound to challenge their competitors and then quickly put to death.

[12]　The type of competitive response to market competition is usually random, often not playing by the rules, but makes people feel elusive.

担市场开发和产品开发的成本，并有助于使新技术合法化；竞争者为吸引较小的细分市场而提供产品，可导致产品差异性增加；竞争者还可使企业减少触犯反托拉斯法的风险，并可以提高企业同政府管理者或同劳工谈判的力量。

但是，并不是所有竞争者都能被看成是有益的。因为每个行业中的竞争者通常都有良好和破坏性两种类型。表现良好的竞争者按行业规则活动，按合理的成本定价，有利于行业的稳定和健康发展；他们能激励其他企业降低成本，增加产品差异性；他们接受合理的市场占有率与利润水平。而具有破坏性的竞争者不遵守行业规则，常常不顾一切地冒险，投资于能耗过高的产业，或用不正当手段扩大市场占有率等，打乱了行业的均衡。

5.2　国际营销竞争战略的选择

在国际市场上，企业可根据自己在市场竞争中所处的地位，采取不同的市场竞争战略。一般来说，可供企业选择的有市场领导者、市场挑战者、市场追随者、市场补缺者四种战略。另外，企业所处的行业生命周期不同，选择的竞争战略也应该不同。

5.2.1　市场领导者战略

34. Market leader.

市场领导者 [13]34 是指在一定的目标市场上，在众多企业中，其主产品或服务的市场占有率最高，在技术、成本、营销渠道以及营销能力方面处于较大优势的企业。全球市场上，像通用汽车公司（汽车）、美国钢铁公司（钢铁）、IBM 公司（计算机）、柯达公司（胶片）、施乐公司（复印机）、沃尔玛（零售业）等都是所在行业的领导者，它们经过与同行业多年的竞争才取得目前的地位，是社会的结晶。有人认为这些公司的规模和竞争能力本身就是人类文明的一种成果。

1. 市场领导者的特征

（1）企业规模大，市场占有率高，其产量、产值以及销售额在市场占有较高的比重。如 IBM 公司最高曾占有超过 80％ 的大型电脑市场。

（2）国际市场领导者普遍是一家跨国公司，其业务几乎遍及全球的每一

---

[13]　Market leader is a measure of the strength of a brand, product, service or firm, relative to competitive offerings. There is often a geographic element to the competitive landscape. In defining market dominance, you must see to what extent a product, brand or firm controls a product category in a given geographic area.

个角落，许多产品在别国市场占据垄断经营局面。可口可乐公司不但在美国牢固控制其软饮料市场，而且在中东、欧洲等地区市场也占有绝对优势。

（3）国际市场领导者的市场营销观念往往领先于同行业。他们不仅满足本国消费者的需求，而且凭借其雄厚的实力、灵活的营销组合，分析适合各国、各地区的消费者的特性，从而制定不同的营销决策。同样的麦当劳快餐，其业务遍布全球，不仅制作出适合美国人、欧洲人口味的汉堡包，而且有中国口味、日本口味的汉堡包。而可口可乐、派克笔这样一些商品，则无论是在何地市场都畅销无阻，因为类似于可口可乐之类的产品就如同好莱坞制作片一样已成为美国文化的代表。

国际市场领导者不仅着重于眼前的消费需求，而且首先引入了"创造新需求"的市场营销观念。日本的几大家电生产厂家，不仅将收录机、电视机送到世界各地的消费者手中，而且创造了摄像机等产品进入各地市场，改变了人们被动接受电视节目的景况，使人们享受到集摄、录、放像一体化而带来的家电享受，创造了高收入家庭的新需求。

（4）国际市场领导者不仅以现有产品、服务来赢得市场优势，更着眼于保持这种优势。美国波音公司着重于更大型、更安全、更舒适的飞机研制生产工作，继747型喷气客机以后，针对20世纪70年代末石油危机引发的问题，投入30亿研究资金开发了世界航空史上最经济、最省油、最易驾驶的波音757和767，甚至于在1995年对777型超大型飞机进行试飞，在新产品的研制上有绝对的主动权。

（5）国际市场领导者地位的获得不仅取决其产品因素，营销手段的创新、管理手段的改进、市场组织方法的改革都曾使他们受益匪浅。IBM的专业人员销售和租赁制度，普罗克特·甘布尔公司的质量管理，而西尔斯公司则对邮寄、连锁经营进行精密组织，将细小的市场也控制手中，这无疑都是市场组织方法上的一种革命。

（6）国际市场领导者往往通过争夺专利技术、专有配方等来控制市场。如IBM公司的个人电脑、松下索尼公司与欧洲的飞利浦公司为高清晰度电视的标准而进行激烈的竞争。

2. 市场领导者的主要战略 市场领导者的地位是令人羡慕的，它是市场竞争的导向者，也是其他企业挑战、效法、躲避的对象。在激烈的市场竞争过程中，市场领导者为了保持其在市场中的优势，决定了它必须时刻关注市场，并采取相应的行动。因而它不但是防御的，更重要的是，它经常以进攻者的身份出现，消极的防守只会给市场领导者带来灾难。资料表明，以传统行业、制造业为主的钢铁和汽车工业、化学工业，市场领导者地位变更速度缓慢，而如计算机、生物工程等高科技行业的市场领导者易主更易。市场领导者为了维护自己的优势，保持自己的领先地位，通常可采取的战略有以下几种。

（1）扩大市场需求总量[14]35。因市场领导者企业以其强大势力在市场上占有巨大份额，所以整个市场的扩大通常使它获得最大的利益。扩大市场需求量主要可从 3 个方面入手。

① 寻找新的使用者。每种产品都有吸引顾客的潜力，由于某些顾客或者不知道这种产品，或因其价格不当，或无法提供某种性能，型号等原因而没有购买该产品。企业可以针对这些不同情况采取措施，如加大宣传，或者调整价格、完善性能，或提供更多系列化产品，解决潜在购买问题，将其转化为新的实际购买者。企业可以从三种群体中寻找新使用者，如香水企业可以说服那些不使用香水的女性也使用香水（市场渗透策略），说服男人开始使用香水（新市场策略），或销售香水至其他国家（地理扩张策略）。

② 开发新用途。即发现并推广现有产品的新用途。杜邦公司就是通过不断开发尼龙的新用途而实现市场扩张的。尼龙首先用于制作降落伞的合成纤维，接着作为制作女袜的主要原料，后来又作为制作服装的原料，再后来又成为汽车轮胎、沙发椅套、地毯的原料。这一切都归功于杜邦公司为发现产品新用途而不断进行的研究与开发。事实上，在更多情况下，不是企业发现产品的新用途，而是使用者自己将产品拿作他用。比如，凡士林当初只不过用作机器润滑剂，然而数年内使用者便发现此产品的多种用途，包括用作护肤软膏、药膏和发蜡等。所以说企业的主要任务是借助定期调查与询问，及时了解到用户对本企业产品的使用方法有哪些，企业可从中得到许多启示。有关的研究证实，大部分产品新用途开发的构思来自使用者，而非来自企业的研究开发实验室。

③ 增加使用量。即说服人们在更多的使用场合使用较多的产品。法国米其林轮胎公司在刺激高使用率方面，就非常具有创造性。该公司过去一直都在设法鼓励汽车拥有者每年驾驶更多的里程，以使轮胎更换次数多。他们以三星系统来评价法国境内的旅馆，并且出版一本旅游指南，报道大多数最好的旅馆皆在法国南部，这样使得许多巴黎人都到法国南部去度周末。

（2）保护市场占有率36。面对众多的竞争对手，市场领导者企业只有通过不断地创新，提供给顾客新的价值，提高企业的竞争能力，来维护其领导

35. Expand the total market demand.

36. Protect market share.

---

[14]　Expand the market demand is mainly from three aspects: (1) looking for new users; (2) the development of new uses; (3) to increase usage.

地位。另外还应注意降低成本，保持产品价格与产品在顾客心目中的价值的一致，以巩固企业在现有细分市场的地位，并堵塞"漏洞"，不让竞争者乘虚而入。保持市场占有率决非易事，但市场领导者仍然可通过以下一些途径来做出努力以达到目的。

① 阵地防御[37]。即企业在它目前的经营领域周围采取防范措施，以此抵御对手的攻击。但这是一种消极的静态防御，不能作为唯一的形式。亨利·福特汽车公司就曾一度采用这种"阵地防御"方式来保护其 T 型车，结果使这家实力雄厚的公司一度濒临破产。所以，遭受攻击的市场领导者企业若集中其全部资源去建筑"防御工事"，保护其现有产品，那将是十分愚蠢的。

37. Position defense.

② 侧翼防御[38]。在全面防卫整个"阵地"时，市场领导者应特别注意其侧翼的薄弱环节。明智的竞争者总是针对企业的弱点发起进攻，正如日本人进入小型轿车市场是由于美国汽车制造商在这一部分市场上留下了一个很大的漏洞一样。因此，企业必须运用侧翼防御战略，留心从各方面考察自己在市场中的处境，保护企业的要害部位，不让竞争者从某一点找到"突破口"。

38. Flanking defense.

③ 先发防御[39]。市场领导者企业可以采取一种更为积极的先发制人的防御战略。它具体表现为，企业对某个市场占有率正接近并危及自己的竞争者发动攻击，或者对市场上的竞争者发动全面攻击，使得对手人人自危。这种以攻为守的战略出发点是预防胜于治疗，防患于未然将收到事半功倍的效果。有时这种以攻为守是利用心理攻势阻止竞争者的进攻，而不发动实际攻击。不过，这种虚张声势的做法只能偶尔为之。

39. Preemptive defense.

④ 反攻防御[40]。当市场领导者遭到对手发动降价或促销攻势，或改进产品、占领市场阵地等进攻时，应主动反攻入侵者的主要市场阵地，以切断进攻者的后路。但有时企业在反攻以前会稍作停顿，有很多理由使企业不能急于行事，因为在等待过程中企业可更全面地了解竞争者，发现其过失，找到反击的突破口。

40. Counter-offensive defense.

⑤ 机动防御[41]。它要求市场领导者企业不仅要积极防御现有的市场，还要进一步扩展到一些有前途的领域。比如某企业将其经营范围从"地板材料"扩展到"房间装饰材料"，这就使企业的业务扩展到相邻的行业，它有助于企业综合发展和提高自卫能力。此外，企业也可以将其资金分散到彼此不相关的行业经营，这种做法可以让企业在战略上有更多的回旋余地。

41. Mobile defense.

⑥ 缩减防御[42]。在所有的细分市场采取全面防御有时会得不偿失，在这种情况下，最好是采用缩减防御（或称之为战略性撤退），即企业放弃一些已失去竞争力的市场，而集中资源在本企业具备较强竞争力的领域进行经营。

42. Contraction defense.

43. Expanding market share.

（3）扩大市场占有率 [43]。市场领导者企业可以通过其市场占有率的再度扩张而成长。有关研究表明，企业的获利率（以税前的投资报酬率来衡量）随着市场占有率的升高而上升。在许多市场上，市场占有率很小的增长就意味着销售额的巨大增加，如在美国，咖啡市场份额的一个百分点就值4800万美元，而软饮料市场的一个百分点就是12亿美元。按平均计算，市场领导者所赚取的报酬率要比市场占有率等级排名的第五位或更后的业务高3倍。

因此许多企业认为，它们不该只是为市场的优势而奋斗，也该尝试推动市场占有率提高。但是，这种行动还是要一定程度地自我限制，一是怕引起反托拉斯行动，若市场领导者企业侵占了更多的市场，那么竞争者及反托拉斯立法者很可能会大声叫喊"独占"；二是出于经济的考虑，在已达到高市场占有率之后，要想再获得更高的市场占有率，其成本可能上升得很快，因而将降低边际利润；三是企业在努力提高市场占有率时可能采取错误的市场营销组合策略，因而不能增加利润。总之，扩大市场占有率并不是单纯将提高市场占有率作为唯一的目标，它应是市场领导者企业拓展整个市场、保护现有"领土"和盈利的情况下，提高占有市场的艺术。

5.2.2　市场挑战者战略

44. Market challenger.

市场挑战者 [15][44] 是指在本行业产品的销售额中处于前几名（但不是第一名）的大企业。他们的营销战略目标是不断增加市场份额，因而会向市场领导者和其它竞争者发动攻势战略，被称作市场挑战者战略。如果以争取市场领导者作为竞争目的，则被认为是市场挑战者；以在一定时期内"安于次要地位"为目标的企业，则被认为是市场追随者，绝大部分企业如果不能取得较大增长的话，那么在很长时间内会处于追随者地位。市场挑战者在开始阶段一般都经过一段较长时间的追随，积聚力量以后，才具备实力与市场领导者相抗衡。

1. 市场挑战者的特征　市场挑战者的特征表现在以下几方面。

（1）市场挑战者具有较雄厚的实力和比较灵活的管理体制，能适应时代的需要或者在某些管理方法上走在时代的前列,企业充满活力,重视技术创新,

---

[15]　Companies with low market share are generally not in a position to influence prices, but are often susceptible to the actions of larger firms. Market challengers, being in a position of becoming the dominant player, may face a high degree of risk because they must take potentially radical steps in order to draw away consumers from the market leader. Each of the three primary strategies carries with it a unique risk, with the direct approach and radical approach posing more risk due to the high potential costs.

产品开发能力较强，普遍有"拳头"产品，企业成长快。从竞争的角度来看，往往努力地从一个市场着手建立根据地，积聚经验后再向其他地区渗透。日本的小汽车就是首先占领欧洲的瑞士等小国，然后经过一系列过程，最后向德国、英国这些汽车生产大国进军。

（2）从开发产品的顺序上看，往往从市场领导者忽略的或未加重视的产品着手，然后向核心产品进军。如果直接向市场领导者的核心产品进军，不但容易引起市场领导者的严厉反击，而且在竞争上也没有优势可言，除非很有把握。

（3）从促销手段的选择上，市场挑战者往往通过提高售后服务、低价等方法争夺消费者，日本汽车业以及东南亚的纺织品、手表、玩具进军美国市场便是一例。它们很少在广告、产量上大做文章，因为财务、技术往往是市场挑战者劣势所在。

（4）国际市场挑战者往往从各自政府获得资助。由于各国政府都大力鼓励出口，而且贸易保护主义抬头，广大的发展中国家贸易壁垒更甚，因而各国政府都竭力培养各自国家的重要出口企业，给予直接或间接的出口补贴，以使国内企业市场挑战成功。

（5）国际市场挑战者在其初创阶段，往往采用进口市场领导者的关键部件进行改装，从市场领导者从中学得技术、管理，甚至引进人才。台湾巨人公司就是这样成功收购了曾经是美国也是世界最大的自行车制造商——施温自行车公司。巨人公司首先从利用美国企业商标入手，加工生产然后销往美国，打开市场以后，适逢美国施温公司财务困难，于是一举将其成功收购，演出了一场"徒弟打败师傅"的好戏。

2. 市场挑战者战略　市场挑战者向市场领导者和其他竞争者挑战，首先必须确定自己的战略目标和挑战对象，然后再选择适当的进攻策略。

（1）确定战略目标和竞争对手。战略目标同进攻对象密切相关。基本上说，挑战者可以选择下列三种类型的企业进行攻击，并确定相应的战略目标。

① 攻击市场领导者。这是一种具有高风险但是又具有潜在高报酬的策略，而且当市场领导者"并非真正的领导者"，且无法为市场服务时，这种策略就更具有意义。挑战者应该了解消费者的需要或者是不满之处，如果有一种实质的需要尚未被满足或者未能获得完全满足时，则就给挑战者提供了一个战略性的目标市场。米勒公司在啤酒市场发动的战役非常成功，因为它一开始就指向了未被发现的市场，即发现有许多消费者需要"较淡的"啤酒。

② 攻击规模相当者。挑战者可选择和自己势均力敌，但经营不良且财务

状况不佳的公司作为攻击对象。攻击者需要时刻调查消费者的满足程度和创新潜力，如果发现其他公司的资源有限，甚至可以考虑开展一个正面进攻。

③ 攻击区域型小企业。一些地方性的小企业中经营不善且发生财务困难者，可作为挑战者的攻击对象。很多大公司之所以有今日的规模，并非靠彼此争夺顾客而来的，主要是靠着争取一些小企业或者小公司的顾客而日渐壮大的。

因此，选择进攻对象和选择目标的问题是相互影响的。如果进攻的对象是市场领先者，它的目标可能是夺取某些市场占有率；若其攻击的对象是地方性的小企业，则其目标可能是将这些小企业逐出市场。不论是在何种情况下，最重要的原则依然是：每一项战略行动都必须指向一个明确规定的、决定性的以及可以达到的目标。

（2）选择进攻战略。进攻战略主要有以下几种。

45. Frontal attack.

① 正面进攻 [16]45。指进攻者集中全力向对手的主要市场阵地发动进攻，即进攻对手的强项而不是弱点。正面进攻的胜负取决于双方力量的对比。进攻者只有在产品、广告、价格等主要方面大大超过对手，才有可能成功。可以采取的另一种措施是投入大量研究与开发经费，使产品成本降低，从而以降价的手段向对手发动进攻，这是持续实行正面进攻战略最有效的基础之一。

46. Flanking attack.

② 侧翼进攻 [17]46。指集中优势力量攻击对手的弱点，有时可采取"声东击西"的战略，佯攻正面，实际攻击侧面或背面。这又可分为两种情况：一种是地理性的侧翼进攻，即在全国或全世界寻找对手力量薄弱的地区，例如IBM公司的挑战者就是选择在一些被IBM公司忽视的中小城市建立强大的分支机构，获得了顺利的发展；另一种是细分性侧翼进攻，即寻找领先企业尚未为之服务的细分市场，在这些小市场上迅速填空补缺，例如日本和德国的汽车生产厂商就是通过发掘一个尚未被美国汽车生产厂商重视的细分市场（即对节油型小汽车的需要）而获得了极大的发展。

47. Encirclement attack.

③ 包围进攻 [18]47。这是一种全方位、大规模的进攻战略，挑战者拥有优于对手的资源，并确信包围计划的完成足以打垮对手时，可采用这种战略。

[16] Refers to the attackers concentration the major market positions of the opponent's attack, which is to attack the opponent's strengths rather than weaknesses.

[17]   Refers to the concentration of superior forces to attack the opponent's weaknesses, and can sometimes take a "diversion" strategy, feint positive, the actual attack of the side or back.

[18]   This strategy can be used when the challenger is a better than the opponent in resources, and convinced that surrounded the completion of the program is sufficient to defeat the opponent, which is a comprehensive, large-scale offensive strategy.

例如，近年来日本精工表公司已经在各个主要手表市场的销售中取得了成功，并且以其品种繁多、不断更新的款式使竞争者和消费者瞠目结舌，该公司在美国市场上提供了约 400 个流行款式，其营销目标是在全球制造并销售大约 2 300 种手表。

④ 绕道进攻 [19]48。这是一种最间接的进攻战略，完全避开对手的现有阵地而迂回进攻。推行这种战略的方法有 3 种，一是发展无关联的产品，实行产品多角化；二是以现有产品进入新地区的市场，实行市场多角化；三是发展新技术、新产品，取代现有产品。在高技术行业经常使用的技术跃入就是一个绕道战略。

⑤ 游击进攻 [20]49。这主要适用于规模较小、力量较弱的企业，目的在于以小型的、间断性的进攻干扰对手的士气，以占据长久性的立足点，因为小企业无力发动正面进攻或有效的侧翼进攻。但是也不能认为游击战只适合于财力不足的小企业。持续不断的游击进攻，也是需要大量投资的。还应指出，如果想要打倒对手，光靠游击战不可能达到目的，还需要发动更强大的攻势。

5.2.3 市场追随者战略

市场追随者 [21]50 与挑战者不同，它不是向市场领导者发动进攻以图取而代之，而是追随在领导者之后，自觉地维持共处局面。市场追随者的营销战略的一个重要特征是追随领导企业的经营行为，提供类似的产品或者服务给购买者，尽力维持行业市场占有率的稳定。处于市场追随者地位的企业，同样可以获得很大的利润，不仅是那些缺少资金、技术的发展中国家乐于此道，而且在广大的发达国家的许多企业都处于这种状态，他们主要利用节省研制费用、廉价的劳动力以及各政府给予的优惠参与国际市场竞争，这种情况广泛地分布在钢铁、纺织品、机械，甚至计算机等行业。

但这不是说市场追随者毫无策略可言。市场追随者必须了解如何掌握现有的顾客，并且在新的顾客群中争取更多的顾客。每一个市场追随者都应该

48. Bypass attack.

49. Guerrilla attack.

50. Market follower.

[19]　This strategy is a most indirect way of offensive strategy, which can avoid competitor's present position and attack back.

[20]　This strategy mainly applied to smaller and weaker corporate, aiming at using small intermittent offensive to interfere competitor's morale to occupy a long-term foothold, and this is because small corporate is unable to launch frontal attack or effective flank attack.

[21]　A company that allows other more dominant firms to lead the way within the market place that it does business in. For example, a smaller business which is a market follower might keep close tabs on the activities at major market leader firms and seek to copy or improve upon the leader's product releases and marketing efforts.

设法为其目标市场带来现实的利益——地理位置、服务、融资等。再者，由于追随者往往是挑战者的主要攻击目标，因此追随者必须随时保持低的制造成本以及高的产品品质与服务，以免遭受打击。此外，一旦有新的市场出现，追随者更应该积极地进入该市场。不过，追随者并非仅是被动地模仿领导者，它必须自行决定一条不会引发竞争性报复的成长途径。可供市场追随者选用的战略主要有 3 种。

51. Closely follow.

1. 紧密追随 [51]　紧密追随者在尽可能多的细分市场和营销组合领域中模仿领导者，但是它不会发动任何进攻，而只是期望能够分享市场领导者的投资，不会发生直接冲突。有些追随者甚至可能被说成是寄生者，他们在刺激市场方面很少有主动的动作，而是靠紧密追随领导者而获利。

52. Distance follow.

2. 有距离追随 [52]　有距离的追随者会从领导者那里模仿一些事物，但是这种模仿往往是带有差异性的模仿，如在包装、广告、定价等处有所不同。只要有距离的追随者没有积极地进攻领导者，领导者十分欢迎这种追随者，乐意让给他们一些市场份额，以使自己免遭市场的指责。

53. Selected follow.

3. 有选择的追随 [53]　有选择的追随者除了生产与领导者相似的产品外，通常也会进一步加以改良，同时也会选择不同的市场规划，以避免直接与领导者发生冲突，这类企业常常会成为未来的挑战者。

54. Market nicher.

5.2.4　市场补缺者 [22][54] 战略

在每一个行业中几乎都有些小企业，它们专心关注于市场上被大企业忽略的某些细小部分，在这些小市场上通过专业化经营来获取最大限度的收益，也就是在大企业的夹缝中求得生存和发展。这种有利的市场位置称为补缺基

55. Niche.

点 [55]；而所谓的市场补缺者，就是占据这种位置的企业。

一个理想的市场补缺基点具有以下几个特点：有足够的市场潜量和购买力；市场有增长的潜力；对主要竞争者不具有吸引力；企业具备占有此补缺基点所必要的资源和能力；企业能靠已建立的顾客信誉，保卫自身地位，对抗大公司的攻击。

企业获取补缺基点的主要战略是专业化市场营销，即在市场、消费者、产品或渠道等方面实行专业化。

（1）按最终用户专业化。专门致力于为某类最终用户服务，如计算机行

---

[22]　A small but profitable segment of a market suitable for focused attention by a marketer. Market niches do not exist by themselves, but are created by identifying needs or wants that are not being addressed by competitors, and by offering products that satisfy them.

业有些小企业专门针对某一类用户（如诊疗所、银行等）进行市场营销。

（2）按垂直层面专业化。专门致力于分销渠道中的某些层面，如制铝厂可专门生产铝锭、铝制品或铝质零部件。

（3）按顾客规模专业化。专门为某一种规模（大、中、小）的客户服务，如有些小企业专门为那些被大企业忽略的小客户服务。

（4）按特定顾客专业化。只对一个或几个主要客户服务，如美国有些企业专门为西尔斯百货公司或通用汽车公司供货。

（5）按地理区域专业化。专为国内外某一地区或地点服务。

（6）按产品或产品线专业化。只生产一大类产品，如美国的绿箭公司专门生产口香糖一种产品，现已发展成为一家世界著名的跨国公司。

（7）按客户订单专业化。专门按客户订单生产预订的产品。

（8）按质量和价格专业化。专门生产经营某种质量和价格的产品，如专门生产高质、高价产品或低质、低价产品。

（9）按服务项目专业化。专门提供某一种或几种其他企业没有的服务项目，如美国有一家银行专门承办电话贷款业务，并为客户送款上门。

（10）按分销渠道专业化。专门服务于某一类分销渠道，如专门生产适于超级市场销售的产品或专门为航空公司的旅客提供食品。

作为市场补缺者要完成三个任务：创造补缺市场、扩大补缺市场、保护补缺市场。著名的运动鞋生产商耐克公司，不断开发适合不同运动项目的特殊运动鞋，如登山鞋、旅游鞋、自行车鞋、冲浪鞋等，这样就开辟了无数的补缺市场。每当开辟出这样的特殊市场后，耐克公司就继续为这种鞋开发出不同的款式和品牌，以扩大市场占有率，如耐克充气乔丹鞋、耐克哈罗克鞋。最后，如果有新的竞争者闻声而来的话，耐克公司还要全力以赴保住其在该市场的领先地位。选择市场补缺基点时，多重补缺基点比单一补缺基点更能减少风险、增加保险系数。

5.2.5 处于不同行业生命周期企业的竞争战略

企业所处的行业生命周期[23]56 阶段不同，其面临的竞争环境和这种环境下的企业地位和状况也会不同，从而选择的竞争战略也不同。

56. Life cycle.

[23] Enterprise Life Cycle (ELC) in enterprise architecture is the dynamic, iterative process of changing the enterprise over time by incorporating new business processes, new technology and new capabilities, as well as maintenance, disposition and disposal of existing elements of the enterprise.

1. 行业领先地位企业的竞争战略

处于行业领先地位的企业一般拥有很强的竞争能力，并且闻名遐迩。这些企业面临的主要竞争战略问题不仅是保持已有的领先地位和经营业绩，更主要的是保持在行业中的竞争地位。这个就是我们上面讲过的市场领导者。

2. 处于新兴行业企业的竞争战略

随着技术和市场的发展，一些新兴行业不断产生和发展。处于新兴行业的企业通常面临两个关键问题：一是如何获得支持企业快速成长的资源条件；二是在市场竞争激烈条件下，企业准备进入哪个细分市场。解决这两个问题，可以采取下列方针。

（1）主动承担风险。

（2）努力提高产品质量，开发有吸引力的产品特性和功能。

（3）抓住机会增加产品种类，改变产品款式，尽早开发技术，保证原材料供应，运用经验曲线和新的分销渠道。

（4）寻找新的顾客群，进入新地区，满足消费者的新需求。

（5）将广告重点逐渐从培养产品知名度转到增加产品使用频率和创名牌、培养用户忠诚上来。

（6）对新技术做出快捷反应，并力图成为"主导技术设计"的先锋。

（7）利用降价吸引对价格敏感的消费者进入市场。

3. 向成熟行业过渡企业的竞争战略

当某个行业向成熟过渡时，行业竞争环境会发生根本变化。例如，消费需求增长缓慢造成市场份额的竞争；顾客变得更加老练，要求降低成本，提高服务质量；行业利润下降，行业竞争加剧，一些公司退出行业或被兼并。这些特点要求企业重新检查经营战略，实现战略转移。具体内容包括以下几个方面。

（1）减少产品线。

57. Technology innovation.

（2）注重工艺创新[57]。

（3）注重成本降低。

（4）增加对现有顾客的销售。

4. 处于衰退行业企业的竞争战略

在衰退行业中，企业除了采取收获战略、清偿战略外，还可以考虑采取以下三种途径，获得战略优势。

（1）通过确定、创造和拓展行业中成长的细分市场，推行重点集中战略。

（2）重视提高质量和实行产品创新。强化产品质量和实行创新，吸引客户，促进市场需求复苏，有利企业建立独特的竞争优势。

（3）不断提高生产和销售效率。

地区或市场的发展程度不一样，其产品的生命周期也不一样。德国大众汽车公司正是利用了这一原理和战略，将其本身将要淘汰的产品转移到中国生产和销售，从而延缓了该产品衰退的时间。

5. 危机企业的扭亏为盈战略

当企业因经营不善陷入危机，发生亏损时，可以采用扭亏为盈的战略。这种战略目的是尽快扭转企业竞争和财务方面的不利状况。扭亏的首要任务是分析亏损的原因。为了成功地实现扭亏为盈，企业可以采用下面的具体的战略。

（1）改进现有战略 [58]。当企业亏损是由于战略不佳所造成时，重新评估原有战略，并考虑采取下列替代战略方案：采取新的竞争战略，重新建立公司的市场地位；对公司内部经营活动及职能战略进行彻底检查，使之为企业总体战略提供支持；与行业中实力强的公司实行合并，追随其基本战略；集中力量生产"拳头"产品，发挥公司的优势。

58. Improving existing strategies.

（2）收入增加战略 [24][59]。这种战略的目的是促进销售收入的增长，以达到或超过损益平衡。

59. Increase in revenue strategy.

（3）成本降低战略 [60]。当亏损企业的成本结构富有弹性、亏损的原因又主要是成本过高时，成本降低战略能产生良好的效果。

60. Cost reduction strategy.

5.2.6 进入封闭国际市场的营销战略

随着营销实践的发展，营销者发现近年来在国际市场营销中，企业面临着许多国家贸易保护主义的威胁，形成了许多壁垒竞争的市场，即受到保护市场或封闭市场的制约。面对这种封闭市场，必须采取大市场营销策略，即协调地施用经济、心理、政治和公共关系等手段，以获得外国各有关方面，如外国经销商、供应商、消费者、市场营销研究机构、有关政府人员、各利益集团及宣传媒介等的合作和支持。

大市场营销战略的基本思想内核源于传统的营销观念，但是是对一般营销思想的拓展和发扬。它不仅顺应了在封闭型市场这一特定市场条件下制订竞争战略的需要，更从以下三个方面开阔了营销人员的思想。

第一，扩大了处理多方面关系的市场营销能力。一方面，营销人员要花

---

[24] The purpose of this strategy is to promote the growth of sales revenue to meet or exceed the break-even.

更多的时间来分析、培养顾客对产品的偏好；另一方面，他也会遇到通往目标顾客道路上的许多障碍，所以营销人员必须学会对来自各方面阻力的分析研究，制订出争取目标顾客支持的战略，至少使他们由反对立场转变为中立立场。

第二，打破了环境因素与可控因素之间的界线。营销人员历来把企业外部的各种力量当作环境因素，并认为环境因素是企业不可控制的。但在市场营销认为，可以通过企业的各种活动，如院外活动、法律方面的活动、谈判、广告宣传、公共关系和战略性合伙经营等活动，来改变某些环境因素。

第三，加深了对市场营销的理解。大多数研究市场的学者认为，需求引起供给，从理想化的角度来看，企业一旦发现了市场需求，就会立即设法去满足它。但现实市场往往是封闭型的，尽管企业提供的产品不亚于甚至优越于当地公司，但企业并不一定都能进入该国市场。对封闭市场的结果是，消费者只能得到较低程度的满足，生产者缺乏革新的动力。

1. 如何运用权力策略

权力对大市场营销者来说是至关重要的。企业在制订打入封闭型市场的战略时，必须采取三个步骤：探测权力结构、设计总体战略和制订战术性实施方案。

（1）探测权力结构。政治学家认为有三种权力结构。第一，金字塔结构 [25]61，权力集中在统治阶层，统治阶层可以是一个人、一个家庭、一个公司、一个行业或一个派系。统治阶层通过中层官员来贯彻其意图，再由中层官员来管理下层的执行人员。企业如打进该国市场，必须在得到统治阶层批准或不反对的情况下，才能进入这一市场。第二，派系权力结构 [26]62。在目标地区 63 有两个以上的集团（权力集团、压力集团、特殊利益集团）勾心斗角。例如，一个地区存在着各种政党，不同的党派代表着不同的社会阶级和阶层利益。在这种情况下，企业的战略家必须决定与哪些派别合作，企业一旦与某一党派联盟，往往会影响与其他派别的友好关系。第三，联合权力结

61. Pyramid structure.

62. Factional power structure.

63. Target area.

---

[25]　The concentration of power in the ruling class which can be a person, a family, a company in an industry or a faction.

[26]　Group (more than two power groups, pressure groups, special interest groups) intrigues in the target area. For example, a region exists of various political parties, different political parties represent different social classes and class interests. In this case, the strategist must decide which faction, once with a partisan alliance tend to affect the friendly relations with other factions.

构 [27]64。来自各权力集团的有影响力的党派组成临时性联盟，当权力掌握在联盟手中时，无论这种联盟持续的时间多么短，企业都必须通过与联盟的合作才能达到目标，或由企业组成一个对应的联盟来支持自己的事业。

（2）设计总体战略。在准备进入一个封闭型市场时，企业必须分清各个集团中谁是反对者、谁是同盟者、谁是中立者。企业的目标在于战胜反对者。为达到这个目标，可供企业选择的总体战略有：

a. 通过补偿反对者所遭受的损失，使他们保持中立。福利经济学的理论认为，一个将要采取的行动如果能使有关各方都有利可得，就会得到普遍支持。如果受益者能令人满意地补偿受害者的损失，也会得到普遍支持。在决定采取这一行动时，应该把对受害者的补偿包括在总成本中。

b. 将支持者组成一个联盟。企业的潜在支持者可能分散在该地区，这种分散的个别力量是小于集团合在一起的力量的，因此，企业可通过组织支持者联盟来进一步壮大力量。

c. 把中立者转变为同盟者。当企业进入一个地区时，对当地大多数团体来说不会有什么影响，因而它们将持中立态度。企业可通过施加影响和酬谢等方式，将这些团体转变为同盟者。

（3）制订战术性的实施方案。一旦公司选定了总体战略，还必须制订出一个实施方案，规定出由谁负责哪些工作、何时完成、在哪里完成以及怎样完成。这些活动的先后顺序可按两种方式排列：线性排列法和多线性排列法。线性排列法要求公司必须一个个环节逐步突破，循序渐进；而采用多线性排列法就不一定按部就班，可以多头挺进，一旦成功，能大大缩短完成活动的时间，但如果在某个关键步骤上受挫，企业也只好撤回，另寻出路。

2. 如何运用公共关系策略

所谓公共关系 [28]65，是指企业利用各种传播媒介与公众搞好关系，以树

64. Combined power structure.

65. Public relations

---

[27]　From the power bloc of influential parties to form a temporary alliance, when the power is held in Union hands, no matter how short the duration of such alliances is, companies must achieve our goals through cooperation with the Alliance or by the enterprise to form a corresponding to the alliance to support their own careers.

[28]　Public relations (PR) is the practice of managing the flow of information between an individual or an organization and the public. Public relations may include an organization or individual gaining exposure to their audiences using topics of public interest and news items that do not require direct payment. The aim of public relations by a company is often to persuade the public, investors, partners employees and other stakeholders to maintain a certain point of view about it, its leadership, products or of political decisions. Common activities include speaking at conferences, winning industry awards, working with the press, and employee communication.

立企业及其产品的良好形象。要搞好公共关系，就必须在进入市场之前，了解该市场的社会信仰、态度和价值观。进入市场后，企业力图在广大公众中树立起好的形象，如为公共事业捐款、赞助市政和文化教育事业的发展、与当地的舆论界搞好关系等。

事实证明，只要企业重视搞好公共关系，便有利于打入封闭的国际市场。例如，美国美味公司是制造牛奶消毒设备的企业，该公司打算将其产品引入日本市场，但却遇到了种种障碍：日本消费者联盟反对这种产品，因为他们担心消毒牛奶的安全问题；日本消费者对喝消毒牛奶是否有好处表示怀疑；几家大零售商因受到利益集团施加的压力而不愿经销消毒牛奶；卫生福利部和农林部表示，他们将首先等待并观察消费者是否能接受消毒牛奶，然后再决定消毒牛奶是否能在日本销售。美味公司针对上述障碍，分别制定策略。通过宣传活动争取日本卫生部的合作，争取一部分奶场、批发商和零售商的支持；通过促销宣传，对消费者的消费进行指导等。

5.3 国际战略联盟

世界经济一体化和区域集团化的发展，以及高科技行业与信息行业的迅速发展，使得全球竞争更加激烈。经营环境的复杂多变增加了企业的竞争风险，跨国企业为了保持和发展自己的生存空间，纷纷组成国际战略联盟来增强抵御风险的能力、加强技术的研发推广能力、提高生产和营销能力。

5.3.1 国际战略联盟的含义

国际战略联盟 [29]66，又称跨国企业战略联盟，是指两个或两个以上的跨国企业为实现某些共同战略目标，通过各种协议、契约而建立起的合作性的利益共同体。

国际战略联盟是世界经济全球化高度发展的产物，是各国经济活动国际化的表现。据统计，在世界 150 多家大型跨国公司中，结成战略联盟的已达90% 左右；《经济学家》资料还表明，仅在 20 世纪 80 年代，全球战略联盟就达 5842 个，涉及信息技术、生物技术、化学、汽车、航空、医疗器械、消费电气等领域。引人瞩目的例子有：波音公司与日本企业结成联盟，共同开发波音 767 宽体民用喷气客机；柯达与佳能结盟，由佳能制造复印机，而以

66. International strategic alliance.

[29]　Cooperation between international firms can take many forms, such as licensing of proprietary technology, sharing of production facilities, co-funding of research projects and marketing of each other's products using existing distribution networks.

柯达的品牌销售；得克萨斯仪器公司与日本考伯钢铁公司达成协议在日本制造半导体元件；摩托罗拉与东芝达成协议，利用双方的专有技术制造微处理器等。国际战略联盟的发展越来越具有全球推展之势。

5.3.2 国际战略联盟的主要形式

跨国企业建立战略联盟，最大的好处的是可以突破目标国或地区的贸易壁垒，分散投资风险，引进新技术和开拓新业务。国际战略联盟主要有以下几种形式。

1. 合并式联盟 [67]　指两个以上的跨国企业出于对整个世界市场预期和企业自身总体经营目标的意愿，采取一种长期性合作与联盟的经营行为方式。

合并分为完全合并联盟和部分合并联盟两种，完全合并联盟指合并后的原企业各自失去法律上的独立性，组成更大规模的新企业，即以新的企业标志、新的策略目标进行经营；部分合并联盟指双方原来的生产线、商标保持不变，合并后双方互有依托，以节省成本、巩固其在市场上的地位。

2. 互补式联盟 [68]　指将相关企业各自的优势方面联合起来，既发挥各自的优势，又与联盟伙伴密切配合，共同以最佳服务来满足客户的需求。

这类联盟大多是在西欧、北美和日本这类发达市场经济国家的企业之间结成的。他们为了应付全球性的竞争而在设计技术、加工过程和市场营销服务方面进行技术、资金和人员等方面的相互补充与配合，他们的主要动机，一是分摊产品开发与生产投资的成本；二是迅速、有效地进入目标市场国的市场营销与分销网络。

3. 项目式联盟 [69]　这种联盟通常是跨国企业为获取高附加值及高科技领域发展而采取单个项目或多个项目合作的形式。

另外，国际战略联盟根据跨国企业的战略目标来区分，有技术开发联盟 [70]、合作生产联盟 [71]、市场营销与服务联盟 [72]、多层次合作联盟 [73]、单边与多边联盟 [74] 等形式；根据跨国企业参与合作的项目来区分，有研究开发战略联盟 [75]、制造生产战略联盟 [76]、联合销售战略联盟 [77] 和合资企业战略联盟 [78] 等形式。

5.3.3 国际战略联盟的优势

企业组建战略联盟要贯彻三个原则：达到战略目标、在增加收益的同时减少风险、充分利用宝贵资源。如果一个联盟不符合这三项原则，那么它就是非战略性的、不成功的、无效率的。战略联盟与兼并收购相比，因满足了

67. Combined alliance.

68. Complementary alliance.

69. Project alliance.

70. Technology development alliance.

71. Cooperative production alliance.

72. Marketing and service alliance.

73. Multilevel cooperation alliance.

74. Unilateral and multilateral alliance.

75. Research and development alliance.

76. Manufacturing strategic alliance.

77. Joint sales strategic alliance.

78. Joint venture enterprises strategic alliance.

这三项原则而具有许多优势。实际上，在企业达成一项并购所花费的时间内，它可以构建出数个联盟，而且不必承受招致额外债务负担的风险，也可避免并购中最常见的弊病——公司文化和管理风格不相容使并购整合失败。战略联盟可以为合作企业双方提供下列其他机制中所不具有的显著优势。

（1）有利于企业进入封闭的市场。构建战略联盟是打破贸易壁垒、进入复杂的国际市场的有效途径。例如，在20世纪80年代中期，摩托罗拉开始进入日本的移动电话市场时，由于日本市场存在大量正式、非正式的贸易壁垒，使得摩托罗拉公司举步维艰。1987年，它与东芝结盟制造微处理器，并由东芝提供市场营销帮助，此举大大提高了摩托罗拉与日本政府谈判的地位，最终获准进入日本的移动通信市场，成功地克服了日本市场的进入壁垒。

（2）有利于共担风险。战略联盟可以分担巨额的产品开发费用和固定资产投资，降低风险。全球性行业的技术和资金密集性质要求新产品开发要有巨额的产品开发费用和固定资产投资。据估计，开发一架新型民用客机的科研和设计费用约为10亿美元，微处理器生产厂的投资通常也要超过10亿美元。任何一个企业在这样的行业里单枪匹马地发展，所冒的风险实在太大。摩托罗拉与日本东芝结盟的动机之一便是分担建立微处理器制造厂的高额固定成本开支。

（3）有利于实现优势互补，增强企业的竞争实力。比如AT&T与日本电气公司（NEC）在1990年达成的相互交换技术的协议：AT&T向NEC提供计算机辅助设计技术，而NEC则向AT&T提供计算机芯片技术。大多数成功的战略联盟都是为了实现双方优势要素的互补而签订平等互利的协议的。

（4）有助于企业建立行业技术标准。在一些行业中，本企业的技术标准能否成为行业标准，对企业的竞争成败起着关键性作用。飞利浦与松下结盟，共同制造和销售飞利浦的数字式高密磁盒，在松下的帮助下，它们开发的系统成为新的行业技术标准。与此同时，索尼公司也正在开发高密磁盒技术，并努力使其成为新的行业标准。而这两种技术相互替代，最终只能有一种得以普及成为全行业的技术标准，另一种必然要被逐出市场，约10亿美元的巨额投资也就化为乌有。因此，飞利浦与松下合作的战略意义非常重大，大大增强了企业在这场激烈竞争中的地位。

总之，国际战略联盟可使跨国企业以较低的成本得到高新技术和智能库、拓展产品种类和国际市场份额、分散风险以及寻找到理想的合作伙伴，这也是其逐渐受到各国青睐的奥秘所在。

案例 5-1

2003 年 11 月 4 日，TCL 集团与法国汤姆逊举行彩电业务合并重组协议：拟由双方共同投入电视机和 DVD 资产，设立一合资公司，TCL 集团持有其 67% 股份。百年品牌——汤姆逊为全球四大消费电子类生产商之一，是全球第一台互动电视专利技术的拥有者，在数字电视、解码器、调制解调器、DVD 机、MP3 播放器、电子图书和家用数字网络等方面均处于世界领先地位，是欧美消费者认可的数字巨人。双方设立的合资公司将被打造成为全球最大的彩电厂商。TCL 集团将会把其在中国大陆、越南及德国的所有彩电及 DVD 生产厂房、研发机构、销售网络等业务投入新公司；而汤姆逊则会将所有位于墨西哥、波兰及泰国的彩电生产厂房、所有 DVD 的销售业务、以及所有彩电及 DVD 的研发中心投入新公司。

而就在美国当地时间的 11 月 24 日，美国商务部初步裁定中国一些电视机生产商向美国市场倾销其产品，已圈定的长虹、TCL、康佳、厦华 4 家强制调查对象都被认定存在倾销，倾销价差为 27.94% 到 45.87%。这个裁定，对其他几家的打击是致命的，特别是长虹，它占据了国内出口到美国份额的半数以上。但正因为 TCL 的兼并，它不仅不会受损，反而是最大的受益者。另外，由于我国彩电企业在核心技术方面基本上没有专利权，而汤姆逊在传统彩电领域拥有多项专利，汤姆逊可以帮助 TCL 突破专利与研发实力薄弱的技术瓶颈。

启示：TCL 集团与汤姆逊联姻，不仅帮助 TCL 成功的绕开了贸易壁垒，将产品销往欧美市场，同时，TCL 还可以与汤姆逊在专利使用、技术研发、销售渠道等方面实现资源共享。

5.3.4 国际战略联盟的建立

战略联盟作为企业的一种竞争战略，有利也有弊。企业要想通过结盟来增强自身的竞争实力，就要注意发挥联盟带来的各种有利因素，限制联盟可能造成的种种弊端，趋利避害，扬长避短。建立有效的、适合企业特色的战略联盟，应该要考虑以下几方面的问题。

（1）要选择好合作伙伴。选择适当的合作伙伴是建立战略联盟的首要关键环节，其必须具有以下主要特征：第一，它必须能够有助于企业实现其战略目标，如进入市场、分担新产品开发的风险，获得至关重要的技术、技能等资源。换句话说，合作伙伴必须具有企业急需但却缺乏的资源要素。第二，双方对结盟的意图是一致的，即增强长期竞争实力。如果各方对结盟的意图相距甚远，同床异梦，那么联盟破裂的可能性就很大。第三，合作伙伴不能是机会主义者。与机会主义者结盟，企业要冒失去技术、市场，而从对方获益甚少的巨大风险。企业要注意选择有良好合作声誉的企业作为合作伙伴。企业要广泛调查每个可能的合作对象，收集尽可能多的有关该企业的信息，包括从第三方收集有关信息，如曾与其有过业务往来的企业、银行、该企业以前的员工等。另外，在做出决定之前，要尽可能详细地了解对方。为了确保选到合适的合作伙伴，双方管理人员之间进行面对面的会谈通常是必不可少的。

（2）建立战略联盟必须遵守三条原则：第一，对于企业熟悉的核心事业，采用购并策略成功率较高；对非熟悉的业务则采取战略联盟。第二，进入新市场宜采用战略联盟。第三，战略联盟的作用在于弥补不足，因此要寻求彼此在开发、制造、营销渠道上的互补性或者分担经营成本；购并则适用于扩展现有事业的规模。

（3）建立战略联盟应在明确联盟动因的基础上制定明确的目标，制定一致性的战略联盟规划、管理与终止点，同时，要在企业内部创造"易于合作"的文化。由于战略联盟中最难调整与改变的是文化冲突，合作伙伴必须是彼此相容或企业文化相契合的对象。

（4）慎重选择战略联盟的方式。企业可选择供应购买协定、市场或销售协定、提供技术服务协定、管理合同、专有技术、设计或专利许可证、特许经营、合资企业等战略联盟方式。但无论采用何种方式，都必须根据企业的战略目标来规划符合企业内在发展规律的联盟机构，明确联盟领导人的权责范围。双方母公司的意见应通过董事会来传达，以避免合作者的价值取向受母公司需求的影响。

5.3.5　国际战略联盟的控制和管理

一旦选定了合作伙伴，就要建立适当的联盟组织结构并对联盟进行有效的控制和管理，以保证战略联盟的成功运行。

国际战略联盟建立在双方平等互利的基础上，应防止对方的机会主义行为。在设计组织结构时通常需要注意以下几点。

第一，要防止不应转移的技术发生转移。具体地讲，就是要通过签订协议，严密组织产品的开发、设计、制造、销售及售后服务的全过程，保护技术秘密，防止发生泄漏。例如，在通用电气公司和斯耐可玛结盟共同制造民用客机引擎时，为了防止发生意外的技术转移，通用电器公司采取了严密的防范措施，仅允许斯耐可玛参与最后的成品组装工作。

第二，在联盟协议中加入有关保护性条款。例如，TRW 有限公司和日本的汽车零部件供应商结盟，共同生产汽车零部件，并供应设在美国的日资汽车组装厂。在联盟协议中，TRW 规定了详细的保护性条款，禁止联盟企业与 TRW 竞争，向美资汽车制造商，如通用、福特、克莱斯勒供应零部件。这类合同条款排除了日本公司通过结盟而进入 TRW 的原有市场、成为竞争对手的可能性。

第三，结盟双方预先同意相互交换技术等优势要素，从而确保双方都有利可图，将联盟建立在平等互利的基础之上。一种常用的办法是签订交叉许可协议。例如，在摩托罗拉与东芝结盟时，摩托罗拉向东芝许可转让它的微处理器技术，作为交换，东芝也向摩托罗拉转让它的内存储器芯片技术。

第四，在结盟时，要求对方实际投入一定的资源，可以减少对方的机会主义行为，防止自己投入过多而收获甚少。

战略联盟成功与否，在于合作伙伴之间能否实现协同和建立彼此单独无法实现的可持续竞争优势。与婚姻类似，合作伙伴虽然保持各自独立特性，但在联盟的所有活动中又必须相互协作。若一方变得过分依赖另一方，或者认为联盟只对一方有利，联盟的稳定性就会受到威胁。成功的联盟是由信任、承诺、互相学习、灵活性联合起来的、更有力量的团体。

管理战略联盟是一项非常复杂的问题，涉及很多因素。其中需考虑的一个重要因素是文化差异。管理人员在与合作伙伴交往时，必须要考虑到这种差异。另外，成功的管理一个联盟还涉及在来自不同企业的管理人员之间建立良好的人际关系。管理人员之间的私人友谊和相互信任能使他们在工作中协调一致、减少摩擦和冲突，这种私人关系网可以在公司之间形成一种非正式的管理网络，它常常有助于解决双方合作中产生的问题。

决定公司从联盟中获益大小的另一个重要因素是该公司向合作伙伴学习的能力高低。美国研究人员发现，日本公司常常非常努力地向合作伙伴学习，而很少有西方公司愿意认真向日本公司学习；西方公司常常将联盟看作是纯粹的成本、风险分担的措施，而不认为它是一种向竞争对手学习的机会。

联盟内的企业应该把通过联盟向对方学习作为一项战略任务，最大限度地尽快将联盟的成果转化为我方的竞争优势。联盟往往需要双方进行双向信息流动，每个参加联盟的企业都应该贡献出必要的信息供对方分享，从而提高联盟的成功率。同时企业要合理控制信息流动，保护自身的竞争优势，防止对方得到我方应予以保护的关键信息后，做出有损我方的行为，因为联盟伙伴极有可能成为将来的主要竞争对手。

本章小结

- 企业国际市场竞争，包括行业竞争结构分析、竞争对手分析等。行业竞争结构分析是指对新进入者、行业内竞争对手、供应商、顾客、替代品五种基本竞争力量进行分析。

- 竞争对手分析首先是确定企业的竞争对手是谁，然后对竞争对手进行目标分析、策略分析、优势和弱势分析，判断其反应模式，最后选择本企业的竞争对策。

- 企业可选择的市场竞争战略有市场领导者、市场挑战者、市场追随者、市场补缺者四种战略。

市场领导者常采取扩大市场需求总量、保护市场占有率、扩大市场占有率等战略来维护自己的市场领先地位。

市场挑战者通常会采取攻击市场领导者、规模相当者、区域型小企业等策略来发动攻势战略。

市场追随者与挑战者不同，它不是向市场领导者发动进攻以图取而代之，而是追随在领导者之后自觉地维持共处局面。它选用的战略主要有三种：紧密追随、有距离追随和有选择的追随。

市场补缺者是指专心关注于市场上被大企业忽略的某些细小部分，在这些小市场上通过专业化经营来获取最大限度的收益的一些小企业。企业获取补缺基点的主要战略是专业化市场营销，即必须在市场、消费者、产品或渠道等方面实行专业化。

- 企业所处的行业生命周期不同，选择的竞争战略也应该不同。行业领先地位的企业战略主要是要继续保持在行业中的竞争地位；处于新兴行业企业应考虑如何获得支持企业快速成长的资源条件，确定企业准备进入哪个细分市场；向成熟行业过渡的企业要求重新检查经营战略，实现战略转移；处于衰退行业企业可采取收获战略、清偿战略；危机企业可采取扭亏为盈战略。

- 进入国际封闭市场时，必须采取大市场营销策略，善于运用权力和公共关系策略。

- 国际战略联盟，是指两个或两个以上的跨国企业为实现某些共同战略目标，通过各种协议、契约而建立起的合作性的利益共同体。主要有合并式联盟、互补式联盟和项目式联盟几种形式。

- 建立战略联盟应在明确联盟动因的基础上制定明确的目标，制定一致性的战略联盟规划、管理与终止点，并在此基础上选择合适的合作对象，并要慎重选择战略联盟的方式。联盟建立以后，还要实施有效的控制和管理，减少文化差异，提高互相学习的能力。

【主要概念】

市场领导者	市场挑战者
市场追随者	市场补缺者
阵地防御	侧翼防御
先发防御	反攻防御
机动防御	缩减防御
正面进攻	侧翼进攻
包围进攻	绕道进攻
游击进攻	紧密追随
有距离追随	有选择追随
国际战略联盟	合并式联盟
互补式联盟	项目式联盟

思考与练习

一、简答题

1. 潜在的行业新进入者会受到哪些行业壁垒的制约？

2. 企业顾客的议价能力常受到哪些因素影响？

3. 如何对竞争对手进行分析？

4. 在确定企业竞争对手时，可以从哪些角度来发现竞争者？

5. 哪些因素影响企业对竞争对手选择进攻或是躲避策略？

6. 根据市场竞争地位不同，一般可选择的竞争战略有哪几种？它们各有什么特征？

7. 市场领导者是如何实施竞争战略的？试举例说明。

8. 市场挑战者有哪些进攻战略可供选择？

9. 市场追随者在竞争中常实施哪几种追随战略？

10. 市场补缺者所选择的市场补缺基点通常应具备哪些特征？

11. 国际战略联盟有哪些主要形式？

12. 在国际市场营销活动中，建立国际战略联盟的意义何在？

二、论述题

1. 企业应如何确定自己的市场竞争战略？

2. 论述企业要如何进入一个封闭的国际市场。

3. 试述成功的国际战略联盟应考虑哪些因素。

chapter 6

第 6 章 国际市场营销的产品策略

学习目标：

通过本章的学习，要求学生掌握国际产品整体概念及各层次的基本内容，了解国际产品标准化与多样化策略的基本依据，掌握国际产品生命周期的基本理论，理解国际新产品开发的程序，掌握产品品牌、商标、包装以及服务策略的特殊性。

重点难点：

- 产品及相关概念
- 国际产品生命周期各阶段的营销策略
- 新产品开发和品牌推广
- 产品品牌、商标、包装以及服务策略

6.1 产品及产品整体概念

6.1.1 产品概念

关于产品的概念，有狭义和广义之分。狭义的产品概念局限于某种物质的形态和具体的用途上，一般被理解或表述为：由劳动创造，具有价值和使用价值，能满足人类需求的有形物品。广义的产品概念具有极其宽泛的外延和深刻的内涵，一般被表述为：是指能够通过交换满足消费者或用户特定需求和欲望的一切有形物品和无形的服务。[1] 其中，有形物品包括产品实体及其品质、款式、特色、品牌和包装等；无形服务包括可以使顾客的心理产生满足感、信任感以及各种售后支持和服务保证等。

6.1.2 产品整体概念

消费需求不断的扩展和变化使产品的内涵和外延不断扩大。从内涵来看，产品从有形物品扩大到服务、人员、地点、组织和观念；从外延来看，产品从实质产品向形式产品、附加产品拓展。为此，联系消费者需求和企业间的产品竞争，从整体上对产品进行研究，这就是市场营销学提出的产品整体概念，如图 6-1 所示。

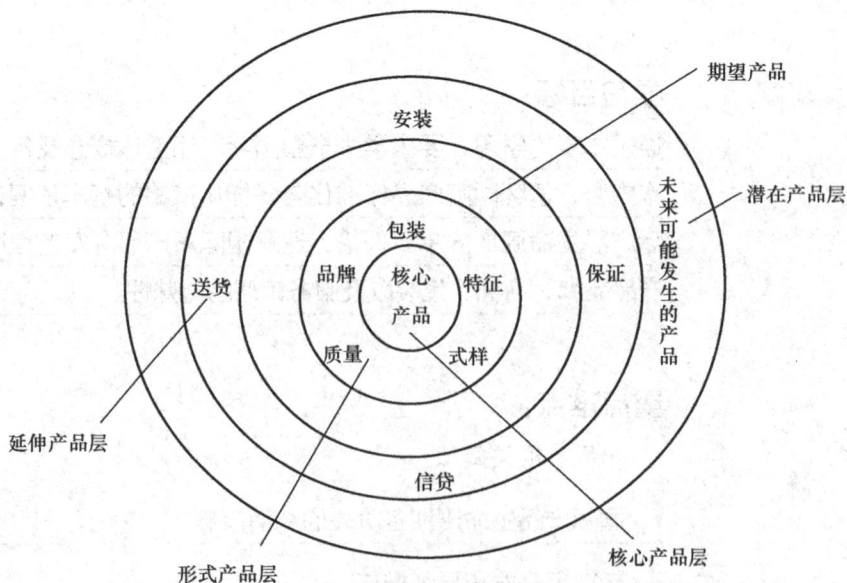

图 6-1 整体产品概念的五个层次

---

[1] We define a product as anything that is offered to a market for attention, acquisition, use or consumption and that might satisfy a want or need.

关于产品整体概念，学术界曾用核心产品、形式产品和延伸产品（附加产品）三个层次内容加以表述。但近年来，以菲利普·科特勒为代表的北美学者提出产品整体概念包括核心产品、形式产品、期望产品、延伸产品和潜在产品五个层次内容。他们认为这样做能够更深刻而逻辑地表达产品整体概念的含义。

1. 核心产品 [2] 1　核心产品是指向消费者提供的基本效用或利益，是消费者真正要买的东西，是产品整体概念中最基本、最主要的内容。消费者购买产品，并不是为了获得产品本身，而是为了满足自身某种特定需要的效用和利益。如人们购买洗衣机，不是为了买到装有电动机、开关按钮的大铁箱这一物体，而是为了通过洗衣机的洗涤功能，使其代替人工洗衣，减轻家务劳动，方便日常生活。消费者愿意支付一定的费用购买产品，首先在于购买该产品的基本效用，并从中获得利益。因此，企业产品的生产经营活动，首先应考虑能为消费者提供哪些效用或利益，并且着眼于产品的这些基本效用或利益。

1. Core benefit.

2. 形式产品 [3] 2　形式产品是指产品的本体，是核心产品借以实现的各种具体产品形式，是向市场提供的产品实体的外观。形式产品由产品质量（品质）、特色（特征）、式样、品牌和包装五个方面的有形因素构成。[4] 具有相同效用的产品，其存在形态，即形式产品可能有较大的差别。消费者购买某种产品，除了要求该产品具备某些基本功能、能提供某种核心利益外，还要考虑产品的品质、造型、款式、颜色以及品牌声誉等多种因素。产品的基本效用必须通过某些具体的形式才能得以实现。因此，企业进行产品设计时，应着眼于消费者所追求的核心利益，同时还要重视如何以独特的形式将这种利益呈现给消费者。

2. Generic product.

3. 期望产品 3　期望产品是指消费者购买产品时，期望得到的与产品密切相关的一整套属性和条件[5]。如旅馆的客人期望得到清洁的床位、洗浴香波、浴巾的服务等。因为大多数旅馆均能满足旅客的这些一般期望，所以旅客在选择档次大致相同的旅馆时，一般不是选择哪家旅馆能提供期望产品，而是根据哪家旅馆就近和方便而定。

3. Expected product.

---

[2]　Core benefit: the service or benefit the customer is really buying.

[3]　Generic product: a version of the product containing only those attributes or characteristics absolutely necessary for it to function.

[4]　Quality level, features, design, brand name and packaging.

[5]　Expected product, a set of attributes and conditions buyers normally expect when they purchase this product.

4. 延伸产品 [4]　延伸产品是指消费者购买形式产品和期望产品时，附带所获得的各种附加服务和利益的总和，[6] 它包括产品说明书、提供信贷、免费送货、保证、安装、维修、技术培训等，不同企业提供的同类产品在核心和形式产品层次上越来越接近。因此，企业要赢得竞争优势，应着眼于比竞争对手提供更多的延伸产品，因为延伸产品有利于引导、启发、刺激消费者购买、重复购买和增加购买量。

5. 潜在产品 [5]　潜在产品是指现有产品最终可能实现的全部附加部分和新转换部分，或指与现有产品相关的未来可发展的潜在性产品。[7] 潜在产品指出了产品可能的演变趋势和前景，如彩色电视机可发展为多媒体终端视频等。

产品整体概念的提出，对企业的营销活动具有多方面的意义。首先，它向企业昭示，明确消费者所追求的核心利益十分重要。如女性购买化妆品，并非为了占有口红、粉霜、描眉笔之类的具体物品，而是体现了一种爱美的愿望。企业如果不明白这一点，就不可能真正满足消费者的需求，从而也不可能获得经营的成功。其次，企业必须特别重视产品的无形方面，包括产品形象、服务等。消费者对产品利益的追求包括功能性和非功能性两个方面，前者更多地体现了消费者在物质方面的需求，后者则更多地体现了消费者在精神、情感等方面的需要。随着社会经济的发展和人民收入水平的提高，消费者对产品非功能性利益越来越重视，在很多情况下甚至超越了对功能性利益的关注。由此，要求企业摆脱传统的产品概念，重视产品非功能性利益的开发，更好地满足消费者的需要。再次，企业在产品方面的竞争可以从多个层次展开。对于在功能、品质上极为接近的成熟产品，企业难以制造较大的差异，但这并不意味着企业之间的竞争只在价格上相互拼杀。产品整体概念的提出给企业带来了新的竞争思路，那就是可以通过在款式、包装、品牌、售后服务等多个层面创造差异来确立市场地位和赢得竞争优势。

产品整体概念清晰地体现了以消费者为中心的市场营销观念。这一概念的内涵和外延都是以消费者需求为标准，并由消费者的需求来决定的。可以说，产品整体概念是建立在"需求＝产品"这样一个等式基础之

---

[6]　Augmented product: inclusion of additional features, benefits, attributes or related services that serve to differentiate the product from its competitors.

[7]　Potential product: all the augmentations and transformations a product might undergo in the future.

上的。

6.2 国际产品市场生命周期

6.2.1 产品生命周期及其营销策略

产品生命周期理论是企业制定产品策略及市场营销组合策略的重要依据。因为，产品处于生命周期的不同阶段，其市场需求状况和竞争程度存在着较大的差异，企业的产品策略、市场营销组合策略及其他战略和策略的制定必须适应产品生命周期的变化，这是企业在动态的市场环境中求得生存与发展，赢得有利的市场地位的一个关键性问题。

（一）产品生命周期[6]的概念

产品从投放市场到退出市场，同其他事物一样，有出生、成长、成熟到衰亡的过程，市场营销学将产品在市场上的这一过程用产品生命周期加以描述。产品生命周期是指产品从研制成功投入市场开始，经过成长和成熟阶段，最终到衰退、被淘汰退出市场为止的整个市场营销时期。[8]产品在市场上营销时期的长短受消费者的需求变化、产品更新换代的速度等多种因素的影响。因此，不同产品有着完全不同的生命周期。

产品生命周期与产品的使用寿命概念不同。前者是指产品的市场寿命或经济寿命，产品在市场上存在时间的长短主要受市场因素的影响；而后者是指产品从投入使用到产品报废所经历的时间，其长短受自然属性、质量、使用频率和维修保养等因素的影响。市场营销学所研究的是产品的市场生命周期。

（二）产品生命周期各阶段及其特点

由于受市场因素的影响，产品在其生命周期内的销售额和利润额并非均匀地变化，不同时期或阶段，产品有着不同的销售额和利润，从这个角度，产品的生命周期可以以销售额和利润额的变化来衡量。按照销售额的变化衡量，典型的产品生命周期包括介绍期、成长期、成熟期和衰退期四个阶段，呈一条"S"型的曲线，如图 6-2 所示。

6. Product Life Cycle (PLC).

---

[8]　Product Life Cycle (PLC): the course of a product's sales and profits over its lifetime. It involves five distinct stages: product development, introduction, growth, maturity and decline.

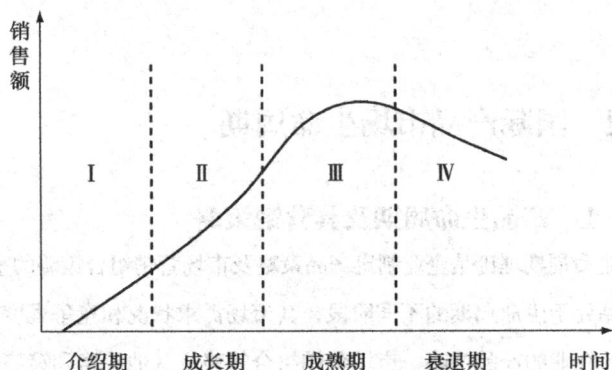

图6-2　产品生命周期曲线

典型产品生命周期的四个阶段分别体现出不同的特点。

1. 介绍期 [9]7　介绍期又称引入期、试销期，是指新产品刚刚投入市场的最初销售阶段。其主要特点：（1）产品设计尚未定型，花色品种少，生产批量小，单位生产成本高，广告促销费用高；（2）消费者对产品不熟悉，只有少数追求新奇的顾客可能购买，销售量少；（3）销售网络还没有全面、有效地建立起来，销售渠道不畅，销售增长缓慢；（4）由于销量少、成本高，企业通常获利甚微，甚至发生亏损；（5）同类产品的生产者少，竞争者少。

2. 成长期 [10]8　成长期又称畅销期，是指产品在市场上迅速为顾客所接受，销售量和利润迅速增长的时期。其主要特点：（1）产品已定型，花色品种增加，生产批量增大；（2）消费者对新产品已经熟悉，销售量迅速增长；（3）建立了比较理想的销售渠道；（4）由于销量增长，成本下降，利润迅速上升；（5）同类产品的生产者看到有利可图，进入市场参与竞争，市场竞争开始加剧。

3. 成熟期 [11]9　成熟期又称饱和期，是指产品销量趋于饱和并开始缓慢下降，市场竞争非常激烈的时期。通常成熟期在产品生命周期中持续的时间最长。根据这阶段的销售特点，成熟期可以分为成长成熟期、稳定成熟期和衰退成熟期三个时期。三个时期的主要特点：（1）成长成熟期的销售渠道呈饱和状态，增长率缓慢上升，有少数消费者继续进入市场；（2）稳定成熟期的市场出现饱和状态，销售平稳，销售增长率只与购买人数成比例，如无新

7. Introduction .

8. Growth.

9. Maturity .

---

[9]　Introduction is a period of slow sales growth as the product is being introduced in the market. Profits are non-existent in this stage because of the heavy expenses of product introduction.

[10]　Growth is a period of rapid market acceptance and increasing profits.

[11]　Maturity is a period of slowdown in sales growth because the product has achieved acceptance by most potential buyers. Profits level off or decline because of increased marketing outlays to defend the product against competition.

购买者则增长率停滞或下降；（3）衰退成熟期的销售水平开始缓慢下降，消费者的兴趣开始转向其他产品和替代品。

4. 衰退期[12]　衰退期又称滞销期，是指产品销量急剧下降，产品开始逐渐被市场淘汰的阶段。其主要特点：（1）产品需求量、销量和利润迅速下降，价格下降到最低水平；（2）市场上出现了新产品或替代品，消费者的兴趣已完全转移；（3）多数竞争者被迫退出市场，继续留在市场上的企业减少服务，大幅度削减促销费用，以维持最低水平的经营。

（三）产品生命周期各阶段的营销策略

1. 介绍期的营销策略　在这一时期，企业营销工作的重点是做出正确的判断，抓住时机，采用有效的营销策略占领市场，形成批量规模，以便较快地进入成长期。在介绍期，可供企业选择的市场营销策略主要有四种。

（1）快取脂策略。快速取脂策略是采用高价格、高促销费用的方式推出新产品，以求迅速扩大销售量，取得较高的市场占有率，快速收回投资。企业采取这种策略应具备的条件是：① 新产品有特色、有吸引力，优于市场原有同类产品；② 有较大的潜在市场需求；③ 目标顾客的求新心理强，急于购买新产品，并愿意为此付高价；④ 企业面临潜在竞争的威胁，需及早树立名牌。

（2）慢取脂策略。慢取脂策略是采用高价格、低促销费用的方式推出新产品，以求获得更多的利润。企业采取这种策略应具备的条件是：① 市场规模相对较小，现实的和潜在的竞争威胁不大；② 新产品具有独特性，有效地填补了市场空白；③ 适当的高价能为市场所接受。

（3）快渗透策略[10]。快渗透策略是采用低价格、高促销费用的方式推出新产品，以争取迅速占领市场，取得尽可能高的市场占有率。采取这种策略应具备的条件是：① 产品的市场容量很大；② 消费者对产品不了解，且对价格十分敏感；③ 企业面临潜在竞争的威胁；④ 单位生产成本可随生产规模和销量的扩大而大幅度下降。

10. Rapid-penetration strategy .

（4）慢渗透策略[11]。慢渗透策略是采用低价格、低促销费用的方式推出新产品。低价可以促使市场迅速接受新产品，低促销费用则可以降低营销成本，实现更多的利润。采取这种策略应具备的条件是：① 产品的市场容量大；② 消费者对产品已经了解，且对价格十分敏感；③ 企业面临潜在竞争的威胁。

11. Slow-penetration strategy.

2. 成长期的营销策略　成长期旺盛的市场需求与高额的利润，会引来竞争对手的参与。因此，该阶段的企业营销重点是扩大市场占有率和巩固市场

[12]　Decline is the period when sales fall off and profits drop.

153

地位，企业可采取以下几种市场营销策略。

（1）产品策略。在该阶段，消费者在购买时有一定的选择余地，企业为了扩大销售，使现实的购买者增加购买，使潜在的购买者实施购买，应采取创名牌的产品策略。企业可通过改进和完善产品，提供优良的售后服务等措施，提高产品的竞争力，使消费者产生信任感。

（2）价格策略。企业根据市场竞争情况和自身的特点灵活作价。选择适当的时机降低产品的价格，既可以争取那些对价格比较敏感的顾客来购买，又可以冲击竞争对手。

（3）渠道策略。巩固原有的销售渠道，增加新的销售渠道，开拓新的市场，扩大产品的销售范围。

（4）促销策略。加强促销环节，树立强有力的产品形象。促销的重心应从介绍期的建立产品知名度转移到宣传产品的特殊性能、特色，提高产品及企业的形象和声誉上。主要目标是建立品牌偏好、维系老顾客、争取新顾客。

3. 成熟期的营销策略 处于成熟期的产品，企业只要保住市场占有率，就可获得稳定的收入和利润。成熟期的营销重点是稳定市场占有率，维护已有的市场地位，通过各种改进措施延长产品生命周期，以获得尽可能高的收益率。为此，企业可以采取以下三种策略。

12. Market modification.

（1）市场改良策略[13] 12。这种策略不需要改变产品本身，而是通过发现产品的新用途、改变销售方式和开辟新的市场等途径，达到扩大产品销售的目的。

13. Product modification.

（2）产品改良策略[14] 13。这种策略是以产品自身的改进来满足消费者的不同需要，以扩大产品的销量。整体产品概念中的任何一层次的改进都可视为产品的改进。产品改良可从下列几方面着手：① 质量改良，即对产品的功能、特性的改进。②特色改良，即扩大产品的使用功能，增加产品新的特色，如尺寸、重量、材料、附件等，以此扩大产品多方面的适应性，提高产品使用的安全性、方便性。特色改良具有花费成本少、收益大、创新企业形象等方面的优点，但也有容易被模仿的缺点，因此企业只有率先革新才能获利。③ 式样改良，是改变产品的外观、款式等有形部分，增强其美感，提高产品对消费者的吸引力、以此扩大销售。④ 附加产品改良，即适当增加服务的内

[13]　Market Modification: a company might try to expand the market for its mature brand by working with the two factors that make up sales volume:number of brand users and usage rate per user.

[14]　Product Modification: managers also try to stimulate sales by modifying the product's characteristics through quality improvement, feature improvement or style improvement.

容对提高产品的竞争力、扩大产品销售具有积极的促进作用。

（3）市场营销组合改良策略 [14]。这种策略是通过改变市场营销组合的因素，以刺激销售，从而达到延长产品成长期、成熟期的目的。常用的方法有：通过特价、早期购买折扣、补贴运费、延期付款等方法来降低价格，吸引消费者，提高产品的竞争力；改变销售途径，扩大分销渠道，广设销售网点；调整广告媒体组合，变换广告时间和频率，采取更有效的广告形式；开展多样化的营业推广活动；扩大附加利益和增加服务项目等。

14. Marketing program modification.

4. 衰退期的营销策略　在这一时期，企业既不要在新产品未跟上来时就抛弃老产品，以致完全失去已有的市场和顾客，也不要死抱住老产品不放而错过机会，使企业陷于困境，企业可以采取以下几种营销策略。

（1）维持策略 [15]。维持策略是企业继续延用过去的策略，仍按照原来的细分市场，使用相同的销售渠道、定价及促销方式，直到这种产品完全退出市场为止。

15. Maintaining.

（2）集中策略 [16]。集中策略是把企业能力和资源集中在最有利的细分市场、最有效的销售渠道和最易销售的品种上，这样有利于缩短产品退出市场的时间，同时又能为企业创造更多的利润。

16. Increasing.

（3）收缩策略 [17]。收缩策略是企业大幅度降低促销水平，尽量减少销售和推销费用，以增加目前的利润。这样可能导致产品在市场上的衰退加速，但又能从忠于这种产品的顾客中得到利润。

17. Decreasing.

（4）放弃策略 [18]。放弃策略是企业对衰退比较迅速的产品，应该当机立断，放弃经营。企业可以采取完全放弃的形式，将产品完全转移出去或立即停止生产；也可采取逐步放弃的方式，使其所占用的资源逐步转向其他产品。

18. Divesting.

（四）非典型的产品生命周期

典型的产品生命周期是一种理论抽象，是一种理想状况，在现实经济生活中，并不是所有产品的生命历程完全符合这种理论形态，本书将这种产品的生命周期称为非典型的产品生命周期，它主要有以下几种形态。

---

[15]　Maintaining the firm's investment level until the uncertainties about the industry are resolved.

[16]　Increasing the firm's investment (to dominate the market or strengthen its competitive position).

[17]　Decreasing the firm's investment level selectively by dropping unprofitable customer groups, while simultaneously strengthening the firm's investment in lucrative niches.

[18]　Divesting the business quickly by disposing of its assets as advantageously as possible.

1. 再循环型生命周期 再循环型生命周期是指产品销售进入衰退期后，由于种种因素的作用而进入第二个成长阶段，如图6-3所示。这种再循环型生命周期是市场需求变化或企业投入更多促销费用的结果。

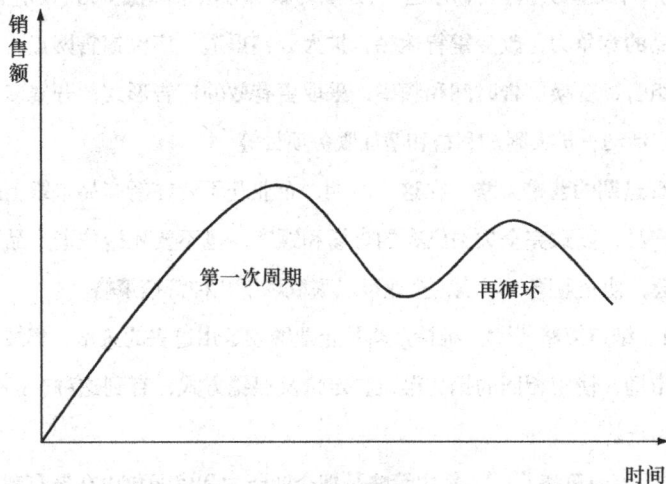

图 6-3 再循环型产品生命周期

2. 多循环型生命周期 多循环型生命周期是产品进入成熟期后，企业通过制定和实施正确的营销策略，使产品销量不断达到新的高潮，如图6-4所示。

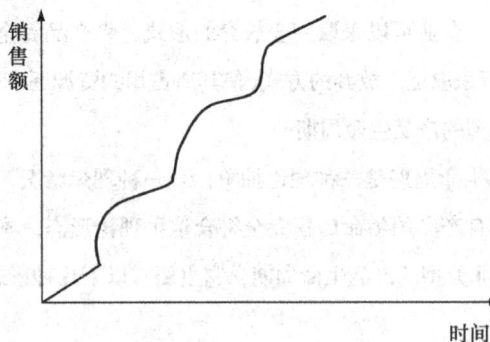

图 6-4 多循环型产品生命周期

3. 非连续循环型生命周期 非连续循环型生命周期是产品在一段时间内迅速占领市场，又很快退出市场，过一段时间后又开始新的循环，如图6-5所示。如大多数时髦商品的生命周期属于非连续循环型生命周期。

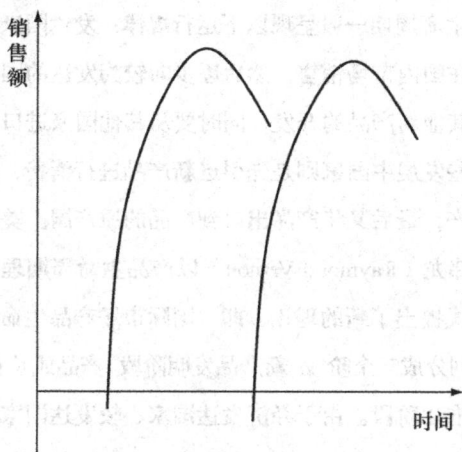

图 6–5　非连续循环型生命周期

4. 产品种类、产品形式和产品品牌的生命周期　产品种类是指具有相同功能及用途的所有产品（如电视机）；产品形式是指同一类产品，辅助功能、用途或实体销售有差别的不同产品（如彩色电视机）；产品品牌则是指产品（或服务）具有特定的名称、术语、符号、象征或设计，或是它们的组合，可用以识别不同企业生产的同类产品（如海信电视）。产品种类具有最长的生命周期，有的产品种类的生命周期的成熟期可能无限延续；产品形式的生命周期次之，一般表现出比较典型的生命周期过程，常常经历 4 个阶段；而具体产品品牌的生命周期最短，且不规则，它受市场环境、企业营销决策、品牌知名度等多种因素的影响，品牌知名度高，其生命周期则长，反之，其生命周期则短。

6.2.2　国际市场产品生命周期

产品从投入市场到最终退出市场的全过程称为产品的生命周期，它经历产品的介绍期、成长期、成熟期和衰退期四个阶段。产品的生命周期表明任何产品的市场生命都是有限的，产品的新陈代谢是不可避免的。在产品生命周期的不同阶段，产品的市场占有率、销售额、利润额是不一样的。这就需要企业认真分析和识别产品所处生命周期的具体阶段，根据产品生命周期不同阶段的特点，采取相应的营销组合策略。

1. 国际市场产品生命周期内涵　当我们把国内市场扩展到国际市场时，同一产品生命周期各个阶段在不同国家的市场上出现的时间是不一致的，由于各国在科技进步及经济发展水平等方面的差别而形成的同一产品在各国的开发生产、销售和消费上的时间差异，我们称为国际市场产品生命周期。

国际产品的生命周期一般呈现以下运行规律：发达国家率先研制开发出某种新产品，并在国内市场销售，然后逐步向较为发达的国家、发展中国家出口，并转向对其他新产品的开发，同时要从其他国家进口原产品来满足国内市场需求；一些发展中国家则是先引进新产品进行消费，然后引进或开发生产技术进行生产，最后又将产品出口到产品的原产国。美国哈佛大学商学院教授雷蒙德·弗龙（Raymond Vernon）以产品生命周期理论为基础，对世界贸易和投资方式提出了新的理论，即"国际市场产品生命周期"理论，他将产品生命周期划分成三个阶段：新产品发明阶段、产品成长和成熟初期阶段、成熟期和产品标准化阶段。由于经济发达国家、较发达国家及发展中国家的经济发展、科技发展水平不同，因此，产品进入这三个阶段的时间先后不一样，如图6-6所示。

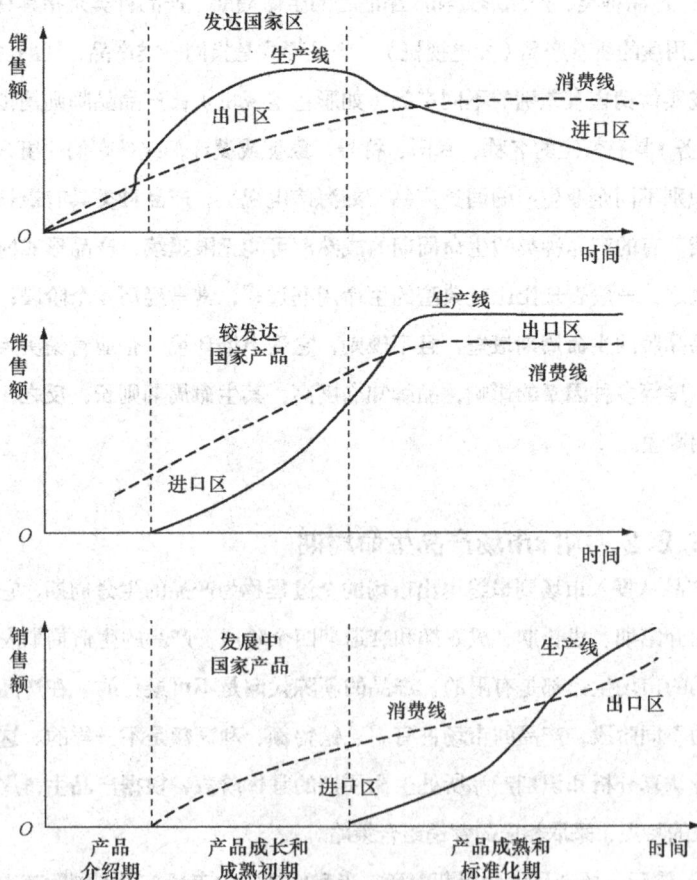

图6-6 国际产品生命周期循环图

经济发达国家首先致力于新产品开发，掌握新产品的发明、制造和应用，以满足本国消费者的需求；当产品进入投入期后期及成长期后，国内产品供过于求，因此将发明产品销售到其他较发达国家及发展中国家。同时，一些较发达国家对新产品的生产技术较发展中国家容易掌握，因而他们在此基础上开始仿制、研制该产品；当产品进入成熟期后，产品不断完善，并已形成标准化生产并大量生产，因而可以同经济发达国家的产品相抗衡，由进口国转为出口国，而发展中国家在进口基础上，应用新近先进技术，以较低的成本成功地生产出标准化产品投入市场，使最先出口国的产品失去竞争优势，并逐步放弃市场上已趋饱和的产品，转向发展更新的产品和更新的技术，而从其他国家进口原产品。

2. 产品的国际市场生命周期理论的意义　对国际产品市场生命周期概念的理解及各阶段的划分，为企业顺利地打入国际市场起重要作用。

（1）有利于出口产品的更新换代，利用国际市场产品生命周期分析国际市场趋势，积极开发新产品，及时淘汰衰退产品，可使我国出口产品在国际市场上保护持续旺盛的销售部分。

（2）根据产品在各国市场所处的不同生命周期阶段，制定相应营销策略，打开新市场或扩大原有市场的销售。根据国际产品市场生命周期理论，产品在不同的市场处于生命周期的不同阶段。如在 A 市场处于成熟期的产品，在 B 市场则处于增长期或是新产品投放期。据此，企业可灵活机动地采取相应措施，延长现有产品的出口期限。

（3）根据产品生命周期各阶段的变动状况，研制、开发产品的多种用途，尽可能延长产品的成熟阶段。某些产品在进入成熟期后，由于开发了它的新用途，发现了其新特性，而使该产品进入新的领域、新的市场，其产品生命重新投入新的循环周期，持续不断地发展下去。如美国杜邦公司发明的尼龙产品，起初仅作为生产降落伞的原料，以后发展到制造绳索、衣服、袜子、地毯等，其生命周期不断循环发展着。

6.3　国际市场新产品开发

6.3.1　新产品的概念

营销学所谓的新产品，其含义与科技发展过程的新发明创造的产品有所不同。前者的内容更为广泛，可以认为，凡是第一次在市场上出现的产品或企业第一次生产销售的产品均属新产品范畴。大体分为以下四种。

1. 全新产品[19]　全新产品指应用现代科学技术成果研制出来的具有新原理、新技术、新材料的新产品。

19. New product .

20. Innovation of new product.

21. Improving new products.

22. Imitation of new products.

2. 革新新产品 [20] 革新新产品指在原产品的基础上，利用科学技术和新工艺，作较大革新，使产品性能显著提高，能满足消费者新的需求的新产品。

3. 改良新产品 [21] 改良新产品指在用途、性能上没有多大的改变，只是对现有产品的品质、造型、款式或包装做一定的改变。

4. 仿制新产品 [22] 仿制新产品指市场上已有的、企业进行仿制的产品，也即本企业的新产品。

对企业来说，全新产品从理论到技术、从实验室到生产，要花费大量的人、财、物力，因此，企业多难于开发这种新产品。而革新新产品研制过程较短，消费者已先有认识而容易接受，企业都在竭力开发这种新产品。对于改良新产品和仿制新产品，由于试制更为容易，因而企业大多都在进行此项工作。国际市场上这种产品屡见不鲜。

6.3.2　国际市场新产品开发方向

企业开发新产品通常有以下途径：一是引进国外先进技术。我国常用的有许可证贸易、合作生产、合作研究、购买先进设备等方式。二是自行研制与引进技术相结合。这是目前内外企业开发新产品较为普遍的方式。三是独立研制。即从理论到技术进行独立的研制。当前国际市场正处于微电子技术和计算机技术迅猛发展并渗透到各行各业的时代。新产品开发的突出特点是向小型化、数学化、微机化和集成化、智能化及复合化方向发展。因此，新产品开发应选择以下方向。

• 仿制法选择市场上畅销产品或优质产品、样品进行分析研究，加以仿制成自己的产品。适用这种方法企业应避免发生侵权行为。

• 系列化即企业在已有产品的基础上，根据发展的特点，将已有的产品进行延伸，使产品品种、规格形成系列。

• 配套法即专门为大型企业的产品或设备生产某一两种零部件，进行专业化的配套生产。如果这种专业生产的零部件具有国际上的通用性，也可优质优价直接出口。

• 替代法即寻找市场上紧俏的产品作为研制目标，开发成功后予以取代进口的产品，填补国内空白。当质量达到国际标准，价格上又有一定优势时，便可变进口为出口。

• 专利法即对某些确实对企业开发新产品有利的专利，可断然购买、引进、实施。

• 小型化、微型化和轻型化即将产品向"短"、"小"、"轻"、"薄"

方向发展，这是当前产品开发的一大潮流。

• 复合化即将现有的、已经成熟的技术和产品加以新的组合，开发新产品。

• 结合微机应用，将微机应用于现有产品中是当今国际市场开发新产品的一大方向。在日本，甚至有人提出"不带微机的产品不算新产品。"产品微机化，不仅可以减少零部件数量、降低故障率，而且可以提高精度、增加功能。

• 采用数字技术在现有的模拟技术电子产品中，运用数字技术可以创造出许多新产品。如数字彩色电视机、数字录音机等，都是采用数字技术研究开发的性能优异的全新产品。

6.3.3 新产品的开发程序

开发新产品是一项很复杂的工作，投资大、风险大。为减少失误、降低风险，企业开发新产品必须遵循科学、系统的开发程序。新产品的开发过程是指从萌生想法、评价发展到最终产品的过程。一般而言，新产品的开发程序包括 8 个主要步骤：新产品构思、筛选构思、产品概念的形成和测试、营销规划的拟订、商业分析、新产品研制、市场试销、正式上市。

1. 新产品构思 [23] 新产品开发是从寻求构思，即开发新产品的设想开始的。成功地开发一种新产品，首先来自于一个有创造性、有价值的构思。虽然并不是所有的构思都可能变成新产品，但寻求尽可能多的构思却可以为开发新产品提供较多的机会。

23. Idea generation.

新产品构思的来源很多，主要来源于顾客、竞争者、中间商、科技人员、销售人员等。此外，还可以从发明家、专利代理人、大学、研究机构、咨询公司、广告代理商、行业协会和有关出版物寻求新产品构思。由于构思来自于许多渠道，各种构思受到认真注意的机会就取决于企业对新产品开发负有责任的机构。为此，企业的营销人员必须积极地、有序地寻找、搜集并接纳各种新产品构思。寻找和搜集构思的主要方法有以下几种。

（1）产品属性列举法。是将现有产品的属性一一列出，通过寻求改良某种属性以达到改良该产品的目的，在此基础上形成新的产品构思或创意。

（2）强行关系法。是指列出若干个不同的产品，然后把某一产品与另一产品或几种产品强行结合起来，产生一种新的构思。

（3）调查法。是指向消费者调查使用某种产品时出现的问题或值得改进的地方，然后整理意见，转化为新的产品构思。

（4）头脑风暴法。是指选择专长各异的人员进行座谈，集思广益，以发现新的产品创意、产生新的产品构思。

2. 筛选构思[24] 筛选构思就是对大量的新产品构思进行评价，研究其可行性，挑出那些有创造性的、有价值的构思。筛选构思的目的是选出那些符合本企业发展目标和长远利益，并与企业资源相协调的产品构思，并及早地发现那些不可行或者可行性不大、没有发展前途的构思。

24. Internal sources.

企业在甄别构思时，一般要考虑以下因素：一是环境条件，即涉及市场的规模与构成、产品的竞争程度与前景、国家的政策等；二是企业的战略任务、发展目标和长远利益，这涉及企业的战略任务、利润目标、销售目标和形象目标等方面；三是企业的开发与实施能力，包括经营管理能力、人力资源、资金能力、技术能力和销售能力等方面。企业在对构思进行筛选的过程中，要避免两种失误：一是误舍，就是将那些可行的新产品构思舍弃；二是误用，就是将一些没有前途的新产品构思付诸开发。无论是误舍还是误用，都会给企业造成重大损失。因此，企业必须从自身的实际情况出发，根据具体情况决定取舍产品的构思。

3. 产品概念的形成与测试[25] 经过筛选后保留下来的产品构思必须发展成产品概念。产品概念是指已经成型的产品构思，即用文字、图像、模型等给予清晰阐述，使之在消费者心目中形成一种潜在的产品形象，即用有意义的消费者语言来详细描述的产品构思。[19]

25. Concept development and testing.

一个产品构思能转化成若干种产品概念。例如一家奶品公司有一个构思：想开发一种富有营养价值的奶品。由这一构思发展出以下 3 个产品概念。

概念 1: 一种早餐饮用的速溶奶粉，使成年人很快地补充营养而不需要准备早餐；

概念 2: 一种味道鲜美的快餐饮料，供孩子们中午饮用提神；

概念 3: 一种保健饮品，适合于老年人晚间就寝时饮用。

每一个产品概念都要进行定位，以了解同类产品的竞争状况，优选最佳的产品概念。这需要将产品概念提交给目标市场有代表性的消费者进行测试、评估。通过产品概念的测试[20]，企业可以更好地选择和完善产品概念。

26. Marketing strategy development.

4. 初拟营销规划[26] 对经过测试后确认的产品概念，紧接着就要为该产品拟定营销规划。初拟的营销规划应包括三个部分。

---

[19]   A product concept is a detailed version of the idea stated in meaningful consumer terms. A product image is the way consumers perceive an actual or potential product.

[20]   Concept testing calls for testing new-product concepts with a group of target consumers. The concepts may be presented to consumers symbolically or physically.

（1）说明目标市场的规模、结构、行为、新产品的市场定位、近期的销售量和销售额、市场占有率、利润率等[21]；

（2）略述新产品的计划价格、分销渠道、促销方式和营销预算[22]；

（3）阐述新产品的远景发展情况并提出设想，如长期销售额和利润目标、产品生命周期各阶段的营销组合策略等[23]。

5. 商业分析[27] 商业分析是对新产品概念进行经济效益分析，即对新产品的销售情况、成本和利润做出进一步的评估，判断其是否符合企业的目标，以此决定是否进入新产品的正式开发阶段[24]。

27. Business analysis.

商业分析包括预测销售额和推算成本与利润两个步骤。在估计新产品的销售情况时，要深入考察类似产品过去的销售情况以及目标市场情况，推算出最小和最大销售量，以估量出风险大小。然后，工作人员要与各有关部门共同讨论分析，估计成本，推算利润。根据这些成本和利润数据，可以分析新产品的财务吸引力。

6. 产品开发[28] 顺利通过商业分析的产品概念可以进入产品开发阶段。这一阶段是将用文字、图形或模型等描述的产品概念转化为实体形态的产品模型或样品[25]。大量的投资在这一阶段被花掉，所要解决的问题是产品概念能否转化为技术上和商业上可行的产品。如果不能，该过程除了提供一些有用的信息之外，至此所累积耗费的投资全部付诸东流。

28. Product development.

开发一个成功的产品需要几天、几周、几个月，甚至几年。工程技术部门要进行材料选择与加工设计、结构造型设计和价值工程分析，营销部门要进行外观设计、包装设计和品牌企划。在样品制造出来以后，还必须进行严格的功能测试和消费者测试。功能测试在实验室或现场进行，主要检查产品是否符合有关安全和技术要求，是否符合国家、行业或企业标准，工艺流程是否合理先进，零部件或成品的质量是否可靠。消费者测试是把一些样品交给消费者试用，以征求他们对新产品的意见。

---

[21]　The first part describes the target market, the planned product positioning, and the sales, market share and profit goals for the first few years.

[22]　The second part of the marketing strategy statement outlines the product's planned price, distribution and marketing budget for the first year.

[23]　The third part of the marketing strategy statement describes the planned long-run sales, profit goals and marketing mix strategy.

[24]　Business analysis: a review of the sales, costs and profit projections for a new product to find out whether these factors satisfy the company's objectives.

[25]　Product development: developing the product concept into a physical product in order to ensure that the product idea can be turned into a workable product.

29. Test marketing.

7. 市场试销[29] 如果企业对产品测试的结果感到满意，接着就是市场试销。市场试销是将新产品与品牌、包装及价格和初拟的营销规划组合起来，然后将新产品小批量投入市场，以检验新产品是否真正受市场欢迎的过程。其目的是了解顾客和销售商对处理、使用和再购买该产品将如何反应，以及潜在市场的规模究竟有多大。

市场试销要对下列几个问题做出决策。一是试销的地区范围。试销市场应是企业目标市场的缩影。二是试销时间。试销时间的长短一般应根据该产品的平均重复购买率决定，再购率高的新产品，试销的时间应当长一些，因为只有重复购买率才能真正说明消费者喜欢该种新产品。三是试销中所要取得的资料。一般应了解首次购买情况（试用率）和重复购买情况（再购率）。四是试销所需要的费用开支。五是试销的营销策略及试销成功后应进一步采取的战略行动。

不同的产品，试销的规模和时间长短不同。高投资、高风险的产品值得进行试销，以防铸成错误。当开发和推出新产品的成本很低时，或当企业对新产品很有信心时，企业可能很少或根本不进行市场试销。消费品的市场试销和工业品的市场试销是有差别的。

30. Standard test markets.

8. 正式上市[30] 新产品试销成功后，就可以正式批量生产，全面推向市场。这时，企业将面临着最大的投资决策。首先，公司需要建立或租赁全面投产所需的设备，其中生产规模将是最关键的。为了安全起见，许多企业把生产能力保持在所预测的销售额以内。其次，企业需要投入大量的营销成本，许多新产品在上市初期往往需要很高的广告和促销预算支持。

在产品正式上市阶段，企业需要作出如下4个方面的决策。

（1）何时上市。即什么时候将新产品投放市场最适宜。一般地，全新型新产品进入市场的时间要早、动作要快；换代型新产品应选择在老产品的成熟期早期或中期进入市场；改进型新产品或系列新产品应选择在基础产品成熟期进入市场；仿制新产品则应选择在竞争产品的成长期进入市场。

（2）何地上市。即企业决定将新产品推向哪一地区或哪些地区，是全国市场还是国际市场。通常小企业会选择一个有吸引力的城市市场快速进入，而大企业往往把产品引入某一地区，然后向其他地区扩展。一些有信心、有资本实力和有能力的大企业则会在全国市场范围内同时推出其新产品。像宝洁公司这样的超级公司，可以在一年内把新产品从美国推向全球市场。

（3）销售给谁。即企业希望将销售目标对准最有吸引力的市场。理想的新产品的潜在购买者应该是：他们是早期采用者，是大量使用的用户，是观念倡导者或舆论带头人，并能为新产品做正确宣传，和他们接触的成本不高。现实中这样的群体很少见。企业只能根据这些标准对各种预期的群体做出评价，把目标对准最有希望的群体。

（4）怎样上市。即企业要制定一个较为完善的新产品的市场营销组合策略，有计划地进行营销活动。

6.4 国际市场产品的标准化和差异化策略

6.4.1 国际市场产品标准化策略

1. 国际产品的标准化策略 国际产品的标准化策略是指企业向全世界不同国家或地区的所有市场都提供相同的产品。实施产品标准化策略的前提是市场全球化。自20世纪60年代以来，社会、经济和技术的发展使得世界各个国家和地区之间的交往日益频繁，相互之间的依赖性日益增强，消费者需求也具有越来越多的共同性，相似的需求已构成了一个统一的世界市场。因此，企业可以生产全球标准化产品以获取规模经济效益。例如，在北美、欧洲及日本三个市场上出现了一个新的顾客群，他们具有相似的受教育程度、收入水平、生活方式及休闲追求等，企业可将不同国家相似的细分市场作为一个总的细分市场，向其提供标准化产品或服务，如可口可乐、麦当劳快餐、柯达胶卷、好莱坞电影、索尼随身听等产品的消费者遍及世界各地。

2. 国际市场产品标准化策略的意义 在经济全球化步伐日益加快的今天，企业实行产品标准化策略对企业夺取全球竞争优势无疑具有重要意义。

（1）产品标准化策略可使企业实行规模经济，大幅度降低产品研究、开发、生产、销售等各个环节的成本而提高利润。

（2）在全球范围内销售标准化产品有利于树立产品在世界上的统一形象，强化企业的声誉，有助于消费者对企业产品的识别，从而使企业产品在全球享有较高的知名度。

（3）产品标准化还可使企业对全球营销进行有效的控制。国际市场营销的地理范围较国内营销扩大了，如果产品种类较多，则每个产品所能获得的营销资源相对较少，难以进行有效的控制。产品标准化一方面降低了营销管理的难度，另一方面集中了营销资源，企业可以在数量较少的产品上投入相对丰裕的资源，对营销活动的控制力增强。

3. 国际市场选择产品标准化策略的条件 企业应根据以下几方面来决定是否选择产品的标准化策略。

（1）产品的需求特点。从全球消费者的角度来看，需求可分为两大类：一类是全球消费者共同的、与国别无关的共性需求，另一类则是与各国环境相关的各国消费者的个性需求。在全球范围内销售的标准化产品一定是在全球具有相似需求的产品。消费者对任何一种国际产品的需求都包括对产品无差别的共性需求和有差别的个性需求这两种成分。企业营销人员应当正确识别消费者在产品需求中究竟是无差别的共性需求占主导地位还是有差别的个性需求占主导地位。对无差别的共性需求占主导地位的产品，宜采取产品标准化策略。下列产品的需求特征表现为无差别的共性需求成分偏大：大量的工业品，如各种原材料、生产设备、零部件等；某些日用消费品，如软饮料、胶卷、洗涤用品、化妆品、保健品、体育用品等；具有地方和民族特色的产品，如中国的丝绸、法国的香水、古巴的雪茄等。

（2）产品的生产特点。从产品生产的角度来看，适宜于产品标准化的产品类别为在采购、制造和分销等方面获得较大规模经济效益的产品。具体表现为：技术标准化的产品，如电视机、录像机、音响等产品；研究开发成本高的技术密集型产品，这些产品必须采取全球标准化以补偿产品研究与开发的巨额投资，如飞机、超级计算机、药品等的研究成本一直在不断上升。

（3）竞争条件。如果在国际目标市场上没有竞争对手出现或市场竞争不激烈，企业可以采用标准化策略；或者市场竞争虽很激烈，但本公司拥有独特的生产技能，且是其他公司无法效仿的，则可采用标准化产品策略。

（4）实施标准化产品策略必须做成本—收入分析，严格根据收益情况来进行决策。产品、包装、品牌名称和促销宣传的标准化无疑都能大幅度降低成本，但只有对大量需求的标准化产品才有意义。

此外，还应考虑各国的技术标准、法律要求及各国的营销支持系统，即各国为企业从事营销活动提供服务与帮助的机构和职能。如有的国家零售商没有保鲜设施，新鲜食品就很难在该国销售。尽管产品标准化策略对从事国际营销的企业有诸多有利的一面，但缺陷也是非常明显的，即难以满足不同市场消费者不同的需求。

6.4.2 国际市场产品差异化策略

1. 产品差异化策略的含义　国际产品差异化策略是指企业向世界范围内不同国家和地区的市场提供不同的产品，以适应不同国家或地区市场的特殊需求。如果说产品标准化策略是由于国际消费者存在某些共同的消费需求的话，那么产品差异化策略则是为了满足不同国家或地区的消费者由于所处不同的地理、经济、政治、文化及法律等环境，尤其是文化环境的差异而形成的对产品的千差万别的个性需求。

尽管人类存在着某些普通的需求共性，但在国际市场上不同国家或地区消费者的需求差异是主要的。在某些产品领域特别是与社会文化关联性强的产品领域，国际消费者对产品的需求差异更加突出。企业必须根据国际市场消费者的具体情况改变原有产品的某些方面，以适应不同的消费需求。

2. 产品差异化策略的优劣分析　实施产品差异化策略，即企业根据不同目标市场营销环境的特殊性和需求特点，生产和销售满足当地消费者需求特点的产品。这种产品策略更多地是从国际消费者需求个性角度来生产和销售产品，能更好地满足消费者的个性需求，有利于开拓国际市场，也有利于树立企业良好的国际形象，是企业开展国际市场营销的主流产品策略。然而，产品差异化策略对企业也提出了更高的要求：首先是要鉴别各个目标市场国家消费者的需求特征，这对企业的市场调研能力提出了很高的要求；其次是要针对不同的国际市场开发设计不同的产品，要求企业的研究开发能力跟上；最后是企业生产和销售的产品种类增加，其生产成本及营销费用将高于标准化产品，企业的管理难度也将加大。因此，企业在选择产品差异化策略时，要分析企业自身的实力以及投入—产出比，综合各方面的情况再作判断。

6.4.3　国际市场产品标准化与差异化策略的选择

随着经济的发展和人们生活水平的提高，消费者需求的个性化日益显现，产品差异化策略应是从事国际营销企业的主要产品策略。然而在营销实践中，企业往往将产品差异化和产品标准化策略综合运用。许多产品的差异化、多样化主要是体现在外形上，如产品的形式、包装、品牌等方面，而产品的核心部分往往是一样的。可见，国际产品的差异化策略与标准化策略并不是独立的，而是相辅相成的。有些原产国产品并不需很大的变动，而只需改变一下包装或品牌名称便可进入国际市场；有些原产国产品要想让世界消费者接受则需作较大的改变。由此可见，企业的产品策略通常是产品差异化与产品标准化的一个组合，在这种组合中，有时是产品差异化程度偏大，有时是产品标准化程度偏大，企业应根据具体情况来选择产品差异化与产品标准化的组合。

6.5　国际产品调整与修正政策

产品系列的选择方案是指将国际产品的标准化和差异化策略与国际产品

的促销策略相结合产生的各种营销组合策略。基甘教授把适用于国际市场的产品和促销的组合分为五种，如表 6-1 所示。

表 6-1　国际营销中产品与促销策略的组合

促销＼产品	不改变	改变	发展新产品
不改变	直接延伸	改变产品	产品创新
改变	改变沟通方式	双重改变	产品创新

6.5.1　产品系列的调整

一个企业扩展其经营规模，有三种方式可以选择：一是将现有产品在现有市场上进行进一步的渗透以获得更大的市场份额；二是进行产品线的延伸以进入新的市场领域；三是进行地理扩张，将现有产品销售到国外市场，或是为国外市场设计新的产品并销售。对于开展国际市场营销的企业来说，第三种方式是最为常见的。那么，这种扩张该如何实现呢？美国学者基甘教授把适用于国际市场的产品设计和信息沟通结合起来，总结了五种可供选择的策略形式。

1. 产品和促销直接延伸策略　这种策略是指企业对产品不加任何改变，直接推入国际市场，并在国际市场上采用相同的促销方式，它可以大大降低企业的营销成本。许多著名的全球性大公司青睐这种产品策略，最典型的是可口可乐公司，它在全世界各个国家的产品的广告都是标准化的，这帮助它树立了良好的统一产品形象。不过，能够适用这种策略的企业和产品很少，轻易使用将会面临失败的风险。

2. 产品直接延伸、促销改变策略　企业向国际市场推出同一产品，但根据不同目标市场的国际消费者对产品的不同需求，采用适宜于国际消费者的需求特征的方式进行宣传、促销，往往能达到好的促销效果。这种策略的适用情形有两种：一是产品本身具有多种功能和用途，而不同的国家和地区的消费者倾向于不同的功能和用途，企业可以保持产品不变，只改变宣传信息；另外一种情形是，由于各国语言文字和风俗习惯不同，为了让消费者接受，需要在促销方式上作必要的调整。

3. 产品改变、促销直接延伸策略　这种策略是指根据国际目标市场顾客的不同需求，对国内现有产品进行部分改进，但向消费者传递的信息不变。有些产品对国际消费者来说，其用途、功效等基本相同，但由于消费习惯、使用条件有差异，因此企业必须对产品稍做改进，以适应各国市场的需要。

产品改变涉及式样、功能、包装、品牌、服务等的改变，如洗衣粉在各国的用途都是清洁去垢，但各国使用条件不同，发达国家消费者多用洗衣机洗涤，广大发展中国家消费者多用手工洗涤，且各国的水质也不尽相同，因而销往不同国家的洗衣粉应根据各国的不同情况设计配方，但宣传策略不用做大的改变。

4. 产品与促销双重改变策略　这种策略即对进入国际市场的产品和促销方式根据国际市场的需求特点做相应的改变，既改变产品的某些方面，又改变促销策略。如通用食品公司销往不同国家的咖啡采用不同的混合配方，因为英国人喜欢喝加牛奶的咖啡，法国人喜欢喝不加牛奶的咖啡，而拉丁美洲人喜欢巧克力味的咖啡，与此相适应，采用不同的广告宣传内容。又如，美国的贺卡上印有贺词，而欧洲人习惯于在空白贺卡上亲笔书写贺词，因此，在欧洲进行销售时需要同时改变产品和宣传策略。

5. 产品创新策略　国际市场的产品创新策略是指企业针对目标市场需求研究和开发新产品，并配以专门的广告宣传。如果新产品开发成功，获利将很大。采用这种产品策略须谨慎，因为开发新产品的成功率在国内市场尚且很小，更何况面对国际市场，影响产品成功的可控制和不可控制因素更多，企业更难把握。因此，企业通常是在对现在产品进行改进仍不能满足目标市场的需求，且目标市场发展前景好，企业又有能力去开发新产品的前提下，方采取产品创新策略。

6.5.2　国际产品的适应策略

适应目标市场的消费者需求特点是从事国际营销企业的产品策略的主导方向，各国消费者对产品的认识和用途是与其所在国的各种环境，尤其是社会文化状况密切相关的，对产品每一层次的不同需求，是随着营销环境的变化而变化的。产品的某一层次在一种营销环境中可能是重要的，而在另一营销环境下则可能不重要，故销往目标市场的产品要适应各国营销环境的要求。一项对出口企业修改计划的研究表明，出口企业对出口产品都要做一项或若干项修改，对产品的修改要素包括产品特点、名称、标签、包装、颜色、材料、价格、促销、广告主题、广告媒体、广告技巧，在这 11 个可修改的要素中，平均每个产品要做四项修改，以适应目标市场的需求。这些因素可分为两类：强制性适应改进产品和非强制性适应改进产品。

1. 强制性适应改进产品　强制性改进产品是指企业改进其产品是由于国外市场的一些强制性因素要求它作适应性改进。各国政府为保护本国消费者的利益、维护已有的商业习惯，会对进口商品制定出一些特殊的法律、规则或要求，有些是永久性的，有些则是临时性的。影响产品调整的强制性因素主要表现在以下几个方面。

（1）各国政府对进口产品的标准所作的特殊规定。各国政府对产品在质量标准、包装、商标、安全要求等方面都有其特殊要求，产品出口到这些国家必须遵守这些要求，否则根本无法进入该国市场。发达国家对产品的质量技术要求、安全性能要求都非常高。对于这些规定，出口企业毫无例外地必须遵守，必须改变原有产品以适应各国市场的有关规则和标准。

（2）各国度量衡制度不同而导致计量单位上的差异。由于世界各国的度量衡制度不同，以致造成同一计量单位所表示的数量（重量）不一。在国际贸易中，通常采用公制、英制、美制和国际单位制。例如，就表示重量的吨而言，实行公制的国家一般采用公吨，每公吨为 1 000kg；实行英制的国家一般采用长吨，每长吨为 1 016kg；实行美制的国家一般采用短吨，每短吨为907kg。

此外，有些国家对某些商品还规定有自己习惯使用的或法定的计量单位。这就要求出口的电器产品必须根据目标市场的计量制度做相应调整，否则，根本就无法使用。

（3）各国气候等条件的特殊性。目标市场的气候、地理资源等条件也是企业必须改变原有产品的强制性因素之一。如加拿大是一个寒冷的国家，出口到该国的汽车轮胎就必须采用与出口到热带国家的汽车轮胎不同的原料成分进行生产。又如日本松下电视机厂对出口到不同国家区域的电视机要进行专门的磁场校正，以确保获得最好的接收效果。

此外，有些国家政府为保护本国利益，针对外资企业进口商品而专门制定的一些条款、规定，也促使企业必须改进产品的某些方面，如有的国家要求外资企业或合资企业的产品必须使用当地零配件。中国政府就对合资历企业产品零部件国产率有一定的要求，为满足这种要求，外资或合资企业便不得不进行适应的调整。

2. 非强制性适应改进产品　非强制性适应改进产品是指企业为了提高在国际市场上的竞争力，适应目标市场的非强制性影响因素，而主动对产品做出的各种改进。非强制性改进产品对企业更有吸引力，但其改进难度也更大，因为强制性改进产品基本上是因为各国市场对产品施加具有的强制性要求，如技术要求、气候要求，任何出口企业都必须按照这些要求对产品进行改变，而非强制性改变产品则因企业而异，是否改变产品、如何改变产品、对产品改变到什么程度，将视各出口企业对目标市场需求特点的了解程度、企业营销能力的强弱而定。而且促使企业改变产品的非强制性因素弹性太大，不可能也不会有现成的指导原则。而企业产品对目标市场的适应性关键又在于根据非强制性因素而做出的相应改变。可见，因非强制性的因素而改变产品是企业从事国际市场营销成败的关键。非强制性产品改变的影响因素通常有以下几种。

（1）文化的适应性改变。各国或地区文化环境的差异，是促使从事国际市场营销企业改变产品的一个重要原因。处于不同文化环境中的消费者，对产品的需求差异主要体现在价值观、道德规范、行为准则、宗教信仰、消费偏好以及使用模式等方面，国际目标市场的消费者是否接受新产品和新行为方式的主要障碍既非收入水平的差异、也非自然环境的差异，而在于产品所面对的目标市场的文化模式。将一种产品投放到并不需要该物品甚至禁忌该物品的文化环境中，无论该产品如何物美价廉、品牌知名度如何高，也无法赢得消费者的青睐。

要使企业销售一种适应国际目标市场需求的产品，更多应考虑目标市场消费者的习惯、生活方式、消费价值导向等方面。当企业将一种文化背景下的畅销产品销售到另一种文化背景中去，而要改变该种文化背景中的消费者的一定的价值观、生活方式、消费习惯时，必须注意克服阻碍改变的阻力。

（2）各国消费者的收入水平。收入水平的高低在很大程度上影响消费者对产品效用、功能、质量、包装及品牌等的要求。收入水平低的消费者通常注意对产品的基本性能的要求，如要求产品价格低廉，经久耐用，而对包装、品牌则不太注重；收入水平高的消费者则更多追求产品的优质、精美的包装、品牌的知名度等，如通用汽车公司在贫穷国家不是销售其标准的卡迪汽车，而是为这此国家专门开发了一种"基本运输工具"。世界各大汽车公司瞄准了中国这个巨大的家用小汽车市场，纷纷针对中国家庭的收入水平状况开发研制适合我国消费者消费能力的家用汽车。

（3）消费者的不同偏好。消费者的不同偏好是吸引国际市场营销企业改变产品的一个重要原因。各国消费者的不同偏好主要是由社会文化所决定的。由于文化影响而产生的消费者偏好的差异主要体现在产品的外观、包装、商标、品牌名称以及使用模式等方面，而很少体现在产品的物理性或机械性方面。对一个以国际市场营销为导向的企业来说，当涉及产品的外观样式、味道及包装中颜色图案和文字的禁忌时，企业的秘诀是入乡随俗。

（4）国外市场教育水平。国外市场的教育水平也是促使企业改变其产品的非强制性因素。发达国家的消费者平均受过十年的正规教育，而且生长在一个高度商业化、工业化和技术化的社会中，他们文化水平高，易于识别、掌握及使用技术复杂的产品。而在一些贫穷落后的国家中，消费者受教育的程度有限，甚至许多是文盲，他们难以掌握及使用技术复杂的产品。

6.6 国际市场产品品牌、包装及服务策略

6.6.1 品牌与商标概述

品牌与商标策略是产品策略的一个重要组成部分。以品牌与商标来建立产品在市场的地位、树立企业形象是企业的有效竞争手段。

1. 品牌与商标的概念 与品牌及商标相关的概念主要有：

（1）品牌（Brand）。品牌是企业或中间商给自己产品规定的名称。西方营销学关于品牌的定义是：品牌是一个名称、术语、符号、标记、图案或其组合，用以识别一个或一群卖者的产品或劳务[26]。品牌主要可分为生产者品牌和中间商品牌。

（2）品牌名称（Brand Name）。指品牌中可以用语言称呼的部分，如可口可乐、雪佛兰、松下、日立、永久等。

（3）品牌标志（Brand Mark）。指品牌中可以被认知与识别，但不能直接用语言表达的部分。品牌标志往往是某种符号、图案或专门设计的颜色、字体等。如美国米高梅电影公司以一只怒吼的狮子作为其品牌标志，"可口可乐"用英文字母设计的专门图案，永久牌自行车以"永久"两个汉字组合而成的自行车图案。

（4）商标（Trade Mark）。品牌中的品牌名称或品牌标志经向政府有关部门注册登记后，称为商标。注册商标是一种工业产权，受国家法律的保护，可防止别人冒用。

2. 品牌与商标的作用 从营销者角度看，品牌与商标具有如下的作用：第一，品牌与商标是企业与消费者沟通的桥梁，是企业主要的促销工具；第二，品牌与商标是市场营销战略的基本手段，它有助于市场细分和定位，企业可按不同细分市场的要求，建立不同的品牌[27]；第三，品牌与商标是促进企业

---

[26] A brand is a name, term, sign, symbol, design or a combination of these, which is used to identify the goods or services of one seller or group of sellers , and to differentiate them from those of competitors.

[27] Branding helps the supplier segment markets.

发展的激励手段，通过创造受消费者欢迎的品牌，可以激励企业不断提高产品质量、提高企业的信誉，并创造企业的形象[28]，第四，品牌与商标是保证产品质量的监督工具，品牌是区别同类商品的重要标志，不同的品牌代表着不同的来源、质量、信誉和评价[29]。

从消费者角度来看，品牌与商标有以下作用：第一，品牌与商标是消费者购买商品的识别工具，面对品种繁多的各类商品，消费者只有通过熟悉品牌的形式，辨认和选择商品；[30] 第二，品牌与商标是消费者选择商品的评价标准[31]，品牌，尤其是具有法律意义的名牌商标，往往是一种质量高、信誉好的产品象征；第三，品牌与商标是消费者个人价值的显示标志，购买名牌产品，往往成为消费者显示社会地位、文化修养、职业身份的一种标志和手段。

3. 品牌与商标的特点　一个具有良好信誉的品牌或商标，是一种无形的资产，如"可口可乐"、"万宝路"、"柯达"、"日立"等，都是世界驰名的商标，具有很高的价值。据最新估计，"可口可乐"商标的价值超过 240 亿美元。因此，企业应加强品牌、商标的设计、管理和开发。一个成功的品牌或商标的设计应具有以下特点。

（1）简明性[31]。简明的品牌便于企业传播，更便于消费者识别和记忆。如永久自行车的商标由"永久"两字构成一辆自行车的图案，使人一目了然。

31. Simplicity.

（2）暗示性[32]。品牌与商标应向消费者暗示产品所具有的某种效用或象征产品的某个特性。如"雪碧"柠檬水，给人留下了"晶晶亮，透心凉"的感觉；又如法国标致公司以猛狮为商标象征其生产的钢锯的三个特点，即锯齿的耐磨性（像狮子的牙）、锯片的灵活性（像狮子的脊梁骨）、切割的快速性（像狮子的跳跃），显然，狮子成了标致的最佳形象。

32. Suggestibility

（3）新颖性[33]。品牌、商标的设计应突出其新颖而独特，这样才能使企业的品牌、商标从众多的品牌中脱颖而出，引人注目。上海第一百货公司店标的设计，采用了一个象征硬币的暗圆和一个白色细长的"1"字型的组合，既简单明了，又新颖独特，更是寓意深刻。它既体现了公司"永葆第一，争

33. Inventiveness

---

[28]　Those who favor branding suggest that it leads to higher and more consistent product quality.

[29]　Branding also increases innovation by giving producers an incentive to look for new features that can be protected against imitating competitors. Thus, branding results in more product variety and choice for consumers.

[30]　Branding helps shoppers because it provides much more information about products and where to find them.

[31]　Those who favour branding suggest that it leads to higher and more consistent product quality.

创一流"的主题与宗旨，又象征了公司大楼外形和营业柜台，而竖着的"1"和带缺口的圆，则充满了"虽无绝对圆满，但求上升永无止境"的经营思想。

（4）情景性[34]。品牌、商标的设计应考虑到不同国家、文化背景、宗教信仰和语言文学的差异，根据不同的时间、空间采取不同的设计方案，以适应情景的变化，否则会产生沟通障碍。如美国通用汽车公司曾用"NovA"这个牌号，其英文意思为"神枪手"，而在拉美语言中却意味着"跑不动"，因而严重阻碍这种产品在拉美国家的销售与推广。

4. 品牌和商标设计原则 国际市场产品品牌和商标的含义及作用一国内大体相同，此处重点介绍品牌和商标设计原则。国际产品品牌和商标的设计除应遵循产品品牌和商标设计的一般性原则，如简单易懂、便于识别、有助记忆、构思独特新颖、引人注目、适应产品性质、便于宣传商品外，还应特别注重以下设计原则。

（1）符合各国消费者的传统文化和风俗习惯。出口商品的商标设计应注意与各国和地区的文化和习俗相适应，因此，必须充分认识和了解各国消费者对颜色、数字、动物、花卉、图案、语言等方面的喜好与禁忌。

（2）符合国际商标法和目标国商标法的规定。符合国际商标法的规定是国际产品商标设计必须遵循的一个重要原则，主要是遵循保护工业产权的《巴黎公约》和关于商标国际注册的《马德里协定》及《商标注册公约》等。这些国际公约对商标的国际注册、商标权利在不同国家互不牵连、驰名商标的保护、商标的转让以及不能作为商标注册的内容等问题都做出了明确的规定。

企业还必须充分了解和遵守目标国有关商标的法规，以避免法律纠纷和蒙受经济损失，使企业的商标得到目标国的法律保护。如美国采用"商标使用在先"的法律，而我国则是遵循"商标注册在先"的法律，我国一玩具公司因不了解美国"商标使用在先"的法律原则而蒙受损失。

6.6.2 品牌与商标策略

1. 品牌的基本策略 为了使品牌在市场营销中更好地发挥作用，就应采取适当的品牌策略。有下列几种品牌策略可供选择。

（1）品牌化策略[35]。品牌化策略是企业决定是否使用品牌的策略。使用品牌无疑对企业有许多好处，对大多数企业来说，为了发展产品的信誉，应使用品牌。而从另一个角度看，使用品牌意味着企业要承担相应的责任，如要保持产品质量的稳定、要对品牌进行宣传、要履行法律规定的义务等。若企业无力承担这些责任，就大可不必使用品牌，比如，一些产品尚不定型的新创企业，结合自己的实际情况，有时并不一定要使用品牌。另外，有些以规格划分的匀质产品（如煤炭），无一定技术标准，按消费者爱好选购的小商品，习惯上不认品牌，按实物、样品选购的产品（如布匹、玩具等）也不一定要使用品牌。

（2）品牌使用者策略。品牌使用者策略是企业决定使用谁的品牌的策略。企业一旦决定使用品牌，就要考虑使用谁的品牌，一般有三种选择：第一种是使用本企业的品牌（即制造商品牌）；第二种是使用中间商的品牌（即经销商品牌）；第三种是使用混合品牌，即一部分产品使用制造商品牌，另一部分产品使用经销商品牌。对于财力比较雄厚，生产技术和经营管理水平比较高的企业一般都力求使用自己的品牌。但在竞争激烈的市场条件下，短时间创立一个有影响力的品牌并非易事，因此，在有些情况下，企业也可考虑使用他人已有一定市场信誉的品牌。使用他人的品牌，优点是：可以利用许可方品牌信誉，迅速打开市场；获得许可方技术和管理方面的援助；利用许可方销售渠道和维修服务网络，减轻企业这方面的压力；不承担或少承担产品广告宣传上的责任。使用他人品牌，也存在着一些风险和后顾之忧：企业丧失了对产品销售价格的控制；双方协议期满后，如果许可方不愿再续订协议，企业可能会陷入销售困境；最大的损失则可能是丧失了创立自己品牌形象的机会。总之，企业应根据自身条件，综合考虑使用自己品牌和使用他人品牌两种情况下的利弊，反复权衡，再做决定。

（3）品牌数量策略。品牌数量策略是企业决定使用多少个品牌的策略。决定使用本企业的品牌，还要对使用多少个品牌进行抉择。对于不同的产品线或同一产品线下的不同产品项目如何使用品牌有四种策略可供选择。

① 个别品牌策略[36]。

个别品牌策略是企业为其生产的不同产品分别使用不同的品牌。例如，上海牙膏厂使用美加净、中华、黑白、庆丰等品牌就是采用的这种策略。这一策略的优点是：企业可以针对不同细分市场的需要，有针对性地开展营销活动；企业在生产优质、高档产品的同时，也可以生产低档产品而不受影响，为企业综合利用资源创造了条件；采用此策略，各品牌之间联系松散，不会因个别产品出现问题、声誉不佳而影响企业的其他产品。该策略的缺点在于：品牌较多会影响广告效果，易被遗忘。这种策略，需要较强的财力作后盾，因此，一般适宜于实力雄厚的大企业采用。

② 统一品牌策略[37]。

统一品牌策略是企业生产经营的所有产品均使用同一个品牌。例如，美

36. Individual brand strategy.

37. Blanket family brand strategy.

国通用电气公司的产品都使用"GE"这个品牌。采用此策略的优点是：可减少品牌设计费、降低促销成本，同时，如果品牌声誉高，还有助于新产品的推出。其不足之处是：某一产品出问题，会影响整个品牌的形象，危及企业的信誉。

③ 分类品牌策略。

分类品牌策略是企业依据一定的标准将其产品分类，并分别使用不同的品牌，这样，同一类别的产品实行同一品牌策略，不同类别的产品实行个别品牌策略，它兼有统一品牌和个别品牌策略的益处。例如健力宝集团，饮料类使用的品牌为"健力宝"，运动服装类使用的品牌为"李宁"。

④ 企业名称加个别品牌策略。

企业名称加个别品牌策略是企业生产经营的各种不同的产品分别使用不同的品牌，且每个品牌之前都冠以企业的名称。例如，美国通用汽车公司生产的各种轿车，即有各自的个别品牌，像"凯迪拉克"、"雪佛莱"等，前面另加"GM"，以示系通用汽车公司的产品。这一策略，可以使新产品系列化，借助企业信誉扩大品牌影响。

（4）品牌延伸策略 [38]。品牌延伸策略是企业利用其成功品牌的声誉来推出改进产品或新产品。[32] 品牌延伸策略通常有两种做法：① 纵向延伸。是企业首先推出某一品牌，成功后，又推出新的经过改进的该品牌产品，然后，再推出更新的该品牌产品。例如，宝洁公司在中国市场，先推出"飘柔"洗发香波，然后又推出新一代"飘柔"洗发香波。② 横向延伸。是企业将成功的品牌用于新开发的不同产品。例如，巨人集团以"巨人"品牌先后推出计算机软件、生物制品和药品等一系列产品。

品牌延伸可以大幅度降低广告宣传等促销费用，使新产品迅速、顺利地进入市场。这一策略如运用得当，有利于企业的发展和壮大。然而，品牌延伸未必一定成功。另外，品牌延伸还可能淡化甚至损害原品牌的形象，使原品牌的独特性被逐步遗忘。所以，企业在品牌延伸决策上应审慎行事，要在调查研究的基础上，分析、评价品牌延伸的影响，在品牌延伸过程中，应采用各种措施尽可能地降低对原品牌的冲击。

（5）多品牌策略 [39]。多品牌策略是企业对同一种产品使用两个或两个以上的品牌 [33]。多品牌策略虽然会使原有品牌的销售量减少，但几个品牌加起

38. A brand-extension (or brand-stretching) strategy.

39. Multiband strategy.

[32]　A brand-extension (or brand-stretching) strategy is any effort to use a successful brand name to launch new or modified products in a new category.

[33]　Multiband strategy: a strategy under a seller develops three or more brands in the .same product category.

来的总销售量却可能比原来一个品牌时要多。例如，宝洁公司在中国市场的洗发香波就有三个品牌："海飞丝"、"飘柔"、"潘婷"。每个品牌都有其鲜明的个性，都有自己的发展空间，如"海飞丝"的个性为去头屑，"飘柔"的个性是使头发光滑柔顺，而"潘婷"的个性在于对头发的营养保健，三个品牌在中国市场上的总市场占有率高达60%以上。

品牌并非越多越好。企业在推出多种品牌时，如果每种品牌都只有很小的市场占有率，而无一个特别获利的，那么采用多品牌策略对企业来说就是一种资源浪费。这时，企业必须废除较弱的品牌，集中力量于少数有利的品牌。企业发展新的品牌，应着眼于更利于与企业外部的竞争品牌相竞争，而不能造成企业内部的自相竞争。

（6）品牌重新定位策略[40]。品牌重新定位策略是指由于某些市场情况发生变化，企业对产品品牌进行重新定位。企业在对品牌重新定位时，应考虑两方面的因素。第一，产品品牌从一个细分市场转移到另一个细分市场的费用。重新定位与原有定位的差距越远，重新定位的费用就越高。第二，重新定位的品牌所获得的收益。收益多少取决于细分市场消费者的数量、平均购买率、竞争者的实力及数量等。企业应对品牌重新定位的各种方案进行分析，权衡利弊，从中选优。

2. 商标的扩展策略 商标的扩展策略主要有：

（1）联合策略。指申请人在同一种或类似产品上注册两个或两个以上近似商标，其目的是为了防止自己的商标被他人仿冒，如龙虎牌万金油就可同时注册猫、熊、豹、牛等几十种动物商标。联合商标不一定都使用，而是为了防止别人侵权。

（2）防御商标[41]。指申请人在其生产类似商品以外的商品上，以相同的商标申请注册，以防止商品来源的混淆。如日本索尼公司在自行车、食品等许多与电器并不类似的产品上注册了"索尼"商标，以防他人使用，有损索尼形象。

（3）群体商标。指若干企业为了共同利益，自愿组成的具有法人资格的工商业团体，如集团公司、股份公司，申请注册共同使用的商标称群体商标。这需要有全体成员共同遵循的章程、明确成员的权力与义务，并报请工商局备案。

（4）证明商标[42]。指能够区别产品产地、原材料、制造方法、质量等特点的认证标志，经证明可以成为证明商标，如国际羊毛局的纯羊毛标志和我国的绿色食品标志等。

40. Brand repositioning.

41. Defensive mark .

42. Certification mark.

小资料

品牌的由来

品牌的英文单词 Brand，源出古挪威文 Brandr，意思是"烧灼"。人们用这种方式来标记家畜等需要与其他人相区别的私有财产。到了中世纪的欧洲，手工艺匠人用这种打烙印的方法在自己的手工艺品上烙下标记，以便顾客识别产品的产地和生产者。这就产生了最初的商标，并以此为消费者提供担保，同时向生产者提供法律保护。16世纪早期，蒸馏威士忌酒的生产商将威士忌装入烙有生产者名字的木桶中，以防不法商人偷梁换柱。到了 1835 年，苏格兰的酿酒者使用了"Old Smuggler"这一品牌，以维护采用特殊蒸馏程序酿制的酒的质量声誉。

在《牛津大辞典》里，品牌被解释为"用来证明所有权，作为质量的标志或其他用途"，即用以区别和证明品质。随着时间的推移，商业竞争格局以及零售业形态不断变迁，品牌承载的含义也越来越丰富，甚至形成了专门的研究领域——品牌学。

6.6.3　包装及包装策略

1. 包装的概念 [43]　包装（Packaging）是指产品的容器和外部覆盖物，或者指对产品进行包扎的过程。包装是产品实体的一个重要组成部分，具有保护和美化产品，便于经营、消费和促进销售的功能。

产品包装一般包括三个层次。第一，内包装（Primary Package），是产品的直接容器；第二，中层包装（Secondary Package），其作用是保护产品和促进销售；第三，储运包装（Shipping Package），又称外包装，其作用是便于储存、运输和辨认产品。此外，还有标签（Labeling），即附在包装上的制造者、原产国、重量、产品说明以及配料的成分等文字和图案。

2. 包装的特点　包装是增加产品价值并实现产品价值和使用价值的重要手段。产品包装的优劣直接影响到产品的销路与价格，因此，包装已成为一种重要的竞争手段。现代营销学对包装提出了更高的要求。第一，提高安全性。即产品在储存、运输及使用过程中要避免发生破损、泄漏、挥发、变质和污染等。第二，提高效率性。即产品使用的简易、运输的迅速、陈列的方便等。第三，提高竞争性。包装是形成产品差异的重要手段，独特的包装使产品易于识别，在竞争中先声夺人。第四，提高观赏性。通过美观、新颖、充满情调的包装，给消费者留下美好的"第一印象"，使他们"爱屋及乌"激发购买欲望。第五，

43. Packaging: the activities of designing and producing the container or wrapper for a product.

提高导向性。独特合理的包装，往往成为品牌、质量的标志，引导消费者购物及使用，承担了"无声的推销员"的职责。

3. 包装的策略 包装策略主要有：

（1）类似包装策略。企业所生产的各种产品在包装上采用相同的图案、色彩、文字或其他共有特征，使消费者注意到这是同一家企业的产品。如柯达公司的彩色胶卷、彩色相纸、套装药水等感光材料，就是采用类似包装的方式。

（2）组合包装策略。按人们的消费习惯将几种有关产品组合在一起，以方便消费者携带和使用。如茶与茶具的组合，服装与个性化饰品的组合，使消费者在使用中产生连锁反应、立体效应。

（3）多用途包装策略。在设计包装时就考虑到产品用完可以使消费者移作他用，如造型优美可作花瓶的酒瓶可诱发消费者再次购买的欲望。

（4）附赠品包装策略。在商品包装物内，附赠小玩具或小工具实物，吸引消费者购买和重复购买。如美国麦氏咖啡在其礼盒中附赠调咖啡勺或咖啡杯就较有促销效果。

6.6.4 服务及服务策略

1. 服务[44]的概念 服务是指市场提供的、能满足顾客某种需要的活动或利益。在市场营销过程中，服务占有举足轻重的地位，有形产品必须和服务相结合，才能构成一件完整的产品，才能系统地满足顾客的需要。随着技术手段的不断改进、生产工艺的不断完善、管理水平的不断提高，物质产品生产日趋批量化和标准化，产品本身具有多功能、高技术等特点，有形产品之间的质量差异逐渐缩小，而服务方面的差异则日益突出。在现代市场营销活动中，服务已成为强有力的竞争手段，对提高市场占有率影响很大。如日本东芝公司向市场推出的 CT 扫描仪具有可靠性和高质量这些有形特点，然而东芝出售的"产品"远远超出了产品实体本身，它提供了一系列优越的服务，如运输、安装、调试、维护保证以及培训操作员、技术咨询、帮助用户拓宽应用领域。尽管价格昂贵，但用户也乐于接受，因为一系列卓有成效的服务已使整体产品具有更大的效益。

2. 服务策略 服务策略主要有：

（1）服务组合策略。为了确定服务组合（Service Mix），营销人员需考虑企业能够提供哪些服务，调查顾客对服务项目的要求，并按其重要程度排出顺序。如加拿大工业仪器制造商提出的服务项目为：交货可靠、联系方便、

44. In economics, a service is an intangible commodity. More specifically, services are an intangible equivalent of economics.

保修保换、经营范围广泛、提供设计与贷款等。在制定服务组合策略时，企业还应了解竞争对手提供的服务组合，然后扬长避短，确定企业具有特色的服务组合。

（2）服务水平策略。在一般情况下，较高的服务水平（Service Level）将使顾客得到较大的满足，重复购买频率也会越高，但也会存在其他情况，如某个服务项目对销售量无关或相关程度很小等。因此，制定服务水平策略时，应根据消费者的需求与各服务项目已达到的成绩加以分类与分析，才能明确应着重提高服务水平的项目。企业一般可以通过定期的问卷调查，搜集消费者对服务项目重要性和服务成绩的评价，加强与消费者的沟通，进而制定切实可行的服务水平策略。

（3）服务形式策略。在服务形式（Service Form）上，企业首先要确定服务提供的形式，一般有三种形式：第一，企业可组织与培训各类服务人员组成的服务队伍，负责各细分市场；第二，由中间商（批发商和零售商）负责销售服务；第三，委托专门的服务公司负责。以上三种形式各有利弊，企业应根据社会环境、服务成本和服务需求，选择适当的形式。其次，服务网点位置的选择，一般从是否便利、接近顾客，能否承担较多的服务项目来决定服务网点位置。网点接近顾客，是高水平服务的重要条件。

本章小结

• 产品整体概念，以菲利普·科特勒为代表的北美学者提出的产品整体概念包括核心产品、形式产品、期望产品、延伸产品和潜在产品五个层次内容。

• 典型的产品生命周期包括介绍期、成长期、成熟期和衰退期四个阶段，呈一条"S"形的曲线，四个阶段分别体现出不同的特点以及不同营销策略。

• 新产品大体分为以下四种：全新产品、革新新产品、改良新产品、仿制新产品。新产品的开发程序包括 8 个主要步骤：新产品构思、筛选构思、产品概念的形成和测试、营销规划的拟订、商业分析、新产品研制、市场试销、正式上市。

• 国际产品的标准化策略是指企业向全世界不同国家或地区的所有市场都提供相同的产品。国际产品差异化策略是指企业向世界范围内不同国家和地区的市场提供不同的产品，以适应不同国家或地区市场的特殊需求。产品系列的选择方案是指将国际产品的标准化和差异化策略与国际产品的促销策略相结合，产生的各种营销组合策略。

• 品牌与商标策略是产品策略的一个重要组成部分。包装是产品实体的一个重要组成部分，具有保护和美化产品，便于经营、消费和促进销售的功能。服务是指市场提供的、能满足顾客某种需要的活动或利益。服务策略有服务组合策略、服务水平策略、服务形式策略。

【主要概念】

产品整体概念	产品线
品牌	产品生命周期
全新产品	换代性产品
改进产品	

思考与练习

一、简答题

1. 简述包装的作用及策略。

2. 简述产品生命周期各阶段特点及市场营销策略。

3. 简述新产品的开发程序。

4. 国际产品市场生命周期各阶段的特征有哪些?

5. 国际市场产品的品牌策略有哪些?

二、案例分析

雕牌的产品策略分析

1992 年 5 月，纳爱斯在与香港丽康公司合作之后，前瞻性的将突破点锁定在洗衣皂上。这是一个消费者对之毫无感觉的领域：地方货各自为营，根本没有全国性品牌，但市场就在这里。要在洗衣皂上打开缺口，就得从内质上进行改造。雕牌"超能皂"以其特有的颜色（蓝色）与造型（中凹）出现在老百姓的面前，而它特殊的形象代表——"大雕"更是意喻去污的迅捷。

紧接着，雕牌"透明皂"又快速上马。这一次，形状由大变小，一手可握，便于消费者使用；同时，改革香味，变为淡淡的清香，再配以中档的价位，一上市，迅速被成千上万的消费者接受，产品在很多商场、超市一上柜就被抢购一空。这让当初并不看好的同行大跌眼镜，等醒悟过来，纷纷上马之时，早已错过先机。雕牌透明皂成为了洗衣皂销量第一的品牌。雕牌"透明皂"成功了！它找到了市场空白点，并用差异化赢得了市场，并迅速成为领导品牌。

1999 年，雕牌对外宣告其建成了全世界四台之一的全自动喷粉设备，生产效率大大提高，为此做注脚的是：这一年刚开始，雕牌洗衣粉的价格就降到了一箱 29 元，跌破了 30 元的心理防线，一步到位的价格让同行们措手不及。优质而低价使纳爱斯有了后发制人的制胜法宝。与低价遥相呼应，雕牌的亲情广告"妈妈，我能帮你洗衣服了。"开始了狂轰乱炸，2000 年初，雕牌亲情广告在中央电视台高频次播出，雕牌洗衣粉带着亲情、带着关怀、带着深深的文化底蕴走进千家万户。

2000 年，雕牌洗衣粉再接再厉，将奇强的销量定格在 38 万吨，自己则纵身一跳，取而代之，继洗衣皂之后又拿到一个第一。

2001 年，雕牌 89 万吨，奇强 29 万吨。纳爱斯以超出对手 60 万吨的销量雄踞霸主地位。

雕牌洗衣粉的三级跳不仅让自己出尽风头，更引发了整个行业的价格跳水，以宝洁和联合利华为首的外资企业不得不低下自己高贵的头，开始了悄悄的降价，国内品牌的价格也是一垮再垮。

在洗衣皂和洗衣粉市场上胜局初定之后，纳爱斯又开启了其品牌延伸策略：雕牌牙膏、纳爱斯香皂……一个个出笼了。2001 年，纳爱斯还增加了水晶皂、沐浴露、洗发水等产品。

如果以为雕牌就广告和低价这两板斧，那就大错特错了。其能够在短短时间，超速度的上升，源于其背后强大的经销体系。

分析：纳爱斯的分销体系有如下特点。

一是在与经销商签订合同时，都会向经销商许诺年底给予一定的返利，保证其一年的努力得到相应的回报。

二是保证金制度釜底抽薪确保品牌忠诚度。据悉，对经销雕牌的绝对信心，让经销商签合同时，心甘情愿地把预付金打进雕牌的账户。按目前雕牌洗衣粉的操作，凡是客户将保证金打入纳爱斯账户，纳爱斯都接 30% 返还。换句话说，正式销售还没有开始，经销商已得到巨额返利，因此大量的现金涌入纳爱斯的账户。

三是渠道战略。从农村包围城市，转为在全国各地实行分公司建制，只做超市、商场，形成城市辐射农村的格局。推行网络扁平化管理，减少中转环节，降低经营成本。同时，继续推行经销商保证金制度，这是对品牌经营和品牌忠诚度的"试金石"。

四是委托加工，搞营销网络本土化。现在包括德国汉高在华的四个洗涤剂生产厂和宝洁的两个工厂在内的遍布全国 19 个省的 30 家企业，它们每天都在生产着纳爱斯的产品，而后者的香皂、洗衣粉牙膏等又在与它们争夺市场份额。

纳爱斯是在市场经济的风风雨雨中洗礼长大的，它已成为国内洗涤行业影响力最大、最具实力，也最有进取心的企业，而且它拥有目前行业内品牌价值最高的品牌——"雕牌"。

讨论问题：

1. "雕牌"运用了哪些产品组合策略使其成为目前行业内品牌价值最高的品牌？其特点如何？

2. 分析纳爱斯"雕牌"未来所面临的竞争压力是什么？

3. 如果你是纳爱斯"雕牌"的营销策划人员，你会怎样确立未来的产品组合策略？为什么？

chapter 7

第 7 章 国际市场价格策略

学习目标：

通过本章的学习，要求学生学会根据不同的国际市场特点选择定价的方法灵活运用定价的策略激励消费者，学会应对不同市场上的价格变动，使用价格策略应对不同国度的竞争者。

重点难点：

· 国内市场营销的价格策略与国际市场营销价格策略的异同点

· 国际市场产品价格制定的理论和方法

· 国际市场上定价应注意的特殊事项

· 国际市场的价格管理和控制的问题

7.1 国际市场定价依据和定价目标

影响产品定价的因素是多方面的，包括定价目标、成本、市场需求、竞争者的产品和价格等。[1] 一般来说，产品定价的上限通常取决于市场需求，下限取决于该产品的成本、费用等。在上限和下限内如何确定价格水平，则取决于一个企业的定价目标、政府的政策、法规和竞争者同类产品的价格，其中，竞争因素构成了对价格上限最基本的影响，而企业定价目标则提出了最低限价的问题。

7.1.1 国际市场定价依据

价格是市场营销组合的一个重要因素。产品价格的高低，直接决定着企业的收益水平，也影响到产品在国际市场上的竞争力。国内定价原本就很复杂，当产品销往国际市场时，运费、关税、汇率波动、政治形势等因素更增加了国际定价的难度。所以，企业必须花大力气研究确定国际营销中的定价策略。影响定价的主要因素包括定价方法、定价策略、调价策略以及定价趋势等国际定价基本问题。

1. 成本因素 任何企业都不能随心所欲地定价。从长远看，任何产品的销售价格都必须高于成本费用，这样才能以销售收入抵偿生产成本和经营费用。因此，企业在制定价格时必须估算相关成本。[2] 对于已有的产品，相关成本是指同生产、分销有关的直接成本和分配的间接成本；对于新产品，相关成本是在未来的整个生命周期里的直接成本和分配的间接成本。

成本核算在定价中十分重要。产品销往的地域不同，其成本组成也就不同。出口产品与内销产品即使都在国内生产，其成本也不会完全一样。如果出口产品为了适应国外的度量衡制度、电力系统等其他方面而作出了改动，产品成本就可能增加。反之，如果出口产品被简化或者去掉了某些功能，生产成本就可能会降低。

国际营销与国内营销某些相同的成本项目对于两者的重要性可能差异很

---

[1] A company's pricing decisions are affected by many factors include the company's marketing objectives, the cost, the demands of market, the competitor's products and price.

[2] Costs set the floor for the price that the company can charge for its product. The company wants to charge a price that both covers all its costs for producing, distribution and selling the product, and delivers a fair rate of return for its effort and risk.

大。例如，运费、保险费、包装费等在国际营销成本中占有较大比重，而另外一些成本项目则是国际营销所特有的，例如关税、报关、文件处理等。现在我们将对国际营销具有特殊意义的成本项目分别进行说明。

（1）关税[3]。关税是当货物从一国进入另一国时所缴纳的费用，它是一种特殊形式的税收。关税是国际贸易最普遍的特点之一，它对进出口货物的价格有直接的影响。征收关税不仅可以增加政府的财政收入，而且可以保护本国市场。关税额一般用关税率来表示，可以按从量、从价或混合方式征收。事实上，产品缴纳的进口签证费、配额管理费等其他管理费用也是一个很大的数额，这成为实际上的另一种关税。此外，各国还可能征收交易税、增值税和零售税等，这些税收也会影响产品的最终售价。不过，这些税收一般并不仅仅是针对进口产品。

1. Customs duties.

（2）中间商与运输成本2。各个国家的市场分销体系与结构存在着很大的差别。在有些国家，企业可以利用比较直接的渠道把产品供应给目标市场，中间商负担的储运、促销等营销职能的成本也比较低。而在另外一些国家，由于缺乏有效的分销系统，中间商进行货物分销必须负担较高的成本。

2. Intermediate trader and transport costs.

出口产品价格还包括运输费用。据了解，全部运输成本约占出口产品价格的15%左右。可见，运输费用是构成出口价格的重要因素。

（3）风险成本3。在国际营销实践中，风险成本主要包括融资、通货膨胀及汇率风险。由于货款收付等手续需要比较长的时间，因而增加了融资、通货膨胀以及汇率波动等方面的风险。此外，为了减少买卖双方的风险及交易障碍，经常需要有银行信用的介入，这也会增加费用负担。这些因素在国际营销定价中均应予以考虑。

3. Risk cost.

（4）通货膨胀[4]4。在国际市场营销实践中，需要把通货膨胀的影响算入对成本的估算中。在通货膨胀率或汇率波动大的国家，销售价格必须反映产品的成本及重置成本。商品的销售价格往往低于重置成本和间接费用之和，有时甚至低于重置成本。在这种情况下，企业还不如干脆不卖产品。所以，当付款有可能推迟好几个月或签订长期合同时，必须把通货膨胀因素考虑到价格之中。亨氏公司在巴西推出了一种新型水果饮料，以寄售方式卖给零售商，

4. Inflation.

---

[3] Customs duties on merchandise imports are called tariffs. Tariffs give a price advantage to locally-produced goods over similar goods which are imported, and they raise revenues for governments.

[4] Inflation: The overall general upward price movement of goods and services in an economy (often caused by a increase in the supply of money), usually are measured by the Consumer Price Index and the Producer Price Index.

即产品售出再付钱，但是新产品在推出仅仅两年后就撤离了该市场，主要是因为，面对高达 300% 的通货膨胀，即使是延期一周付款也会大大降低利润。许多发展中国家，特别是拉美国家的高通货膨胀率使得广泛的政府价格管制始终威胁着公司。

（5）汇率波动 5。过去有一个时期，国际贸易合同的制定很容易，付款可以采用一种相对稳定的货币。美元曾作为一种标准货币，各种交易都可以按美元计价。现在，所有主要货币相互间都是自由浮动的，没有人能准确预测某种货币建立的确切价值。企业在制定贸易合同时越来越强调以卖方国家的货币计价，远期避险变得更为普遍。如果在长期合同中，对汇率逐日浮动所增加的成本，特别是在签约到发货的间隔时间较长时更需如此。汇率差额不可小视，雀巢公司曾在 6 个月中损失了 100 万美元。部分公司因汇率变动引起的额外损失或所得数额甚至比这还大。

（6）币值变动 [5]6。除了汇率波动，一国货币相对于另一国货币的币值变动也会引起风险。以 2005 年到 2009 年美国商人购买某个产品为例，相对于中国人民币，美元经历了 2005 年的坚挺（1 美元约兑换 8.0 人民币）到 2009 年的相对疲软（1 美元只能兑换 6.8 人民币）的过程。人民币坚挺使价格上涨，因为需要更多的本国货币才能买到一元人民币。反之，当人民币疲软时，由于可以用较少的本国货币就可以买到一元人民币，所以对中国产品的需求增加。在货币坚挺的国家销售产品，中国企业可以选择降价以增大市场份额，也可以维持价格不变而获得更多的利润。

2. 市场需求 市场需求受价格和收入变动的影响。因价格或收入等因素引起的需求相应的变动率是需求弹性 [6]7。需求的价格弹性反映需求量对价格的敏感程度，以需求变动的百分比与价格变动的百分比之比值计算，即价格

变动百分之一会使需求变动百分之几。产品在市场上没有替代品或竞争者，购买者对较高价格不在意，购买者改变购买习惯较慢、也不积极寻找较便宜的东西，购买者认为质量有所提高，或者认为存在能通货膨胀等，都是产品缺乏需求弹性的情况，产品可以定一个较高的价格。

产品的最低价格取决于该产品的成本费用，而最高价格则取决于产品的市场需求状况。各国的文化背景、自然环境、经济条件等因素存在着差异性，

---

[5] Currency fluctuation: a currency has value or worth, in relation to other currencies, and those values change constantly.

[6] Price elasticity: a measure of the sensitivity of demand to changes in price. Price elasticity = percentage change in quantity demanded÷percentage change in price.

决定了各国消费者的消费偏好不尽相同。对某一产品感兴趣的消费者的数量和他们的收入水平对确定产品的最终价格有重要意义。即使是低收入消费群体，对某产品的迫切需要也会导致这种产品能够卖出高价。但仅有需求是不够的，还需要有支付能力作后盾，所以，外国消费者的支付能力对企业出口产品定价有很大影响。要详细了解需求与支付能力，还需要深入研究该国国民的习俗及收入分布情况。

3. **市场竞争结构**[8]　产品的最低价格取决于该产品的成本费用，最高价格取决于产品的市场需求状况。在上限和下限之间，企业能把这种产品价格定多高，则取决于竞争者提供的同种产品的价格水平。与国内市场不同，企业在不同的国外市场面对着不同的竞争形势和竞争对手，竞争者的定价策略也千差万别。因此，企业就不得不针对不同的竞争状况而制定相应的价格策略。竞争对企业定价自由造成了限制，企业不得不适应市场的价格。除非企业的产品独一无二并且受专利保护，否则没有可能实行高价策略。如果质量大体一致，价格一般也应大体相同或略低一些，否则可能卖不出去；如果本企业产品质量较高，价格也可定高一些；如果质量较低，价格就应低一些。

企业还应看到，竞争者可能针对本企业的价格策略调整其价格，也可能不调整价格，但通过调整市场营销组合的其他变量与本企业争夺顾客。对竞争者的价格变动，要及时掌握有关信息，并做出合适的反应。

根据行业内企业数目、企业规模以及产品是否同质三个条件，国际市场竞争结构可以划分为下列三种情况：①完全竞争[9]，价格主要取决于市场供求状况；②不完全竞争[10]，企业可以根据不同产品的成本、质量、促销力量等因素来规定价格，同时，应特别注意替代品的价格竞争；③寡头竞争[11]，因为竞争者少，价格受主要竞争者行为的影响；如果存在价格协议、默契，就会出现垄断价格，致使企业只能采用跟随价格。

4. **政府的价格调控政策**　随着经济全球化的发展，一方面，各国市场进一步扩大开放度；另一方面，各国政府为了保护国内市场，对价格控制力度加强，控制的形式多样化。政府对企业定价的调控是多方面的，既可以是宏观的，也可以是微观的；既可以是法律形式，也可以是行政命令形式。

国际营销中的定价要同时受本国政府和外国政府的双重影响，国内政府多半采用价格补贴形式来降低企业的出口产品价格，增强其竞争实力。本国政府对出口产品实行价格补贴，可以降低出口产品的价格，增强产品的国际竞争力，如美国政府对农产品实行价格补贴，可以提高其农产品的国际市场竞争力。我国出口产品退税制也是为了增强出口产品的竞争力。

8. Market competitive structure.

9. Perfect competition (sometimes called pure competition).

10. Imperfect competition.

11. Oligopolistic competition.

东道国政府对价格的管制主要是通过立法形式或行政手段规定产品价格的上限与下限；以反倾销法来反对倾销政策；政府通过直接定价来限制进口货的消费及保护国内市场，例如，日本政府曾一度对进入日本市场的美国小麦定价高于日本国产小麦定价的 2 倍；政府在国内经济滞胀时期，往往在一定时期内冻结一切价格。此外，各国政府对国际市场上某些产品的定价起着日益重要的作用，诸如咖啡国际协定、可可国际协定、白糖国际协定，以及部分小麦价格通过政府间谈判来决定。

东道国政府还可以从很多方面影响企业的定价政策，如关税、税收、汇率、利息、竞争政策以及行业发展规划等。一些国家为保护民族工业而订立的关税和其他限制政策使得进口商品的成本增加很多。作为出口企业，不可避免地要遇到各国政府的有关价格规定的限制，例如，政府对进口商品实行的最低限价和最高限价都约束了企业的定价自由。面对政府价格管制的加强，企业既要遵循东道国的立法，也要必须善于运用"大市场营销"策略，特别是要注重运用政治力量这一手段，来赢得对企业有利的定价环境。

即使东道国政府的干预很小，企业仍面临着如何对付国际价格协定的问题。国际价格协定是同行业各企业之间为了避免恶性竞争，尤其是竞相削价而达成的价格协议。这种协议有时是在政府支持下，由同一行业中的企业共同达成的；有时则是由政府直接出面，通过国际会议达成的多国协议。企业必须注意目标市场的价格协议，同时关注各国的公平交易法（或反不正当竞争法）对价格协定的影响。

7.1.2 国际市场定价目标

面对不同的国外市场，企业的定价目标不可能完全一样。有些企业将国内市场作为主导市场，而将国外市场看做国内市场的延伸和补充，因此针对国外市场往往会采用比较保守的定价策略。另外一些企业将国际市场看得和国内市场一样重要，甚至把国内市场当做国际市场的一部分，这类企业采取的定价策略往往是进取型的。企业针对各个国外市场设定的不同目标，对定价策略也有很大影响。在迅速发展的国外市场上，企业可能更注重市场占有率的增长而暂时降低对利润的要求，采取低价渗透策略；而在低速发展的国外市场上，企业可能更多地考虑投资的回收，而采用高价撇脂策略。与当地厂商合资的企业，在定价上除了考虑自己本身的目标外，还必须考虑合作伙伴的要求。

企业的定价目标主要有以下几种。

1. 维持生存 [12]　如果企业产能、产量过剩或面临激烈竞争，则企业会把维持生存作为主要目标 [7]。在国际市场面临激烈竞争导致出口受阻时，为了确保工厂继续开工和使存货出手，企业必须制定较低的价格，以求扩大销量。企业必须制定较低价格，并希望市场是价格敏感型的。许多企业通过大规模的价格折扣来保持企业活力。只要其销售收入能弥补可变成本和部分固定成本，企业的生存便可得以维持。

2. 当期利润最大化 [13]　企业出于对目标市场的国家政治形势和经济形势复杂多变等原因的考虑，希望以最快的速度收回初期开拓市场的投入并获取最大的利润，往往会在已知产品成本的基础上，为产品确定一个最高价格，以求在最短时间内获取最大利润。采用这种定价策略，会使企业面临两种风险：第一，当前利润最大化，有可能会损害企业的长远利益；第二，对产品的需求弹性的测定和对产品生产、销售总成本的预计往往会有偏差，由此定出的价格可能不太准确，企业可能会因定价过高而达不到预期销售量，或者定价低于可达到的最高售价而蒙受损失。[8]

3. 市场占有率最大化 [14]　有些企业通过定价取得控制市场的地位，即使市场占有率最大化。因为这些企业确信，赢得最高市场占有率将享有最低成本和最高长期利润。所以，他们在单位产品价格不低于可变成本的条件下，制定尽可能低的价格，追求市场占有率的领先地位。企业也可能追求某一特定的市场占有率，例如，计划一年内将市场占有率从 5% 提高到 25%。为了这一目标，企业要制定相应的市场营销计划和价格策略。

采用这种策略需具备如下条件：①目标市场的需求弹性较大，偏低定价能刺激市场需求；②随着生产、销售规模的扩大，产品成本有明显的下降；③低价能吓退现有的和潜在的竞争者。[9]

4. 产品质量最优化 [15]　由于获得质量领先地位的产品往往比处于第二位的产品售价高出很多，以弥补质量领先所伴随的高额生产成本和研发费用，

12. Survival.

13. Maximum current profit.

14. Maximum market share.

15. Product-quality leadership.

---

[7]　Companies pursue survival as their major objective if they are plagued with overcapacity, intense competition or changing consumer wants.

[8]　This strategy assumes that the firm knows its demand and cost functions; in reality, these are difficult to estimate. In emphasizing current performance, the company may sacrifice long-run performance by ignoring the effects of other marketing variables, competitors' reactions and legal restraints on price.

[9]　The following conditions favor adopting a market-penetration pricing strategy: (1) the market is highly price sensitive and a low price stimulates market growth; (2) production and distribution costs fall with accumulated production experience; (3) a low price discourages actual and potential competition.

因此，采用这种策略，企业需要在生产和市场营销过程中始终贯彻产品质量最优化的指导思想，并辅以相应的优质服务。

此外，有些企业还考虑其产品或公司在国际市场上的形象，并以此作为定价目标。

7.2 国际市场定价方法

定价工作复杂，企业必须全面考虑各方面的因素，并采取一系列的步骤和措施。一般来说，定价决策有 6 个步骤，即选择定价目标、估算成本、测定需求的价格弹性、分析竞争产品与价格、选择适当的定价方法和选定最后价格。

企业产品价格的高低受市场需求、成本费用和竞争等因素的影响和制约，企业在制定价格时理应全面考虑这些因素。但是在实际工作中，企业往往只侧重某一方面。大体上，企业定价有三种导向，即成本导向、需求导向和竞争导向。

7.2.1 成本导向定价法 [16]

成本导向定价法是一种主要以成本为依据的定价方法，包括成本加成定价法和目标定价法两种具体方法，其特点是简便、易用。

1. 成本加成定价法 [17] 所谓成本加成定价，是指按照单位成本加上一定百分比的加成制定销售价格。加成的含义就是一定比率的利润，所以，成本加成定价公式为：

$$P = C（1 + R）$$

其中，P 为单位产品售价；C 为单位产品成本；R 为成本加成率。

与成本加成定价的方法类似，零售企业往往以售价为基础进行加成定价。其加成率的衡量方法有两种：①用零售价格来衡量，即加成（毛利）率＝毛利（加成）／售价；②用进货成本来衡量，即加成率＝毛利（加成）／进货成本。

将一个固定的、惯例化的加成加在成本上，这样定价从逻辑上是否行得通？回答是否定的。在制定价格的过程中，任何忽略现行价格弹性的定价方法都难以确保企业实现利润最大化，无论是长期利润还是短期利润。需求弹性总是处在不断变化中，因而最适加成也应随之调整。

最适加成与价格弹性成反比。如果某品牌的价格弹性高，最适加成就应相对低些；价格弹性低，最适加成就应相对高些；价格弹性保持不变时，加

16. Cost-based pricing.

17. Cost-plus pricing: Adding a standard mark up to the cost of the product.

成也应保持相对稳定。

成本加成定价法之所以受到企业界欢迎，主要是由于：

（1）成本的不确定性一般比需求小。将价格盯住单位成本，可以大大简化企业定价程序，而不必根据需求情况的变化进行调整。[10]

（2）只要行业中所有企业都采取这种定价方法，则价格在成本与加成相似的情况下也大致相似，价格竞争也会因此减至最低限度。[11]

（3）许多人感到成本加成法对买方和卖方都比较公平。当买方需求强烈时，卖方不利用这一有利条件谋取额外利益也能获得公平的投资报酬。[12]

基于成本来定价的公司需要考虑是采用完全成本定价法还是变动成本定价法。采用变动成本定价的公司，只考虑出口产品的边际成本。这些公司把海外销售额看做是额外的收入，认为扣除变动成本后的收益都是对总利润的贡献。这些公司可能在国外市场推出最有竞争力的价格，可是由于它们以低于国内市场价格的净价在国外销售产品，很可能会受到倾销的指控。这样，它们就会被课以反倾销税或被处予罚款，这些支出抵消了其原有的竞争优势。但不管怎样，变动成本或边际成本定价法相对于固定成本，对公司来说相当于是利润。

2. 增量分析定价法 [18]　增量分析定价法主要是分析企业接受新任务后是否有增量利润。增量利润等于接受新任务引起的增量收入减增量成本。此定价法与成本加成定价法的共同点是都以成本为基础；不同点是前者以全部成本为基础，后者则是以增量成本（或变动成本）为定价的基础。只要增量收入大于增量成本（或价格高于变动成本），这个价格就是可以接受的。

在企业经营中，增量分析定价法大致适用于以下三种情况。

（1）企业是否要按较低的价格接受新任务。为了进一步挖掘富余的生产能力，企业需要决定要不要按较低的价格接受新任务。接受新任务不用追加固定成本，只要增加变动成本即可，所以新任务的定价就以变动成本为基础，条件是接受新任务不会影响原来任务的正常销售。

18. Marginal cost pricing/marginal cost pricing rule.

---

[10]　Firstly, sellers are more certain about costs than about demand. By tying the price to cost, sellers simplify pricing-they do not have to make frequent adjustments as demand changes.

[11]　Secondly, when all firms in the industry use this pricing method, prices tend to be similar and price competition is thus minimized.

[12]　Thirdly, many people feel that cost-plus pricing is fairer to both buyers and sellers. Sellers earn a fair return on their investment but do not take advantage of buyers when buyers' demand becomes great.

（2）为减少亏损，企业可以通过降价来争取更多任务。市场不景气，企业任务很少，这时企业的主要矛盾是求生存，即力求少亏一点。它可以通过削价争取多揽一些任务，这样可以少亏一些。在这种情况下进行定价决策就要使用增量分析定价法。

（3）企业生产互相替代或互补的几种产品。其中一种变动价格会影响到其他有关产品的需求量，因而价格的决策不能孤立地只考虑一种产品的效益，而应考虑对几种产品的综合效益。这时也宜采用增量分析定价法。

3. 目标定价法 [13] 19　所谓目标定价法，是指根据估计的总销售收入（销售额）和估计的产量（销售量）来制定价格。这种定价法有一个主要缺陷，即企业以估计的销售量求出价格，而价格恰恰是影响销售量的重要因素。

19. Break-even analysis (target profit pricing).

7.2.2　需求导向定价法 [14]20

需求导向定价法是一种以市场需求强度及消费者感受为主要依据的定价方法，包括认知价值定价法、反向定价法和需求差异定价法。其中，需求差异定价法（又叫做差异定价）既是一种定价方法，又涉及灵活多变的定价策略。

20. Customer-driven pricing.

1. 认知价值定价法 21　所谓认知价值定价，就是根据购买者对产品的认知价值制定价格。认知价值定价与现代市场定位观念相一致。企业为目标市场开发新产品时，在质量、价格、服务等各方面都需要体现特定的市场定位。因此，企业首先要决定所提供的价值及价格；其次，要估计依此价格所能销售的数量，再根据销售量决定所需产能、投资及单位成本；最后，还要计算依此价格和成本能否获得满意的利润。若能获得满意的利润则继续开发这一新产品，否则就放弃这一产品概念。

21. Perceived-value pricing.

认知价值定价的关键在于准确计算产品提供的全部市场认知价值。企业如果过高估计认知价值，便会定出偏高的价格；过低地估计，则会定出偏低的价格。如果价格大大高于认知价值，消费者会感到难以接受；如果价格大大低于认知价值，也会影响产品在消费者心中的形象。

2. 反向定价法 22　是指企业依据消费者能够接受的最终价格，在计算自己经营的成本和利润后，逆向推算产品的批发价格和零售价格。这种方法不是以实际成本为主要依据，而是以市场需求为定价出发点，力求使价格为消

22. Backwards pricing.

---

[13]　Break-even analysis (Target profit pricing) :setting price to break even on the costs of making and marketing a product; or setting price to make a target profit.

[14]　Customer-driven pricing: the practice of determining optimum price levels for products based on the cost-benefit perceptions of customers. A form of pricing that allows producers to achieve optimum pricing within different geographical customer bases according to their demographics.

费者所接受。在分销渠道中，批发商和零售商多采取这种定价方法。

7.2.3 竞争导向定价法 [15]23

23. Competition-based pricing

竞争导向定价法通常有两种方法，即随行就市定价法和投标定价法。

1. 随行就市定价法 [16]24 随行就市定价法是指企业按照行业的平均现行价格水平定价。企业在产品成本难以估算、企业希望与同行和平共处，或是难以了解购买者和竞争者对企业价格的反应时，往往采取这种定价方法。

24. Going-rate pricing.

不论是在完全竞争市场还是寡头竞争市场，随行就市定价都是同质产品市场惯用的定价方法。

在完全竞争市场，销售同类产品的企业在定价时，实际上没有多少选择余地，只能按照行业现行价格定价。某企业如果价格定得高于时价，产品就卖不出去；如果价格定得低于时价，也会遭到降价竞销。

在寡头竞争的条件下，企业也倾向于和竞争对手要价相同。因为在这种条件下，市场上只有少数几家大公司，彼此十分了解，而且购买者对市场行情也熟悉，如果价格稍有差异，就会转向价格低的企业。所以按照现行价格水平，在寡头竞争的需求曲线上有一个转折点。某公司价格定得高于这个转折点，需求就会相应减少，因为其他公司不会随之提价（需求缺乏弹性）；如果某公司将价格定得低于转折点，需求也不会相应增加，因为其他公司也可能降价（需求有弹性）。总之，当需求有弹性时，一个寡头企业不能通过提价而获利；当需求缺乏弹性时，一个寡头企业也不能通过降价而获利。

在异质产品市场上，企业有较大的自由度决定其价格。产品差异化使购买者对价格差异不甚敏感。企业相对于竞争者总要确定自己的适当位置，或充当高价企业角色，或充当中价企业角色，或充当低价企业角色。企业要在定价方面有别于竞争者，其产品策略及市场营销方案也应尽量与之相适应，以应对竞争者可能的价格竞争。

2. 投标定价法 [17]25 采购机构刊登广告或发函说明拟购品种、规格、数量等的具体要求，邀请供应商在规定的期限内投标。采购机构在规定日期开标，一般选择报价最低、最有利的供应商成交，签订采购合同。供货企业如果想

25. Sealed-bid pricing.

---

[15] Competition-based pricing: setting prices based on the prices that competitors charge for similar products.

[16] Going-rate pricing: in which a firm bases its price largely on competitors' prices with less attention paid to its own costs or demand.

[17] Sealed-bid pricing: a firm bases its price on how it thinks competitions will price rather than on its own costs or on the demand.

做这笔业务，就要在规定期限内填写标单，填明可供商品名称、品种、规格、价格、数量、交货日期等，密封送达招标人。投标价格根据对竞争者报价的估计制定，而不是按供货企业自己的成本费用，其目的在于赢得合同，所以一般低于对手报价。

然而，企业不能将报价定得过低。确切地讲，不能将报价定得低于边际成本，以免使经营状况恶化。但是，报价远远高出边际成本，虽然潜在利润可能增加，但又会减少取得合同的机会。

7.3 国际市场定价策略

定价依据、定价目标以及定价基本方法为国际企业的价格制定指明了方向，但市场竞争是非常激烈的，企业在确定最终价格时，还需要考虑其他各种因素的影响，采取各种灵活多变的定价策略，使价格与市场营销组合中的其他因素更好地结合起来，促进和扩大销售，提高企业整体效益。企业的定价策略主要有以下几种类型。

7.3.1 新产品定价策略 [26]

企业在市场上推出新产品时，首先要考虑的便是新产品的定价问题。新产品的定价策略选择得正确与否，直接关系到新产品能否顺利地打开和占领市场、能否获得较大的经济效益。新产品的定价策略主要有三种：撇脂定价、渗透定价和满意定价策略。

1. 撇脂定价 [27] 撇脂定价（Skim Pricing）又称取脂定价、撇油定价，该策略是一种高价格策略，是指在新产品上市初期，将新产品价格定得较高，以便在较短的时间内获取丰厚利润，尽快收回投资，减少投资风险 [18]。这种定价策略因类似于从牛奶中撇取奶油而得名，在需求缺乏弹性的商品上运用得较为普遍。

撇脂定价的优势非常明显。在顾客求新心理较强的市场上，高价有助于开拓市场；主动性大，产品进入成熟期后，价格可分阶段逐步下降，有利于吸引新的购买者；价格高，限制需求量过于迅速增加，使其与生产能力相适应。

当然，运用这种策略也存在一定的风险。高价虽然获利大，但不利于扩

26. New-product pricing strategies.

27. Market-skimming pricing.

[18] Market-skimming pricing: setting a high price for a new product to skim maximum revenues layer by layer from the segments willing to pay the high price; the company makes fewer but more profitable sales.

大市场、增加销量，也不利于占领和稳定市场；价格远远高于价值，在某种程度上损害了消费者利益，容易招致消费者的抵制，甚至会被当做暴利来加以取缔，损坏企业形象；容易招来竞争者，迫使企业下调价格，好景不长。

当企业的目的是进入一个对价格相对来说不敏感、愿意为获得产品价值而支付高价的细分市场时，可以采用撇脂定价法。如果供应有限，公司也可以采用撇脂定价法，以便使销售收入最大化，并使供求趋向一致。如公司是某一新产品的唯一供应者，在出现竞争并迫使降价之前，采用撇脂定价法可使企业的利润最大化。这种定价法经常用于只有两个收入阶层——富人和穷人的市场中，由于产品成本太高，不允许制订一个能吸引低收入者的价格，故经营者干脆制定高价，使产品面向收入高、价格弹性低的细分市场。在保洁公司出现之前，强生公司在巴西销售婴儿尿布就采用这种定价方法。随着中等收入市场的崛起，这种机会正在逐渐消失。市场容量大必然吸引竞争者，结果是商品供应量增加，价格竞争出现。

2. 渗透定价 [19]28　　渗透定价策略（Penetration Pricing）与撇脂定价策略相对立的，是一种低价策略，又称薄利多销策略，指在新产品投入市场时，利用消费者求廉的消费心理，有意将价格定得较低，以吸引顾客、迅速扩大销量、提高市场占有率。这种定价策略适用于新产品没有显著特色、产品存在着规模经济效益、市场竞争激烈、需求价格弹性较大、市场潜力大的产品。低价可以有效地刺激消费需求、阻止竞争者介入，从而保持较高的市场占有率、扩大销售而降低生产成本与销售费用，如，日本精工手表采用渗透定价策略，以低价在国际市场与瑞士手表角逐，最终夺取了瑞士手表的大部分市场份额。

28. Market-penetration pricing.

对于企业来说，采取撇脂定价策略还是渗透定价策略，需要综合考虑市场需求、竞争、供给、市场潜力、价格弹性、产品特性、企业发展战略等因素，通过对目标市场进行大量调研和科学分析来制定价格。

渗透定价策略是故意以较低价格出售产品以刺激市场和提高市场占有率的一种定价方法。在把占有和维护市场份额作为竞争策略时，渗透定价法用得最多。可是，在经济持续快速发展、大量人口进入中等收入阶层的国家市场中，渗透定价可以用来以最少的竞争刺激市场增长。如果渗透定价能使销售收入最大化并且在市场占有率方面获得竞争优势，那么，渗透定价可能比撇脂定价获利更丰。

---

[19]　Market-penetration pricing: setting a low price for a new product in order to attract a large number of buyers and a large market share.

29. Neutral pricing is a neutral strategy.

3. 满意定价²⁹ 满意定价策略（Neutral Pricing）也叫适价策略^[20]，是一种介于撇脂价和渗透价之间的价格策略。该策略是指企业将新产品的价格定得比较适中，以便照顾各方面的利益，使各方面都满意。由于撇脂定价策略定价过高，对消费者不利，可能遭到消费者拒绝，具有一定风险；渗透定价策略定价过低，虽然对消费者有利，但容易引起价格战，且由于价低利薄，资金的回收期也较长，实力不强的企业将难以承受；而满意价格策略采取适中价格，基本上能够做到供求双方都比较满意，因此不少企业采取满意定价策略。有时企业为了保持产品线定价策略的一致性，也会采用满意定价策略。

满意定价策略由于获得的是平均利润，既可吸引消费者，又可避免价格竞争，从而可以使企业在市场上站稳脚跟，获得长远发展。但是，确定一个企业与顾客双方都比较满意的价格是比较困难的。

案例 7-1

结合当地情况制定适宜的价格策略

不管采用何种正式的定价政策和战略，公司必须清醒地认识到，市场可能为产品制订恰当的价格。换句话说，价格必须定在恰当的位置，使消费者能感受到产品的价值，而且价格必须是目标市场所能接受的。因此，在一些市场上，产品以很小的单位销售，以便使每单位的价格能为目标市场所接受。Warner-Lambert 在巴西销售 5 件一盒的泡泡口香糖，虽然泡泡口香糖占整个口香糖市场的 72%，但由于价格超出了目标市场的承受能力而没有获得成功。后来采用单件包装，由于价格适合目标市场，从而迅速取得了可观的市场份额。

Mattel 在世界的大部分地区向高收入者出售芭比娃娃一直很成功，可是其新的延伸产品，如"假日芭比"虽然在美国很成功，但在国外市场却不如人意。简单地把美国产品出口海外市场导致了在一些市场的价格过高。Mattel 估计，在低价细分市场中，芭比的销售潜力达 20 亿美元。为了占领这一市场，Mattel 将引入价格较低的、被称作"全球朋友"的芭比娃娃。

资料来源：菲利普 .R. 凯特奥拉，《国际市场营销学》，
机械工业出版社，2001，第 10 版。

[20] Neutral pricing is a neutral strategy, the prices are set by the general market, with your prices just at your competitors' prices. The major benefit of a neutral pricing strategy is that it works in all four periods in the life-cycle. The major drawback is that your company is not maximizing its profits by basing price only on the market. Since the strategy is based on the market and not on your product, your company, or the value of either, you're also not going to gain market share. Essentially, neutral pricing is the safe way to play the pricing game.

启示：价格必须在恰当的位置使消费者能感受到产品的价值，而且必须是目标市场所能接受的。

7.3.2 心理定价策略 [21]30

30. Psychological pricing.

心理定价策略是企业针对消费者的不同消费心理，制定相应的商品价格，以满足不同类型消费者的需求的策略。

常用的心理定价策略一般包括以下几种。

1. 尾数定价　尾数定价（Mantissa Pricing [22]31）又称非整数定价，指企业利用消费者求廉、求实的心理，故意将商品的价格带有尾数，以促使顾客购买商品，这种定价方法多用于中低档商品。心理学家的研究表明，价格尾数的微小差别，能够明显影响消费者的购买行为，如将洗衣粉的零售价定为 4.9 元而不是 5.1 元。虽然前后仅相差 2 角钱，但会让消费者产生一种前者便宜很多的错觉。有时价格有尾数让消费者觉得真实，如 68.98 元一瓶的葡萄酒让消费者觉得其价格是经过企业仔细算出来的，给人以货真价实的感觉。有时候，尾数的选择完全是出于满足消费者的某种风俗和偏好，如西方国家的消费者对 "13" 忌讳；日本的消费者对 "4" 忌讳；美国、加拿大等国的消费者普遍认为单数比双数少，奇数比偶数显得便宜；我国的消费者则喜欢尾数为 "6" 和 "8"。

31. Mantissa pricing strategy (Mantissa pricing).

2. 整数定价　整数定价（Integer Pricing）是指针对消费者的求名、求方便心理，将商品价格定为以 "0" 结尾的整数。在日常生活中，对于难以辨别好坏的商品，消费者往往喜欢以价论质，而将商品的价格定为整数，使商品显得高档，正好迎合了消费者的这种心理。如将一条钻石项链定价为 100000 元，而不是 99999 元，尽管实际价格是在 100000 元的范围内，而不是 90000 元的范围内。因此，对那些高档名牌商品或消费者不太了解的商品，采用整数定价可以提高商品形象。另外，将价格定为整数还省去了找零的麻烦，提高了商品的结算速度。

3. 声望定价　声望定价（Prestige Pricing）是指根据消费者的求名心理，

---

[21]　Psychological pricing: a pricing approach that considers the psychology of pricing and not simply the economics; the price is used to say something about the product.

[22]　Mantissa pricing strategy (Mantissa pricing) is in determining the retail price to a fraction of the number of end users in the psychological sense that there is a cheap, or in accordance with the requirements of customs, the price to take a lucky number ending in order to expand sales that.This will make customers more cheaply produce the feeling of belonging to a kind of psychological pricing strategy, the current pricing policy has been widely used in business.

企业有意将名牌产品的价格制定得比市场中同类商品的价格高[23]。名牌商品不但可减轻购买者对商品质量的顾虑，还能满足某些消费者的特殊欲望，如地位、身份、财富、名望和自我形象等，因而消费者往往愿意花高价来购买。

声望定价往往采用整数定价方式，这更容易显示商品的高档。当然，声望定价策略切不可滥用，一般适用于名优商品，如果企业本身信誉不好、商品质量不过硬，采用这一策略反而容易失去市场。另外，为了使声望价格得以维持，有时需要适当控制市场拥有量。奢侈产品的经营法则之一是物以稀为贵，珠宝手表伯爵生产的手表通常是一款一个或者一款限量发售，更甚的是，顾客需要等待一年半载才能拿到名师制造的手表，能够充分显示出顾客的尊贵身份与地位。

4. 招徕定价 招徕定价（Fetch-in Pricing）是有意将少数商品降价以吸引顾客的定价方式。企业在一定时期将某些商品的价格定得低于市价，一般都能引起消费者的注意，吸引他们前来购物，这是适合消费者求廉心理的。顾客在选购这些物价商品时，往往还会光顾店内其他价格正常或偏高的商品，这实际上是以少数商品价格的损失带来其他商品销售的扩大，增加企业的总体利润。如日本"创意药房"在将一瓶200元的补药以80元超低价出售时，每天都有大批人潮涌进店中抢购补药，按说如此下去肯定赔本，但财务账目显示出盈余逐月骤增，其原因就在于没有人来店里只买一种药。人们看到补药便宜，就会联想到"其他药也一定便宜"，促成了盲目的购买行为。

采用这种策略要注意以下几点：商品的降价幅度要大，一般应接近成本或者低于成本，只有这样，才能引起消费者的注意和兴趣，才能激起消费者的购买动机；降价品的数量要适当，太多商店亏损太大，太少容易引起消费者的反感；用于招徕的降价品应该与低劣、过时商品明显地区别开来。招徕定价的降价品，必须是品种新、质量优的适销产品，而不能是处理品，否则，不仅达不到招徕顾客的目的，反而可能使企业声誉受损。

7.3.3　差别定价策略

差别定价[24]（Discrimination Pricing）是指企业对同一产品或劳务制定两

---

[23]　Establishing a high price for a product or service in an effort to create an image of high quality. Prestige pricing appeals to consumers who believe price and quality are related.

[24]　Price discrimination or price differentiation exists when sales of identical goods or services are transacted at different prices from the same provider.

种或多种价格以适应顾客、地点、时间等方面的差异，但这种差异并不反映成本比例差异。差别定价主要有以下几种形式：

1. 顾客细分定价 [25]32　顾客细分定价即企业按照不同的价格把同一种产品或劳务卖给不同的顾客。例如，对老客户和新客户、长期客户和短期客户、女性和男性、儿童和老人、工业用户和居民用户等，分别采用不同的价格。我国的部分大城市对中小学生的地铁售票就是半价，比售给一般人的价格要低，还有，部分的景点给老人和小孩给予半价的优惠等。

2. 产品式样定价 [26]33　产品式样定价即企业对不同花色、品种、式样的产品制定不同的价格，但这个价格与产品各自的成本是不成比例的，如新潮服装与普通式样的服装虽然成本近似，但价格差异较大。

3. 地点定价 [27]34　地点定价即对处于不同地点的同一商品采取不同的价格，即使在不同地点提供的商品成本是相同的。比较典型的例子是电影院、歌剧院和体育馆等，其座位不同，票价也不一样。这样做的目的是调节客户对不同地点的需求和偏好，平衡市场供求。

4. 时间、季节定价 35　时间、季节定价即企业对于不同季节、不同时期，甚至不同钟点的产品或服务分别制定不同的价格。如在节假日，旅游景点收费较高；又如某超级市场规定，在晚上八点后购买大部分生鲜食品打5折；还有餐馆在晚上九点以后所有食品一律半价；还有一些百货商店在午休时间及晚上下班时间，商品降价幅度较大，吸引了大量上班族消费者，在未延长商场营业时间的情况下，带来了销售额大幅度增加的好效果。

差别定价可以满足顾客的不同需要，为企业谋取更多的利润，因此在实践中得到广泛的运用。但是，实行差别定价必须具备一定的条件，否则，不仅达不到差别定价的目的，甚至会产生负作用。这些条件包括：①市场能够细分，且不同细分市场之间的需求存在差异，这样顾客就不会因为价格不同而对企业不满。②企业实行差别定价的额外收入要高于实行这一策略的额外成本，这样企业才会有利可图。③低价市场的产品无法向高价市场转移。④在高价市场上，竞争者无法与企业进行价格竞争。⑤差别定价的形式合法。

32. Customer-segment pricing.

33. Product-form pricing.

34. Location pricing.

35. Time pricing: prices are varied by season, day or hour.

[25]　Customer-segment pricing: different customer groups will face different prices for same product or service.

[26]　Product-form pricing: different versions of the product are priced differently but not proportionately to their respective costs.

[27]　Location pricing: the same product is priced differently at different locations even though the cost of offering at each location is the same.

7.3.4 折扣定价策略

折扣定价策略[28]（Discount Pricing）是指销售者为回报或鼓励购买者的某些行为，如批量购买、提前付款、淡季购买等，将其产品基本价格调低，给购买者一定的价格优惠。具体办法有现金折扣、数量折扣、功能折扣、季节性折扣等。

1. 现金折扣 现金折扣是企业为了鼓励顾客尽早付款，加速资金周转，降低销售费用，减少企业风险，而给购买者的一种价格折扣。财务上常用的表示方式为"2/10，n/30"，其含义是：双方约定的付款期为30天，若买方在10天内付款，将获得2%的价格折扣；超过10天，在30天内付款则没有折扣；超过30天要加付利息。现金折扣的前提是商品的销售方式为赊销或分期付款，因此，采用现金折扣一般要考虑三个因素：折扣比例、给予折扣的时间限制和付清全部货款的期限。

2. 数量折扣 数量折扣是因买方购买数量大而给予的折扣，目的是鼓励顾客购买更多的商品。购买数量越大，折扣越多。其实质是将销售费用节约额的一部分，以价格折扣方式分配给买方。目的是鼓励和吸引顾客长期、大量或集中向本企业购买商品。

3. 功能折扣 功能折扣又称交易折扣、贸易折扣，指企业根据其中间商在产品销售中所承担的功能、责任和风险的不同，而给予的不同价格折扣，以补偿中间商的有关成本和费用。对中间商的主要考虑因素有：在分销渠道中的地位、对生产企业产品销售的重要性、购买批量、完成的促销功能、承担的风险、服务水平、履行的商业责任，以及产品在分销中所经历的层次和在市场上的最终售价等。目的在于鼓励中间商大批量订货，扩大销售，争取顾客，与生产企业建立长期、稳定、良好的合作关系。一般而言，给批发商的折扣较大，给零售商的折扣较少。

4. 季节折扣 季节折扣是企业为在淡季购买商品的顾客提供的一种价格折扣。由于有些商品的生产是连续的，而其消费却具有明显的季节性。通过提供季节折扣，可以鼓励顾客提早进货或淡季采购，从而有利于企业减轻库存，加速商品流通，迅速收回资金，促进企业均衡生产，充分发挥生产和销售潜力，避免因季节需求变化所带来的市场风险，如商家在夏季对冬季服装进行的打折促销便是季节折扣。

---

[28] A valuation approach where items are sometimes initially marked up artificially but are then offered for sale at what seems to be a reduced cost to the consumer. For example, a retail store business might offer discount pricing on all of its apparel items for a limited time period in order to attract new customers and boost sales.

7.3.5 产品组合定价策略

一个企业往往并非只提供一种产品，而是提供许多产品。产品组合定价策略的着眼点在于制定一组使整个产品组合利润最大化的价格。常用的产品组合定价有以下几种形式。

1. 产品线定价 [29]36　产品线定价是指根据产品线内各项目之间在质量、性能、档次、款式、成本、顾客认知、需求强度等方面的不同，参考竞争对手的产品与价格，确定各个产品项目之间的价格差距，以使不同的产品项目形成不同的市场形象，吸引不同的顾客群，扩大产品销售，争取实现更多的利润。如某服装店对某型号女装制定三种价格：150元、350元、650元，在消费者心目中形成低、中、高的档次，人们在购买时就会根据自己的消费水平选择不同档次的服装，从而消除了在选购商品时的犹豫心理。企业以保本甚至微亏的价格来制定低价产品的价格，往往可增加顾客流，使生产与销售迅速达到理想的规模，遏制竞争；高价产品则可树立企业的品牌形象，以超额利润迅速收回投资，增强企业的发展后劲；中价产品通过发挥规模效益为企业带来合理的利润，维持企业的正常运行。企业采用这一策略要注意档次的划分要适当，商品档次既不要分得过细也不宜过粗，价格档次的差距既不要过大也不要过小。

2. 选择特色定价　选择特色定价是指企业在对主要产品定价的同时，还针对可提供的各种选择产品或具有特色的产品另行定价，比较典型的例子如餐馆、酒吧等。餐馆的主要提供物为饭菜，另外，顾客还可要烟、酒、饮料等。有的餐馆将食品的价格定得较低，而将烟酒类商品的价格定得较高，主要靠后者盈利；有的餐馆则将食品的价格定得较高，将酒类商品的价格定得较低，以吸引众多的爱酒人士。

3. 附属产品定价 [30]37　附属产品又称受制约产品，是指必须与主要产品一同使用的产品。例如，照相机的附属品是胶卷，剃须刀的附属品是刀片，机械产品的附属品是配件。大多数企业在采用这种策略时，将主要产品定价较低，而附属产品定价较高。以高价的附属品获取高利，补偿主要产品因低价造成的损失。例如，柯达公司给照相机定低价、胶卷定高价，既增强了照相机在同行中的竞争力，又保证了原有的利润水平。然而，将附属品的价格

36. Product line pricing.

37. Captive-product pricing.

---

[29]　Product line pricing: setting the price steps between various products in a product line based on cost differences between the products, customer evaluations of different features and competitors' prices.

[30]　Captive-product pricing: setting a price for products that must be used along with a main product, such as blades for a razor and film for a camera.

定得太高也存在一定风险，容易引起不法分子生产低廉的仿制品，反过来与正规商品竞争。

4. 两段定价 服务性企业常常采用两段定价策略，为其服务收取固定费用，另加一笔可变的使用费。如电话用户每个月的话费为月租加上按通话时间计算的通话费；景点的旅游者除了支付门票费外，还要为其娱乐项目支付额外的费用。企业一般对固定费用定价较低，以便吸引顾客使用该服务项目，而对使用费定价较高，以保证企业充足的利润。

38. By-product pricing.

5. 副产品定价 [31]38 在生产加工石油、钢铁等产品的过程中，常常会产生大量的副产品。有些副产品对顾客有价值，因此企业切不可将它们白白浪费掉，而应对它们合理定价，销往特定市场。这可为企业带来大量收入，同时也有利于企业为其主要产品制定低价，提高主要产品的竞争力。如炼铁过程中产生的水渣是水泥工业的主要原料。

6. 产品捆绑定价 [32] 企业常常将一些产品捆绑在一起进行销售，捆绑价低于单件产品的价格总和。如化妆品公司将润肤露、洗发水、啫喱水、防晒霜等捆绑在一起进行销售，虽然有的消费者并不需要其中的某项，但看到捆绑产品比单件便宜很多，便买下来了，因而捆绑定价在一定程度上可推动消费者购买。然而，在捆绑定价时要注意使用的灵活性，因为有些理智的消费者往往只是按需购买，他们只需要捆绑组合中的某一种或几种商品，这时企业要能满足他们的要求。

39. Transfer pricing.

7.3.6 国际转移定价策略 39

国际转移定价策略，是一种产品在跨国公司母公司与子公司之间转移时采用的价格策略，跨国公司制定转移价格，从表面上看是为了评价子公司的经营业绩，而实质是为避开对整个公司盈利不利的因素，追求集团总体盈利的最大化。因此，转移价格往往偏离正常的市场价格，通过高于或低于正常市价水平实现企业集团整体利益的最大化。[33]

---

[31] By-product pricing: setting a price for by-products in order to make the main product's price more competitive.

[32] Product bundle pricing: combining several products and offering the bundle at a reduced price.

[33] Transfer pricing is a profit allocation method used to attribute a corporation's net profit or loss before tax to tax jurisdictions. Transfer prices are the charges made between controlled (or related) legal entities i.e. within the same group. Legal entities considered under the control of a single corporation include branches and companies that are wholly or majority owned ultimately by the parent corporation.

跨国企业转移定价的主要目的包括以下几点。

1. 减少风险 [40]　在浮动汇率制度下，由于汇率频繁波动，国际企业承受着极大的汇率风险，利用转移价格在一定程度上避免了这一风险。例如，当一国货币汇率下浮较大时，跨国公司要想减少在该国所设子公司的损失，应尽量使其多付少收，转移资金。其做法是，母公司将一种产品价格定得高于正常市场价格使其进入汇率下浮国子公司，或者以低价偿付该子公司的产品。

世界上大多数国家均实行不同程度的外汇管制，管制手段多种多样。对于跨国企业来说，当一国政府对外资企业利润返还进行管制时，如规定返还方式、限定返还比例、征税等，对跨国公司的盈利就很不利。为此，跨国企业的母公司在向该国子公司转移产品时，可将转移价格定得高些，而在产品由该国向外转移时则将转移价格定得低些，从而减少该国子公司的利润所得，一定程度上避开外汇管制。

而且，不同国家的通货膨胀的程度不同，当一国发生或预期发生较高通货膨胀时，跨国公司应将在该国的子公司资金及时转移，避免损失。也就是，在向该国子公司转移产品时将转移价格定高，在由该国向外转移时将价格定低。

2. 减少纳税 [34][41]　在非经济联盟之间进行贸易时，一国产品进入他国市场必须缴纳关税，而跨国公司的子公司，作为经济实体也需要在所在国缴纳所得税。

在各种税率既定的情况下，改变产品价值总量就可以达到改变纳税水平的目的。对跨国公司而言，这一目的经常通过国际转移价格的灵活变动而实现。如当一国所得税税率较高时，某产品在由母公司向该国子公司转移时，可将转移价格定得高于市场正常价格，而将产品由该国转移至他国市场时，则将转移价格降低，如此高进低出，就使该国分公司的利润大大降低，从而减少所得税支出；再如，在一国某类产品关税税率较高时，该产品在由母公司向该国子公司转移时，就可降低转移价格，从而减少关税支出。

3. 应对竞争 [42]　相当一部分跨国公司灵活调整其转移定价，旨在应付不同的市场竞争情况。跨国公司为了提高某种产品在某国市场的竞争力，最基本的方法是以低价格将这种产品售予在当地的子公司，使当地子公司在价格上处于竞争中的有利位置。如果跨国公司在某国的子公司处于激烈竞争的态

40. Reducing risks.

41. Tax deduction.

42. Coping with competition.

---

[34]　Tax deduction is a reduction of the income subject to tax, for various items, especially expenses incurred to produce income.

势中，为增强该公司的竞争力，母公司可以低价向其供应原材料或产成品，以高价回收其产品，使该子公司能以低价优势赢得竞争。

同时，跨国公司通过灵活调整转移定价较好地实现了公司整体利益最大的目标，但是由于跨国公司人为操纵价格的目的是为了提高整体利润，因此也必将损害某些子公司所在国的利益，因为它通过转移价格逃避了在某些国家的纳税，减少了这些国家的税收。所以各国税务当局都密切关注跨国公司运用转移价格的情况，甚至有部分国家规定，跨国公司在制定转移价格时要严格遵守公平交易原则，使转移价格符合市场价格。

7.4　国际市场价格的管理和控制

7.4.1　外销产品的报价控制

国际销售合同上的价格条款可以包括一些影响价格的具体因素，如信用、售货条件和运输等。交易双方必须明确，报价应划分货物运输中各方的责任，指明由谁支付运费和从什么地方开始支付。报价还必须指明所使用的货币、信用条件以及所需单证的种类。由于不同国家使用不同的度量单位，数量的说明是很必要的。例如，在合同上提到"吨"，应明确是公吨还是英吨、是长吨还是短吨。如果对质量要求规定不具体，也会引起误解。此外，应就评价产品质量优劣的标准达成完全一致的意见。举例说，美国顾客完全能理解"通行的畅销品质量（Customary Merchantable Quality）"的含义，但在别的国家，可能会有完全不同的理解。国际贸易人员必须仔细审核合同的每一条款，如果审核不细致，就可能会导致收益的变化，而这种变化是公司不情愿看到的。

7.4.2　价格扬升的控制

同在国内销售产品相比，出口到国际市场上的产品由于地理距离的增加、经济差异的加大，导致了国际市场营销需要更多的运输和保险服务，需要更多的中间商和更长的分销渠道服务，还需要支付出口所需的各种案头工作费用和进口税。以上各种费用都作为成本费用加在产品的最终售价上，从而导致了产品在国际市场上的最终价格要比国内销售价格高很多的现象。我们把这种外销成本的逐渐加成所形成的出口价格逐步上涨的现象称为价格扬升。

产品内销、外销价格存在巨大差异主要是由于国际销售比国内销售需要承担更多的营销职能，并不是企业将产品销往国外就能获得更多的利润。出口过程中各环节费用的逐渐增加是造成价格扬升的根本原因。价格升级并没有给出口企业带来任何额外的利润。相反，由于价格升级，使得企业目标市场的消费者需要花高价购买同样的商品，高的价格抑制了需求，减少了企业产品的销售量，对生产企业本身产生了不利的影响。因此，价格扬升是国际企业必需解决的一个问题。

企业可以采取若干措施来减少价格升级所造成的消极影响。常用的方法有以下几种。

① 降低净售价，即通过降低净售价的方法来抵消关税和运费。但这种策略常常行不通，一是因为减价可能使企业遭受严重的损失；二是企业这种行为可能被判定为倾销，被进口国政府征收反倾销税，使价格优势化为泡影，起不到扩大销量的作用。

② 改变产品形式。例如，将零部件运到进口国，在当地组装，这样可以按照比较低的税率缴纳关税，在一定程度上降低了关税负担，从而使价格降低。

③ 在国外建厂生产。这样可以在很大程度上减少运费、关税、中间商毛利等价格升级造成的影响，但也会面临国外政治、经济形势变动的风险。

④ 缩短分销渠道。这可以减少交易次数，从而减少一部分中间费用。但是，有时渠道虽然缩短了，成本却未必会降低，因为许多营销的职能无法取消，仍然会有成本支出。在按照交易次数征收交易税的国家，可以采用这种办法来少缴税。

⑤ 降低产品质量，即取消产品的某些成本昂贵的功能特性，甚至全面降低产品质量。一些发达国家需要的功能在发展中国家可能会显得多余，取消这些功能可以达到降低成本、控制价格的目的。降低产品质量也可以降低产品的制造成本，不过这样做有一定的风险，决策时一定要慎重。

7.4.3 平行输入的控制

一个大企业如果不能有效地控制价格和分销，子公司或分支机构很可能发生竞争。由于不同国家市场上的产品价格不同，在本国销售的产品可能出口到另一个国家时按低于本国的产品销售价格出售。例如，一家美国化妆品生产企业以较低价格出口化妆品给一个发展中国家，后来发现这些化妆品出口到了第三国，在该国与同一公司以较高价格销售的相同产品产生了直接竞争。这时平行输入（也称平行进口或灰色市场）扰乱了价格，其根源在于缺乏对价格的控制和有效管理。

平行输入的主要原因包括：不同国家间的币值差异、进口配额和高关税、国家间的显著价格差异，以及专营公司赋予分销商高额的价差等。

为了避免出现平行市场，企业必须建立严格的控制系统，定期监控公司出口商品的数额是否与出口地的需求相适应。此外，企业可以建立有效管制分销渠道的控制系统，还可以借助当地法律的帮助，减轻平行输入带来的冲击。在中国台湾，一家法院裁定两家从美国进口可口可乐的公司侵犯了可口可乐公司的商标和可口可乐公司在中国台湾的唯一授权经营者的权利，禁止其出口、展示、销售有可口可乐商标的商品。

7.4.4　租赁和相对贸易的价格控制

（一）租赁

租赁是解决产品价格昂贵和资金短缺的一个重要销售方式。设备租赁概念作为在海外市场出售设备的途径正变得越来越重要。工业出口企业租赁期通常为 1～5 年，按每月或每年支付租金，租金包括服务费、修理费和更换零件费。国内、外的租赁不仅协议相似，动机也基本相同：通过租赁获得现金无力购买的设备；有利于销售新的、实验性的设备；使设备得到更好的维护和服务保证；租赁收入比直接的收入更为稳定。

同时，国际租赁也会存在一定的风险。在一个受通货膨胀困扰的国家里，包含维护和提供零部件的租赁合同在合同执行后期可能遭受重大的损失。此外，对租赁最感兴趣的国家正是通货膨胀最有可能发生的国家。租赁所面临的货币贬值、没收或其他政治风险的作用时间比直接销售要长。尽管如此，国家租赁成为越来越多的国际企业采用的一种价格控制方式。

（二）相对贸易 [43]

在国际贸易往来中，企业想方设法降低经营的风险，提高利润。运用相对贸易的手段是企业控制经营成本的有效手段之一。通常而言，相对贸易的方式主要有四种。

1. 易货贸易　易货贸易（Barter[35]）是指交易双方直接互换货物。西方石油公司与前苏联达成的一项为期二年、金额达 200 亿美元的协议是迄今为止规模最大的易货贸易之一，根据该协议，西方石油公司用过磷酸向前苏联换取氨尿素和钾碱。在这笔交易中，既没有现金转手，也不涉及任何第三方。显然，在易货交易中，卖方必须有能力转卖所换得的商品，转卖净价应等于在正常现金交易中预期的售价。此外，在易货交易的谈判阶段，卖方就并须对有关商品的市场和价格有所了解。在上述交易中，西方石油公司对氨尿素

43. Countertrade.

---

[35]　Barter: the direct exchange of goods with no money and no third party involved.

和钾碱的价格和市场是有数的，因为这两种商品可供该公司自己使用。但是，易货贸易所涉及的商品种类繁多，从火腿到铁粉、矿泉水、家具或橄榄油，应有尽有，当潜在顾客尚需寻找时，定价和营销都要困难得多。

由于商品种类繁多且质量等级各异，卖方只好依靠易货商行来了解行情，寻找换得的货物的买主。易货商行对小出口商尤其有用，举例说，假设一家俄罗斯公司从西方企业订购 10 台切肉机，用亚洲的名贵商品——鹿角支付。机器制造商可能借助于易货商行把鹿角卖给一家韩国公司，后者用鹿角制造传统的亚洲药品。

2. 补偿贸易[36] 补偿贸易（Compensation Deal）指一部分用实物、一部分用现金来支付的贸易。比如，一家企业将飞机卖给巴西的买主，60% 的贷款用可兑换货币支付，余下的 40% 用可可豆等农产品支付。例如，麦道飞机公司与泰国做成了 8 架 F/A-18 飞机的补偿贸易，泰国同意支付 5.78 亿美元现金，其余 9300 万美元则用泰国橡胶、谷物、家具、冻鸡、水果罐头支付。为了减少经常项目的赤字，泰国政府规定大宗合同价值的 20%～50% 应以农业原料和农业加工品支付。

与易货贸易相比，补偿贸易的一个优点是有一部分贷款可以立即用现金清算，余下部分现金在出售所得货物后取得。如果换得的货物在公司内能派上用场，那么，补偿贸易就比较简单，但如果必须依靠第三方来寻找买主，那么，在补偿贸易谈判过程中就必须把请第三方协助的费用考虑在内，以便使卖方的净收入等同于正常现金交易中的净收入。

3. 反向购买[37] 反向购买（Counter Purchase）也许是反向贸易中最常用的一种形式。卖方以某种确定的价格将某种产品出售给买方，买方以现金支付货款。可是这种贸易涉及两份合同，第一份合同是以第二份合同为条件的。第二份合同规定，原卖方必须向买方购买价值相当于第一份合同总金额之全部或一定百分比的货物。这种做法于补偿贸易相比，卖方有较大的灵活性，因为一般来说，第二份合同的执行比第一份合同晚一段时期（6～12 个月，甚至更长一些）。原卖方在为第二份合同的货物寻找市场期间，已收到了第一份合同的全部货款。此外，与补偿贸易中用以支付的货物相比，反向购买的第二份合同所要求购买的货物往往种类更多。如果第二份合同不规定具体

---

[36] Compensation: the form of countertrade in which an incoming investment is repaid from the revenues generated by that investment.

[37] Counter purchase: exchange of goods between two parties under two distinct contracts expressed in monetary terms.

产品，企业的选择余地就更大。此时，仅要求每隔一段时间将买、卖账册清算一次，卖方有义务从买方购买足够数量的货物，以便使买、卖金额在账面上保持平衡。

反向购买在经济比较薄弱的国家中越来越流行。一些反向购买新形式的出现使其对卖方来说更具经济性。洛克希德公司在反向购买交易之前就建立反向购买信用。洛克希德公司主动寻找机会，把飞机卖给韩国，接受某种形式的反向贸易，帮助销售 Hyundai 个人电脑，为韩国购买洛克希德的飞机创造机会。洛克希德从事反向贸易已有 20 多年，合同金额达到 13 亿美元，所购商品从西红柿、地毯、纺织品到汽车零件。

4. 产品回购协议 [38] 产品回购协议（Product Buy-back Agreement）是第四种反向贸易形式。当卖方销售的产品或服务（如工厂、生产设备或技术）能生产出其他的商品或服务时，便可能采用这种方式。回购协议通常分为两种情况：（1）卖方同意买方将部分货款以产品的一部分来支付；（2）买方付清全部货款，但卖方同意以后购回一部分产出。例如，一家美国农业机械制造商将一个拖拉机工厂出售给波兰，一部分货款用硬通货支付，其余则用该厂制造的拖拉机抵偿。又例如，通用汽车公司为巴西建造了一个汽车制造厂，收回了货款，但答应购买汽车制造厂的产出。李维斯·特劳斯帮助匈牙利在布达佩斯附近建造了一家生产牛仔裤的工厂，然后购回匈牙利牛仔裤在海外销售。

产品回购协议的一个主要缺点是，卖主有时候会发现回购的产品在与自己用类似方法生产的商品竞争。另一方面，也有些公司发现，产品回购协议为他们在那些有需求但无供给的地区提供了新的货源。

7.5 国际市场定价应注意的问题

7.5.1 统一定价与差别定价

国际企业在执行定价策略的过程中常常会遇到这样一个问题：究竟同一种产品的价格应该在世界各国市场上保持一致，还是针对各国的不同情况，分别采用不同的价格策略。从跨国企业的营销实践上看，大部分企业都采用差别定价决策。主要由于不同国家和地区在社会历史、文化习惯、经济发展

[38] A provision in a contract where the seller agrees to repurchase the property at a stated price if a specified event occurs. For example, a builder could be required to buy back a retail property at a specific price if certain sales thresholds are not met.

水平、自然资源、政府政策等方面均有较大的差别，还有各国的生产成本、竞争价格、分销渠道及其分销成本、产品生命周期以及税收等方面存在较大的出入，企业需要全面衡量这些方面的差别，有针对性地制定不同的价格策略。但是，也有一小部分跨国企业认为，在国际市场上保持统一的价格，有利于公司和产品在各国市场上形成一致的形象，而且统一的市场定价策略有利于节约营销成本，同时便于公司总部对整个营销活动的控制。

7.5.2　总部定价与子公司定价

许多规模较大的企业在国际营销的价格管理方面面临这样一个问题：由总公司统一制定商品在世界各地的价格，还是由在各国的子公司独立地定价。通常有三个做法：其一是由公司总部定价；其二是由子公司单独定价；其三是由公司总部与子公司共同定价。由于各国的生产、市场和竞争等条件都有所不同，因此，由总公司为各国的子公司统一定价的情况还不多见。比较常见的方法是由总公司和子公司联合定价，其具体做法是：由总公司确定一个基价和浮动幅度，子公司可以根据所在国的具体情况，在总公司规定的浮动范围以内，灵活地制定本地区的商品价格。这样，既能使总公司对子公司的定价保持一定的控制，又能使子公司有一定的自主权，使价格适应当地市场的具体情况。

公司内部定价系统的总目标是：①尽量增加整个公司的利润；②便于母公司实施控制；③合理化各级管理部门（包括生产部门和国际销售部门）的经营实绩。转账价格订的太低会引起生产部门的不满，因为他们的总经营业绩看上去比较差；转账价格订的太高，国际营销部门的业绩就显得不行，影响国际营销经理的积极性。

公司内部定价系统应该应用正当的会计方法，使有关国家的税务当局无懈可击。由于上述种种因素，不宜对公司的国际营销业务采用单一的价格，甚至也不宜采取统一的定价方法。

公司内部调拨产品有四种定价策略：①以当地制造成本加上标准加成出售；②以公司内效率最高的生产单位的制造成本加上标准加成出售；③以协商价格出售；④以市价出售。

在这四种方式中，以市价进行调拨最容易为税务当局接受，也最有可能为国外的分公司所接受，但公司内部调拨究竟以哪种定价方式为宜，应取决于下属子公司的性质和市场情况。

无论在母国还是在东道国都需要细致地考虑这些做法，以免外国公司逃避税收或本国公司少报海外收入。美国政府在税收审计时，特别注意转账定价，这导致了美、日之间关于跨国公司转账价格的所谓"税收战"，双方都指责对方的跨国公司通过转账定价而少收税收。例如，美国宣称，日产在美国的子公司为了在美国少交税，在进口汽车时，支付母公司的价格过高。结果，美国对日产课以数百万美元的罚金。作为报复，日本要求可口可乐公司补交1.45亿美元税收。

7.5.3　倾销与反倾销

（一）倾销 [39]44

近年来，随着经济全球化趋势的逐渐加快和国际市场竞争的激化，倾销与反倾销已成为国际市场营销的一个焦点之一。所谓倾销，是指某一组织机构以低于国内市场的价格，甚至低于商品生产成本的价格向国外大量抛售商品，以期达到打垮竞争对手、垄断整个市场的目的。一般说来，倾销可分为以下几种。

1. 偶然性倾销 [40]45　这种倾销也称短期性倾销。往往是将过时的产品或在本国市场已经无销路的商品以低于生产成本的价格向国外抛售。这类倾销对进口国的同类生产企业在短时间内会有不利影响，但对进口国消费来说，带来了价廉物美的商品，所以进口国政府通常对此类倾销不予干预。

2. 间歇性倾销 [41]46　这种倾销的主要做法是，以低于国内价格甚至低于成本的价格手段向国外大量抛售商品。其目的就是为了打垮国外竞争对手，垄断市场，然后再提高商品的价格，以获得更丰厚的利润。企业实施亏本销售，旨在进入某个外国市场，而且主要为了排斥国外竞争者。一旦企业在市场上的地位确立，该企业便依据其垄断地位而提价。这种倾销持续时间较长且危

44. Dumping.

45. Sporadic dumping.

46. Predatory dumping.

---

[39]　Dumping: in international trade, the export by a country or company of a product at a price that is lower in the foreign market than the price charged in the domestic market. As dumping usually involves substantial export volumes of the product, it often has the effect of endangering the financial viability of manufacturers or producers of the product in the importing nation. Dumping is also a colloquial term that refers to the act of offloading a stock with little regard for its price.

[40]　Sporadic dumping :it is the occasional sale of a commodity at below cost or at a lower price abroad than domestically in order to unload an unforeseen and temporary surplus of the commodity without having to reduce domestic prices.

[41]　Predatory dumping:a type of anti-competitive event in which foreign companies or governments price their products below market values in an attempt to drive out domestic competition. This may lead to conditions where one company has a monopoly in a certain product or industry. Antitrust or competition laws forbid predatory dumping in many countries such as the U.S. and the European Union.

害极大，它打击了进口国的民族工业，阻碍了进口国同类企业的生存和发展，同时，也将最终损害进口国消费者的利益。因此，许多国家的政府对此类倾销均通过征收反倾销税等方法进行抵制。

3. 持续性倾销[47] 这类倾销也称长期性倾销，是指长期以低于国内市场的价格向国外市场抛售商品。它最显著的特点就是具有长期性。为避免长期亏损，其出口价格至少要高于边际成本，同时，倾销者还通过规模经济的做法扩大生产，以降低单位成本。企业在某一国际市场持续地以比在其他市场低的价格销售，是持续时间最长的一类倾销。其适用前提是，各个市场的营销成本和需求特点各有不同。当然，在打垮竞争对手、完全占领市场以后，倾销者会再次提高价格，以赚取超额利润。

国外许多公司事实上都曾进行过倾销。它们为了逃避反倾销调查，除了用给进口商回扣、把出口产品伪装成进口国内生产的产品、开具假文件隐瞒出口产品真实价值等手段隐瞒倾销行为外，还经常通过如下措施"合法地"逃避反倾销控告。

① 设法使出口产品从表面上与在国内市场销售的产品有差别，即对实质上的同一产品，通过促销宣传使之差异化，在国内市场上也就没有相应产品作为价格比较的基础，从而使倾销行为被掩盖。

② 采取多种国际营销方式，变单纯的出口为在东道国生产，可以降低成本及低价销售，这是一种积极的对策。

③ 母公司从海外子公司输入廉价产品，以低于国内市场价格销售海外产品而被控告在国内市场倾销，这种情况在国际营销实践中时有发生。

（二）反倾销[42][48]

所谓反倾销，是指进口国政府为了维护正常的国际贸易秩序，通过立法以及对倾销产品征收高额反倾销税等措施来遏制倾销的一种手段，以此保护本国工业的发展。《世界贸易组织规则》规定：如果因倾销而对进口国领土内已建立的某项工业造成实质性损害或产生实质性阻碍，这种倾销应该受到谴责，对倾销产品征收数量不应超过这一产品的倾销差额；若不能断定倾销或补贴的后果是否会对国内某项已建的工业造成实质性损害或产生实质性威胁，或者实质性阻碍国内某一工业的新建，不得征收反倾销税或反补贴税。

47. Persistent dumping is a practice of selling a product below its production cost.

48. Anti-dumping.

---

[42] Anti-dumping: if a company exports a product at a price lower than the price it normally charges on its own home market, it is said to be "dumping" the product. The WTO Agreement does not regulate the actions of companies engaged in "dumping". Its focus is on how governments can or cannot react to dumping — it disciplines anti-dumping actions, and it is often called the "Anti-dumping Agreement".

由此可见，要认定倾销，必须符合三个条件：一是称是产品出口价格低于正常价值；二是产品对进口国确实造成了实质性的损害、威胁或阻碍；三是倾销与实质性损害、威胁或阻碍存在着无法分割的因果关系。其中，价格低于正常价值是三个条件中的关键。出口价格低于其正常价值的判别依据，首先是低于相同产品在出口国用于国内消费时在正常情况下的可比价格；如果没有这种国内价格，则为低于相同产品在正常贸易情况下向第三国出口的最高可比价格或者产品在原产国的生产成本加合理的推销费用和利润。但对具体销售的条件差异、税赋差异以及影响价格可比的其他差异，也必须予以适当考虑。

本章小结

- 影响国际企业制定价格的因素主要有成本因素、竞争因素、市场需求、政治因素以及定价目标等。

- 国际产品定价方法包括有成本导向定价、需求导向定价和竞争导向定价法。

- 国际产品定价策略除了包括新产品定价、心理定价、差别定价、折扣定价、产品组合定价策略以外，还有国际营销活动特有的国际转移定价策略。

- 在对国际产品价格管理和控制过程中，需要妥善处理好外销产品的报价控制、价格扬升控制、平行输入、租赁和相对贸易的价格控制问题。

- 在国际市场定价过程中应注意的一些问题。

【主要概念】

成本导向定价	需求导向定价
竞争导向定价法	新产品定价
心理定价	差别定价
折扣定价	产品组合定价
报价控制	价格扬升控制
平行输入	租赁和相对贸易
统一定价与差别定价	总部定价与子公司定价
倾销	反倾销

思考与练习

一、问答题

1. 影响国际市场定价与国内市场定价的因素有何不同？

2. 国际企业主要的价格策略？

3. 国际企业主要有哪些价格控制手段？

4. 统一价格与差别价格有何不同？分别在什么情况下使用？

5. 为什么近年来倾销已成为一个主要问题？

二、案例分析

IBM 公司的价格策略从唯我独尊的"不二价格策略"已逐渐改变为配合市场需求的市场定价。当然，IBM 在价格策略上采取将产品区隔作为价格策略的基础，亦即在透过渠道销售的低价或个人用计算机应该低价格的定位上，一般是根据与渠道互动后决定。在全球服务单位提供的整合式服务的价格或是大中型顾客需要的整体解决方案的价格都需要复杂的成本计算，但由于与大型客户交易需以保持长期合作关系为导向，因此，IBM 在提供解决方案或参与招投标时，会以灵活的价格策略抢先夺取生意，然后再一步步达到长期的利润回收，这是 IBM 传统价格策略的变体。IBM 总部营销单位已经将产品将产品价格的弹性授权由事业部门决定，以便在电子商务时代抢占市场占有率。

讨论问题：

1. IBM 为什么会改变价格策略？

2. 为什么 IBM 面对大客户时要先以低价抢占阵地？

3. 为什么对 IBM 这样的企业来说，必须重视与大客户建立长期的关系？

4. IBM 公司的定价对与它有竞争关系的企业的定价策略有哪些影响？

chapter 8

第 8 章 国际市场分销渠道策略

学习目标：

通过本章的学习，要求学生能应用国际市场营销渠道的相关理论分析实践中遇到的问题，能进行国际市场分销渠道决策，能根据条件选择合适的中间商，能对国际市场分销渠道进行管理。

重点难点：

· 国际市场营销渠道的相关概念

· 影响国际市场营销渠道设计与选择的基本因素

· 各类中间商的特点

· 渠道长度与宽度策略

国际市场分销渠道 [1] 是指产品由一个国家的生产者流向国外最终消费者和用户所经历的路径，是企业国际市场营销整体策略的一个重要组成部分。在世界市场上，生产者和最终消费者很少能面对面地进行交易，产品的流通、所有权的转移，要经过中介人才能最后到达消费者手中。各种产品的不同销售渠道是客观存在于市场上的，出口企业不但要使自己的产品适销对路，而且还要选择适当的分销渠道，使产品能够顺利而及时地到达消费者手中。

8.1　国际市场分销策略概述

8.1.1　国际市场分销渠道基本结构

由于社会分工的存在，产品在由国内生产者向国外最终消费者或者用户转移的过程中要经过各种各样的中间环节。产品的特性、企业的指导思想等方面的差异决定了产品的国际分销渠道的不同。综合起来，从图 8-1 中可以看出，产品的国际市场分销渠道可分为两个部分：一部分是产品在出口国市场的分销渠道；另一部分是产品在进口国市场的分销渠道。产品在出口国市场的分销渠道主要有两种形式，而在进口国市场的分销渠道主要有 4 种，这样，产品在国际市场上的分销渠道形式共有 8 种。

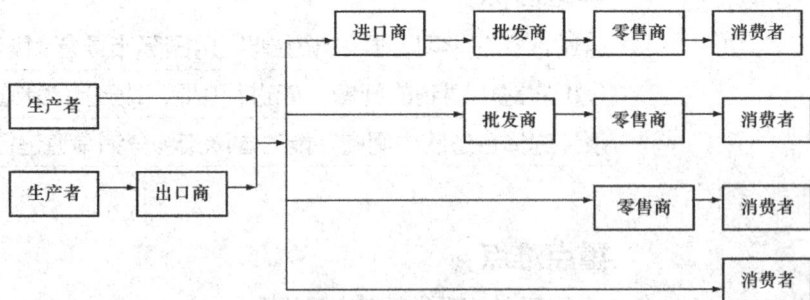

图 8-1　国际市场分销渠道的基本结构

8.1.2　国际市场分销渠道的发展趋势

分销渠道中的渠道成员和渠道的构成不是一成不变的，随着经济的发展、消费行为的改变、物质条件的改善、市场结构的变化，商业业态和渠道组织都在不断地变化。20 世纪 70 年代以来，由于全球经济一体化、企业竞争国际化

---

[1]　International market distribution channel is the rote that a production experienced flowing direction from a country's producers to the foreign consumers. It's an important constituent part in company's international market distribution ensemble strategy.

的发展，大型跨国公司日益成为国际市场竞争的主体。跨国公司凭借其雄厚的资源，在国际市场经营过程中往往综合运用产品、价格、渠道、促销策略，要求对销售渠道拥有比较大的控制权，上述趋势导致了分销渠道的联合化趋势。

1. 纵向联合销售系统的发展　纵向联合销售系统又称垂直营销系统[2]1，是指生产者、批发商、零售商等不同渠道成员采取一体化经营方式所形成的渠道系统。在垂直营销系统中，一个渠道成员对其他渠道成员拥有所有权，或者是授予其他渠道成员特许权，或者是拥有足够市场影响迫使其他渠道成员采取合作态度。

垂直营销系统具有经营规模大、服务功能强、交换能力高、有利于避免重复经营的特点，能够取缔规模经济和范围经济。垂直营销系统的产生和发展，是近几十年来西方发达国家由卖方市场进入买方市场、市场竞争加剧、集中和垄断进一步发展的产物。

2. 横向联合销售系统的发展　横向联合销售系统又称水平营销系统[3]2，指在渠道系统中处于同一层次的若干制造商、批发商或零售商自愿结成临时或永久的合作关系或者组建一个独立的公司，进行横向联合经营，共同开发新的市场营销机会。

8.1.3　影响国际市场分销渠道设计与选择的基本要素

国际市场分销渠道的设计[4]是企业国际市场营销的一项重要活动，是站在生产者的角度规划企业跨越国境的营销网络，它的中心问题是确定到达国际目标市场的最佳网络途径。选择国际市场分销渠道，要求企业对各种不同的环境因素进行综合分析，包括顾客因素、产品性质、中间商因素、竞争因素、

1. Vertical marketing system.

2. Horizontal marketing system.

---

[2]　A vertical marketing system, also called a VMS, is a business system in which suppliers in a product chain work in a cooperative arrangement designed for all businesses to receive the maximum benefit. Systems like these are in contrast with conventional marketing systems in which each business in the supply chain is independent. Vertical marketing systems are often used by business to lower the cost of producing a product or to better control the production of the product.

[3]　A horizontal marketing system is a distribution channel arrangement whereby two or more organizations at the same level join together for marketing purposes to capitalize on a new opportunity. For example, a bank and a supermarket agree to have the bank's ATMs located at the supermarket's locations, two manufacturers combining to achieve economies of scale, otherwise not possible with each acting alone, in meeting the needs and demands of a very large retailer, or two wholesalers joining together to serve a particular region at a certain time of year.

[4]　The design of international market distribution channel is an important activity which is to project enterprises' transnational marketing networks at the view of the producers'. Its main issue is to choose the best network route reaching the international target market.

企业因素、环境因素和渠道成员彼此的权利和义务等。

1. 产品特性[3] 不同产品由于其各自不同的特点，对渠道有特殊的要求。如鲜活易腐产品、产品生命周期短的产品和时兴产品，显然应采取最直接的渠道；体积大、份量重、技术性强的专用产品适用于尽可能短的渠道；单价高、需较多附加服务的产品，多由生产企业直接销售，或只经过一道中间环节；反之，产品越标准化，越为顾客所熟悉，渠道越可以长且宽。见表 8-1。新产品尚未被市场接受、需求不稳定时，通常也要由生产企业自己派人直接从事推销和市场开拓，随着市场接受程度的提高，渠道也可以随之改变。例如，一种运动果汁饮料，刚开始只供应运动队、体育馆和健身俱乐部，然后，随着接受者的普及，开始进入超级市场、便利店和快餐店。

表 8-1 产品特性影响销售渠道的选择比较表

相关因素	产品特点：高或低（大或小）	渠道特点：长或短
单价	高	短
	低	长
易腐易毁性	高	短
	低	长
重量	大	短
	小	长
技术复杂性	高	短
	低	长
时尚性	高	短
	低	长

2. 市场特点[4] 市场潜量越大，越需要利用中间商；如果市场潜量小，企业可以考虑直接利用推销员推销；个人消费者市场分散，购买频繁，数量少，要求就近方便地买到，如果采用生产者—零售商—消费者的短渠道，势必因订货频繁、运输储存工作量大而加大流通费用，所以生产厂家和零售企业，特别是中小企业，宁愿在批发企业的协助下组成长渠道，或利用批零合一的连锁店。顾客购买商品的频率高，则选用较多的中间商；顾客集中、大批购买可少用中间商而直接销售，如产业用户因其购买批量大而集中，更希望与供货厂家直接交易，以节约流通费用。出于同样目的，大型零售商也力图绕过批发商，寻找最短的进货渠道。对高新技术产品、特种制品，因用户需要复杂的、系列化的服务，不宜广泛使用中间商。

3. 中间商的特点　一般来说，不同的中间商[5]在促销、谈判、储存、交际和信用诸方面所具有的能力是不同的。如专业进口商经验丰富、熟悉本国市场的渠道、了解各种进口规定，特别适用于不熟悉东道国的外国企业。直接经营进口的零售商有自己的进口部。掌握市场行情，批发商可以大批量进货。因此，企业在建立渠道时必须考虑不同类型的中间商在执行各种任务时的优势和劣势。

4. 环境特性[6]　在国际市场上，企业大多尽量避免使用与竞争对手相同的营销渠道。有些企业常常采用与竞争产品同样的渠道，如生产食品等购买者卷入程度小、品牌差别却较大的产品的企业，希望将自己的产品与竞争对手的产品摆在一起卖，以供消费者选择。企业利用营销渠道不仅受到竞争者所使用的渠道的制约，同时还需要了解市场上各中间商的规模、承担各种职能任务的优势和弱点。如在某一市场上，大型零售商较多，进货批量大，足以和生产企业的产量相匹配，在这种情况下，企业就可以将产品直接卖给零售商，而不需要批发商转手，于是渠道较短；相反，中小零售商数目多，竞争激烈，则通过批发商的长渠道才能达到较好的营销效益。

5. 企业特性[7]　对于那些不仅规模大、名气大，而且资金雄厚、产品优良、优势卓著的公司，在选择销售渠道和中间商时，就有更大的主动权，甚至可建立自己的销售公司，这种销售渠道会短而宽。此外，企业的产品组合[8]情况亦影响其营销渠道选择，如产品组合广、与顾客直接打交道的能力强，渠道可短而宽；如产品组合深，则适于窄渠道。同时，企业的营销策略也会影响其渠道设计，如一家汽车制造商打算为顾客提供及时的维修服务，它势必要建立众多的服务维修网点、广泛分布的备件储存点，或者是速度更快的运输工具。还有，企业本身控制渠道的愿望也有不同，有的制造商为了控制产品的销售渠道，明知成本较高，也愿意采取短渠道销售，因为这样可以增加推销力量、保持产品存货的新鲜，以及控制零售价格等。如果生产企业希望完全控制其产品的市场定位、价格和形象，恐怕就要建立专卖店或专卖专柜，反之，则可以通过较多的中间商销售。而资历薄弱的企业，只能依靠中间商提供销售过程的服务，营销渠道相对长些。

6. 渠道成员[9]**彼此的权利和义务**　选择了国际销售渠道的模式和具体的中间商之后，还要明确渠道中各个成员彼此间的权利和义务，这样才能更好地处理利益关系，加强渠道成员的合作，渠道成员彼此间的权利和义务是围绕着利益这个核心确定的，具体包括价格政策、买卖条件、中间商的地区权利、各方面提供的特定服务内容等。

在价格政策上，制造商要制定一个价格目录，明确规定对不同类型的中

---

5. Intermediate trader.

6. Environmental characteristics.

7. Characteristics of enterprises.

8. Product portfolio.

9. Channel member.

间商或对不同的购货数量所给予的不同折扣或价格优惠。

在买卖条件上，对于提早付款或按时付款的中间商，企业应该根据其付款的时间给予不同的折扣，这样既可刺激中间商的积极性，同时又利于生产商的货款回收，加快资金的周转速度。

在中间商的地区权利上，生产商对于中间商在地区划分、覆盖范围、权利和责任方面应该进行明确的规定。例如，特许经营权 [5] 10 的发放范围、管辖区域及其责任和报酬都应该在特许经营权协议中明确地予以规定。这样做一方面可以减少不必要的争执和冲突，另一方面可以最大限度地调动中间商的积极性。

在双方应提供的特定服务上，生产商和中间商在广告宣传、资金投入、人员培训等方面可能存在利益上的争执，因而最好的形式就是用协议或合同的方式加以明确规定。例如，订立一个协议，规定如果中间商为产品提供广告宣传，生产商可以让利 5%，并在资源紧俏的时候，优先供应广告服务的中间商，这样就起到鼓励中间商承担其职能的作用。

8.2 国际市场营销渠道成员

国际市场营销渠道成员 [6]11 指参与商品在国际市场营销流通过程中的各类中间商。国际中间商可分为国内中间商和国外中间商两大类。由于国际中间商在企业的国际市场中起着关键的桥梁和连接作用，因而企业既要将中间商看成顾客，又要将其看成是战略协作伙伴。企业上下都要形成一个共识，也就是中间商是服务于企业最终顾客的执行者，可以帮助企业建立起顾客对企业的信任和忠诚。

8.2.1 国际市场营销渠道成员（中间商）的基本类型

在企业的国际市场营销过程中，国际中间商承担了重要的中介和桥梁作

---

[5] Franchising is the practice of using another firm's successful business model. The word "franchise" is of Anglo-French derivation – from franc- meaning free, and is used both as a noun and as a (transitive) verb. For the franchisor, the franchise is an alternative to building "chain stores" to distribute goods that avoids the investments and liability of a chain. The franchisor's success depends on the success of the franchisees. The franchisee is said to have a greater incentive than a direct employee because he or she has a direct stake in the business.

[6] International marketing channel members refers to all kinds of intermediate business who participate in the process of the international market circulation. The international intermediaries can be divided into domestic intermediaries and foreign middleman two categories.

用，因而需要进一步将中间商进行分类，以便掌握不同类型中间商的特点，充分发挥各类中间商在国际营销渠道中的作用。

1. 出口中间商 [7] 12　　出口中间商是指设在生产企业本国的中间商，在生产企业不能直接与国外客户交易的情况下，可以利用国内进口商的国际市场营销知识和经验为生产企业服务。以出口中间商是否拥有商品所有权为标准，它可以分为出口经销商和出口代理商两大类。出口经销商拥有对商品所有权；出口代理商只是接受委托，以委托人的名义买卖货物，收取佣金，不拥有商品的所有权。

12. Export middlemen.

（1）出口经销商 13。出口经销商包括出口公司、出口直运批发商、出口转卖商、外国进口商和国际贸易公司五种类型。

13. Export dealers.

① 出口公司 14。在本国市场上买进商品再转卖给外国买主，经营出口业务的企业称为出口公司。出口公司实质上是在国外市场开展业务的本国批发商，其基本职能与本国的一般批发商相同，区别是其经营的对象是国外买主。出口公司从众多的生产企业手中购买商品，然后将商品运至国外，对开展国际经营活动并对其销售负全部责任。一些大出口公司往往还能进行国外买主资金上的融通，并能在海外市场进行商品宣传。出口公司有专业化的发展趋势，一般来说，它们都趋向于专门在一个方面经营，并能向国内生产企业提供大量的、与本行业有关的国际市场信息。

14. Export companies.

② 出口直运批发商 15。出口直运批发商主要经营大宗商品和原材料，与出口商在业务方式上有所不同，他们一般只根据国外客户订单所指定的商品品种、规定和数量向国内生产企业采购，当采购数量达到订单数量时，就直接运给国外客户，自己并不保有存货。

15. Direct transport export wholesalers.

③ 出口转卖商 16。出口转卖商是一种专门经营低价、低档商品的中间商。他们努力寻找降价求售的商品、生产过剩的商品、过时商品或其他廉价商品，然后转卖到需要这些产品的国外市场上去。

16. Export reseller.

④ 外国进口商 17。外国进口商实际上是国外购买者设在出口国的常驻采购商。他们所采购的货物一般都是该进口国所需的。对于出口国的生产企业来说，只需要在本国与外国进口商联系、洽谈和成交，整个销售过程实际上是在出口国国内进行的。商品的运输和在国外市场上的销售有外国进口商全

17. Foreign importer.

---

[7]　The export middlemen can take advantage of the domestic importer's international marketing knowledge and experience to provide services for the production enterprises that can not deal directly with foreign customers. Export middlemen can be divided into two major categories of export distributors and export agents.

面负责。对于那些希望涉足国际市场但又缺乏在国外实际销售经验与能力的生产企业来说，利用国外进口商也是一种可行的经销途径。

⑤ 国际贸易公司[18]。国际贸易公司是国际贸易发展的重要中介。相对于专业的出口公司，国际贸易公司往往既从事国际贸易，又从事国内贸易，甚至还有一些生产、金融方面的业务。它对生产企业的服务是全方位的，既包括销售渠道服务，又承担提供信息，甚至为生产企业采购原材料等职能。

（2）出口代理商[19]。出口代理商与出口商的区别是一般不以自己的名义向本国卖主购买商品，而只是接受卖主的委托，以委托人的名义，在规定的条件下代表委托人开展出口业务。出口代理商本身并不拥有商品所有权，只是在交易成功后，由委托人付给一定的佣金。在国际市场上，出口代理商主要有销售代理商、厂商出口代理商、出口国际经纪人和出口佣金商等。这些代理商既可以是一个组织机构，也可以是一个自然人。

① 销售代理商[20]。销售代理商与生产企业是委托代理关系，它不拥有商品的所有权，所以无权决策，一切业务活动由生产企业决定，但它通常有可以控制出口商品的价格、销售渠道和促销方式，因此，可视为生产企业的销售经营部门，负责生产企业的全部销售业务。销售代理商比其他的出口商提供更多的服务，如负责在国际市场上的全部广告宣传，派员开展推销活动，设置商品陈列处，召开订货会、展销会和参加国际展销会，开展国际市场调研，提供咨询和产品售前、售后服务等。

② 厂商出口代理商[21]。厂商出口代理商是接受生产企业的委托，从事商品出口经营业务的代理商，相当于执行生产企业出口部的职能。在国际市场上，中小企业多使用厂商出口代理商。此外，大企业在开拓新市场、推销新产品或面对的市场潜力不大时，也通常使用厂商出口代理商。使用厂商出口代理商的缺点是市场活动范围有限，影响生产企业开发国际市场的进度。

③ 出口国际经纪人[22]。出口国际经济人指经营出口业务的经纪人。这种代理商只负责给买卖双方寻找客户，不持有存货，也不办理商品进出口的具体业务，它与进出口双方一般没有长期的固定关系，其职能是联系买卖双方达成交易。国际经纪人可同时充当出口商的国外销售代理人和进口商的国外采购代理人。出口国经纪人可以专营一种或几种商品，甚至专营几个国家的产品。

④ 出口佣金商[23]。出口佣金商指接受生产企业委托，代办出口业务，从中收取佣金的代理商。出口佣金商的业务主要是代国外买主采购佣金商所在国的商品出口，有时也代国内厂商向国外销售产品。出口佣金商代国外买主

18. International trading company.

19. Expert agent.

20. Sales agent.

21. Manufacturers export agent.

22. Export international brokers.

23. Export commission merchant.

办理委托业务时，是根据买主的订单或委托购货书（代购订单）进行的，一旦达成协议，买主不能变更其委托，佣金商也必须按照购货书内规定的条件进行采购，运送到指定的地点，由买主付给佣金，并且一切风险和费用均由买主承担。

2. 进口中间商 [8] 24　进口中间商指从事进口业务的中间商和销售进口商品的中间商。主要有进口经销商和国外进口代理商两种。

24. Import middlemen.

（1）进口经销商 25。凡直接向国外购买商品向国内市场销售的贸易企业，均可称为进口经销商。进口经销商拥有商品所有权，通过进口业务来赚取利润。当然，它要承担由商品进口到卖出的一切风险。进口经销商的职能与国内批发商相似，不同之处在于进口经销商的进货对象是国外企业。进口经销商的经营方式主要有两种：一种是根据国内市场要求先进口商品，然后再转售给国内批发商、零售商或工业用户；另一种是先根据样品与国内买主成交，然后再向国外进货，负责办理一切运输、保险及报关等事务。进口经销商经营的商品多种多样，但往往倾向于经营利润大、周转快的商品。不少进口商除了自己经营进口以外，也接受国外出口商的委托，作为他们在当地市场上的代理。

25. Import dealer.

① 进口公司 26。进口公司是一种既拥有商品所有权，又持有实际商品的独立中间商。他们同出口国制造商有着密切的合作关系，是出口国生产企业的固定客户。他们从国外购进商品，再转售给批发商、零售商等中间商，或直接出售给消费者与工业用户，自负盈亏，经营方式灵活。进口公司在主要的供货国家设立购买中心有利于提高效率，特别是适合所采购的对象是一些较小的、不成熟的生产企业。西尔斯公司是美国采用进口公司形式的代表，它在国外设有许多采购中心。

26. Import company.

② 进口批发商 27。进口批发商是一种既拥有商品所有权，又持有实际商品的独立批发商。按照其经营的商品范围来划分，一般分为普通商品批发商、单一种类商品批发商和专业批发商。普通商品批发商经营普通产品，如食品、化妆品、药品、家具、电器等，品种繁多，范围广泛，其客户是普通商店、电器商店、药房等；单一种类商品批发商经营的商品仅限于某一类商品，且品种、规格、花色齐全。在消费品市场，单一种类商品批发商的客户是食品杂货、药品、小五金等行业的独立零售商，在工业品市场，这种批发商的客户包括大、中、小工业用户。专业批发商的专业化程度较高，专门经营某一

27. Import wholesaler.

---

[8]　Import middlemen mean middlemen who engaged in the import business and sale imported goods. Mainly include two kinds of import dealer and foreign import agent.

类商品中的某种商品，如食品行业中的专业批发商专门经营罐头食品，这种批发商的主要客户是专业商店。

③ 国外零售商 [28]。国外零售商是国际销售渠道的最后一个环节，直接面对用户或消费者。国外零售商形式多种多样，如专业商店、百货商店、超级市场、廉价商店、连锁商店、特许经营商店、方便商店、超级商店、邮购商店等。从国际销售渠道的角度来说，小型零售商较多地从进口商、批发商那里进货。现代大型零售商如百货公司、超级市场、邮购商店、连锁商店、购书中心等，则较多地从国外制造商那里直接进货。

（2）进口代理商 [29]。进口代理商一般接受本国以外卖主的委托代办进口，在规定的条件下负责在本国市场安排销售、提供服务、收取佣金，但不承担信用、汇兑和市场风险，不拥有对商品的所有权。其职能主要有三方面：一是代国内买主办理进口；二是代国外出口商销售、寄售商品；三是以代表身份代理国外制造商或出口商销售商品。进口代理商的主要类型有国外进口代理商、进口佣金商、进口国际经纪人、融资经纪商等。

① 国外进口代理商 [30]。凡进口国的企业接受出口国制造商的委托，双方签订代理合同，为出口国制造商推销商品、收取佣金的，称为国外进口代理商。这种代理商因身居当地市场，熟悉当地市场情况，能利用各种机会针对不同对象进行销售，同时能向生产企业提供市场信息，提出改进产品、提高质量等方面的有益建议，使产品能不断适应进口国市场的需要。

② 进口佣金商 [31]。进口佣金商的主要任务是代理国内买主办理进口，收取佣金。进口佣金商可以同时接受多个委托人的委托，它还可以同时兼作互有竞争的委托人的代理，有时也可以代国外卖主销售商品，但主要是代表国内买主办理进口，这是进口佣金商与国外进口代理商的区别所在。进口佣金商的业务，有不少是由进口经销商兼营的，他们利用与国内客户的联系和熟悉国外市场的优势，也从事一部分代理业务。因此，进口经销商与进口佣金商之间也存在着矛盾与竞争。

③ 进口国际经纪人 [32]。进口国际经纪人是进口国的国际经纪人，其职能与出口国的国际经纪人基本相同。他们代办的主要是进口国的大宗商品，经营额很大。由于他们对国内、国外市场都比较熟悉，与客户能保持良好、持久的关系，能以较低的成本使商品迅速地渗透到整个目标市场，因而出口国的制造商或出口商也利用进口国经纪人来推销商品。对于出口国的制造商或出口商来说，要想利用进口国际经纪人来达到推销商品的目的，就必须寻找、选择一个能够全面覆盖出口企业目标市场的国际经纪人。

28. Foreign retailer.

29. Import agent.

30. Foreign import agent.

31. Import commission merchant.

32. The international brokers of import.

④ 融资经纪商 [33]。融资经纪商突出国际市场营销中信用的重要地位，这种代理商除具有一般经纪商的全部职能外，还为销售交易筹措资金，在产品制造、再加工或组装的各个阶段承担筹措资金的责任，可以使交易双方免遭信用风险，承担特殊融资保障功能。

33. Finance brokers.

从国际市场营销的角度来分析，国际销售渠道中的中间商不仅包括以上所述的出口中间商和进口中间商，还包括一些其他类型的中间商。此外，出口国制造商自设的出口机构和设在国外的销售机构，也应属于国际销售渠道的一部分。

8.2.2 国际市场营销渠道成员（中间商）的选择

企业在决定国际营销渠道时，国际中间商的选择直接关系到营销渠道的运营效率和市场整体营销计划的实现。选择国际中间商要着眼于长远规划，应建立在对于国外市场的详细考察和充分了解的基础上。国际中间商的选择标准一般包括以下诸方面。

1. 目标市场的状况　企业选择中间商的目的就是要把自己的产品打入国外目标市场 [34]，让那些需要企业产品的国外最终用户或消费者能够就近、方便地购买或消费。因此，企业在选择销售渠道时，应当注意所选择的中间商是否在目标市场拥有自己需要的销售通路，如是否有分店、子公司、会员单位或忠诚的二级营销商；是否在那里拥有销售场所，如店铺、营业机构。

34. Foreign target market.

2. 地理位置　国际中间商要有地理区位优势 [35]，所处的地理位置应该与生产商的产品、服务和覆盖地区一致。具体地说，如果是批发商，其所处的地理位置要交通便利，便于产品的仓储、运输；如果是零售商则应该具有拥有较大的客流量、消费者比较集中、道路交通网络完备、交通工具快捷等特点。

35. Location superiority.

3. 经营条件　国际中间商应具备良好的经营条件 [36]，包括营业场所、营业设备等。例如，零售商营业场所的灯光设施、柜台等设备应齐全，才能有效地支撑零售商的业务经营。

36. Operation conditions.

4. 经营能力与业务性质　中间商的经营能力 [37] 指的是中间商的管理能力、推销能力和客户服务能力。国际中间商的经营能力是决定销售成功与否的关键因素。中间商的业务性质 [38]，指的是中间商的经营范围以及对目标市场的覆盖层面和渗透程度。需要对中间商的业务性质进行全面考察。一般来说，专业性的连锁销售公司对于那些价值高、技术性强、品牌吸引力大、售后服务较多的商品具有较强的营销能力；各种中小百货商店、杂货商店在经营便利品、中低档次的选购品方面能力很强。在考察中间商的经营能力时，有以

37. Operation capacity.

38. The nature of the business.

下几方面的具体指标。

（1）经营历史。国际中间商应有较长的经营历史，应在顾客中树立良好的形象。

（2）员工素质。国际中间商的员工应具备较高的素质，具有较高的运用各种促销方式和促销手段的能力，并愿意积极地直接促进产品的销售；要具备丰富的产品知识，对相关产品的销售有丰富的经验和技巧；要具备较高的服务技能，随时解答顾客的疑问，并为顾客提供诸如安装、维修等服务。

（3）经营业绩。国际中间商要有良好的经营业绩，在经营收入、回款速度、利润水平等方面都有完善的规章制度和良好的效果。

5. 中间商的资信条件　中间商的资信条件[39] 指的是中间商的财务状况、经营作风和商业信誉等，对那些资信状况不甚了解的新客户应慎重对待，避免上当受骗。国际中间商应该在客户中有较高的声望和良好的信誉，能够赢得顾客的信任，能与顾客建立长期稳定的业务关系。具有较高声望和信誉的中间商往往是目标消费者或二级营销商愿意光顾甚至愿意在那里出较高价格购买商品的中间商，这样的中间商不但在消费者的心目中具有较好的形象，还能够烘托并帮助生产商树立品牌形象。

6、合作态度[40]　生产企业在选择中间商时，要注意分析有关营销商营销合作的意愿、与其他渠道成员的合作关系，以便选择到良好的合作者。营销渠道作为一个整体，每个成员的利益来自于成员之间的彼此合作和共同的利益创造活动，从这个角度讲，即共同承担营销商品的任务，通过营销把彼此之间的利益"捆绑"在一起。只有所有成员具有共同愿望、共同抱负，具有合作精神，才有可能真正建立一个有效运转的销售渠道。因此，生产商所选择的中间商应当在经营方向和专业能力方面符合所建立的销售渠道功能的要求，愿意与生产商合作，共同担负一些营销职能，如共同促销等。生产商与中间商良好的合作关系，不单是对生产厂家、消费者有利，对中间商也有利。

8.3　国际市场营销渠道决策

国际市场营销渠道决策[41] 是指企业根据自己的目标、能力条件、产品特点以及目标市场营销渠道的结构特点等因素，对不同方案进行分析评判，选择本企业在目标市场的营销渠道模式的活动。国际市场营销渠道的决策主要涉及下列三方面内容：一是营销渠道的长度和宽度决策；二是营销渠道的标准化和差异化决策；三是新建渠道与利用现有渠道的决策。

39. Credit condition.

40. Attitude of cooperation.

41. International marketing channel decision.

8.3.1 营销渠道的长度和宽度决策

渠道长度[42]是指产品从生产领域流转到消费领域所经过的买卖次数，即中间商层次的多少。产品分销渠道的宽度是指企业在某一市场上的某一个销售环节同时使用中间商的多少。一个有效的国际产品营销网络涉及到渠道长度和宽度，长度由中间商的层次数目决定，宽度由渠道中每一层次所使用的中间商数量来决定。

1. 营销上渠道的长度决策 营销渠道的长度决策涉及是否使用中间商、是直接营销还是间接营销、间接营销过程中需要多少中间商层次等问题的确定。

当企业选择直接营销模式[43]时，可以减少中间商的层次或者不使用中间商。其优点是：直接营销可使企业对渠道拥有更大的控制权，可获得更好的信息反馈，能更好地满足顾客的需求，当市场销量大时可有更好的经济效益。但若目标市场规模不大而且顾客分布又很分散的话，直接营销则会大幅度地增加企业的营销成本费用。

当企业选择间接营销策略[44]、利用中间商进行产品营销时，对于营销系统的组合通常可有三种选择：一是建立独家控制性营销系统；二是通过协议形式组建契约型营销系统；三是选择传统的松散型营销系统。

（1）独家控制型的营销系统[45]，是指由一家企业或商号单独拥有或控制的营销系统。比如，西尔斯公司本身是零售商，但拥有批发和配送中心，并且生产厂商也拥有股权，形成对整个营销渠道系统的独家占有，这种系统使得厂商对整个营销渠道拥有控制权，既可为顾客提供更好的服务，也可获得规模经济效益。但是，这种系统要求厂商投入大量的资金或人员等企业资源，对于营销环境的变化难以做出自由选择。此外，有些国家的法律也禁止单一企业垄断或控制营销渠道的做法。

（2）契约型的营销系统[46]，是指营销渠道成员通过订立契约而组合形成的营销系统。契约型营销系统可由制造商牵头进行组合，也可由零售商或批发商组织其他渠道成员加盟，特许经营是该类系统最普遍的组织形式。20 世纪 80 年代，美国特许经营的销售额及参与特许经营活动的企业数量大幅度增长，1985 年美国特许经营方式的零售额高达 5 290 亿美元，占整个零售行业的 1/3。

（3）传统松散型的营销系统[47]，是指制造商雇用独立的中间商来完成特定的营销功能，将产品通过渠道送达消费者（或用户）手中。独立的营销商担任产品营销工作，效率往往要比制造厂商自行营销高得多，制造厂商不仅

42. Channel length decision.

43. Direct marketing mode.

44. Indirect marketing strategy.

45. The marketing system of exclusive control type.

46. The marketing system of contract type.

47. The marketing system of traditional loose type.

无须投入大量的资金与人力资源，而且也易于对市场环境变化及时做出反应。但在这种营销系统下，中间商是独立的渠道成员，如何调动他们的营销积极性以及如何协调并保证渠道的顺利运转则是制造厂商所面临的特有问题。

48. Channel width decision.

2. 营销渠道的宽度决策 [48] 营销渠道宽度决策要解决营销渠道中有关层次所需中间商数量的问题，企业在进行渠道宽度决策时面临以下三种选择。

49. Wide distribution.

（1）广泛分销 [49]，也称密集分销，是指企业产品通过许多愿意经销的中间商营销。消费品中的便利品（如香烟、糖果、洗涤用品）和产业用品中的供应品（如企业办公用的文具）等，通常都采用密集分销，使广大消费者和用户都能随时随地买到这些便利品。

50. Choose marketing.

（2）选择营销 [50]，是指企业产品在一定的市场范围内只能由经过挑选的中间商进行营销。消费品中的选购品（如妇女服装、衣料、鞋帽等）和特殊品（如电冰箱、照相机、手表等）最宜于采取选择分销。

51. Exclusive distribution.

（3）独家分销 [51]，是指企业产品在某个特定市场区域仅限一家中间商营销，通常双方会协商签订独家经销合同，规定经销商不得经营竞争者的产品，以便控制经销商的业务经营，调动其经营积极性，占领市场。在西方国家，汽车等特殊品通常采取独家经销的方式。

在国际营销活动中，企业对营销渠道宽度的选择与确定，受到不同国家或地区营销环境的影响。例如，以小型零售商为主的国家或地区，具有一定规模和实力的中间商不多并且难寻，企业可能不得不选用广泛营销的策略。又如，有些国家贫富悬殊，对企业产品的需求只来自于高收入的那部分消费者，宜采取选择营销策略。目标市场国家的法律、法规也可能限制企业对营销渠道宽度的选择。比如，独家营销的做法在美国被认为有碍公平竞争而受到限制。又如，欧洲消费者联合会曾经要求欧共体委员会对几家美国公司的选择营销做法进行审议，声称这几家公司的选择营销策略人为地提高了产品货价，损害了消费者利益。

8.3.2　营销渠道的标准化和差异化决策

如果说营销渠道长度和宽的的决策构架了企业在某个特定市场的营销模式，那么营销渠道的标准化和差异化决策，就是要解决企业在多个国家使用统一的营销模式还是针对不同国家设计不同的营销模式的问题。企业在国外市场上是采用标准化营销模式还是采用差异化营销模式，要根据各国市场的营销特点、消费特点、市场竞争特点和企业自身及产品特点来决策。

52. The standardization of marketing channel.

1. 营销渠道的标准化 营销渠道的标准化 [52] 是指企业在国外市场上直接

采用统一的营销模式。企业采用标准化营销模式的主要理由是需求趋同，而且这种需求趋同的倾向随着全球经济一体化表现得越来越明显。尽管受到诸多条件的限制，不少工业品或某些消费品的营销模式在许多国家或地区已呈现统一化和标准化的趋势。

采用标准化营销模式可以给企业带来益处，可以帮助企业实现规模经济效益，利用营销人员营销效率提高营销经验累积的经验曲线效应。采用标准化营销模式，对于跨国流动的消费者来说，最大吸引力在于他（她）们能够使用固定的购买模式与营销渠道在不同国家或地区买到他（她）们所熟悉的产品或服务。但是，由于各的市场环境各有不相同，采用同样的营销模式可能无法在东道国市场上开展有效的产品营销活动。因此，有些企业往往倾向于营销渠道的差异化。

2. 营销渠道的差异化 营销渠道的差异化[53]也称多样化，是指企业根据不同国家的具体情况，分别采用不同的营销模式。在国际营销实践中，大多数企业采用差异化营销设计，这要是因为：

（1）不同国家或地区营销环境的差异。不同国家或地区，批发商和零售商的数量、规模及其可能提供的服务不一样，商品储存和运输的条件也相差甚多，势必造成企业营销模式的不同。比如，百事可乐公司的营销模式是在目标市场国家设厂瓶装，再用卡车运往各个零售点。但在人口稀少、交通不便的边远地区，使用卡车运货的成本太高，公司不得不改用其他的营销方法。

（2）各国的消费特点不同和消费者购买模式的差异。对于同类产品，不同国家消费者往往有各自的消费习惯和购买模式，往往通过自己熟悉的特定渠道购买，企业对不同国家或地区营销模式的选择不得不考虑到消费者购买模式的差异。

（3）企业对不同国家或地区进入方式的差异。企业的市场进入方式限制了企业对目标市场国际营销渠道的选择。例如，产品出口方式，不管是间接出口还是直接出口，企业对于进口国家国内营销渠道基本上没有控制权，只能接受中间商安排的营销渠道。又如，许可贸易或合资经营等方式，企业对营销渠道的选择则要受到受许方或合资方的影响和限制。退一步来说，即使企业是以同样的方式进入不同的目标市场，但由于当地市场销售潜力和竞争条件的不同，企业采取的营销策略往往不一样，选择的营销模式也就难以一致了。

8.3.3 新建渠道与利用现有渠道的决策

1. 新建渠道的利弊 所谓新建渠道[54]，也就是企业在进入一国市场后，

53. The differentiation of marketing channel.

54. The new channel.

231

55. Market visibility.

为产品营销建立专门的通路或网络。新建渠道与利用国外的现有渠道相比有以下优点。

（1）有利于建立市场知名度[55]、扩大产品销售。因为企业在国外自设营销机构，有利于专心于本企业产品的营销，对于产品打开市场、提高知名度都是十分有益的。而国外的一般营销商，同时承销许多产品，并不会对某一产品特别关注，这对于产品，尤其是新进入一国市场的产品打开销路、扩大影响是不利的。

（2）有利于加强控制。首先，企业新建自己营销渠道时，可以建立相应的较为完善、合理的产品线，加强对产品销售计划的控制，丰富产品花色和价格层次。因为国外营销商往往出于自身的目的，倾向推销热销高利的产品，这对于企业全线产品的销售是不利的。而企业自己建立营销渠道，就可以销售企业全部产品，市场涉及面也较广。其次，企业通过自己新建营销渠道，还可以切实加强产品质量反馈工作，控制产品质量，保证产品质量在营销过程中不受影响。再则，企业通过自己新建营销渠道也有利于加强产品价格控制。通过自设营销机构，可减少中间环节，克服由于中间环节增多，出口商难以控制产品最终售价问题，有利于价格控制。

（3）有利于提供完善服务。企业通过在国外设立的营销机构，不仅可以加强特定产品的营销，也有利于提供完善的售后服务。因为国外中间商承销的产品繁多，无力专心拓展某一特定产品的市场，也无法对其所承销的产品提供完善的售后服务。

（4）有利于企业积累国际营销经验。对于刚刚进入国外市场的企业来说，通过自设营销机构，不仅利于企业更加接近目标市场、了解目标市场的情况、开展有针对性的营销活动，而且有利于企业熟悉国外市场开拓的整个过程，积累丰富的国际营销经验，为进一步拓展国际市场奠定良好的基础。

但是企业在国外市场自设营销机构、重建营销网络的投入大、成本高、风险也大。这种策略往往适合于规模大、实力强的企业。

2. 利用现有渠道的利弊　利用现有的营销渠道是指企业在目标国家市场上委托该国原有的中间商营销产品。在国际市场上，由于资金限制或其他原因，大部分产品都是委托当地中间商营销的，因为它有以下优点。

（1）成本低。因为通过国外原有的中间商营销产品，企业就不需要投资建立相应的营销子公司，虽然企业需要增加代理费等支出，但相对于重建营销机构的成本来说，产品营销成本要低得多。

（2）进入市场快。因为国外原有的中间商了解当地市场，且已拥有一定的营销网络，企业产品通过它们可以迅速进入市场，而自设营销机构不仅需要投入大量的人力和物力，而且需要相当的时间才能运行，因而进入时间长。

（3）利用国外现有的营销网络，风险小。一是企业在国外自设营销机构可能不了解当地市场的特点，难以打开市场；二是企业自设营销机构需要大量投入，一旦市场有变，退出困难，风险大。

当然，利用国外现有的中间商也会面临企业对市场的控制弱、服务无法跟上等问题。但是企业存在下列情况时，还是可以考虑利用中间商营销产品：①厂商无足够资金、人力去从事海外直接销售工作；②自己虽有，但机会成本过大；③缺乏在当地营销和市场管理的经验；④产品单一，无法获得足够的销售量和利润；⑤顾客分散；⑥订单规模大小不一。

3. 新老渠道的选择 究竟是采用新渠道还是老渠道，需要根据以下因素来决定。

（1）市场营销条件。如果目标国家原有的市场体系完善、分销网络健全、分销商的条件较好，企业就没有必要自己重新建立相应的分销体系；反之，若目标国家市场上市场体系不完善，无法找到合适的分销商，企业就得自己建立分销网络，否则无法打开市场。

（2）政策或社会文化环境特点。在某些国家，政府强行规定，或者由于文化习俗要求产品必须通过本国的中间商进行分销，企业在进入这些国家时，就不可能自己建立相应的分销渠道和网络。

（3）市场竞争特点。在目标国家市场上，由于竞争者较多，且大多占据了有利的分销商，企业为了与竞争者抗衡，会考虑建立自己的分销渠道。如果市场竞争不激烈，企业可先选择适合的当地分销商。

（4）企业的条件。因为重建渠道需要大量的投入，因此，资金实力充裕的企业才有可能考虑自设分销机构，反之，则可利用当地现有的分销网络。

（5）产品特点。新建渠道对于那些产品线多、产品技术性较强的企业是有利的；反之，若企业生产的产品品种较少、技术性不强，则没有必要自设分销机构。

（6）成本—利益比较[56]。利用现有渠道和重建新渠道各有利弊，企业在进行抉择时，必须通过成本和利益的比较，认真权衡两者的利弊，慎重决策。

56. Cost-benefit comparison.

8.4 国际市场营销渠道管理

由于国际市场营销中的国际营销渠道复杂多变，对国际营销渠道的管理就成为一个重要课题。由于国际营销渠道主要由中间商构成，因而支持中间商的工作、对他们的业绩进行有效的评估、减少渠道成员之间的冲突、促进渠道成员的合作，从而提高渠道经营的效果，就成为渠道管理中的主要内容。

1. 支持国际中间商 企业往往在国际市场的营销目标、产品组合、促销活动、销售报酬以及服务顾客等方面与国际中间商存在意见和分歧，抱怨中间商不能很好地与生产企业保持一致，不能积极主动地配合生产企业的统一发展战略。为了建立通畅的国际销售渠道，生产企业要认真分析分歧产生的原因，并采取有效的措施激发国际中间商的积极性。

对中间予以支持、调动中间商的积极性是国际营销渠道管理的一个重要方面。对国际中间商的主要支持措施有：

57. Promotion service support.

（1）促销服务支持[57]。企业可通过合作广告、商品陈列、产品展览和操作表演、新产品信息发布会等形式，协助中间商进行促销活动，调动中间商的积极性，促进国际销售渠道的顺利运转。在开展促销支持方面，苹果电脑公司做得非常成功。

58. Capital treatment support.

（2）资金待遇支持[58]。企业可以给予国际中间商在付款上的优惠措施，以弥补中间商资金不足，如允许国际中间商分期付款、延期付款等。但是国际市场风云变幻，采用分期付款、延期付款的措施，一方面可以提高中间商的积极性，达到激励的目的，但也加大了生产商的风险，因而生产商应该对国际中间商的信用情况有详细的了解，只有确信可以收回货款时，才可以采用资金支持的方式。

企业还可以通过提高佣金、增加折扣或者利用特殊津贴等措施，解决中间商经营成本过高的困难，或者增加中间商经销利润，以调动中间商的经销积极性。

（3）管理支持。企业可以协助国际中间商进行经营管理，培训营销人员，提高营销的效果。管理支持对一些需要技术支持的机械设备产品、高科技产品和一些需要规范和标准化的服务行业尤其重要。企业还可以通过精神鼓励和物质奖励的方法支持中间商，比如，定期召开经销商会议表彰经销业绩突出的中间商，并给予一定的奖励或提供免费旅游的机会。

2. 评估国际中间商 企业定期对国际中间商进行考核与评价，了解他们的活动是否符合企业的分销目标、是否符合企业的利润计划，是保证企业的分销体系畅通、高效的前提。

（1）评估标准。在对国际中间商的评估中，明确阐明评估的标准是十分重要的，具体地说，国际中间商的评估标准主要有以下几个方面。

- 销售量或销售额。是否完成了规定的销售量或销售额，销售量或销售额的构成中新旧业务的比例。
- 市场目标。是否具有市场开拓能力，市场占有率提高情况。
- 存货控制。存货水平及管理存货的能力。
- 货款收回。交回存款的及时程度，拖欠货款的时间和数量。
- 促销。对生产商促销活动的合作程度，主动开展促销活动的热情和能力。
- 服务。提供给客户的服务项目及服务水平。
- 其他。对特殊事件的处理能力，破损遗失货物的处理能力等。

（2）评估方法。明确了评估标准之后，就需要采用一定的方法对国际中间商进行评估。对国际中间商评估的方法通常有横向比较法和纵向比较法两种。

① 横向比较法 [59]。以整体的绩效上升比率为标准，比较每个国际中间商是高于平均水平还是低于平均水平，对销售绩效高于平均水平的国际中间商要采取奖励措施，鼓励他们继续提高业绩；对低于平均水平的国际中间商要全面分析主、客观原因，提出改进和努力的方向；对个别不负责任的国际中间商要采取适当的惩罚手段。

② 纵向比较法 [60]。将每一个国际中间商的销售绩效与上一期的绩效相比较，看各个中间商完成的销售绩效的升降情况。对于绩效上升幅度居于领先地位的国际中间商要进行奖励，对于销售上升比率低，甚至下降的中间商分析原因，甚至进行惩罚。

3. 调整国际销售渠道　随着时间的推移，企业的国际市场分销渠道也在调整和发展。其原因或者是原有分销渠道的绩效一直不佳，未能达到企业的分销目标而不得不进行相应的调整或更换；或者是企业国际市场卷入程度加深，分销模式不得不加以调整以向更高的层次发展；或者是国内外营销环境发生变化，企业不得不相应的调整渠道结构和分销模式以适应这种变化。

对分销渠道的调整，可能仅限于渠道宽度的调整，只是增加或减少渠道某一层次的中间商数量；也可能是在渠道的长度上进行调整，增加或取消渠道的某一层次。国际中间商的调整涉及以下 3 个方面。

（1）增减渠道中的个别国际中间商。增减个别国际中间商是指根据企业的整理战略规划和对国际中间商的评估指标，一方面，对那些不能完成生产商的分销定额、不积极合作、影响生产企业市场形象的个别国际中间商，终止与他们的购销关系；另一方面，通过认真地评估，吸收有积极性、业绩良好、

59. The horizontal comparison method.

60. The longitudinal comparison method.

形象信誉卓著的国际中间商。有时，生产商在对分销渠道进行评估的基础上，要将那些低于一定控制线的国际中间商从渠道中删除，从而提高销售渠道的业绩水平。

（2）提高渠道结构层次。随着企业国际市场卷入程度的加深，分销模式也要做相应的调整以适应这种发展。例如，从间接出口到直接出口、从产品出口到海外投资、从许可贸易到独资经营，企业对国际市场卷入程度的加深，要求企业调高渠道结构层次。

（3）改变渠道结构和分销模式。国内外营销环境的变化也要求企业分销渠道做相应的调整。例如，零售行业大型化与国际化趋势，导致许多制造商改变原来的间接分销模式，采取跨越批发商而向大型零售商直接分销的策略。又如，发达国家人员推销成本费用的大幅度攀升，促使许多制造商改变直接派员推销模式而转向间接分销模式。日产汽车公司原先的分销模式是由推销人员挨家挨户上门推销，但随着日本经济的发展、人员推销成本费用大幅度增加，加上国内合格推销员的短缺，而不得不改用由经销商设置陈列室的推销模式。

分销渠道的调整可能涉及某些渠道成员的更换或者整个渠道模式的改变。例如，汽车制造商为了加强对渠道的控制，将原有的独立代理商制度变更为自己直接设立销售分支机构。在这些调整或改变过程中，往往会遭到渠道成员的反对或抵制，因而是个困难和复杂的过程，可能要付出较高的经济代价。特别是许多国家对本国中间商的利益常常以这种或那种法律、法规的形式加以保护，制造商要终止与海外中间商的经销或代理关系可能要经过复杂的法律程序，可能还得给中间商这样或那样的补偿。因而，对分销渠道的调整，不管是渠道结构的部分调整还是渠道整体的重新构建，应从经济效益、渠道控制和环境适应诸方面进行利弊权衡，既着眼于当前又前瞻未来、既比较局部又考虑全局，从而做出慎重的决策。

4. 消除渠道冲突 [61] 国际销售渠道成员往往是由各种类型的中间商组成的，这些中间商作为独立的经营者，有着自己的经验目标、利益追求和营销策略，再加上跨越国界，客观上存在社会文化、政治法律等方面的差异，因而，渠道成员之间的矛盾和冲突在所难免。

（1）冲突的类型和原因。渠道成员之间的矛盾和冲突既可能发生在制造商与中间商之间，也可能发生在中间商与中间商之间；既可能发生在渠道的不同层次之间，亦可能发证在同一层次的不同中间商之间。

冲突产生的原因是多种多样的。例如，生产企业对国际中间商的不满主

61. Channel conflict.

要有以下几个方面：中间商提供的服务不到位；中间商与制造商之间的信誉交流不畅通；中间商越权管理，形成混乱局面；中间商付款不及时，彼此之间产生回扣和付款争议；产品在运输过程中损失和损坏严重；广告费用争议；中间商的市场渗透不利于中间商；不执行生产企业的销售政策等。

国际中间商对制造商的不满主要有以下几个方面：产品缺货；新产品开发存在时滞；为解决问题进行的交流无效；产品存在质量问题或产品有缺陷；错误的销售预测；包装问题造成的产品损坏；淡季财务负担等。

（2）销售渠道冲突的解决途径。只有保证销售渠道的和谐畅通，才能为所有渠道成员带来好处，因而企业要及时解决销售渠道存在的矛盾。

首先，从思想观念上充分认识合作对各方面的重要战略意义。生产企业和国际中间商都必须认识到：渠道是一个体系，只有共同努力，保持渠道体系流畅，才能给每一个渠道成员都带来利益。但同时也必须认识到：分销渠道成员之间一定程度的矛盾和冲突，在某种意义上反而可能促使渠道竞争和创新。

其次，渠道成员还要分析冲突产生的原因，充分认清渠道成员的角色作用，避免角色冲突，即时并准确地传递有关信息，强化服务意识，改善供应或服务的方式与方法。

最后，通过协议的方式建立一套渠道运行制度，使各方面在今后的活动中有章可循，例如，通过经销协议或代理合同形式，明确约定中间商的责任和义务，以约束中间商完成渠道功能、达到分销目标。这些经销协议或代理合同确定了对经销商或代理商工作的评估标准或者必须达到的指标限额，如最低包销数量或金额、对目标市场渗透程度、用于广告促销的比例、对市场信息反馈的要求、顾客服务水平等。

◀▣ **本章小结**

- 国际市场销售渠道是指产品由一个国家的生产者流向国外最终消费者和用户所经历的路径，是企业国际市场营销整体策略的一个重要组成部分。国际市场销售渠道基本结构可分为两个部分：一部分是产品在出口国市场的分销渠道；另一部分是产品在进口国市场的分销渠道。目前，国际市场销售渠道有向纵向联合销售系统和横向联合销售系统发展的趋势。

- 选择国际市场销售渠道，要求企业对各种环境因素进行综合分析，包括顾客因素、产品性质、中间商因素、竞争因素、企业因素、环境因素和渠道成员彼此的权利和义务等。

- 国际市场营销渠道成员指参与商品在国际市场营销流通过程的各类中间商。国际中间商可分为出口中间商和进口中间商两大类，前者又可以分为出口经销商和出口代理商两大类，后者主要有进口经销商和国外进口代理商两种。

- 国际中间商的选择标准一般包括以下诸方面：目标市场的状况、地理位置、经营条件、经营能力与业务性质、中间商的资信条件和合作态度。

- 国际市场营销渠道决策是指企业根据自己的目标、能力条件、产品特性以及目标市场营销渠道的结构特点等因素，对不同方案进行分析评判，选择本企业在目标市场的营销渠道模式的活动。国际市场营销渠道的决策主要涉及营销渠道的长度和宽度决策、营销渠道的标准化和差异化决策，以及新建渠道与利用现有渠道的决策。

- 国际销售渠道的管理的主要内容是对他们的业绩进行有效评估、减少渠道成员之间的冲突、促使渠道成员的合作，从而提高渠道经营的效果。

【 主要概念 】

国际市场营销渠道	垂直营销系统
水平营销系统	出口中间商
进口中间商	广泛分销
独家分销	选择分销
营销渠道的标准化	营销渠道的差异化
新建渠道	

思考与练习

一、问答题

1. 简述国际销售渠道的基本概念。

2. 国际市场销售渠道的基本结构有哪些？

3. 简述国际中间商的分类、基本特性和作用。

4. 如何激励国际中间商？

5. 销售渠道发生冲突应如何解决？

二、案例分析

"好孩子"不需要自己建网络

中国好孩子儿童用品集团公司生产的好孩子童车是中国童车第一品牌，好孩子童车在中国可谓是家喻户晓。实际上，"好孩子"已成为世界第三大自行车制造商。现在，在美国，1/3 的手推童车市场以及一半以上的儿童自行车、可移动小座位、婴儿用围栏、婴儿摇篮等其他儿童用品都为"好孩子"所占据。2001 年，"好孩子"的总收入为 1.25 亿美元，净利 1 250 万美元，大部分销售收入来自中国以外地区。在美国和加拿大的销售收入为 6 600 万美元，在欧洲的销售收入为 1 000 万美元，在南美的销售收入为 600 万美元。

2002 年 3 月美国《财富》杂志上的一篇题为《"好孩子"的成长烦恼》的报道，专门报道了"好孩子"的生产经营情况，引来了多家世界顶尖级投资基金、投资银行对"好孩子"的关注。

事实上，"好孩子"进入美国市场，并没有建立起自己的销售网络。

正如中国好孩子儿童用品集团公司总裁宋邦所说："要进入 Walmart、Sears 和 Kmart 这样的美国主流商业渠道，首先要满足中间商、销售商的经营安全需求。""好孩子"在美国普遍实行商品召回制度。只有为消费者提供全面安全的商品，中间商、经销商才有经营安全感，才愿意经营。1997 年"好孩子"以 Geoby 的品名进军美国市场，Geoby 虽然可爱，但难以步入主流市场的销售网络。后来"好孩子"与美国南部城市达拉斯有上百年的 Cosco 公司达成共识：以品牌联盟的形式合作，以 Cosco-Geoby 共同开拓美国市场，结果一炮打响。1997 年，当年销售 Cosco-Geoby 70 万辆，被美国玩具协会 (JPAM) 确认为美国市场销售量第三的知名童车；2001 年"好孩子"销往美国的童车又有增加，销量超过 120 万辆，销售额达 6 000 万美元，在美国 NPD 商业调查公司婴儿推车商品销售榜上名列第一，市场占有率 40%。

难怪中国好孩子儿童用品集团公司总裁宋邦语出惊人："开拓美国市场，不必建立自己的销售网络。"他认为，"联手创名牌、打市场，显然比单独面对风云多变的市场竞争要稳妥得多。在美国是这样，在欧盟各国也是这样。"

讨论问题：

1. 好孩子儿童用品集团公司是如何进入美国市场的？

2. 为什么好孩子儿童用品集团公司开拓美国市场不必建立自己的销售网络？

chapter 9

第 9 章 国际市场促销策略

学习目标：

通过本章的学习，要求学生掌握国际广告决策、国际营业推广决策的内容，学会根据国际市场的特点选择和制定有针对性的市场促销策略、运用非价格因素在市场竞争中赢得优势，学会运用国际公共关系决策和国际市场促销组合决策的方法。

重点难点：

- 国际促销策略和促销组合
- 国际广告策略
- 国际营业推广策略

9.1 国际市场促销的含义和促销组合策略

9.1.1 国际市场促销

企业采取适当的产品策略、定价策略、分销策略，最根本的目的是要将产品销售出去，这就涉及促销（Promotion）。促销是企业与消费者进行的沟通，是企业在现在消费者和潜在消费者中进行的旨在影响消费者购买行为的所有活动。企业将产品或服务的有关信息进行传播，帮助消费者认识商品或服务所能带来的利益，诱发消费者的需求，激发他们的欲望，促使他们采取购买行动，最终实现销售的目的。

众所周知，国际市场上竞争十分激烈，这种竞争不仅表现在产品质量、价格、服务等方面，而且突出地表现为信息传播上的竞争。当商品在性能、价格、服务等方面具有相似性时，信息沟通的成败，即促销的成败就决定了企业在国际市场上经营的成败。可以说，谁取得了信息沟通上的成功，谁就取得了销售上的决定性优势。

在国际营销当中，促销可说是与文化联系最为紧密的一环。很难制定出一种真正国际化的促销方案，因为各个国家的市场环境存在着很大的差异，特别是文化背景和价值观念差异很大。因此，使企业促销战略适应世界各国市场的文化差异是国际市场营销人员所面临的一个十分复杂的课题。

9.1.2 国际市场促销组合策略

一个企业采用的信息沟通方式的总和称为该企业的促销组合（Promotion Mix）[1]。国际市场上的促销方式可以分为两类，一是销售人员面对面地与目标顾客直接沟通，二是通过一定的载体与目标顾客进行间接的，但更为广泛的沟通。通过人员传送商品信息，引导顾客实现购买行为的营销活动称为人员促销（Personal Selling）；通过载体传送商品信息，引导顾客购买的活动称为非人员促销。非人员促销主要有三种形式，即广告（Advertising）、公共关系（Public Relations）和营业推广（Sales Promotion）。每种形式各有独特的功能，四种形式之间存在着内在的联系，共同构成一个有机的整体。

---

[1] The summation of the ways that an enterprise uses to communicate is called the enterprise's Promotion Mix.

9.2 国际市场人员促销策略

9.2.1 国际市场人员促销的特点与类型

国际市场营销中的人员推销是指由企业派出专职或兼职推销人员直接与国外消费者和用户接触、洽谈、宣传、介绍商品和劳务,以实现销售目的的活动过程[2]。这种推销方式虽然比较古老,但在目前国际市场营销中,尤其是工业用品的出口中仍然是一种有效的促销手段,因为在现代市场营销中,大多数最终达成的交易都是领先推销人员与用户面对面的接触实现的。

推销人员是企业与消费者或用户的独特桥梁,它是实现促销目标的关键,是人员推销活动中的主要角色。推销人员素质的优劣,对于实现促销目标、扩大销售、开拓国际市场具有举足轻重的作用。在国际市场营销中,推销人员不仅应具有果断的决策能力、调研才能和文化适应能力,还必须具有娴熟的推销技能和良好的道德修养。

国际市场营销中人员推销的根本任务可以归结为三个方面:一是促成实际的交易行为的发生和实现,达到市场营销的基本目标,实现市场营销的业绩;二是建立与顾客的良好关系,长期的顾客联系就是企业赢利的源泉,在突出关系营销的时代,企业国际市场营销中的这种关系尤为重要,这是企业形象的体现,是企业赖以生存的基础;三是国际推销工作本身还包含着收集国际市场信息,为企业进一步的市场营销规划提供科学依据。

(一)国际市场营销中人员推销的特点

人员推销同其他促销方式相比,有其特有的优势。

1.人员推销形式直接且效果显著[1] 人员推销可当场对产品进行示范性使用,增加购买者对产品规格、性能、用途、语言文字等方面的了解,消除由于社会文化、思想观念、审美观、风俗习惯的差异而产生的各种疑虑。人员推销对了解顾客的购买动机、诱导购买者的好奇心、消除其陌生感和恐惧感等都具有直接而明显的效果。

2.信息沟通的双向性和快速性[2] 推销人员一方面可将企业、产品或服务的信息直接、准确地传递给购买者或潜在购买者,增加购买者的了解;另一方面又可以当面听到购买者和潜在购买者的意见和要求,以及其他有关信息,并将这些有价值的意见及时反馈给企业的决策者。决策者根据信息的反

1. Sales person of the home country.

2. The communication is bi-directional and fast.

---

[2] Personal selling in the international market is a process that an enterprise appoints full-time or part-time sellers to contact with foreign consumers directly to introduce products and services in order to achieve the selling goals.

馈情况，对企业的经营方案作出必要的补充和修改。

3．较强的选择性和伸缩性[3] 推销人员可以根据自己的知识、经验和对市场的调查研究，判断并选择具有较大购买可能的对象进行推销，这样推销人员可以在很短的时间内促成购买，提高效率；推销人员通过人员促销的选择功能，在掌握了潜在顾客的购买意愿以后，还可以针对不同顾客的特点，作出有针对性的说明，及时调整推销方式，促成交易。

4．利于建立长期的业务关系[4] 通过推销人员的长期登门服务和采取各种灵活的推销技巧，使推销员与购买者、潜在购买者之间建立良好的关系和深厚的友谊，从而有利于巩固和争取更多的购买者，建立起长期、稳定的业务关系。此外，人员推销自身的特点决定了这种促销方式也有它的不足之处。首先，推销人员不可能遍布整个目标市场，往往只能进行有选择的试点性推销；其次，人员推销费用较高，增加了销售成本，使商品价格上升，不利于企业在市场上开展竞争；最后，国际市场营销中，推销人员必须在不同国家的不同的文化背景下工作，对推销人员的综合素质和个人能力要求很高，企业很难找到合适的国际推销人员。

（二）国际市场营销中推销人员的构成

国际市场营销企业要建立起完善的人员推销网络，需要在国际推销人员的构成上进行科学的规划。国际市场营销中推销人员的构成主要分为三类，即母国推销人员、目标市场国的当地推销人员和第三国推销人员。就某个企业而言，也许三种类型的人都包括，也许只有其中的一两种类型，企业对外销人员构成进行决策的主要依据是企业的要求、推销人员的可获性以及合格性等方面的条件。随着国际经济全球化步伐的加快和企业国际化程度的加深，推销人员的构成也在发生着变化，母国推销人员所占的比例在下降，而目标市场国的本地推销人员所占的比例在上升。

1．母国的推销人员[5] 当推销的产品属于高科技产品，或销售产品需要丰富的相关信息时，选择母国的推销人员作为国际推销人员仍然是最佳的决策。本国人作为国际推销人员具有的主要优势是：更好的技术训练，更了解公司以及产品生产线，更强的独立工作能力和更高的工作效率，有时在外国消费者心目中更具有权威性。当然，母国人作国际推销人员也存在某些劣势，主要是存在文化和法律等方面的障碍，愿意到海外长期生活的较少，尤其是能力强的人更是缺乏。

2．目标市场国的推销人员[6] 雇佣当地人作外销人员有许多优势，当地人跨越了文化和法律的障碍，对当地客户或消费者更加了解，更有利于企业

---

3. High selectivity and flexibility.

4. Doing good to establish a long-term business relationship.

5. Sales person of the home country.

6. Sales person of the target country.

与当地消费者建立起良好的关系。此外，从费用角度而言，节省了旅费、补贴及其他相关费用。企业雇佣当地人的趋势非常明显，一项研究表明，美国人在海外子公司担任管理和技术职务的人员比例已经从高于85%降低到45%左右，更多的公司在依赖当地人才。

3．第三国的推销人员 [7] 企业的国际化使第三国人员担当推销人员的情况也越来越多。通常，第三国人员的国籍与为哪个国家的企业工作以及到哪个国家去工作关系不大，例如，一位德国人在阿根廷为美国企业工作。过去，本国人员和第三国人员到外国长期工作是很少见的，但是现在却出现了一批"全球经理"。这种现象的出现不仅反映了企业国际化的趋势，而且同时表明了人才并不属于某一个国家。雇佣第三国人员的优势在于，他们通晓多种语言，对某一行业或某一国家非常熟悉。越来越多的企业开始认为应该以才选人而不是护照或国籍。

7. Sales person of the third country.

9.2.2 国际市场人员促销的组织模式

国际市场上的人员推销一般采用如下四种组织模式。

1．地区型 地区型推销组织模式是公司根据地区选配推销人员 [3]。这种模式使推销人员的责任明确，便于详细了解该地区的顾客、市场方面的状况和规划在这一地区的推销工作，也便于掌握推销重点，与顾客建立长期联系，而且旅行费用可以相对减少。这种模式适于在同一地区产品大类较少的企业，如果在同一地区的产品大类繁多，且技术复杂，则不利于推销人员熟悉各种产品的性能、结构、特点，有碍于开展有效的咨询、维修服务等。在国际市场上的一般做法是公司把产品交给一个代理商，由代理商来负责这个国家的销售。因此，公司负责一类产品的国际营销专业人员可以负责几个国家的推销活动。

2．产品型 产品型推销的组织模式是根据企业的外销产品选配推销人员，推销人员负责的是一类或少数几类，这种组织形式适用于产品类型较多，而且技术性较强，产品间无关联情况下的产品推销 [4]。这种方式的缺点是由于地域跨度较大，因而旅行费用较大，另外，由于在同一市场上有多种产品的不同推销人员，不利于在同一市场内制订统一的促销策略。

---

[3]　Region-oriented model means that a company selects the sales person according to the regions.

[4]　Product-oriented model enterprises selects the sales person according to the exported products.

3. 顾客型 顾客型推销组织模式将企业的顾客进行分类，每一个推销员面向某一类顾客进行其推销活动 [5]。划分顾客的标准可以是职业、产业特征、规模大小、职能状况等。这种组织模式的优点在于，推销人员可以对其负责的顾客群的消费心理、消费习惯有十分深刻的了解，便于体察顾客的需求，以便有效地开展推销活动。但是这种组织模式会由于在对顾客进行分类时所使用的标准不够严格而造成推销对象的重叠或模糊，同时也造成了与产品型组织模式相类似的问题，而且当对象分散时，也会增加推销费用。

4. 混合型 混合型推销组织模式是综合采用上述三种结构模式来组织国际市场推销人员 [6]。当企业规模大、产品多，且市场范围广、顾客分散时，仅凭上述三种方式中的任何一种都无法有效地提高推销效率。在这种情况下，企业则可以采用上述三种组织形式中两种甚至三种的混合型，在不同地区，向很多不同类型的顾客出售多种产品。

9.2.3　国际市场人员促销的管理

（一）国际市场营销中推销人员的招募

经营的国际化使企业对海外推销人员的需求不断增加。与此同时，由于海外推销人员的素质和积极性直接影响到促销的效果，影响到企业的声誉，因此国际推销人员的选拔和招聘是一个非常关键的环节。

1. 国际市场营销中推销人员的基本素质要求 [8] 一个合格的国际推销人员必须具备一些基本的素质条件，主要包括以下几个方面。

① 机敏干练，善于应对。推销人员一般是独立工作，所以要具有很强的应变能力，不仅能够筹划推销中的各种活动，善于应对环境的差异和变化，应付各种意外情况，而且能够和各种人打交道，有较强的沟通和说服能力，勇于积极地创造销售机会。

② 态度友善，仪表修养好。在业务交往中，推销人员的仪表和态度会对顾客产生极大的心理影响，并在很大程度上反映了企业的风貌。因此，国际推销人员必须态度友善、真诚待客，以消除顾客的偏见，推动成交。

③ 语言能力强。掌握一门或多门外语，特别是要掌握推销所在国的当地语言，要能够用当地语言熟练地与推销对象交流和沟通。如果是目标市场国

8. Sales person's basic quality requirements in international marketing.

---

[5] Customer-oriented model means that an enterprise classifies its customers, each salesman for one kind of customers in the marketing activities.

[6] The mixed model is the combination of the three structural models to organize the sales person in the international market.

当地的推销人员，也要掌握外语，以便于与公司的其他外籍员工交流，这对国际推销的成功至关重要。

④ 有进取心，有坚忍不拔的毅力。推销人员必须具有一定要超过别人、不达目的誓不罢休的成功欲望；必须具有果断、坚毅、忍辱负重、不怕困难和挫折的良好心理素质；要有一种强烈的内在驱动力，去挑战和完成各项推销任务，这一点在国际市场营销中显得十分重要，因为国际推销人员远离家乡和亲人，必须具有战胜困难和挫折的勇气和信心。

⑤ 对企业和工作忠心耿耿。国际市场营销中，推销人员的流动性很大，特别是来自母国的推销人员，要跨越国界，企业很难直接控制他们，而且许多企业的业务关系都是靠推销人员维系的，一旦他们背叛了企业，就会带来很大损失。因此，推销人员必须忠诚，积极负责，能主动地与整个企业的经营工作相配合，保持企业与顾客的牢固联系。

⑥ 善于搜集和分析情报。一个优秀的国际推销人员应当对国际市场机会有敏锐的嗅觉，善于收集和分析各种情报，并及时提出建议。

⑦ 有较为广泛的对外关系。在其他条件相同的情况下，人际关系在业务往来中起着重要的作用。良好的人际关系能够沟通信息，融洽气氛，促进交易。因此，在选拔推销人员时，应当了解他们的对外关系，最好选拔那些对外联系较广的人员。

⑧ 遵纪守法。一个合格的推销人员首先必须是一个好职工和好公民，能维护国家、企业和顾客的利益，能遵守各项法律、法规。国际市场营销中，各国的法律存在很大的差异，推销人员要熟悉当地的法律、法规，以保证推销工作顺利进行。

⑨ 具备一定的业务知识和推销技巧。虽然一个熟练的推销人员必须经过培训和锻炼，但在选拔时，应当优先考虑那些已经具备一定业务知识和推销技巧的人员。

⑩ 要有广博的知识。善于和不同国家的顾客及其他人员交流，掌握当地的风俗习惯、宗教禁忌方面的知识。如果是当地人员做国际推销员，就必须对公司的历史、特色、产品等有充分的了解，能够准确地向推销对象介绍产品及其企业。

实践证明，虽然国际推销人员之间的性格、表达能力、仪表风度、教育程度等存在着很大的差异，但他们都可以通过不同方式取得成功，这说明推销的成功是多种因素综合作用的结果，并不存在一个固定的模式。各企业都应当根据自己的具体情况建立合适的选拔标准。

9. Ways of recruiting sales person in international marketing.

10. Education institutions.

11. Talent exchange.

12. Job-introduction agencies.

13. All kinds of advertisements.

14. Internal recruiting.

15. Associations in the industry.

16. Business contacts.

2. 国际市场营销中推销人员招聘的途径 [9]　国际市场营销中推销人员的招聘途径主要有：

① 教育机构 [10]。大中专专院校等教育机构是招收应届毕业人才的主要途径。各类大中专院校能提供中高级专门人才，职业技工学校提供初级技术人才。企业可以有选择地去学校物色人才，派人分别到各有关学校召开招聘洽谈会。为了让学生增进对企业的了解，鼓励学生毕业后到本企业来工作，征募主持人应当向学生详细介绍企业情况及工作性质与要求，最好印发介绍公司的小册子或制成录像带、VCD 光盘等。

② 人才交流会 [11]。企业可以花一定的费用在人才交流会上设置摊位，以便应征者前来咨询应聘。这种途径的特点是时间短、见效快。

③ 职业介绍机构 [12]。许多企业利用职业介绍所来获得所需的销售人员，但是招聘之前，企业应该编制详细的工作说明，并让介绍所的专业顾问帮助筛选使招募工作简单化、针对性强。

④ 各种媒体广告 [13]。最普遍的招聘广告大都利用报纸媒体，因为这一渠道费用低，又有可保存性，且发行量较大，故可吸引众多的应征者，但合格者所占的比例一般较低。如果详细限定申请人的资格，则申请人数会大大减少，合格者的比例会提高，进而可节省征募费用。另一种广告是刊登在各类专门杂志上的，因其专业性强，指向性好，一般能取得较好效果，能招聘到较高级的销售人员。此外，还有广播广告、店头广告、传单广告或口碑广告等，不少企业根据自己的实际，对各种渠道进行组合，也可以取得较好的效果。

⑤ 企业内部员工 [14]。内部员工既可自行申请适当职位，又可推荐其他候选人。员工的情绪可以由此改善，同时也可降低招募成本。但是内部来源如处理不当，容易引起各种纠纷，所以招募时一定要有相对固定且严格的标准，以免招募主持人徇私舞弊、送人情或受制于人。许多规模较大、员工众多的公司都可以定期让内部职员动员自己的亲属、朋友、同学、熟人介绍别人加入公司推销人员的行列。利用这种途径有许多优点，如由于被介绍者已对工作及公司的性质有相当的了解，工作时可以减少因生疏而带来的不安和恐惧，从而降低了流动的比率。特别是有时因录用者与大家比较熟悉，彼此有责任要把工作做好，相互容易沟通，提高了推销人员之间的凝聚力。但是这一途径招聘的推销人员关系复杂，如果利用不好，可能带来诸多矛盾。

⑥ 行业协会 [15]。行业组织对行业情况比较了解，可以通过行业协会取得信息，找到合适的人才。

⑦ 业务接触 [16]。公司在开展业务过程中，会接触到顾客、供应商、非竞

争同行及其他各类人员，这些都是销售人员的可能来源。

（二）国际市场营销中推销人员的培训

国际推销人员的培训内容根据培训对象不同而有所不同。对于来自公司母国的推销人员，由于他们对目标市场国的文化背景和语言习惯等方面缺乏了解，就需要着重进行语言、目标市场国的文化背景和在海外工作可能遇到的问题等方面的培训。对于来自目标市场国当地的推销人员，则应该将培训的重点放在对企业、产品的了解，以及推销技巧的传授和企业文化的认同上。在具体的培训方式上可以灵活机动、有效配合。

1. 国际营销中推销人员培训的内容 [17] 主要有：

① 语言能力。主要是针对来自国外的推销人员。为了适应人员推销直接与顾客接触的工作要求，国际推销人员不仅要能够流利地说当地语言，而且还要提高语言的表达技巧，增强沟通能力，为推销工作打下坚实的基础。

② 文化风俗差异。国际市场营销中，不同目标市场国的文化和风俗有很大的差异，只有了解和掌握这些差异才能提高推销的成功概率。例如，一个美国公司的推销人员在日本推销产品，就会发现向日本人推销产品和在美国本土推销产品的差异很大，日本在沟通过程中一般很少直接表达自己的看法，更多的是沉默。这与美国人的直抒己见，喜欢用争论表达自己看法的方式截然不同。

17. Content of the training.

案例 9-1

外国人的看法

美国市场的全球化意味着更多的外籍管理人员来美国生活，他们和到他们国家生活的美国人一样，也存在文化调适问题。下面是一些待在美国的外国人的看法。"美国没有小鸡蛋，只有特大的、超大的与中号的"，一个荷兰人这样说。在这个国度，谦恭不受欢迎。"如果你没有闯劲，别人就不会注意你。""一个外国人要想在美国成功，必须比在本国更有闯劲，因为美国人崇尚个人奋斗。"

日本青年在和美籍上司讲话时显得不够自信。在美国，与人交往时的身体姿势和视线接触非常重要，但日本人说话时又恰恰做不到站直、挺胸、正视美国人的眼睛。

在美国，工作进度和截止日期都要认真对待，工作完成的速度与工作完成的好坏同样重要，而本人只善于与他人团结合作，在学习积极竞争、开拓和培养领导技能方面有所欠缺，需要帮助。

　　一个拉丁美洲人在美国得放弃他在拉美时经常参加的那种社交活动。在拉美，买卖双方在达成交易之前便已有了默契。"在美国，不需要默契。"他说，"你甚至可以跟你不喜欢的人做生意。"他对一见面便谈生意的做法仍然感觉不适应。但如果美国人认为自己在浪费时间，就会觉得非常沮丧。

　　美国人常说，"什么时候过来玩。"但在有过一次令人尴尬的拜访之后，外国人知道这实际上不是邀请。

　　"一个人待在美国非常难过，非常孤独。当然，一个人呆在日本也很孤独，但在这里我们英语讲得不好，所以很难交到朋友。我想念我的男友、父母，还有我那些好朋友。"

　　资料来源：Adapted from Lennie Copeland, "Managing in the Melting Pot," Across the Board,june 1986,pp.52-59;and Eva S.Kras,Management in Two Cultures,revised edition(Yarmouth,ME:Interncultural Press,1995).

　　启示：各地区人们的思想观念和行为模式各异，从事国际市场营销活动的人员必须充分认识文化冲突，适应当地的人文环境。

　　③ 企业知识[18]。要使推销人员了解企业的历史、公司使命或战略展望、企业文化、生产过程、技术能力、组织结构、产品方向、规章制度等，掌握企业的总体情况。

　　④ 产品和技术知识[19]。这是一个熟练的推销人员所必须具备的最重要条件，他们应当掌握产品的品种、用途、价格、包装、使用方法、操作维修、制造过程等各种知识。

　　⑤ 市场知识[20]。推销人员应当对市场行情、竞争程度、需求分布、国家政策、地区特点等有较深入的了解，并能预见未来的变化趋势。

　　⑥ 顾客知识[21]。了解顾客的购买动机、购买习惯、需求情况、采购系统、所属部门、管理机构等，使之能够抓住推销的关键。

18. Knowledge of the enterprise.

19. Knowledge of products and technology.

20. Knowledge of markets.

21. Knowledge of customers.

案例 9-2

肥皂与轿车——上门推销在日本

　　可口可乐是美国在日本赢利水平最高的公司，那排名第二的又是哪家公司呢？不是 IBM，不是麦当劳，也不是微软，而是安利公司。这多少有些令人吃惊。安利公司每年通过直销方式在日本销售价值大约 20 亿美元的肥皂与其他产品。安利于 1971 年开始进军日本市场，通过提供商店购物的替代方式——邮购与安利直销员上门访问（这些直销员与美国本土的直销员一样，通常跟顾客是邻居）——绕过了日本效率低下而费用高的零售分销体系。

Eiko Shiraishi 并不想要、也不需要一辆轿车，事实上她从来就没有去过汽车特许经营商店，也未参加过驾驶考试。那她为什么最终还是买了辆车呢？很简单，是因为汽车推销员到她家上门推销的缘故。

如今，在她家的车道上，她拥有了一辆属于自己的银色丰田小车。实际上，在日本，大约有一半的轿车是通过直销员上门推销卖掉的。当通用、福特、克莱斯勒三家汽车公司试图找到在日本销售汽车的方式时，这一点会带来一个非常棘手的问题。

资料来源：Melinda Jensen Ligos, "Direct Sales;The Secret to Success in Japan," Sales & Madketing Management,December 1996,p.54;and Valerie Reitman," Toyota Calling" The Wall Street Journal,Septeber28,1994.pp.A1.A6.

启示：不同国家和地区的人们具有迥然不同的消费习俗，因此在销售渠道的选择上也要因地而异。

⑦ 推销技巧 [22]。一个推销人员的熟练程度取决于推销技巧，这包括如何发现顾客并主动地接近他们；如何处理好人际关系，与顾客打交道；如何克服心理和技术障碍，顺利达成交易；如何与顾客保持联系，巩固产销关系等。

22. Marketing skills.

⑧ 业务程序和职责 [23]。要使推销人员掌握制定计划、安排时间、洽谈、订立合同、结算方法、开销范围、旅行等各方面的知识，以便节约费用、避免损失、增加销售。

23. Procedures and responsibilities.

2. 国际营销中推销人员的培训方式　合理的培训方式是提高培训效率的决定性因素。

① 短期集中培训。短期集中培训是指在专门的时间内对推销人员进行培训，培训中采取讲授、模拟示范现场操作等方式，系统介绍企业的历史、产品的构成及特点、业务操作的过程等内容。短期集中培训时间集中、针对性强，可以迅速提高推销人员的业务水平。

② 专项实习。专项实习是针对推销人员的工作特点，进行特殊知识的专门培训，目的是提高推销人员在某一个方面的专门技能。这种培训方式特别

适用于让推销人员了解产品的性能，如安排推销人员通过跟班操作了解产品的生产过程，进而深入地了解产品的性能。

③ 委托培训。委托培训是由委托企业提出培训的要求，将推销人员的培训工作交付专门的机构完成。委托培训可以让推销人员得到系统的推销知识，提高推销人员的整体水平。

9.3　国际市场广告策略

9.3.1　国际广告的含义和特点

"商品不做广告，就好像一个少女在黑暗中向你暗送秋波"，西方流行的这句名言充分表现了广告在营销中的独特地位。

国际广告是广告主以付费的方式，通过大众媒体向国际受众传递有关商品、劳务和其他信息，借以影响受众的态度，进而诱发或说服其采取购买行动的一种大众传播活动。[7]国际广告不但可用于建立产品的长期形象，也可以用来快速刺激销售。国际广告通常可以经济而有效地接触散布于广大地区的购买者。简单地说，广告有如下特点。

1. 公开性　所谓广告，顾名思义是一种公开的声明，这种公开性表明了企业所提供的产品是合乎标准的、合法的。因为广告是公开发布的，多数人收到的是相同的信息，这使得购买者知道购买该产品能够得到众人的理解和认可，同时也可能对各种同类产品的信息进行收集与比较。

2. 渗透性　由于现代人更多地通过广告做出购买决定，企业可以通过多渠道、大规模的广告宣传使自己的产品深入人心，表现其规模、名气与成就。

3. 表现力　广告的载体多样，表现手法更是丰富多彩，通过对印刷、音响、色彩的巧妙运用，广告能够以戏剧性的手法来表现自己产品和服务的特色。

但同时，广告也有一些缺点：① 虽然广告能很快地接触消费者，但终究是非人员促销，难有面对面促销的说服力所能及；② 广告与消费者的沟通是单向的，至于消费者是否注意这则广告却很难控制；③ 广告成本可能很高。

9.3.2　国际广告的限制性因素

1. 产品的特性[24]　一般说来，各国的消费者需求相同的产品，如技术

24. The characteristics of the product.

[7]　International advertising is a mass communication mainly by the means of payment and mass media to pass the information about the goods labor and other information to affect the attitudes of customers.

型产品，特别是高技术产品，像计算机、复印机等，消费者需求特征与使用方式比较一致，就可用标准化策略。而像工艺品、食品、日用品等技术含量较低的产品，各国消费者的需求就存在较大差别，往往需要用差异化策略。

2. 消费者特点 [25]　一般来说，各国目标消费者如果类似，可以采用标准化广告策略。在不同国家，人们很可能由于极不相同的原因购买同类产品，广告活动就必须考虑以下原因。

25. The characteristics of consumers.

首先，要考虑的是购买动机和使用习惯。如果不同市场对同一产品购买动机十分相似，那么可以采用标准化策略；购买动机不相似，那就应采取差异化策略。例如，美国人在采购食品或日用品时，习惯于一次购买较多数量的同一商品，而西欧国家消费者则喜欢分几次购买，这就要求相关企业在广告宣传上有所侧重。在美国做广告时应强调产品有较长的保鲜性能，以满足消费者大量购买的需要，而在西欧做广告时则要宣传产品的方便性，引导消费者提高购买频率。

其次，要分析不同国家消费者对企业产品或服务的态度和购买的着眼点。例如，同样是购买食品，有的国家消费者考虑的是食品的营养成分，而其他国家消费者可能更注重食品的口味。美国市场上出售的西瓜标明含糖量，以满足人们限制食糖摄入量的需要，而我国消费者却偏爱糖分高的西瓜。所以，类似这样的产品在广告宣传中就需要注意采用差异化策略。

最后，还应分析不同消费者在文化背景方面的差异。对于文化背景相近的国家，可采用标准化策略，譬如在东亚甚至亚洲地区可采用标准化广告策略。如果文化背景相差较远，则应使用差异化策略。

3. 广告对不同国家制订的广告法规的适应性 [26]　世界各国在广告管理上都有一些法规，对产品的种类、价格、说明书，以及广告方式、广告媒介等均有不同的限制。如果制作的广告不违背各国的广告法规，可以采用标准化策略将广告推广到世界各国；如果制作的广告违背了某些国家的广告法规，则只能采取差异化的广告策略。为了节约广告费用，公司可以在充分研究各国广告法规的基础上，制作出不违反各国广告法规的广告，采用标准化的策略，将其推广到世界各地。

26. The adaptability of advertising for the laws of different countries.

许多国家对广告都有相应的规章和法律限制，企业在进行跨国性广告活动时必须引起高度重视，并研究适应性对策。一般说来，对广告活动的政策和法律限制有广告费用、广告媒介、广告产品、广告价格、支付方式、广告所使用复制品、插图等材料以及广告节目的其他方面。例如在德国，比较性的广告是违法的，广告主不能说自己的产品比其他新产品好，更不能说自己的产品是最好的。在科威特，每天只允许播出32分钟的电视广告，而且必须在晚上。在我国，法律限制在主要媒介中刊载、播出烟草广告。对烈性酒广告也有类似的规定。

各国广告法的主要差异在于：

① 对商品各类的限制不同 [27]。如有的国家禁止播放香烟、酒类、医药等的广告。

② 对广告内容的限制不同 [28]。如有些国家不允许播放恐怖、有失体统、粗俗的画面。

③ 对广告方式的限制不同 [29]。如加拿大要求实施对比性广告，广告人必须能够证明其产品的优越性，否则就视为欺骗，并要负法律责任。

④ 对广告播出时间的限制不同 [30]。如有的国家星期六、星期日和假日不允许播放广告，有的国家只允许在每晚六点到八点播出广告等。

⑤ 对广告所征收的税金不同 [31]。如在意大利使用各类广告媒介都要交付税金，从4%到15%不等，而在奥地利广告税最高达30%。

事实上，很多国家的公司都将标准化广告策略和差异化广告策略混合运用。公司用在某些国家和某个地区成功的广告创意或广告方案，和将要推出广告的国家和地区的其他广告相比较，判断已经成功的广告在新的国家和地区是否适宜，能否成功。如果适宜，就使用标准化广告策略，如果不很适宜，就进行适当修改，以求更加完美，获得较好的效果。

此外，广告的选题与创意还应该坚持"5P"标准，即令人愉悦（Pleasure），指广告主题要使人精神愉快、心情舒畅；积极向上（Progress），即广告主题应体现积极的、追求进步的精神，不是表现落后的、颓废的东西；解决问题（Problem），即广告应针对顾客的某一需要而有针对性地确定主题；保证承诺（Promise），即广告应向顾客做出某一方面的承诺和相应的保证条件，它既可以直接表达，也可以间接表达；有潜在吸引力（Potential），即广告主题要有吸引潜在顾客的某种力量。

9.3.3 国际广告决策

（一）国际广告的标准化和差异化策略 [32]

国际广告促销决策中面临的一个重大问题就是广告的标准化和地域化程度，国际广告的国际化程度高，说明在国际上的适应强；国际广告的地域化程度高，带有明显的地域特色，就会增加国际广告的针对性。对此问题有两

27. Different restrictions of kind.

28. Different restrictions of content.

29. Different restrictions of models.

30. Different restrictions of time.

31. Different restrictions of taxes.

32. Strategy of international advertising's standardization and differentiation.

种极端的观点，一是绝对的国际化，即标准化，便于范围内所作的广告均是一样的；二是绝对的地域化，针对不同的国家或地区采用不同的广告。尽管各有其道理，但是通常绝对地采取一种方法是不适用的。国际市场营销专家卡特内认为，最为有效的战略原则应该是计划的国际化加行动的地域化。人们对于一种产品的需求在于其能够提供某种满足人们需要的基本功能，无论对哪一个国家的人来讲，某种产品的这种基本功能是一致的，例如，照相机能够照相、手表可以计时、汽车是一种代步工具等。但是由于文化等差异，又会使不同国家的人对同一种产品具有不同的需求性。比如对照相机的需求，美国人注重照相效果的同时，还要求操作的简便性，因此在美国"傻瓜相机"的市场很大；在德国和日本，除了照相效果以外，人们还注重照相机外形的艺术性；在非洲，只有少数的家庭拥有照相机，因此照相的概念还有待普及。基于上述原因，计划的国际化加行动的地域化应该是最佳的选择，要在综合分析各种国际营销环境的基础上，将标准化和地域化进行有机的结合。

根据国际广告的标准化和地域化程度的差别，国际广告可以分全球广告、区域广告和细分广告三种类型。

1. 全球广告 全球广告是指实行便于一致化的广告策略，在全球范围运用相同的品牌、相同的设计和相同的市场开拓手段[8]。全球广告的最大优势就是可以形成国际名牌，例如，可口可乐、百事可乐、麦当劳等。全球广告是一种标准化程度最高的广告促销方式。

2. 区域广告 区域广告是指在世界某一区域推行相同的广告战略，运用同样的广告促销方式[9]。例如，"泛欧广告"就是一种典型的区域广告。由于统一欧洲市场正在形成，许多企业将欧洲各国视为同一市场，推行同样的品牌和广告促销战略。IBM正在逐步推行其泛欧广告促销战略，并且从中获益。它的一则个人计算机泛欧广告与针对各个国家制作广告相比，可节省约 200万美元。根据预测，实现完全的、一致的泛欧广告将会使 IBM 对欧洲的广告预算减少 15%~20%。区域广告实际上是在标准化的基础上，考虑了不同区域的特点，将几个在特点上相类似的国家当作一个整体来看待。

---

[8] Global advertising is to carry out similar advertising strategies, using the same brand, the same design and the same market strategy in the global range.

[9] Regional advertising means carrying out the same advertising strategy in an area of the world, using the same advertising promotion.

案例9-3

国际广告的区域化

卡夫公司为自己的奶酪产品在不同的国家设计了不同的广告，这完全是基于该公司发现：在波多黎各有将近95%的家庭主妇把奶酪用在各种食品上；在加拿大65%的人把奶酪用在早餐的吐司上；在美国有35%的人用在零食上。

雷诺公司也在不同的国家设计了不同的广告。在法国，广告将雷诺描绘成带有一点"超级车"的形象，在高速公司和城市中驾驶很有趣；在德国，雷诺广告侧重于宣传安全、实在的工程技术和内部舒适；在意大利，雷诺广告强调公司驾驶性能良好和便于加速；在芬兰，雷诺广告突出坚固完整的结构和可靠性。

资料来源：寇小萱、王永萍：《国际市场营销学》，
北京，首都经济贸易大学出版社，2005。

启示：无论是国际食品生产企业还是国际汽车生产企业，都需要根据本区域人们的生活诉求以及价值观来设计和制作广告。

3. 细分广告[33]　细分广告是指在对全球市场进行有效细分的基础上，针对不同的细分市场制定不同的广告战略[10]。细分市场可以是以国别划分，也可以包括不同的国家，主要取决于同一细分市场内消费者的需求、欲望和消费行为方面的共性或相似性程度。例如，宝洁公司就是一个运用大量细分广告战略的企业，它对不同的细分市场设计了不同的品牌及不同的广告概念。在中国台湾，其洗发香波定位为"Pro-V维他命滋润您的秀发，令其生辉"；在拉丁美洲的几个国家，则对广告中的头发类型和语言等进行了相应的调整。

（二）国际广告内容

广告内容的设计是一项较为复杂的工作，既要有科学性，又要有艺术性，而且必须与广告目标紧密相连，为实现广告目标服务。设计一则成功的广告要求广告设计者具有较高的创造力和想象力。广告设计者还必须将广告人的广告目标融于广告内容之中。广告目标是广告设计的指导思想，广告创意是广告目标的信息传递和体现形式。广告内容设计包括以下几项决策。

1. 以强调情感为主还是以强调理性为主[34]　以强调情感为主的广告称为情感诉求式广告，以强调理性为主的广告称为理性诉求广告，两者的主要区

33. Segmentation Ads.

34. Emotion or sense.

[10]　Make different advertising strategies based on different market segments.

别是诉求方式和重点不同[11]。目前，大多数国际企业都采取情感和理性兼顾，以其中一种为主的策略。例如，美国宝洁公司在推销浪峰牙膏时，广告语是"浪峰牙膏是美国牙医学会推荐产品"。这一广告宣传，既体现了理性宣传的特点，又强调了牙膏的防病功能，带有引导消费者感情的作用。再如，在竞争激烈的国际航空市场上，大多数航空公司都想树立起自己的独特形象，以吸引顾客，如以新加坡空中小姐的微笑来吸引顾客，这是以感情取胜最成功的一个例子。

2. 以对比为主还是以陈述为主　所谓对比广告，就是将企业产品与其他同类产品进行对比分析，以期明示出本企业产品的独特之处。目前，对比广告较为流行。美国苏埃弗公司是一家生产洗发精的企业，在采用对比法做广告时，直接将产品与两家最大企业（宝洁公司和强生公司）的洗发精进行对比，强调"他们的产品功能我们也具有，然而，我们产品的价格仅为他们产品价格的一半"这一广告主题，结果苏埃弗公司的洗发精在市场上占有主导地位。但是，由于比较广告是一种较为敏感的广告，很多国家都制定了比较广告的法律规定，如德国就颁布了禁止对比广告的规定。因此，在运用对比广告时，要特别注意各自目标市场国的法律规定，否则，很可能会招致诉讼而引起损失。

3. 以正面叙述为主还是以全面叙述为主　正面叙述是指广告中只强调产品的优点，而全面叙述既讲产品优点也讲产品缺点。[12] 一般地讲，如果广告受众的文化水平高，则可采用全面叙述的方式，既告诉消费者产品的优点，又讲述其不足之处。而对于文化水平较低的受众，则应强调产品的优点。另外，从产品的角度讲，对于超豪华、超高级类产品应仅强调其长处，因为指出这类产品的不足有损其高贵和卓越的形象。而对那些对本企业有疑问的消费者，则最好采用全面叙述的方法，促使其逐渐改变对本企业的偏见。

4. 广告主题长期不变还是经常改变　从理论上讲，广告主题的重复播送能增强受众者的印象。[13] 诸如日本松下电器公司经常反复播放其电器广告，又如美国宝洁公司反复播送其化妆品广告，从而增加受众印象，引起其购买行为。但是，某产品重复播送广告，次数增加过多会使受众产生厌烦，广告印象变浅，造成产品老化印象，甚至抵触看广告。因此，即使是一个十分成

---

[11]　The most important difference of stressing the emotion and rational asking is the way and key demands.

[12]　Positive narrative only emphasizes the advantages of the product in the advertisement, while comprehensive narrative includes both the advantages and disadvantages.

[13]　Repeated advertising can enhance the audience's impression.

功的广告主也须根据情况的变化及时调整广告主题。

（三）国际广告媒体选择策略 35

根据广告所使用的媒介，大致可将广告分为这样几类：听觉的，如广播广告；视觉的，如报纸杂志上的广告；视听的，如电视广告。广告的形式多样、内容丰富，而且还在不断发展，近年来，网络广告得到了较大的发展，另外，还出现了太空广告等形式。

1. 媒体的类型及特点 36　广告媒体主要有报纸、杂志、广播、电视、网络、户外（标语牌、横幅、显示屏等）、交通工具、店铺和邮寄等，其中报纸、杂志、广播和电视是四大媒体。近些年又出现了互联网媒体。[14]

报纸广告的覆盖面广、读者稳定，对信息的传递及时，能够长期保存，形成重复的传播效果，给顾客留下深刻的印象。它的主要缺陷是印刷的质量较低，报纸的读者不一定也对报纸的广告感兴趣。此外，报纸本身的发行范围和阅读对象有很大的差别。因此，要依据产品的特点和企业的市场覆盖战略规划报纸广告。报纸在不同国家拥有量有很大差别，例如，在日本，只有少数几家全国性报纸，其中最大的《朝日新闻》发行量几乎达到 700 万份，估计有 80% 的政治家和政府官员、81% 的商人、44% 的大学毕业生、40% 的中产阶级均阅读该报。可是要在该报登广告并非易事，没有一定关系很难买到该报的广告版面。而在仅有 150 万人口的黎巴嫩，却有 210 家日报与周报，而发行量超过 1 万份的只有 4 份，平均发行量为 3 份的报纸传递信息范围就非常有限了。在印度，由于纸张严重不足，一个广告要登上报纸，必须提前半年预定版面，失去了广告的时效性。

杂志广告印刷精致，有明确的宣传对象，善于表达产品的质地，还可以长期保存，提高了重复阅读率。但杂志广告一般周期长、时效性差、制作的成本比较高。国际广告人使用外国消费杂志的比例比较低，主要是其发行量大或者能够提供可靠的发行数目的杂志寥寥无几。现在也有越来越多美国出版公司正在出版海外版，例如《读者文摘国际版》、《花花公子》和《科学美国》等。

广播广告的信息传播及时、迅速，通过语言和音响效果表达广告的效果，可以给顾客一个清晰的印象。广播广告的局限性主要表现为依靠声音传播的

---

[14]　Advertising media consists of newspapers, magazines, radio, television, network, outdoor advertisements (placards, banners, display, etc.), transportation, stores and mail, etc. Newspapers, magazines, radio and television are the four main media. In recent years, the Internet media came into being.

广告信息转瞬即逝、不易保存。此外，仅仅用声音说明和介绍产品，往往缺乏直观性，容易造成曲解。

电视广告集声音、形象、音乐于一体，是当今广告媒体中最重要的一种，它的覆盖面广、影响力深、感染力强、及时迅速。它的不足之处是传播的信息转瞬即逝、不易保留，广告的针对性差，费用投入高。由于有较大的娱乐价值，电视广告在大多数国家已成为主要的交流媒介。大多数人口稠密地区都有电视广播设施，如在我国，电视广告拥有大量的观众。然而在一些电视机拥有量少、电视发射技术落后的国家，电视广告的传播效果就会大打折扣。

随着信息技术的发展，出现了新的以互联网为媒体的广告，有人称互联网是广告的第五大媒体。电子商务是指买卖双方利用现代开放的互联网络，按照一定的标准所进行的各类商业活动，主要包括电子商情广告、电子选购和交易以及电子交易凭证的交换、电子支付与结算、网上售后服务等，互联网广告是现代电子商务的一个重要的组成部分。通过互联网开展广告宣传的一般程序是，企业先在互联网上建立自己的网站，再通过网站介绍自己的产品和服务，发布各种商业信息。客户可以借助网上的检索工具，迅速地找到所需的信息。它可以向全球发布广告等宣传信息，与其他媒体的广告相比，互联网的广告成本低廉，而提供的信息却可以十分丰富。企业在国际市场营销中面对的是全球的消费者和用户，网上广告更能够给企业带来很多的机会。

此外，还有其他一些广告媒体。户外广告可以以恢宏的气势表现出产品或企业的形象，其特点是展示时间长、表现手段灵活、费用相对较低。但是，户外广告受到地点的限制，而且除液晶显示广告外，一旦发布，修改的难度较大，时效性差。交通广告是指交通工具内、外壁上的广告，它的制作简单、费用低廉。交通工具的流动性决定了该广告媒体的宣传面较为广泛。但是这类广告一定要醒目，文字说明力求简洁、突出主题。店铺广告是商品销售网点的广告，它包括商品销售网点门前及四围的广告和商店内的广告两类。销售网点的广告可以引起顾客即时的消费欲望，烘托销售网点的气氛。但是如果一个销售网点的各类产品的广告太多，就会产生混乱的感觉，降低宣传的效果。邮寄广告是通过邮寄的方式发放产品的说明书、价目表等，它可以根据产品和目标市场的特点，准确地选择广告对象，可以深入地介绍某种产品的特点，而且制作费用低廉。它的不足之处是市场的范围有限。表9-1展示的是不同国家的企业在广告媒体选择上的差异，这是20世纪70年代末日本的八卷俊雄[①]等人经过多年的研究得出的结论。

表 9-1　不同广告媒体在有关国家的使用情况

广告媒体类型	国家和地区
混合型广告	美国、日本、英国、加拿大、荷兰、芬兰、西班牙、巴西、委内瑞拉、阿根廷、利比里亚、印度、巴基斯坦、科威特、泰国等国家中国的台湾和香港地区
报纸型广告	瑞典、挪威、澳大利亚、新西兰、南非、马来西亚、新加坡、埃及、斯里兰卡、牙买加、加纳等国家
杂志型广告	德国和意大利
电视、电台型广告	爱尔兰、希腊、哥伦比亚、墨西哥、巴拿马、哥斯达黎加、葡萄牙、菲律宾等国家
其他型广告	法国、瑞士、奥地利、丹麦、秘鲁、黎巴嫩、叙利亚、印度尼西亚、尼日利亚等国家

注：其他型广告媒体是指电影、户外、交通和直接邮寄等

37. Combination of media.

2. 媒体的组合 [37]　将各种广告媒体进行系统的、有效的组合可以提高广告的效益，例如，报纸媒体的感染力要低于电视媒体，但是依据广告的具体内容，将报纸与电视进行结合，就可以收到良好的效果。在产品刚刚投放市场的时候，采用报纸媒体详细介绍产品的优点和用途，介绍性广告持续一段时间之后，再导入简短的电视广告，用以加深顾客的印象，树立产品的形象。

① 不同媒体之间的搭配。不同广告媒体的作用不同，为了充分发挥不同广告媒体的作用、节省企业的广告支出，要在不同的广告媒体之间进行科学的搭配。

② 不同媒体的时间搭配。依据广告的内容，将不同媒体的广告在时间上进行合理的搭配。如果要求达到轰动式的效果，希望广告的受众在很短的时间迅速认识和接受广告，那么就需要不同的广告媒体安排在同一时间发布广告；如果要让受众在一个较长的时间内接受广告，并且降低费用，就需要将不同的广告媒体安排在不同的时间阶段内，如上所述，报纸和电视媒体的配合就需要安排在不同的时间阶段，既能使广告持续发挥作用，又能节约广告费用。

③ 广告媒体在地域上的搭配。广告媒体的作用地域不尽相同，在不同国家发挥作用的程度也不相同，需要在广告的搭配上考虑地域的因素。例如，

---

① 八卷俊雄，1932 年山梨县出生，1955 年东京大学法学部毕业，先后任日本经济新闻社企划调查部部长、日本经济新闻社理事、日经广告研究所常务理事，曾于东京大学新闻研究所、筑波大学、早稻田大学等多所高校兼职任教。1987 年起为东京经济大学专任教授，现为东京经济大学名誉教授。八卷俊雄先生有着 50 年的广告实务、广告研究及学会活动的专业经历，被誉为"日本广告业界和学界的泰斗性人物"。

在经济发达国家，上网的人数较多，通过互联网做广告会起到良好的效果，而在欠发达国家，互联网的覆盖率很低，如果采用互联网广告，则难以达到预期的目的。

（四）国际广告代理机构选择 [38]

1. 国际广告代理商类型 国际广告代理商主要有两大类型：本国的广告代理商和国外当地的广告代理商。他们有各自具有不同的形式。

（1）本国广告代理商。本国广告代理商主要有以下两种。

兼营国际广告业务的本国广告代理商。主要有：① 无国外分支机构的广告代理商。这种代理商必须具有强有力的国际广告策划能力、创作能力和发布能力，否则，就无法胜任国际广告业务。② 有国外分支机构的广告代理商。这种代理商，必须拥有雄厚的财务、人力和设备，而且具有丰富的国际广告经验。

本国专业国际广告代理商。主要有：① 部分国际广告业务代理商。这种广告代理商的人员、资金及设备有限，只承担国际广告中的部分业务，如代购媒体，承担部分广告制作或部分国家和地区的广告业务。② 全面国际广告业务代理商。这种广告业务代理商具有充分的国际广告实施条件、经验和能力，能为企业提供全面的服务。此外，他们中多数有国外广告分支机构，并且和国外的广告代理商、经销商有着经常性的密切联系，因而有利于国际广告业务的实施。

（2）国外广告代理商 [39]。主要包括以下两种。

当地广告代理商。① 部分广告业务的东道国广告代理商。这种广告代理商只能为企业提供部分广告业务服务，如代购媒体、广告设计与制作等。② 全面广告业务的东道国广告代理商。这种广告代理商规模大、设备完善、人才多，能为企业提供全面的、高水平的服务。

合作式的广告代理商。① 本国广告代理商与专业广告代理商合作。这种广告代理形式是以本国广告代理商为主体，而国际广告代理商作为本国广告代理商的国外部从事广告活动。这种合作形式，既为企业提供国际广告的专门技术与知识，又可节约广告开支，充分利用两种代理商的优势。② 本国广告代理商与进口国广告代理商合作。这是国际广告间互通有无的方式，两国代理商互相代办各自的广告业务，通过默契达成短期或长期的合作。③ 本国专业广告代理商与进口国代理商合作。这种合作方式适用于专业广告代理商无国外分支机构，或国外分支机构不够健全尚需进口国代理商配合的情况。但是，目前即使具有强大的分支机构的国际广告代理商，也多与进口国代理

38. Selection of international advertising agencies.

39. Foreign advertising agency.

商实行合作，以制作高水平的广告。

2. 选择国际广告代理商应考虑的因素 [40] 选择国际广告代理商需考虑以下因素。

（1）广告公司的作业能力是否具备。作业能力包括设备、人力、创意、制作、实施和调查测定等。广告的作业能力是广告公司的支柱，广告主付出费用所要求的就是这种能力。对广告代理商作业能力的了解，最简便的方法是通过目前的广告客户去了解，也可以通过广告媒体去了解。

（2）广告公司的经验和实绩如何。一个有口碑的广告公司总有其成功的实绩。但是，对广告公司只从名气上了解是不够的，还必须了解广告商过去的客户有哪些，它对哪些行业比较熟悉，所经办的是哪些产品的广告等。其广告经验与实绩是否有利于本公司的广告代理活动。

（3）广告规模的大小。如果广告的项目多、要求高，便需要相当规模的广告代理商方能胜任；如果广告的项目少、规模不大，那就不一定要找大型的代理商。小代理商的重要客户可能会胜于大代理商的一个附加小客户。小商品也不必做大广告。

（4）广告代理商必须具备一定的资金实力。如果代理商的规模很小就难以向广告主提供良好的服务。因此，公司应当寻找那些有资金实力、善于经营的广告代理商做广告。

此外，还要了解代理商的收费标准和收费方式。比如，委托代理商作调查研究或代办某项服务时，各企业的收费标准与方式是不同的，必须进行事先调查和对比，择优选用。

9.4 国际营业推广策略

9.4.1 国际营业推广的含义

在营销组合各种要素中，营业推广用得最为频繁，但在含义上却最为模糊。销售推广由一系列促销工具构成，都是世界各国企业长期致力于产品竞销的结果，同时，又有不少工具正在企业的促销实践中得到创造。

1. 营业推广的概念 [41] 在国际市场上，进入一个新市场，如能把营业推广手段和广告手段结合起来运用，往往有较大可能获得成功。近年来，营业推广的使用范围和程度都有加速发展的趋势。导致营业推广迅速增长的因素在于：品牌的大量增加，竞争者更富有促销头脑，通货膨胀和衰退使消费者更容易接受促销的影响，广告的有效性由于成本增加、媒介杂乱和法律的限制而在降低。营业推广的特点在于其非规律性和非周期性、灵活多样性和短期效益明显。

2. 营业推广的目的 [42] 营业推广的目的通常是：诱导消费者试用或直接购买新产品；引导消费者增加对现有产品的使用频率；在零售一级直接吸引消费者购买[15]。进入 90 年代以来，许多国际企业都十分重视运用营业推广手段，纷纷成立营业推广部，由营销经理直接领导，并制定营业推广费用预算。这是因为，营业推广再加上广告宣传，具有速效的作用。可口可乐公司在发展中国家推销芬达饮料时，就是运用赠送圆珠笔、铅笔等营业推广手段，再加上广告宣传，吸引了大批消费者，促使中间商大量进货，从而打入和占领了这些国家的市场。

42. The purpose of business promotion.

9.4.2 国际营业推广方式

国际市场营销中的营业推广对于企业迅速打入国际市场，促进产品的销售有着重要的意义。国际营销中的营业推广方式主要有国外产品目录、样品展示、机构或公司出版物、贸易会和博览会、销售点宣传品和消费者促销材料等。

1. 国外产品目录 [43] 国外产品目录是一种可以长期保存的、能够准确介绍和宣传企业和产品的国际促销途径。这种方式适用于国外消费者居住十分分散或不会经常光顾的情况，它给消费者提供了一个仔细研究和选择商品的机会。企业在制作国外产品目录时，应该着重突出以下几个方面的特点：第一，能够引起顾客的兴趣，激发其阅读的热情。要运用颜色的感染力和精美的印刷让消费者产生非读不可的欲望。第二，体现厂商的特性。要介绍厂商的历史、荣誉、相关的产品系列，给顾客以依赖感。当然，这种介绍也要突出吸引力，进行精心的设计和安排。第三，要提供购买的信息，便于购买。要在目录中明确产品的规格、联系的方式等具体事项，保证顾客一旦产生购买的要求，就能够方便地实现购买。第四，要让顾客产生拥有的欲望。要突出产品的价值，安排应用的场合和使用的程序，让顾客产生拥有的欲望。第五，明确联络的方式，以便于顾客的沟通，让顾客有提建议、提意见的便利渠道。

43. Directory of foreign products.

此外，国外产品的目录在产品名称和制作上要考虑适合国外市场的文化和风俗习惯等问题，特别是一些专有名词、新词汇都要考虑当地顾客的接受能力、理解力和思维模式等。

---

[15] The purpose of business promotion usually is: inducing consumers to buy new product or try it; guiding consumers to increase the frequency of using the existing products; appealing consumers to buy in the retail market.

44. Samples.

2. 样品 [44]　样品宣传带给人们的是有关产品的真实感觉，这是任何其他方式所无法达到的。赠送样品已经成为一些国际知名公司开拓海外市场的重要方式。通过赠送样品、免费使用，能有效地宣传新产品，加快新产品被国际市场接受的速度。

45. Publications of company and organizations.

3. 机构或公司的出版物 [45]　这些出版物的散发范围很广泛，可以是消费者，也可以是分销或其他代理机构。公司的出版物可以宣传产品，更可以宣传企业，发布有关企业的最新信息。公司出版物可以在公司所在国出版，但对于大型的跨国公司而言，业务和市场范围涉及许多国家时，结合当地的具体环境，也可以在目标市场国出版和发行，这样能够提高出版物为目标顾客接受的程度。

46. Trade fair and exhibition.

4. 交易会和展览（博览会） [46]　国际性的交易会和展览，又称博览会，是国际营业推广的一种良好方式，它聚集了众多的出口商，提供了推销产品的机会。博览会的方式有很多，按产品划分有综合性展销会和专业性展销会；按参展者国别划分有一国展销会和国际展销会（或国际博览会）；按时间划分有临时性展销会和永久性展销会；按参观对象划分有对商界开放的展销会和对社会开放的展览会等。例如，德国的汉诺威贸易博览会是世界上最大的贸易博览会之一，汇集了 20 多个行业的产品，是著名的综合性博览会；巴黎的国际航空博览会是一个世界上最大的航空业的专业博览会。在德国，每年大约要举办 100 个重要的国际性博览会，大约有 87 000 家企业参加，其中有 40% 的企业来自德国以外的 150 多个国家和地区。在我国，著名的广交会为我国企业向国外客户展示和推销产品提供了的难得的机会，在国内外享有很高的声誉。

博览会为来自世界各地的企业提供了一个交流信息、达成交易的机会。在贸易博览会上，企业之间可以买卖商品、洽谈合同，因此，在企业的国际市场营销中，它被看成是一个基本的市场营销战略。通过博览会的方式，企业可以广泛结识较理想的代理商、经销商，并通过他们打入其所在国的市场。若企业有好的产品，在展览会上获奖更是可以大大地提高企业和产品的信誉，扩大其在国际上的影响，促进产品的出口。此外，博览会的方式还可以帮助企业了解本企业产品的国际市场行情，如产品质量、价格、包装及销售情况，竞争对手的产品情况，收集国际市场技术、经济等方面的信息，以便于及时调整或正确选择企业的国际市场营销策略。

47. Lottery ticket and coupons.

5. 各种奖券和优惠券 [47]　奖券和优惠券是企业向顾客发放的一种减价证明，持有这一证明，消费者在购买商品时可以得到优惠。奖券和优惠券的发放途径很多，可以随上一次购物发放，鼓励连续购买，也可以随广告或采用其他方式赠送。国际市场营销中采用奖券和优惠券的方式开展营业推广，要视不同国家的消费者对这一方式的接受程度而定，采用的方式也要有差别。例如，在美国，奖券可以独立发放，而在加拿大则要夹在给零售商的广告中散发；在英国，奖券最常见的发放方式是报纸和杂志赠送，而在许多欧洲国家，较多地采用挨门挨户赠送的方式。

营业推广促销越来越引起一些国际性大公司的关注，他们投入巨额资金，希望产品尽快为顾客接受，一些著名的品牌，如宝洁和雀巢等公司都积极地实施其营业推广计划。通常的做法是将资金投入和使用权交给当地的分支机构，由他们根据当地的客观环境制定营业推广计划，这样，可以充分地考虑和较好地适应当地消费者的品牌偏好、购买频率、使用数量、目标价位，以及市场的成熟度、对促销方式的接受程度、当地的法律法规等相关情况。有些国家的法律对营业推广手段有种种限制，比如禁止抽奖销售和赠送礼物，限制零售回扣金，有些国家营业推广要经批准才能进行，个别国家规定竞争者不能用多于销售同一类产品的其他公司的费用进行营业推广。因此，在国际市场营销中采用营业推广手段进行促销时，一是要注意各国的法律限制，二是了解各国行之有效的方式，三是加强与各国零售商的合作，这样国际营业推广才能起到良好的促销作用。

案例9-4

促销：好时，财源滚滚；不好时，赔尽老本

竞赛、抽奖和一切让顾客购物中奖的计策，当它们行得通时，都可能是有效的手段。此处的关键词是"行得通"三字。最近的两次促销活动——在伦敦开展的 Hoover 电器促销活动和在菲律宾开展的百事可乐促销活动都不太"行得通"。家用电器及真空吸尘器制造商 Hoover 在英国和爱尔兰发起了促销战，旨在增加销售和提高品牌的知名度。只要购买 Hoover 电器达 150 美元，Hoover 免费提供两趟到欧洲或美国的飞机票（到纽约最便宜的机票是 750 美元）。Hoover 希望免费机票能吸引顾客，该公司估计由于旅行时间和旅馆住宿的限制，不会有很多人这么做，可事实完全相反。普通人的想法是买最便宜的电器，免费到美国去。20 万多人这么做了。据估计，Hoover 为了兑现自己的诺言付出了 7 200 万美元。如今，四年之后，那些没有得到免费机票的人正共同起诉他们。

可口可乐和百事可乐在菲律宾为争夺市场份额而打得不可开交，百事可乐需要推一把。一个现金奖励促销手段"数字热"看上去就像赢得机票一样。这种手段在 10 个拉美国家很成功，它把菲律宾的赌博嗜好和发横财的诱惑结合起来。购买百事产品的人如果在瓶盖里找到一个 001～999 的三位数，就可能凭此获得 1000 比索（40 美元）到 100 万比索（4 万美元）不等的奖金，另外还有七位数的安全密码。百事每天公布获奖的三位数。尽管所有瓶盖里都有号码，但是购买者在中奖号码公布之前无法知道自己是否中奖。购买者收集的瓶盖越多，中奖的机会越大。三个月里，百事公布了 60 个中奖号码，兑现奖金达 2500 万比索（100 万美元）。

"数字热"立即取得了成功，百事产品的销售市场份额同时上升，一个月内，销售利润就超过了促销所使用的 400 万美元的奖金和广告成本预算。

六个星期后，百事的市场份额上升了 24.9%，成功使得公司把"数字热"再延长五个星期。计算机选出 25 个新的中奖号码。公司的顾问确信在最初促销阶段没中奖的号码在延长阶段不会以中奖号码的形式出现。他们错了。5 月 26 日，他们宣布 349 为中奖号码。

当 349 被宣布为中奖号码的那一夜，一位有一个孩子、失了业的已婚男子彻夜未眠。他有一些瓶盖，可以获得 300 万比索。他梦想着自己将要买的房子和将要开办的公司。但是拥有 349 这个号码参与第一阶段竞争的人多达 80 万。如果所有获奖者兑现，公司将要付出 16 亿美元。百事的第一反应是用一个新的号码代替 349。那些中奖号码持有者们组织起来，游行、抵制，甚至炸送货的卡车。百事提出一个折中的办法，向持有 349 这个号码的人提供 500 比索。50 万人前来认领这 500 比索，共让百事支出了 1000 万美元。349 惨败使得员工士气低沉，并且损害了百事的形象，吓走了潜在的分销商，使公司失去了所获得的市场份额，并且九个经理因为诈骗而被逮捕。百事向菲律宾最高法院上诉，经过两年多的法庭论辩，在司法部复审该案之前，高院撤消了下级法院的逮捕命令。

资料来源：Adapted from "Hoover Hopes to Sweep Up Mess from Flights Promotion," Associated Press,March5,1993;Dirk Beveridge, "Hoover Can't Sweep Ticker Mess under Rug," Associated press,December12,1996: Pepsi in the Philippines:Putting the Fizz Back, Crossborder Monitor,April 6, 1994,p.8: and :Philippine Court Halts Arrest of Pepsi Officials, Dow jones Nwes Service ,March 6,1996.

启示：成功的营业推广活动能够提高企业的知名度和市场份额，同时，不严谨的、不合适的促销活动可能带来极为不良的后果。企业必须正确地使用营业推广活动，使其效果最大化。

9.4.3 国际营业推广策略的制定

营业推广活动具有促销针对性强、方式灵活多样和短期促销效果显著等特点。但是营业推广活动不像广告、人员推销和公共关系那样具有常规性，通常是为了解决具体促销问题或者达到临时促销目而进行的，比如介绍新产品、推销积压商品、加强广告或人员推销的效果等，并常与广告宣传或人员推销等其他促销方式结合使用。公司在国际市场采用营业推广这一促销手段时，应特别注意不同国家或地区对营业推广活动的限制、经销商的合作态度以及当地市场的竞争程度等因素的影响。

国际企业的营业推广策略应是关于国际企业如何选择适当的促销方法和手段，创造高效的促销工具的过程。

1. 要了解和分析各国对营业推广方式的限制和管理规定[48]　许多国家对营业推广方式在当地市场上的应用加以限制。例如，有的国家规定，企业在当地市场上进行营业推广活动，事先须征得政府有关部门的同意；有的国家限制企业营业推广活动的规模，限定免费赠送的物品不得超过消费者所购买商品的一定百分比；还有的国家对营业推广的形式进行限制，规定赠送的物品必须与推销的商品有关；还有的国家的法律对现金折扣和数量折扣加以限制，如新西兰法律规定，折价券只能兑换现金。英国对营业推广活动的合法性、公正性、诚实性都有专门的解释。进行国际营销的企业必须熟悉这些规定，才能避免陷入误区，遭受不应有的损失。

> 48. Getting to know and analyze the business marketing restrictions and regulations in different countries.

2. 要确定合理的营业推广预算[49]　营业推广的预算与营业推广的规模有着直接的联系。在一定的规模以内，营业推广的费用与效果之间存在着正相关关系，但当营业推广费用达到一定水平以后，其效果就会出现递减现象，最后甚至出现与营业推广费用负相关的关系。企业必须正确确定营业推广的规模。一般地讲，单位产品推广费用最低时，营业推广的规模为最佳规模。低于或高于这一规模，都不能充分发挥营业推广费用的效果。

> 49. Making a reasonable business promotion budget.

3. 要合理选择营业推广的时间[50]　选择营业推广的时间有两层含义。一是确定营业推广活动的起始时间，如是否在新产品一上市就开展推广活动，或者是否在产品的销售淡季搞营业推广活动等。二是确定营业推广活动的时间长度。企业开展营业推广活动的时间长短，应视产品、地区、人口的状况

> 50. Selecting a reasonable time of business promotion.

而定。时间过短，可使许多潜在消费者没有机会购买产品，无法达到预期的推广目的；时间过长，可能给消费者造成不良印象，认为企业急于出货、推销滞销产品。

4. 要深入考察目标市场状况[51]　主要从以下几方面进行。

① 经销商的合作态度。企业国际市场营业推广活动的成败与当地经销商或中间商的支持与否有很大关系。在一些零售商数量多、规模小的国家或地区，企业在当地营业推广活动因为零售商多而分散不容易联系，商场规模小而无法提供必要的营业面积或者示范表演场地，加上缺乏营业推广经验等原因，往往使营业推广活动难以收到满意的效果。如果经销商能够代为分发赠品或优惠券，甚至由零售商来进行现场示范或者商店陈列等，营业推广活动就较易取得成功。因此，在决定进行营业推广活动之前，需要慎重了解经销商的合作态度。

② 目标市场的竞争程度以及竞争对手在促销方面的动向或措施。目标市场上竞争对手的情况将会直接影响到企业的营业推广活动的决策。比如说，在竞争不太激烈的市场上推出产品，在设计营业推广方案时需要研究如何制订适宜于本企业的方案；但是如果市场上存在激烈的竞争，而竞争对手出台新的促销举措来吸引顾客争夺市场，企业就必须针对对手的行动采取相应的对策。另外，企业在海外目标市场进行营业推广活动时，还很可能遭到当地竞争者的反对或阻挠，甚至可能通过当地商会或政府部门利用法律或法规的形式来加以禁止。所以，企业决定在一个市场上进行某种营业推广活动时，必须将竞争程度及竞争对手的动向考虑在内。

总之，国际市场的促销策略比国内市场促销更为复杂，进行国际经营的企业需根据目标市场国的实际情况，采取相应的方式，克服地域、文化等因素带来的障碍，只有这样，才能够成功地进行国际营销，使产品跨越国界、走向世界。

9.5　国际公共关系策略

公共关系对于企业进行国际化经营具有十分重要的意义。由于企业试图跨越国界进行营销活动，当地政府和公众对企业的接纳程度在一定程度上决定了企业产品的出路，所以说在国际市场上的公共关系又经常比在国内市场上更为重要。企业要想顺利地打入国际市场，优质的产品固然重要，但更为重要的是要让国际社会了解、承认、接受企业自身及其产品。企业的公关活动就是企业树立良好形象，争取中间商和目标市场上广大公众的了解、信任和支持的有效手段。有效的公共关系配合以其他促销方式，及时克服国际经营中的文化及其他障碍，才能最终实现占领国际市场的目的。公共关系是国际市场营销活动中必不可少的促销手段，也是企业在国际市场中竞争取胜的重要策略之一。

国际公共关系是以国际营销企业与东道国公众的关系为媒介的一种国际沟通方式，是国际营销进入所谓"大营销"的标志之一 [16]。

9.5.1 国际公共关系的任务

企业在国际营销中进行公共关系活动的最主要目的就是树立企业良好的社会形象和声誉。为达到这一目的，公共关系部门应完成以下任务。[17]

1. 加强与传播媒介的关系 [52]　大众传播媒介承担着传播信息、引导舆论等社会职能，传播媒介对企业的报道对公众具有极强的引导作用，因而也在很大程度上影响企业的公众形象。企业必须充分利用传播媒介来为其服务，与之建立良好的合作关系，主动提供信息，使媒介了解企业；同时积极创造具有新闻价值的事件，争取媒介的主动报道。

2. 改善和消费者的关系 [53]　消费者关系是国际企业的生命线，国际上任何一家享有信誉的公司几乎都把改善与消费者的关系列为头等重要的问题来处理。运用公共关系同社会沟通思想、增进了解，使消费者对企业形象和它的产品产生良好感情，对企业的意义十分重大。

3. 调整与政府的关系 [54]　与国内经营企业不同，国际企业面临来自各个国家和政府的各种不同的要求或是压力。企业一方面必须随时调整自己的行为以适应政府政策的变化，另一方面又要左右逢源，以协调可能发生的冲突和利益矛盾。这是企业公共关系的一项重要任务。公共关系部门必须加强与东道国政府官员的联系，了解他们的意图，了解所在国的法律，争取相互之间的谅解，以求得企业的生存和发展。为了达到这一目的，企业可以搞些公益活动，如为公用事业捐款、扶持残疾人事业、赞助文化、教育、卫生、环保事业等，树立为目标市场国的社会与经济发展积极做贡献的形象。

4. 在不同时期、不同阶段进行不同的公共关系活动 [55]　在进入东道国的

52. Strengthening the relationship with the media.

53. Improving the relationship with consumers.

54. Adjusting the relationship with the government.

55. Doing different public relation activities at different times and at different stages.

---

[16]　International public relation is a way of international communication by the relationship between international marketing enterprises and the host country, and is one of the signs of the so-called "marketing".

[17]　The most primary purpose of international public relation is to establish a good image and the good reputation.

初期阶段，面临问题多、公关任务繁重，工作的重点是争取被东道国的政府及国民接纳。进入中期阶段，就要关注东道国政局与政策动向，以及公司利润汇回母国的风险问题等，工作的重点是扩大企业在东道国社会上的影响，确立良好的声誉。最后，即使是在撤出阶段，也仍然要注意保持与东道国良好关系以维护其他方面的利益。

56. The planning of International public relation planning.

9.5.2　国际公共关系策划 [56]

（一）确定公关目标 [57]

公共关系活动的目标，即公共关系人员经过努力要达到的目的以及衡量这一目的是否达到的具体指标。

57. Determining the public relation's goal.

在确定公共关系目标时要注意：一是分目标必须服从总目标，也就是说公共关系策划所确定的目标必须符合组织运行的整体目标；二是目标必须有客观依据，必须针对组织面临的具体问题；三是目标必须具有明确性，目标含义确切单一、具体清晰而非模棱两可；四是目标必须具有可行性，确定的目标应该符合实际，经过努力能够实现；五是目标必须具有可控性，确定的目标应该留有余地，具有一定的伸缩性，在出现预想不到的情况变化时可以采取应变措施来实现目标。

组织的公共关系目标，按其作用可以分为四类：传播信息、增进感情、转变态度、引起行为。

1. 传播信息　这是最基本的公共关系目标，即组织致力于就形象信息、服务信息、产品信息及其他信息与社会公众进行沟通。

2. 增进感情　增进与公众的感情，赢得公众的好感，是一个组织的公共关系活动的长期任务，也是可在短期内达到的目标。

3. 转变态度　在一定时期内，开展公共关系活动是为了转变公众对组织整体形象的某一方面的看法和态度。公众的什么态度需要改变，应以调查所得的资料为依据。

4. 引起行为　公共关系活动的最终目的是在取得公众理解和支持的基础上，促使公众产生某种组织所期望的行为。

58. Determining subjects of the public relation.

（二）确定公关对象 [58]

组织的公共关系活动目标的差异性，决定了公共关系活动对象的区别性。在公共关系策划过程中，我们必须在组织的广大公众中，根据实现目标的需要，去认定哪些是该项公共关系活动必须关注、交流和影响的目标公众。

确定目标公众的方法一般为：

1. 以活动目标来划定公众范围 [59]　这种划分主要强调的是目标公众与活动之间的关联性。

2. 以组织的重要性确定目标公众 [60]　在公共关系实践活动中，有时组织将有关公众按与组织关系的密切程度、影响的大小程度、相关事件的急缓程度等因素进行排队，选出最为重要的部分作为目标公众。这种划分主要强调的是重要性。

3. 以组织的需要决定目标公众 [61]　例如，当组织出现形象危机时，目标公众应首指组织的知晓公众和行动公众，以防危机的扩散和加剧。这种划分主要强调的是影响度。

不同的组织每次的公共活动确定谁为目标公众很难有统一的标准，基本的原则便是考虑组织的目标、重要性和需要三个方面的因素，由组织自己去灵活决定。

（三）确定公关主题 [62]

主题，是指公共关系活动中联结所有项目、统率整个活动的思想纽带和思想核心。提炼公共关系活动的主题，是公共关系策划过程中一个极其重要的环节，就好比确定一部大型交响乐的主旋律一样。

能否提炼出鲜明突出的公共关系活动主题，主题能否吸引公众、抓住人心，可以说是公共关系策划成败的一个重要标志。因此反复揣摩、推敲、提炼，直至最后拟订，对于公共关系策划者来说，都是必要和值得的。

拟订主题，需要有创意，但不能为此故弄玄虚、故作高深。提炼和拟订主题应当注意以下几点。

1. 目标的一致性　拟订主题是为了更好的凸显公共关系的目标，主题必须与公共关系活动的目标保持一致，主题必须服务于目标。偏离目标的主题，会给公众造成错觉，起到误导的作用，因此策划者一定要慎重。

2. 主题的实效性　好的主题不在于词藻的华丽、技巧的娴熟，而在于产生的实效。主题的实效一是表现在是否合乎公共关系活动的客观实际，不能话说得好听但实际却做不到；二是要能真正打开公众的心扉，切中公众的心愿；三是要考虑社会效果，一味地哗众取宠、迎合低级趣味的主题是要不得的。

3. 主题的客观性　公共关系活动的主题、要展示公共关系精神、体现时代气息，而不可商业气十足，也不宜宣传味太浓。总之，主观性不要太强，以免招来公众的反感。

4. 主题的新颖独特性　在传播技术长足发展、各种信息扑面而来的当今社会，没有个性的信息如同过眼烟云，不会给人留下深刻的印象。只有通过

59. Determining the public range by targets of activities.

60. Determining the target public by the importance of organizations.

61. Determining the target public by the needs of organizations.

62. Determining themes of the public relation.

主题将策划对象的信息个性体现出来，使其新颖独特，才能产生强烈的感召力和巨大的影响力。

5. 主题的通俗简练性 心理学的研究表明，人们对语言的记忆，其章节在 16 个以下为最佳效果，超过 16 个章节便容易产生排斥心理，因此，主题的表述必须通俗易懂、简短凝练，以期为公众所理解和接受。

（四）确定公关形式 [63]

实施公共关系方案，要根据不同类型的公众对象、不同类型的组织机构及其发展过程中的不同阶段，分别采取适合的公共关系形式，才能实现预期的目的。通常认为比较行之有效的公共关系形式有以下几种。

1. 宣传式工作方式 [64] 即利用各种传播媒介，向组织的内、外公众传播组织的信息。向内部公众宣传，目的是让他们了解本组织发展的成就与面临的困难，以及正在采取的措施与行动，以取得内部全体公众的理解和支持。向外宣传的目的是让社会公众迅速获得对组织有利的信息，以对本组织形成良好的社会舆论。特点是主导性强、时效性强，有助于提高组织的知名度、扩大组织影响。

2. 交际式工作方式 [65] 即不借助于其他媒介，只在人与人之间的交往中开展公共关系活动。通过各种招待会、座谈会、茶话会等人与人的直接接触，为本组织建立广泛的社会关系网络，以提高本组织的社会地位。特点是富于人情味，具有直接性、灵活性，给人以亲切感。

3. 服务式工作方式 [66] 即通过完美的服务，用实际行动来密切组织与公众之间的关系。对于一个社会组织来说，自我宣传对于树立组织的良好形象固然十分重要，但起决定作用的还是提高组织的服务水平。只有不断增强服务意识、端正服务态度、丰富服务内容、掌握服务技巧、实行有效的服务，才能赢得公众的好评。特点是具体、实在、效果显著。

4. 赞助式工作方式 [67] 即通过有组织的社会性、公益性、赞助性的活动，扩大组织的社会影响力，提高组织的社会声誉，赢得公众的了解、赞赏和支持，为树立组织的良好社会形象创造条件。特点是不拘眼前、着眼长远、影响较大、但花费较多，需量力而行。

5. 征询式工作方式 [68] 即通过采集信息、舆论调查、民间测验等手段，了解民情、民意，掌握整个社会的发展趋势，为组织的管理决策提供咨询，使组织目标与方案的实施尽量与公众的利益一致。特点是了解公众，建立畅通的公众反馈渠道，以便调节组织的政策和行为。

由于公共关系活动是发展变化的，所以公共关系的工作方式不可能有固

63. Determining forms of the public relation.

64. Propaganda working style.

65. Communicative working style.

66. Service's working style.

67. Sponsorship's working style.

68. Consulting working style.

定不变的模式。公共关系工作最忌讳的就是墨守成规、生搬硬套，因为任何成功的公共关系活动，都是一次创造性的活动。因此，我们要根据不断变化的客观需要和可能条件，选择和创造最佳的工作方式。

9.5.3 企业危机公关 [69]

（一）企业危机公关的概念与特征

危机，英文为 crisis，在汉语里，危机的书面意思是紧急困难的关头。危机公关，是指由于某些人为的或非人为的突发事件及重大问题的出现，打破了组织正常有序的运转状态，使组织声誉和利益受到损害，甚至遭遇生存危险，从而不得不面临和处理的一种紧张状态。

公共关系危机具有下列特征：

1. 突发性 一切突发事件都具有突然性。它们一般是在组织毫无准备的情况下转瞬之间发生的，往往给组织公关带来各种意想不到的困难。特别是那些由组织外部原因造成的危机，如自然灾害、国家政策变革等，往往是组织始料不及并难以抗拒的。

2. 严重危害性 危机事件的危害是很大的。它会破坏组织形象、影响组织经营，给组织带来严重的形象危机及巨大的经济损失，同时也会给社会造成危害。

3. 不规则性 对组织来讲，每次危机产生的原因、表现形式、事件范围、影响程度、损失程度都不尽相同，呈不规则出现，因此，解决的方式也没有一成不变的固定模式。

4. 舆论的关注性 危机事件的爆发最能刺激人们的好奇心理，常常成为人们谈论的话题和新闻界关注的焦点、热点，成为媒介捕捉的最佳新闻素材和报道线索，有时会牵动社会各界公众的神经，乃至在世界上引起轰动。

（二）企业危机公关类型

1. 从危机的性质上分 可以分为：

（1）突变危机，主要是指存在较大生命损失的危机。在这类危机中，一部分是指自然灾害，如地震、风暴、洪水、泥石流、雪崩、火灾、流行病等；另一部分指人为的灾难，如抢劫、盗窃、破坏、爆炸等。

（2）商誉危机，即商业信誉危机。主要指由于不履行合同、不按时交货、质量问题而形成的经营危机。商誉是组织存在和发展的根本，出现商誉危机会直接威胁组织的生存。

（3）经营危机，是管理不善而导致的危机，如投资失误、定价策略失误、

69. Crisis public relation of enterprises.

产品质量低劣、管理混乱等。另外，组织由于种种原因而经营不下去也属于此类危机。

（4）信贷危机，主要是指因组织丧失信誉而得不到上级拨款或银行贷款，同时又难以募集到股份，致使资金枯竭，组织难以为继从而形成的危机。

（5）素质危机，是指由于内部素质不高危及自身生存的危机，如员工缺乏公关意识和质量意识、专业技能低下、组织技术水平不高导致的危机。另外，组织基本设施、建筑老化、设备重大故障而导致的危机也属此类危机。

（6）形象危机，是指组织由于自身形象不好，知名度、美誉度不高，或是总体设计不好、定位不当造成的危机。当然，以上突变、商誉、经营、信贷、素质危机最终都会影响形象，导致危机。

2. 从危机发生的程度分 可分为：

（1）一般性突发事件危机 [70]，也叫日常纠纷，如组织内部纠纷、同公众间的关系纠纷、组织之间的纠纷等。这种纠纷一般涉及的范围不大、影响面较小，但它是突发性的，如不及时处理，事态扩大后会严重影响组织形象和声誉。

（2）重大突发事件危机 [71]，是指重大工伤事故、重大生产经营决策失误、质量事故、天灾造成的严重损失等。

3. 从危机发生的外显度分 可分为：

（1）显性危机 [72]，指危机趋势非常明朗，爆发只是个时间问题，如经营决策失误造成的产品积压、市场缩小的危机。

（2）潜伏危机 [73]，是指危机的因素已经存在，但没有被人们意识到的危机，如安全防火设施遭到破坏、缺乏防火意识，或设备本身质量不过关、缺乏质量意识等。潜伏危机比显性危机具有更大的危险性。犹如一座冰山，显性危机是浮在水面的部分，所占比重小，容易被人所重视；而潜伏危机犹如藏于水下的冰山本体，不容易被发现且危险性更大。

（三）企业危机公关处理策略

公关危机处理亦称危机公关（crisis public relations），或称危机管理（crisis management），是指组织调动各种可利用的资源，采取各种可能或可行的方法和方式，预防、限制和消除危机以及因危机而产生的消极影响，从而使潜在的或现在的危机得以解决，使危机造成的损失最小化的方法和行为。危机公关是公共关系学和管理学结合的产物，是运用公共关系学的基本原理和方法，科学地处理组织潜在的或现在的危机，从而把"大事化小、小事化了"，甚至变坏事为好事的一种管理行为。

70. General emergency crisis.

71. Significant events' crisis.

72. Dominant crisis.

73. Latent crisis.

　　妥善处理危机事件，迅速控制事态的发展，就能使组织的损失减少到最低限度。这对于事后迅速恢复生产经营活动具有重要的意义。妥善处理危机可以维护组织的形象。组织形象是组织的重要资源，无论是纠纷事件，还是突发事件，给组织形象这一资源的影响就不言而喻了。妥善处理危机可以增强内部团结。处理危机事件不仅是对组织凝聚力的检验，也是加强内部团结的好时机。妥善处理危机可以创造经营时机。在处理危机事件中，公关人员应树立"妥善处理危机就等于赢利"的观念。成功的组织与失败的组织之间的差别，并不在于是否出现过与公众的纠纷和危机事件，而在于出现危机后所采取的截然不同的处理方法，即借助处理危机事件创造有利的经营因素和条件。

　　1. 公关危机处理的原则　任何组织都难免发生危机事件。危机发生后，由于情况紧急，大家都感到手忙脚乱。为了使危机处理有序进行，需要遵循危机处理的几个主要原则。

　　（1）快速反应的原则[74]。危机具有突发性，而且会很快传播到社会上去，引起新闻媒介和公众的关注。尽管发生危机时组织面临极大的压力，但仍须迅速研究对策，做出反应，使公众了解危机的真相，争取公众的同情和支持，减少危机的损失。高效率和日夜工作是做到快速反应不可缺少的条件。

74. The principle of rapid response.

　　（2）真诚坦率的原则[75]。通常情况下，任何危机的发生都会使公众产生种种猜测和怀疑，有时新闻媒介也会有夸大事实的报道。因此，组织要想取得公众和新闻媒介的信任，必须采取真诚坦率的态度。里杰斯特尤其强调实言相告的原则，他指出，越是隐瞒真相越会引起更大的怀疑。

75. The principle of honest.

　　（3）人道主义的原则[76]。危机在不少情况下会给组织带来生命财产的损失。新闻媒介等舆论界对造成危及人的生命安全的事故或事件尤其重视，甚至加以渲染。因此，在危机处理时首先要考虑人道主义的原则。组织在处理危机过程中要把抢救和安置灾民放在第一位。

76. The principle of humanitarianism.

　　（4）维护信誉的原则[77]。里杰斯特说，公共关系在危机管理中的作用是保护组织的声誉，这是危机管理的出发点和归宿。声誉对组织来说极其重要，是组织得到人们拥护和支持的基础。没有了声誉，组织的工作就难以进行，就没有效率可言，甚至危及组织的合法性。在危机管理的全过程中，组织的公关人员都要努力减少对组织信誉带来的损失，争取公众的谅解和信任。

77. The principle of maintaining credibility.

　　2. 公关危机有效处理的步骤[78]　对一个组织来说，危机现象的出现是难以预料的。一旦发生危机事件，组织该采取哪些对策处理呢？让我们来举例说明。

78. The steps of effective processing of public relations crisis.

　　班特利海湾石油公司曾发生过一起油船大爆炸事件，有 50 人丧生，只有在控制塔上的一个人活了下来，但被吓得神经错乱。不到三天，公司门口就聚焦了 300 多名记者，新闻界向海湾石油公司挑战，要求尽快说明真相，要让活下来的那个人出来讲话，但他已无法出来作证，简直是一片混乱。麦克·里杰斯特先生在中国公关培训班上讲了他处理这一危机事件的基本做法。

　　第一步，危机发生后的前十天，每天举行两次新闻发布会，与记者保持沟通，使反面消息降到最低程度。

　　第二步，邀请当地公司的管理人员出席新闻发布会，让他们介绍公司对事故的善后处理做法，告诉记者公司是如何与死者家属沟通的，是如何让警察来辨认尸体的，是如何清理海难现场的。

　　第三步，与当地政府联系。因为开始建石油中转站时，政府是同意的，把有关情况通报给政府，表示一定给予赔偿；在社区方面，由于平时注意搞好关系，所以事后也就给予了很大帮助。

　　第四步，积极进行海湾环境污染的处理。沙滩上有许多原油，每次涨潮后，都找人把海滩上的石油清除掉。一直努力去清除污染，说明公司是负责的。

　　第五步，在爱尔兰做广告，向人们表示深深的歉意，并表示将尽快查出油船爆炸的真正原因。

　　麦克·里杰斯特先生处理油船爆炸事件的一些做法对我们很有启发。一般来讲，公关危机事件处理的过程如下。

　　（1）成立处理危机事件的专门组织机构 [79]。处理危机事件最关键的是要镇定，不能使组织一下子陷入混乱状态，即使是灭顶之灾也应如此。这就需要有专人负责，统一指挥。因此，当危机事件出现后，组织应首先成立由最高层领导牵头的，公关部门主管具体负责的，有公关人、相关技术人员及其他相关人员参加的专门组织机构，全力以赴投入危机事件的处理。

　　（2）对危机事件进行调查判断 [80]。重大事件发生后，首先应该运用有效的调查手段，迅速查明情况，判断事件的性质、现状、后果及影响，为制定对策及应急措施提供依据。① 查明事件的性质与状况：事件的种类，事件发生的时间、地点、原因，已经得到控制还是仍在发展等基本情况。② 查明事件的后果和影响：伤亡人数及严重程度、设施的损失状况及价值、其他受破坏的程度和范围、这些后果已经和将会造成的社会影响。③ 查明事件牵涉的公众对象：直接、间接受害的公众对象，与事件本身有直接、间接责任或利害关系的组织或个人，与事件处理有关的机构，以及新闻舆论界人士等。要特别注意与事件的见证人保持联系，并谨慎处理与新闻界的关系。

79. Setting up specialized organizations to deal with the crisis events.

80. Investigating the crisis event.

3. 制定处理危机的具体对策 [81]　在全面调查了解危机事件的情况后，将所获取的信息进行分析整理，针对不同对象确定相应的对策。

（1）对组织内部的对策

· 危机应变小组立即行使工作职权，对危机处理形成权威性的意见，统一进行指挥。

· 判明情况，制定对策，通告全体人员，以统一口径、协同行动。

· 如属内部事件，立即通知伤亡者的家属，采取有力措施进行救护或善后工作，安抚有关各方人员。

· 如属外部事件，立即组织队伍参与抢救、维持或应急服务工作。

· 奖励处理事件的有功人员，处罚事件的责任者，并通告有关各方。

（2）对受害者的对策

· 认真了解受害者的情况，实事求是地承担责任，并诚恳地道歉。

· 冷静地听取被害者的意见，了解和确认有关赔偿损失的要求。

· 避免在事故现场与受害者发生争辩，即使受害者有一定责任，也不要在现场追究。

· 给受害者以安慰和同情，并尽可能提供其所需的服务，尽量大努力做好善后处理工作。

· 向受害者及其家属公布补偿方法及标准，并尽快实施。

· 由专人负责与被害者接触，在事件处理过程中不随意更换负责处理工作的人员。

（3）对新闻界的对策 [82]

· 应统一对新闻界的口径，注意措词，尽可能以最有利于组织机构的形式来公布。

· 成立临时记者接待机构，由专人负责发布消息，集中处理与事件有关的新闻采访，给记者提供权威的资料。

· 主动向新闻界提供真实、准确的信息，公开表明组织机构的立场和态度，以减少新闻界的推测，帮助新闻界做出正确的报道。

· 必须谨慎传播，在事实并未完全明了之前，不要对事件的原因、损失以及其他方面的任何可能性进行推测性的报道，不轻易地表示赞成或反对的态度。

· 对新闻表示出合作、主动和自信的态度，不可采取隐瞒、搪塞、对抗的态度。对确实不便发表的消息，亦不要简单地说"无可奉告"，而应说明理由，赢得记者的同情与理解。

81. The specific countermeasures to deal with crisis.

82. Countermeasures to the press.

· 注意以公众的立场和观点来进行报道，不断地提供公众所关心的信息，如补偿办法和善后措施等。

· 除新闻报道外，可在刊登有关事件消息的报刊上发歉意广告，向公众说明事实真相，并向有关公众表示道歉及承担责任。

· 当记者发表了不符合事实真相的报道时，可以尽快向该报刊提出更正要求，指明失实的地方，并提供全部与事实有关的资料，派遣重要发言人接受采访，表明立场，要求公正处理。但要注意避免产生敌意。

83. The Countermeasures to the superior department.

（4）对上级主管部门的对策 [83]

· 及时汇报。事件发生后，及时向组织所直属的上级主管部门汇报，不能文过饰非，更不能歪曲真相、混淆视听。

· 定期并及时联系。在事件处理中，应定期报告势态发展，及时与上级主管部门取得联系，求得上级主管部门的指导和支持。

· 总结报告。事件处理后，形成详细报告，包括处理经过、解决方法以及今后的预防措施。

84. The Countermeasures to business units.

（5）对业务往来单位的对策 [84]

· 传递信息。尽快如实地传递事件发生的信息。

· 传递对策。以书面形式通报正在采取何种对策。

· 当面解释。如有必要，先派组织职员到业务单位巡回解释。

· 说明处理经过。在事件处理中，定期向各界公众说明处理经过。

· 书面表示歉意。事件处理后，应用书面形式表达诚恳的歉意。

85. Countermeasures for the consumers and the community.

（6）对消费者及其团体的对策 [85]

· 疏通零售点渠道。通过零售点渠道向消费者发布说明事件梗概的书面材料。

· 疏通报纸广告渠道。如有必要，还应通过报刊登载广告来公布事件经过、处理办法和今后的预防措施。

· 热情接待消费者团体及其代表。因为他们代表消费者利益，在新闻界很有发言权，当他们前来询问有关情况时，要热情接待，并慎重答复。

86. The countermeasures to community residents belonging to organization.

（7）对组织所在社区居民的对策 [86]

· 组织出面登门道歉。如火灾、爆炸等突发事件给所在社区居民带来损失，组织应登门向居民致歉。

· 职员出面分别道歉。根据事件的性质也可以派遣本组织职员去每个家庭分别道歉。

· 发表谢罪广告。在全国性的报纸和地方性报纸上分别刊出谢罪广告，面向所有公众，告诉他们急需了解的情况，明确表示本组织敢于承担责任的态度。

- 赔偿损失。根据实际情况，赔偿必要的经济损失。

公共关系危机的预防对组织具有很重要的意义。虽然有时危机是难以预料的，但有效的危机预防，可以及时发现产生危机的"萌芽"。即使危机真的出现，也能相对从容地采取有效措施。

（四）公共关系危机的预防 [87]

1. 公共关系危机产生的主要原因 [88] 综观组织公关危机的类型，危机的原因概括起来主要有两个方面。

（1）组织内部可控的原因。[89]

① 经营决策失误。这是造成经营性危机的重要原因。组织不能根据内、外部条件的现状及变动趋势正确制定经营战略和公关战略，使组织的生产经营活动得不到公众的支持，而遇到困难则无法经营，甚至走向绝路。

② 管理不善。这主要是因为组织基础工作差，管理规章制度不健全，管理方式、管理手段不科学等。管理不善导致影响商品质量和服务质量，也容易引发纠纷和突发性事件。

③ 组织素质低。组织素质首先是组织领导和职工队伍素质。特别是组织领导人员如果不能正确处理组织长远利益与近期利益的关系，往往会出现管理的短期行为，这将扩大组织素质与现代生产经营活动客观要求之间的差距。组织会因为自身素质偏低而被社会淘汰。

④ 公关策略失误。如果决策失误，发生误导，就会人为地造成危机。陈旧的观念、落后的形式、一般化的公共关系活动虽然不会对组织造成致命的伤害，但也提高不了组织的知名度。在市场竞争中，组织公共关系活动如不能发挥应有的作用，本身就孕育着危机。

（2）组织外部不可控的原因。[90]

① 不可抗力。不可抗力是组织无法抵御的外力或突发性自然灾害，使组织的生产经营活动无法正常进行。例如，地震、山洪、海啸等大自然灾害，战争、政变等社会突发事件，这些事件的爆发对组织的影响是巨大的，也是组织无法抵御的。

② 政治和经济体制。国家的经济管理体制和经济政策是组织外部不可控的因素，它们会对组织的经营和发展产生重大的影响。国家或地区的经济体制、经济政策是构成组织外部环境的核心。如果体制不顺、政策对组织发展不利，组织经营就会遇到很大阻力。

87. Preventing for the public relation.

88. The main reason for the public relations crisis.

89. The controlled reasons within the organization.

90. External uncontrollable reasons.

在造成危机的上述原因中，可控的原因通过组织自身努力是可以解决或者改进的，而对不可控的原因，组织也并非是完全被动的。组织有效的公共关系活动可以给外部环境以积极影响，甚至可以促进政府改进或改变政策。

2. 公共关系危机预防 [91] 公共关系危机预防主要从以下几个方面入手。

91. Prevention for public relation crisis prevention.

（1）危机事件的分析预测。对于组织来讲，危机的出现虽然是不规则的，但其中也在存在一些带有规律性的东西。这就需要从以下几个方面进行分析预测。

① 根据组织的性质作出预测。搞清楚自己的组织是什么性质的组织，列出这种组织可能发生的各类危机事故。

② 从组织事件中作出预测。找出自己组织历史上曾发生过什么危机，因为发生过的事情很可能再度发生。

③ 从同行教训中作出预测。找出自己所属组织的同行、类似组织发生过什么危机，分析危机会对组织造成多大损害。考虑这种危机事件发生后，谁会受影响，范围有多大。

92. Prevention in the daily business.

（2）在日常业务中预防 [92]。在日常业务中严格执行科学管理制度，保证产品、服务质量，遵章守法，维护公众利益，从而消除危机隐患。以北京肯德基快餐厅为例，为预防与顾客发生矛盾纠纷，肯德基餐厅严格执行下述三项铁的纪律。

① 餐厅制作炸鸡严格按"七、十、七"操作法进行。即将一袋鸡块放到鸡蛋液中浸七下，再放到干粉里滚十下，最后再按七下。有一天，因顾客爆满，炸鸡供不应求，操作工为了加快速度，按"七、十、七"一次同时操作两袋鸡块，结果被经理发现，立即给予口头警告，并扣罚资金 15 元。

② 肯德基制定了一项铁的规定：即鸡块炸出超过一个半小时就不能再卖，不管剩多少都要扔掉，不准作廉价处理，不准给员工吃。理由是便宜卖给顾客，会损坏餐厅的名声。

③ 运用科学手段，保证炸鸡的分量。在制作过程中，餐厅运用电脑控制选用肉鸡，体重均在 1.13~1.23 千克。每只鸡分 9 块，保证分量。

此外，美国肯德基总公司还明文规定，肯德基快餐厅一律不许卖酒。世界各地的 7700 余家肯德基快餐厅都要遵守这一规定。听说北京人特别爱喝啤酒，破例允许卖啤酒，但限量，不足以醉人。座椅设计上也有学问，坐垫软而舒服，靠背硬而短，无法久坐。

肯德基快餐厅的上述规定和做法，预防了许多危机纠纷的发生，可为我们预防危机事件提供有益的启示和借鉴。

（3）建立危机预警系统[93]。许多危机在爆发之前都会出现某些征兆，因此应当建立组织的预警系统来及时捕捉这些危机的预兆。建立预警系统的工作可由公关人员协同各个管理部门来进行，主要包括：

① 加强公共关系信息与组织经营信息的收集分析工作，及时掌握公众对组织活动的反映及评价。

② 密切注意国家经济政策及经济、政治体制改革的方向，使组织的生产经营活动与社会经济大气候相协调。

③ 加强对重点客户的沟通，使重点客户成为组织的稳定支持者，及时关注其变动趋势。

④ 经常分析竞争对手的生产经营策略和市场需求发展变化趋势。

⑤ 定期或不定期地进行自我诊断，分析组织生产经营和公共关系状态，客观评价组织形象，找出薄弱环节，采取必要措施。

⑥ 开展多种调研活动，并在此基础上研究及预测可能引起组织危机的突发事件，把组织危机因素消灭在萌芽之中。

（4）制订危机应变计划[94]。危机应变是提供应对、处理突发事件所需要的人力、组织、方法和措施的一整套方案。一旦危机出现，就可以借助计划去应付、解决危机。

一个较健全的危机应变计划，大致包括以下三项内容：

① 成立危机应变小组。危机应变小组首先由经理（厂长）、技术专家、公关部主任和法律顾问组成一个核心，然后根据可以预见的危机，增加危机处理小组的人员。这样，发生某种危机时，可以直接由专人负责处理，而在平时，负责处理某项危机的人就应有意识地做好各种应战准备。

② 拟订危机应变计划。应变计划要设想各种可能发生的危机和所应采取的应对行动。一些组织常常把本单位拟订的危机应变计划体现在《危机应变手册》上。例如，对商贸企业来说，最有可能也是最严重的危机之一是商品质量发生问题，影响企业信誉，因而在企业的应变手册中，不仅要预见到这一危机，而且要指明何处、何人可以向我们提供紧急援助，而且指明了他们的姓名和联络方法。《危机应变手册》是处理各种危机的指南，因此视不同行业和组织有所不同，但其计划一定要细致到足以应对危机。

③ 危机模拟训练。危机应变小组在完成危机应变计划的纸上作业后，可以举行模拟学习。演习假设一种或多种危机情况，考核危机应变小组对紧急事件的反应能力、危机处理的知识和决策能力。模拟演习还要使组员接受处理紧张心理的训练，以免到真正危机时，让紧张的心理妨碍组员的思维和决策。

93. Setting up a system for early warning.

94. Making crisis response plan.

另外，还要学习如何与新闻界打交道，掌握接受记者采访和外交发言等方面的技巧。

总之，危机应变计划和训练做得越周详，处理危机的工具就越犀利。不过，仅有危机应变计划不能解决危机，应变计划只是解决危机的工具，还需要人们在实际操作中执行和灵活运用。

本章小结

- 国际市场营销策略包括：人员推销、广告、营业推广和公共关系。

- 国际营销活动的人员推销是由企业派出专职或兼职推销人员直接与国外消费者和用户接触、洽谈、宣传、介绍商品和劳务，以实现销售目的的活动过程。

- 国际广告活动受到产品特性、消费者热点以及各地区广告法规的影响，因此在制定广告过程中面临最大的问题是进行广告的标准化与地域化的决策，国际广告的媒体类型与选择更为多元化。

- 国际营业推广的方式较多，包括国外产品

目录、交易会和展览会等，在制定国际促销活动时需要充分研究目标国的实际情况，克服地域和文化障碍，采取针对性的推广活动，提高企业的知名度。

- 国际公共关系活动除了履行国内公共关系活动的职能以外，还需要调整与东道国政府的关系，在不同时期、不同阶段和不同区域从事不同的公关活动。

【主要概念】

人员推销 国际广告　　国际营业推广
国际公共关系

思考与练习

一、简答题

1. 国际市场上人员推销的四种组织模式。

2. 国际广告的三种类型。

3. 国际营销中主要的营业推广方式。

二、案例分析

里根总统的开场白

1984 年，里根总统将访问中国。这正是他第一任期满，第二任即将开始的时刻。他的前任，尼克松、福特、卡特都曾访问过中国，而且自中美建交以来，历届美国总统都把访问中国看作一件大事。对这个占世界人口四分之一的东方大国访问的成功与否，将影响美国总统在美国，乃至在全世界的声誉。里根也深知这一点。因此，在他来中国之前，总统的公关顾问们为他这次中国之行做了周密的设计和精心的策划。

里根要在中国公众面前树立一个"平民总统"的形象。为了实现这个目标，里根要求在访华期间除了国事活动以外，要有一定的民间接触。包括他和夫人要在北京街头自由散步一小时，和北京的市民随意交谈；在上海，要到复旦大学对师生作一次演讲。

来中国之前，根据里根的授意，公关人员为他找了一个中国"平民"留学生。她是一位上海姑娘，复旦大学毕业去美攻读硕士学位，父亲是商店营业员，母亲是一家集体企业的临时工，从家庭和个人出身来说，是真正的"平民"了。里根在白宫亲自会见了这位中国留学生，亲切地跟她聊了不少家常。最后，总统告诉她即将访华，并且计划到复旦大学去演讲，问她："你有什么口信要我带去吗？"对这个突如其来的问题，这个中国姑娘一时不知怎样回答才好，略加思索后说："请您代我向谢希德校长问个好吧。"

几天之后，里根总统到了上海复旦大学，由复旦校长谢希德陪同步入小礼堂。面对着 100 多位师生代表，在开始正式讲演之前，里根说："我来中国之前，碰到一位你们复旦大学去美国的留学生，她要我代她向谢希德校长问好。"随即转向谢校长："现在这个口信带到了，请您打个电话告诉女同学，她的电话号码是 ×××××××。"

这个开场白，博得了全场热烈的掌声。

多么出色的表演！一位美国总统，竟如此认真负责地替一个极其普通的中国学生万里迢迢带口信问候她的校长，居然还记住了她在美国宿舍的电话号码。

讨论问题：

（1）总统的公关顾问们为里根中国之行所进行的周密设计和精心策划的活动，其组织总目标是什么？

（2）里根总统访华演讲的开场白与组织总目标的实现有何关系？请加以分析。

chapter 10

第 10 章 国际市场营销管理

学习目标：

通过本章的学习，能根据企业实际与市场环境制定企业国际营销计划，能根据企业实际与市场环境构建国际营销企业的组织机构，能运用适当的方法对国际营销企业的营销活动进行控制。

重点难点：

- 制定国际市场营销计划的步骤

- 全球营销的组织机构的类型及其特点

- 国际市场营销常用的控制方法

10.1 国际市场营销计划

10.1.1 国际市场营销计划的含义

（一）国际营销计划[1]的概念

计划是面向未来的一项系统性工作，是指把资源分配给某一目标市场以实现企业未来的营销目标[1]。在国际市场上，市场营销计划指的是作业计划，即具体的营销策略和步骤。国际市场营销计划是国际企业或跨国公司对未来经营活动的设计与决策。企业通过国际市场营销计划确定预期的营销目标，并在收集、分析资料，预测成本费用的前提下，规定实现其目标的步骤、措施和具体要求。

（二）国际市场营销计划的类别

1. 从期限看，国际市场营销计划可分为短期计划和长期计划 短期计划又称为经营计划，执行期一般为一年；长期计划又称战略计划，执行期限一般 3—5 年，甚至更长。经营计划与战略计划的区别在于，后者的目的是决定目标和基本战略，而前者的作用则在于将这些目标和战略付诸实施，前者是从属于后者的具体计划。

2. 从制订和执行主体看，国际市场营销计划又可分为总（母）公司计划和子（分）公司计划 一般来说，子公司偏重于经营计划。战略规划与经营计划区别在于，前者的目的是决定营销目标和基本战略，而后者的作用则在于将这些目标和战略付诸实施。前者是创造性的原则计划，后者是从属于前者的具体计划。如果公司在国际上推行的是标准化的战略，那就需要定出一套统一的营销策略和步骤，然后用以指导各个目标市场的营销活动，如果实行的是差异化的战略，则要针对某个具体国家的目标市场制定市场营销的计划和方案。

10.1.2 国际市场营销企业计划的制订

1. 确定任务 由企业决策者根据战略计划的要求和前期执行计划的情况，结合企业目前内部生产条件和外部环境要求，为企业提出下一年度或更长一段时期的市场营销任务。

2. 情况分析 情况分析是制定国际市场营销的主要依据，只有通过对企业环境的分析，才能找出企业在前期执行国际市场营销计划的不足，从而预

1. International marketing plan.

2. Short-term plan.

3. Long-term plan.

4. Head office plan.
5. Subsidiary plan.

6. Marketing task.

---

[1] International marketing plan is the strategy and decision of the future's business operations operated by an international enterprise or a multinational corporation.

测今后市场的机会和威胁，发挥本企业的优势，在市场竞争中立于不败之地。

3. 确定企业目标　国际企业的目标由产品 [7] 和营销职能 [8] 组成，子公司参与公司目标的建立可以保持目标与市场之间的紧密相关，确保子公司实现目标。

在国际市场营销计划中，目标市场应该包括以下几个方面。

（1）每个产品的销售目标（以当地货币和美元为单位）。

（2）目标市场的占有率。

（3）新的分销渠道的数目。

（4）品牌熟悉度的百分比。

（5）新产品进入市场的分销渠道层次和时间。

（6）新产品在当地市场测试。

（7）出口目标。

（8）需要完成的市场调研活动。

（9）对消费者满意度的调研。

确定企业目标 [9] 是企业国际市场营销策略的一个方面。第二方面是为了达到这些目标企业应该采取的措施。完成目标的策略是由特定的工具和方案组成的。例如，某公司的目标是提高产品在该国市场的市场占有率，但是它并不使用价格竞争的手段，而是重视品质、新产品的推广和有利的促销。企业所制定的运营计划必须列出实现目标所必须的工具和技术，包括预算。例如，计划必须指出年度产品的研发活动、广告方案和媒体的选择等。

短期计划 [10] 是公司运营计划中最主要的部分，它包括营销人员与该公司合伙人，如分销商、广告代理商、营销调研队伍职责的划分以及完成这些任务所需要的预算方案。为了方便管理，营销经理必须了解计划的综合效果。企业的运营效率可以通过组织中合适的人事安排和比较分析来加以提高。

4. 提出方案　在确定了市场营销目标后，企业决策者应为实现企业整体目标建立一套整体的策略方案 [11]。为防止视野及思考过于狭窄，应列出多个可行方案以供选择。如为增加销售收入，就可以通过提高企业产品销售价格、增加企业产品销售量或者提高盈利产品在销售中的比例三个子方案来实现。

5. 评价和选择方案　对方案进行评价和选择，就是针对已经提出的方案进行分析比较，选择较为合理的方案，所谓合理，是指方案所考虑的问题比较全面；计划目标数量化，具有择优的标准，可以预测出方案的结果；确定了目标，可以预测出方案的执行结果；确定的目标合理且先进。

6. 预算　通过目标的制定、方案的选择，决策人员就能列出合理方案的

7. Product.

8. Marketing function.

9. Enterprise objective.

10. Short-term plan.

11. Strategy program.

12. Quantity of sale.

13. Price.

14. Cost of production.

15. Marketing cost.

预算表，表的基本内容包括预估的销售量 [12]、价格 [13]、生产成本 [14]、营销费用 [15] 等。

预算表一经确定就成为企业购买原材料、生产过程中劳动力的组织与分配以及销售活动的基础。

7. 计划的实施与控制　当计划制定之后，企业的各部门就可以按照计划的要求实施。在实施过程中，一般把年度计划细分为季度、月度计划。这样有利于企业决策者在较短时间内，检查各部门实施计划的进展、效果和存在问题，从而控制计划的实施。一般企业对计划的控制是，领导人员把主要可能发生的事项列出来，并针对这些可能预先准备好应变措施，使管理人员在突发事件发生时能及时加以控制，以保证整体计划目标的实现。

10.1.3　国际市场营销计划的协调

16. Coordination.

1. 国际市场营销计划协调 [16] 的必要性　计划方案的中央协调是必需的，例如，全球产品是否可以推广到不同的市场。

（1）一般性的计划必须加以调整以适应特定国家的市场细分定位、竞争活动和政府管制需要更多的信息，这样的资料分析可以借助总部和子公司管理者的力量。但是这种工作也会受到总部协调的范围、企业的本质和母公司管理形态的影响。

（2）公司的组织将影响计划的质量。如果各国子公司是分权制的，总部可以为它们提供形势分析所需的信息。国际市场营销人员凭借经验可以作出符合目标和有效的营销战略。国际市场营销人员对国际市场营销运营计划起三方面作用。

- 对市场形势进行分析指导和提供信息；
- 协调总公司与子公司的目标；
- 制定转移定价策略和战术方法。

各国子公司必须作大部分的实际运营计划。由于总部的帮助，子公司可以成为有效的计划制定者。子公司的主要作用表现在：

- 实现制定计划；
- 拥有当地所需要的知识。母公司虽然有制定计划的经验，但是子公司却拥有进行营销计划所需要的当地知识。因此，制定计划时所需要的大部分资料要由当地公司提供。母公司和子公司之间的互补合作将会使计划更加完善。

17. Comprehensive plan.

2. 综合计划 [17]　国际市场营销计划制定者最后的工作是将各国的计划统

一综合为国际计划。综合工作不是在各国计划完成后才进行的，而是必须在一开始就着手制定，否则各国的计划会和公司资源的配置要求发生冲突，企业需要花费时间去协调。在计划的过程中，各国的计划会得到一定程度的修正，良好的沟通可以确保这些改变体现在整体的国际市场营销计划中。

国际管理者的能力对子公司计划的贡献在于，公司的国内经验和国际经验将有助于子公司制定计划。如果管理者分析过公司所有市场的运营情况，就会提高他们的洞察力。分析显示，与其他类似的子公司及其相应的市场相比，国际管理者会提高子公司的目标绩效。

3. 比较分析 [18]　国际间的比较通常不会受子公司管理者的欢迎，因为各国的情况不一样。因此，一项好的分析是只比较类似情况的子公司。对于特殊的市场，比较分析对于企业确定战略和战术是有效的。如果市场已经得到有效的调整，国际市场营销人员就可以帮助子公司制定一个正确的市场战略计划。

长期计划着眼于公司未来五年到十年的发展，不确定性较高，预测的准确性也较差。长期计划主要关注的是公司未来的市场和竞争状况，如环境、竞争、顾客和未来的需求等。公司寻求未来是为了避免非预期的因素导致公司丧失竞争优势。

4. 竞争战略 [19]　计划的核心是反映竞争，它所包含的活动发生在一个市场以上，并且它是以全球的观点来整合不同的市场活动的。企业可能会采用防御性或进攻性的竞争战略，如等待竞争者采取行动、先发制人、警告竞争者、降价、引入竞争性产品、扩展经销网络等。虽然公司不知道竞争者会如何反应，但是可以在计划里对竞争者的行为进行合理的预测。

5. 建立战略联盟 [20]　企业有时候需要和竞争者合作建立战略联盟，当公司了解了全球战略的重要性之后，此项活动就变得逐渐流行。许多公司都发现一个共同的问题，那就是他们的全球设想超出了他们的资源要求，如果全球化发展的速度太慢，他们可能会被强者和已经建立起来的全球竞争者吞并掉，但战略联盟有时可以帮助解决这个问题。当然，并一定都需要形成战略联盟。

企业组成战略联盟的原因是，参与联盟的公司在一定范围内可以一起降低风险、获得经济规模、获取互补的资产（其中也包括无形资产），例如建立品牌和获得政府采购订单等。此外，取得技术和顶住政府的压力也是形成战略联盟的原因。传统上，企业会在三个领域里形成联盟，即技术、制造和营销。其他的原因还有发展中国家的消费者变得很相似，大家获得同样的信息，

18. Comparative analysis.

19. Competitive strategy.

20. Establishing a strategic alliance.

可支配收入也大致相同，结果口味变得也一样，每个人都感觉自己像是在美国的加州居住和购物一样。但是没有任何一家公司能够控制所有的技术和制造所有的产品以供应正在拓展的全球市场，因此，可能的解决方法便是交换产品。

形成联盟的另外一个原因是固定成本占总成本的比例太大。即使是低价格，全球销售也可以弥补企业较高的固定成本。短的生命周期意味着企业必须快速行动以便利于自己领先的技术优势，否则此项技术会随着时间的推移而成为销售的资产。战略联盟允许公司同时进入不同的主要市场。然而，联盟中的每个关系人需要有条件的进行交换。技术分享、共同营销和供应安排是这类联盟的中心任务。在企业选择联盟伙伴时，应该遵循以下几条原则。

（1）联盟伙伴具有竞争优势（即经济规模、技术市场的获得），这些优势在价值链中是最重要的。

（2）每位联盟伙伴的贡献应该是互补的或者均衡的。

（3）联盟伙伴必须同意其所遵循的全球战略。

（4）联盟伙伴变成未来竞争对手的风险应该很低。

（5）联盟伙伴合伙人不能有敌对的情况发生。

（6）两家公司的高级主管应该可以和谐相处。

10.2　全球营销的组织结构

除非公司能够有组织地执行任务，否则所有的计划都是无用的。组织机构的责任主要是制定企业决策、设立奖金来激发员工以及决定整合的程度，这些对全球营销战略来说尤为重要。全球营销战略的执行必须依靠不同国家的子公司。

10.2.1　影响组织结构的主要因素

全球企业要依据区域和产品职能来确定组织机构，其目的是要避免重复浪费和实现资源的整合。组织形式是否适合国际企业要受到许多因素的制约，这些因素主要有：

1. 企业规模的大小——国内市场容量 [21] 和国外市场容量 [22] 的总和及比例　如果公司的海外业务量很小，在公司业务中所占比例不大，公司可以采用国际业务部似的国际市场营销组织机构；如果公司的大部分业务来自海外，公司可以采取产品或区域式的结构。一般来说，公司规模越大，其市场营销

21. Capacity of domestic market.

22. Capacity of foreign market.

组织结构就越复杂。

2. 运营的市场数目 [23] 和所处的环境 [24] 海外市场数量的多少决定了企业海外营销的组织结构。海外市场很多、经营的地域范围很广，各地区在文化、经济、政治、地理的差异可能就越大，那么在海外市场的管理模式及设立子公司的数目就会不一样。通常对差异很大的海外市场，企业不宜对各地区的营销活动进行集中管理。例如，一个公司在欧洲、东南亚都有海外贸易活动，可能就需要两个子公司来进行管理。

值得注意的是，随着全球经济一体化进程的推进和区域性经济同盟的发展，一些国家企业纷纷将自己的地区总部由原来的按国家设置改为按地区设置。中国的香港、美国的纽约、比利时的布鲁塞尔等城市成了许多国际企业设置地区总部的首选城市。

3. 产品的特性和多样性 [25] 如果企业经营的产品是同质的，产品系列少或产品的相关程度高，企业的国际市场营销组织机构的复杂性就比较低，企业可以采取相对集中的管理，而在其他方面（如地区）进行相对分散的管理。例如，可口可乐公司的市场需求具有趋同性，因此一般按地理区域组织自己的营销活动。而当企业为了满足多个差异性很明显的目标市场的需求，或是企业经营多种完全不同的产品时，其业务就会复杂多样，于是就需要各部门之间相互协调和配合。这就不难理解一些在多个地区经营多种产品的跨国公司为何常采用矩阵结构了。

此外，国外市场层次的多少、国际企业目标、企业国际化经验等也都会影响企业的组织结构。

10.2.2 国际企业集权制

全球性公司所面临的基本问题是，应该采用集权化还是分权化。全球性公司必须具备强有力的协调职能以便能够提供和监督全球营销策略的执行。如果当地子公司的管理层持有不同的观点并且远离战略目标，那么这就意味着企业全球战略的分离，因此，组织机构的主要工作是调解集权化和分权化的分歧。

（一）独立的组织形式 [26]

企业开始进入国际市场时必须采用一些不同于其他企业的特殊做法。当国际企业壮大后，这种特殊的做法由出口管理变为设立出口部门 [27] 和国际部门 [28]。其中出口部门是一个主要的销售部门；国际部门集合了海外企业的所有职能，例如生产、财务和人事安排等。国际部门的组织结构，如图10-1所示。

23. Number of operating markets.

24. Environment.

25. Features and diversity of the products.

26. Independent organizational form.

27. Export division.

28. International division.

采取独立的组织形式的公司是非常普遍的，特别是一些小公司，但是，许多大公司都有自己独立的国际部门。

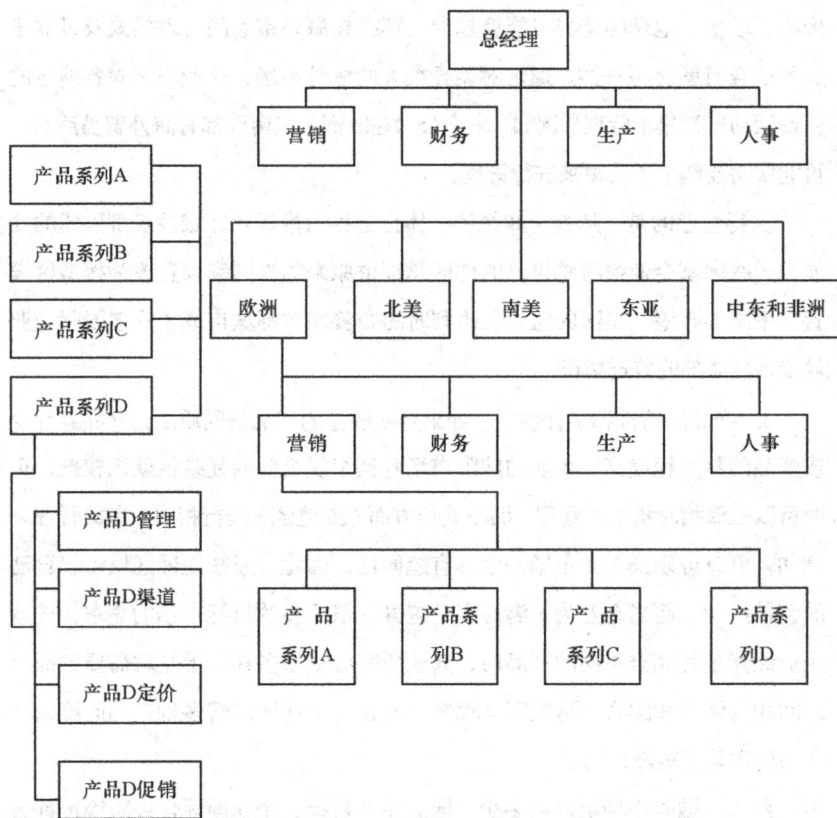

图 10-1　国际部门的组织机构

1. 独立组织形式的优点　独立组织形式可以集中所有的专业技能和国际经验于一身，另外一个好处是，独立的国际企业较少受到大型国内企业的挤压。对大部分中国企业来说，目前国内市场比其他市场显得更为重要。如果国际企业没有独立性，那么许多国际市场机会就会被忽略。独立组织形式的另一个优点就是，独立的国际企业对公司管理有潜在的作用。国际部门能够站在国际市场的高度，而不是以个别生产部门的狭隘的眼光来看待国际市场。

2. 独立组织形式的缺点　当国际企业的规模较小时采用独立的企业组织形式有许多好处，但是当国际企业壮大后，许多新问题就开始产生了，国际部门可能会各自为政。一旦组织形式不一样，国际部门可能不会受到高层管理者的重视。生产部门通常是最后处理国际事务的部门。国际部门可以通过价格转移策略来弥补其缺点。独立组织形式其他的缺点还有资源的浪费，即把国际部门独立会分化公司的资源、阻碍公司全球利益的最大化，特别是中国的公司，其国内市场如此庞大，国内市场运营的经验未必能够完全适用于国际部门，成功概率较小。另外一个问题是有关公司的政策问题。当国际部门较小的时候，它通常没有影响力去影响公司的决策。当国际部门壮大之后，它通常想要控制整个国际企业。在这种情况下，国际部门就从微不足道的地位发展到了可以和其他部门抗衡的地位。

（二）全球性公司

全球性公司 [29] 是一种在处理国内业务与国外业务的方式上没有差异的组织形态[2]。在这种结构中，全球范围的经营决策权都集中在总部，而不分国内、国外，不仅注重投资决策，而且也注重资源、人力资源管理、市场调研以及其他的活动。而且经营者和管理层必须具备全球性的意识和管理国内与国际性业务的能力。

这种经营形式的目标在于充分发挥国际化经营的优势。既重视国内市场，又重视国际市场。哪里机会更好，就向哪里投放更多的资源。但这种组织形式潜在的缺陷是企业各部门的人员不一定都具备从事国际市场营销业务的经验和技能，全球性公司难以摆脱母公司所在国政治、社会、文化和法律制度等方面的烙印，从而难免造成经营中的失误，使企业难以发挥预期的国际化经营的优势，实现企业资源的全球性最佳配置的目标。

无论厂商是采取独立的国际事业部门的组织形式还是全球性的企业组织形式，都必须决定其组织结构是要采取区域型、产品型还是职能型。在一般情况下，国际业务决策常常需要决策者具备三方面的专门知识。例如，在决策是否要出口一种新产品到欧洲的时候，企业除了应该具有地区性的资料之外，有关产品的知识和市场状况的知识也不可缺少。

10.2.3 国际企业组织结构形式

（一）区域型组织结构 [30]

当企业的组织结构是依据区域划分时，其划分的基础是以世界上的主要区域为主的。例如，一家出口公司由独立的国际事业部重组为全球性公司的租住形式时，总共设立了五个业务上的地区子公司，一个针对欧洲市场，一个针对南美洲市场，一个针对东南亚市场，另外两个负责处理北美的业务。虽然这是区域型组织的基本形式，但是北美地区依据产品又划分成消费性产

29. Global companies.

30. Regional organizational structure.

---

[2] The global company is an organization form which has no difference in the way of dealing with domestic business and foreign business.

品和工业产品两个部门。许多公司也采取类似的组织结构，即国内业务采取产品型组织结构，国外业务则采取区域型的组织结构。区域型的组织形态通常用于高度市场导向的并且技术性能稳定的行业，如制药、非耐用消费品、汽车业及农用工具行业。

　　某些因素使得许多企业喜欢采用区域型的组织结构，区域型集团的壮大就是其中一个因素。当一个区域内的国家是按照经济利益整合起来的时候，将此区域看作一个独立的个体是较为合理的。对国家进行整合时，可以将区域内的产品与技术加以整合。如果一家公司的产品线很窄或者需要相同的科技与操作技术时，这家公司通常也会偏好采用区域型的组织结构，因为公司的产品越相似，就越需要区域性的信息。

　　尽管区域型的组织结构非常普遍，但是仍然存有缺陷。它虽然可以利用区域性的知识，但是却未能充分发挥产品及职能上的专业知识。如果每一地区都需要设置专属该地区的产品及职能的专业知识人员，而且所使用的专家并非是最佳的，那么可能会导致无效率，这种情形特别容易发生在地区主管远离总公司的时候。图 10-2 表明了一个区域型的组织结构。

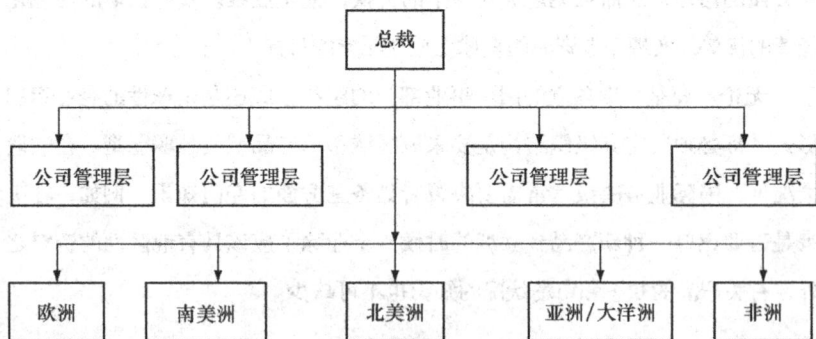

图 10-2　区域型组织结构图

31. Product organizational structure.

　　（二）产品型组织结构 [31]

　　以产品为基础进行组织划分意味着生产单位也要对营销负起全球性的责任，因此这种组织形态是由许多产品部门所组成的，即使是独立的国际事业部门也可以依据产品再加以划分，而且依据其特殊的性质，地区性的专业人员也可以包括在内。通常，如果公司拥有数条没有关联的产品线，那么这是适合采用产品型的组织结构，因为每一产品线所需要的营销工作完全不同。图 10-3 显示的就是一个简单产品型组织结构。

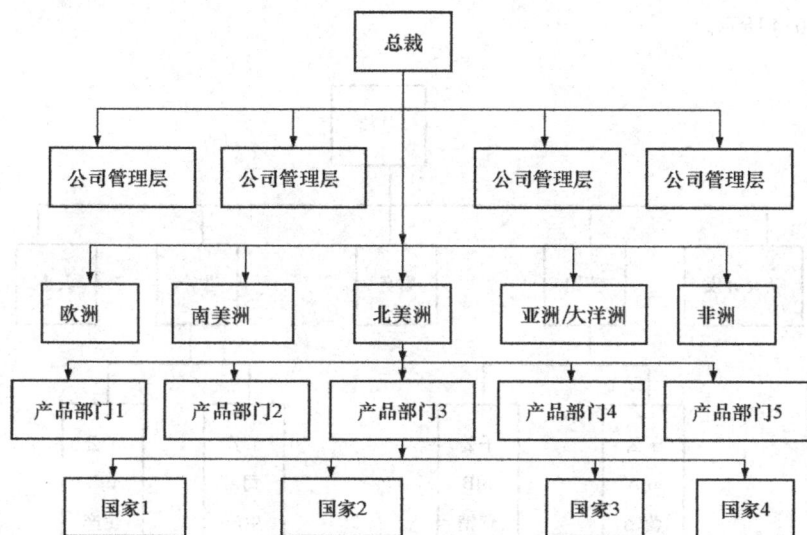

图10-3 产品型组织结构图

采用产品型组织结构的公司比较有弹性,因为当公司想发展另一条与现有业务无关的产品线时,可以额外增加一个新的产品部门。这种结构也有助于企业对各个产品系列给予足够的重视,防止企业忽略开发新产品和那些销售量虽小但有发展潜力的产品。此方法的显著特征是分权化,部门领导有很大的主动权,从而有较高的积极性;对国外市场环境的变化反应敏感,增加新产品和减少老产品对企业整体活动不会产生太大的影响。

然而,产品型组织也有其局限性。例如,当国内市场的需求比国外市场的需要增长较快时,许多国际性的交易机会可能会被忽略掉,特别是当产品部门缺乏开发国际市场所需要的知识时,尤为如此。产品型组织结构存在的另一个问题是,无法使公司各部门在国际市场上的步伐保持一致。如果每个产品部门都采用自己的方式来运营,那么公司将会遭遇到很多冲突和不便,因此组织必须协调各个独立部门的国际市场营销计划,避免各部门之间发生冲突。例如,未必每个产品部门都拥有自己的广告代理商、服务组织和顾问团,所以当国外工厂将产品分到几个部门来制造时,协调这些部门对产品型组织来说是一大挑战。

(三)职能型组织结构[32]

职能型组织结构是指组织各部门是依据营销、财务、生产等职能来进行划分的。在所有的组织结构类型中,职能型组织结构是从管理的角度来看最为简单的一种,它是根据管理的基本职能,即生产、销售、研发等分工,来组织国际企业在全球范围内的生产经营活动的。职能型组织结构如图

32. Functional organization structure.

10-4 所示。

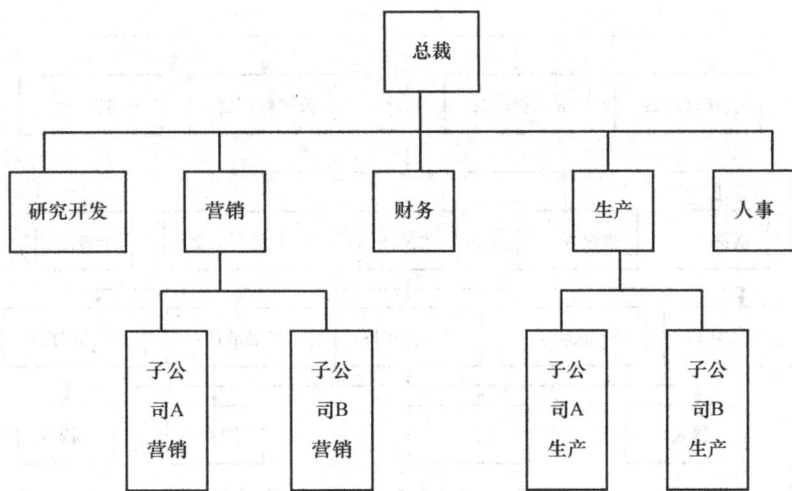

图 10-4　职能型组织结构

当公司的产品和客户相对较少而实质上又相对接近时，这种结构设置最为有效。其主要优点是集权程度高，可以通过企业的最高管理层对各个职能部门进行协调，使得每个职能部门都能发挥专业性强的优势，获得某一方面的规模效应；能够减少管理层次；能够加强统一的成本核算和利润考核。

（四）矩阵型组织结构 [33]

近年来人们普遍感兴趣的组织形态为矩阵型组织形态。由于前面提过的独立型组织形态产品、地区和职能都不是很完善，因此人们发展出一种比较复杂的组织形态。这种二维的组织结构较能兼顾组织结构和公司决策。但是，矩阵型组织结构有两个指挥来源，也就是说很多经理人有两位上司，而且也有两种决策来源，这样就可能会造成管理上的冲突。在国际性公司的矩阵型组织中，产品和市场是同等重要的。矩阵型结构见图 10-5。

矩阵型组织结构在 20 世纪 70 年代才被国际性公司普遍采用。它解决了一些简单的产品或区域组织结构问题，有利于企业有效地应对一些复杂的经营环境、综合分析和处理各种环境因素。但是由于它的内部冲突与复杂性，因此也产生了该组织结构，因为多元的组织结构存在的问题太多。

为了创造适合全球性战略与营销的组织结构，一个常见的问题再度浮现出来，即母国总公司应该扮演什么样的角色。

一般情况下，总公司在面对子公司时扮演着三种角色：控制者 [34]、指导者 [35] 或调解者 [36]。控制者给予子公司相当的自主权，而且使用衡量工具（例

33. Matrix organization structure.

34. Controller.

35. Instructor.

36. Coordinator.

如业务单位的利润）来决定什么时候要干预子公司的运营，这是一种典型的预期管理。指导者这一角色也可以分散职权，另外他还为子公司提供支持与建议，这意味着指导者会适时干预子公司的运营，并且企图在地方分权与中央集权控制之间找出一个最佳的平衡点。调解者则介于以上两者之间，属于中央集权控制以及对制造、研究、开发与财务等活动的责任调解人，而且给予公司主管的自治权较小。这种形态对全球整合性较高以及需要大量投资的行业（如石油、钢铁、煤矿与金融服务行业）来说较为适合。除此之外，总公司还会扮演两个临时性的角色：外科医生和建筑师。当公司受到其他行业较强的威胁时，必须重新夺回市场，雇用被解雇的员工。另一种重建的方式是购买其他公司，而这种形态非常需要"建筑师"中央集权式的指挥，以全球观点来改造企业。

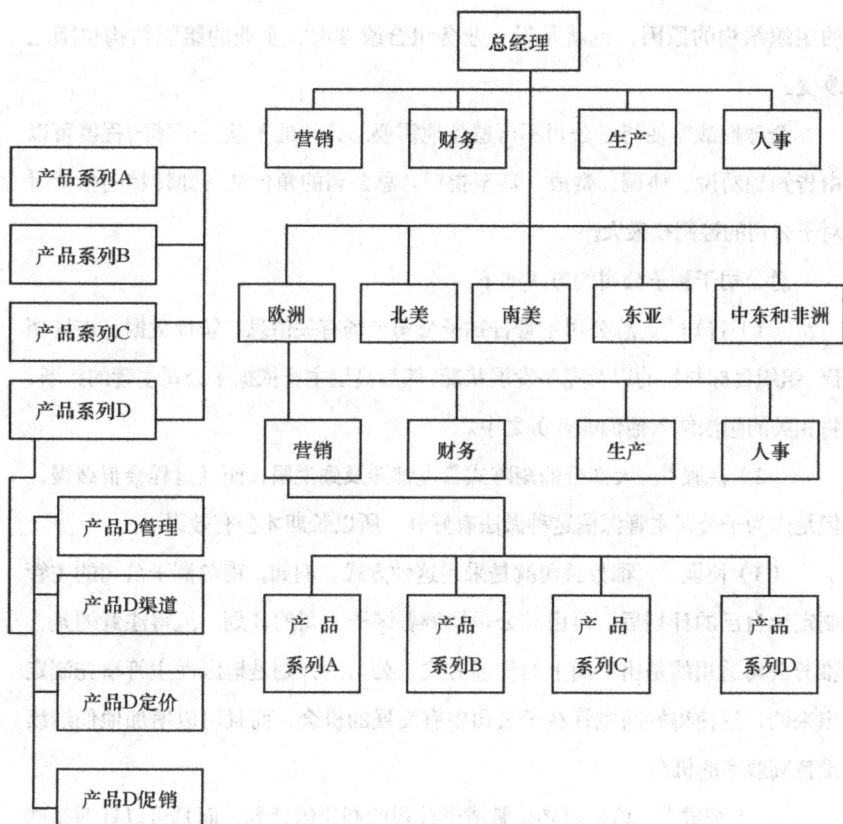

图 10-5 矩阵型组织结构

企业角色必须与业务的特性保持一致。企业内不同业务的综合绩效程度、所面临的风险程度以及竞争的剧烈程度决定了总部的角色。如表 10-1 所示。

表 10-1　总部的角色与业务特性

	控制者	指导者	调解者
综合绩效	很少、几乎没有	中	高
风险	低	中	高
竞争	稳定	公开	激烈

如果公司的各项业务单位存在着高风险，那么总公司的任务就会变得模糊不清了。因为对于高风险的业务单位，总公司应该扮演调解者的角色，从而授予子公司较少的自治权；对于低风险的业务单位，总公司应该扮演控制者的角色，给予公司较多的自治权。除非公司重建其组织使公司内只存在一种业务组合，否则总公司将扮演多重角色。这意味着没有一种组织结构适合于多个业务单位的公司，这也是为什么大型的全球企业在不断地改变他们的组织结构的原因。也就是说，业务组合改变时，企业的组织结构也随之改变。

全球性战略使得子公司不可避免地需要总公司的干预，干预的程度可以由告知到劝说、协调、赞成，甚至指挥。总公司的角色从告知转移到指挥时对子公司的控制权最大。

总公司干预子公司的方式如下：

（1）告知[37]。总公司主管告知子公司市场有关信息、统计数据、市场调研、组织目标与目的以及竞争发展状况，然后高层主管依据子公司主管的判断，将相关的想法纳入他们的业务之中。

（2）说服[38]。大部分的矩阵式管理都涉及到说服，而且过程会很缓慢，但是因为子公司主管深信这种做法有好处，所以以长期才会有效。

（3）协调[39]。雅芳公司就是采用这种方式。例如，南美洲子公司的主管制定出自己的计划后，再由总公司协调各国子公司的计划。值得注意的是，雅芳公司适用的是由下而上的沟通方式，公司的计划是地区性主管事先制定出来的，这使得好的主管在子公司中有发展的机会，而且可以增加他们继续维持高效率的机会。

（4）赞成[40]。总公司必须赞成子公司所制定的计划，而且可以针对某些特定子公司的需求优先制定全球性战略计划。

（5）指挥[41]。子公司的主管完全按照总公司的意图来运作，这种方法在某些情况下可能是必要的，例如，子公司缺乏成熟的主管或者面临必须以全球为基础的标准化问题。但是这种方式对主观的激励效果也不一定明显，因

37. Informing.

38. Persuading.

39. Coordinating.

40. Approving.

41. Directing.

为对那些胜任的主管来说，他们可能会不愿受到压抑而辞职，而且高层主管的决策不见得总是对的。这种方式的缺点是，区域经理缺乏对区域市场的洞察敏感性。

一个全球化企业需要能力强的区域主管，但是主管必须具备一定的经验。表10-1已经清楚地表达了这一点，总部可以放心地将某些产品的营销活动交给子公司的主管。实际上，总部应该创造一些可以帮助子公司自主的领域。

跨国企业必须考虑子公司总部与国外人事部门的分权问题。通常，当公司在某个地区（例如北美洲）的业务快速增长的时候，就应该对这个地区的市场加以关注。跨国企业可以在公司总部与外国市场之间建立一个新组织，也就是说由区域性组织来统筹该地区的营销活动。区域的范围可能很大，区域性组织未必会位于此区域内。但是不管区域性组织位于哪里，区域主管都必须关注本区域内的事情。

几乎所有的美国大型电脑公司都发觉在重要的亚太地区设立亚洲总部是必要的，因此纷纷行动起来。在中国香港设立总部的电脑公司有苹果、惠普以及戴尔；而美国电报电话公司、IBM在东京都设有区域性总部。

10.3 国际市场营销控制

为了保证营销组织机构的正常运转，为了营销计划的有效实施和营销目标的最终实现，企业有必要对国际市场营销活动进行控制。因而，国际市场营销控制是指针对营销计划执行过程进行监督和评价，纠正执行过程中出现的偏差，以保证既定营销目标实现的措施。控制是国际营销的重要环节，实现国际营销的各项目标的关键在于有效的控制。

10.3.1 国际市场营销控制的程序

基本的控制程序分为三个步骤：建立标准[42]，绩效评估[43]，纠正偏差[44]。

（一）建立标准

建立标准就是要向所有执行计划的人确定对其工作进行衡量和评价的标准。标准的建立决定着整个控制程序的形态，而标准的使用方式也会影响到人际关系与整体控制的效果。为了使控制具有效率，标准必须界定清楚，并且要使控制者了解与接受。

国际企业的管理者所关心的是公司的营销绩效。如果公司的整体目标是增长和利润最大化，那么标准必须与这些目标的实现有关。然而，单纯以增

42. Building the standard.

43. Performance evaluation.

44. Correcting deviation.

长和利润作为运营标准实在是太宽泛了，因此必须要建立中间标准以利于企业进一步实现整体目标。

控制标准必须涵盖营销中所有可能被控制的范围，如果子公司的管理者可以影响结构，那么标准可以依据当地的营销职能来设定。例如，营销调研的标准可以依据调研的次数与种类来设定。标准也可以是产品的季度销售量、月销售量或者市场占有率。在产品方面，质量标准可以是地区生产的管理，目标可以是产品的开发，而服务标准可以是顾客的需求。渠道方面的标准可以是市场占有率、分销商的支持或者渠道绩效。定价标准可以是产品的价格水平、边际效益、价格弹性或者稳定性——包括正常的通货膨胀率。在促销方面，标准可以是广告的数量与性质、广告媒体、广告效果、售后服务等。

管理层不仅要关心目标的达成，而且还要关心效率问题。在考虑效率问题时，企业可以采用一些衡量效率的指标，如营销成本比率、销售报酬率或者投资报酬率。国际企业在计算利润时会遇到一个特殊问题，即这些利润是以当地的货币计算还是以本国的货币计算。这牵涉到国外市场的整体营销控制问题。因此，标准的设定不仅要适应整体需要，同时也要配合各个市场的状况。总公司不能武断地设定标准，必须要根据各地区的情况来设定各地区的标准。由于区域主管比较了解当地状况，因此他会更加努力地协助公司完成标准的制定。

虽然区域主管在决定地区标准问题上具有重要的影响作用，但是公司总部的主管仍然需要协助区域主管建立各区域的营销标准。总公司必须仔细审查区域的标准是否是子公司所能获取的最佳绩效。最后，这些标准在子公司与总公司达成协议之后可列入运营计划中。

制定标准的方法很多，而标准的建立通常包含在年度计划中。当企业制定运营计划时，在年度预算方面会有许多标准。虽然子公司与总公司在沟通上并非采取个人形式，但是个人的接触仍然是非常必要的。国际高级主管可以通过全体会议的方式和到相关的主管区域以商务旅行的方式进行个人接触。私下的交流可以减少因非人为沟通而引起的误解，从而消除子公司对整体控制的不满。标准是不会自我形成的，只有通过控制才能够实现。

（二）绩效评估

绩效评估就是根据已明确的控制标准对计划执行人员的工作进行检查和评估。在国际营销中，公司总部对子公司的检查是通过建立报告制度来进行的，其总部要求子公司定期提交经营结果报告或在制定重大决策时向总部报告，报告的形式可以是电话、电报、电子邮件、传真，也可以是正式的书面报告或会议报告。除报告制度外，公司总部的控制人员还可以定期对子公司的营销工作进行巡回检查，通过实地考察来了解各子公司的经营状况。

在通过各种方式对子公司的营销状况进行了解后，公司总部需要对各子公司的营销绩效进行评估，即分析和判断哪些子公司在哪些方面完成了预定目标，哪些子公司在哪方面背离了预定目标或出现了偏差。

（三）纠正偏差

纠正偏差就是对那些背离了预定目标的子公司提出纠正意见，要求子公司迅速采取措施，保证计划的完成。当然，也可能出现这种情况，即子公司没有完成目标并不是因为子公司营销措施不当，而是当初的计划标准制定得过高或不当。在这种情况下，应该纠正的不是子公司的营销措施，而是公司的计划。

10.3.2　国际市场营销控制的方法

（一）汇报[45]

子公司的汇报性质与次数是反馈系统中的关键要素，这些汇报需要涵盖总公司所有想控制的因素。汇报必须是经常性的，以便管理者可以随时控制与修正业务。某些问题或偏差可能需要子公司立即报告，有些问题可以一星期、一个月甚至一个季度报告一次。

从总公司的立场出发，在国际报告系统中最常见的问题是，与决策无关的信息同时出现的太多从而影响到决策。很多公司为了使信息系统有效率，只专注于一些与决策相关的因素，从而节省了时间和信息传送与储存的费用。国际报告系统中的另一个问题是，信息获得的太晚使得管理者无法作出有效的反应。因此，一个有效率的报告系统有助于主管整合国际业务。

子公司也会有报告系统方面的问题。子公司主管通常会觉得总公司需要的报告太多，这意味着总公司过度的干涉、不当的权力分配以及缺乏对区域情况的了解。这些报告通常会使总公司与子公司之间发生冲突，但这同时也表明了另一个问题，即有效率的报告体系是很重要的。

（二）会议[46]

与写报告相反的控制方法就是开会。子公司与总公司主管通过召开会议来获取信息，而且这种会议为两者提供了更多的密切接触的机会。这种会议最大的局限性是要花费很多的时间，但是如果是由地区主管参与，就比较节省费用。这种方法的另一个好处是可以减少误解。企业必须经常召开会议，以便管理者能够及时控制与管理当前的业务。

45. Reporting.

46. Meeting.

47. Technology of assessment.

48. Analysis of distribution cost .

49. Marketing audit.

50. Evaluation.

51. Planning.

（三）特殊的评估技术 [47]

除了定期的报告之外，还有许多不同的、有专业技术的可以用来进行营销绩效的评估。最常用的两种方式是分销成本分析和营销审核。

分销成本分析 [48] 是指分析各种不同营销方案的获利性，可以用来研究产品线、分销渠道、顾客或者市场 [3]。通过渠道成本的研究，国际市场营销人员可以找出营销方案的缺陷，并且为解决这些问题找出补救的办法。

营销审核 [49] 是指为所有的营销努力进行有条理的测试，这通常由外面的专家负责 [4]。这种审核是由国际市场营销人员每隔数年对每个市场进行一次核查。这种审核可以增加管理人员对公司国外营销业务的了解，并且加以改进。当厂商改变在某个国家内的运营方式时，营销审核可能会更有用。从较高的层次来看，核查是厂商国际市场营销的主要活动之一。

（四）评估 [50]

衡量子公司绩效的目的在于当业务偏离标准时能够及时加以修正。因此，绩效不仅要能够被衡量同时也要能被评估。管理人员必须知道哪些偏离是不能接受而必须加以修正。总公司评估子公司绩效的方法有两种，一种是根据各单位的标准和目标来审核，另一种是在各分支机构之间进行相互比较。实际上这两种方法在本质上是互补的。比较方法又可以划分为两种，一种是将各分支机构所提供的资料进行简化来进行比较，另一种是只比较运营特性的相似性。

为了达到整体的目标，管理者必须随时修正绩效偏差，也就是说管理者必须控制业务方式，而控制过程实际上就是要作必要调整的过程。距离与沟通上的障碍通常会使国际企业的控制与调整都很难加以实施，但是如果企业想要将区域性的业务整合为国际性的业务，那么控制与沟通就显得非常重要。

（五）计划 [51]

人们通常认为计划不是控制的一部分，然而事实上正相反。企业在计划的过程中建立目标，更重要的是，子公司需要在计划中详细地制定出标准。使用统一的国际计划就是通过系统转换来进行整合。计划的价值在于每个人都必须了解并使用年度计划，因为它是企业经营的指南，是企业活动的基础，能够使企业的员工直接面对竞争。

---

[3] The analysis of distribution cost refers to analyzing the profitability of different kinds of marketing plans, which can be used to research product lines, distribution channels, customers or markets.

[4] Marketing audit refers to doing methodical testing for all marketing efforts, which usually consists of outside experts.

（六）组织 [52]

组织的目的是要配合控制的实施，而组织结构则显示了权力来源与控制的层次。除了组织结构之外，组织关系也是一种维持战略性控制的方法。凭借组织关系，总部可以使用管理工具来帮助企业在不断变化的环境中维持控制。表 10-2 列出了一些管理工具。

表 10-2　战略性控制的管理工具

信息管理工具	管理经理人工具	冲突解决工具
1. 信息系统 2. 衡量系统 3. 资源分配系统 4. 战略规划 5. 预算过程	1. 重要经理人的选择 2. 经理 3. 奖惩系统 4. 管理潜能 5. 态度	1. 决策责任与使命 2. 整合 3. 业务小组 4. 调节委员会 5. 人物编组 6. 解决问题的途径

表 10-2 表明，如果想取得最佳的国际性业务，企业总部必须维持战略性的控制，因为组织关系的确定会比结构上的改变更具有效率。例如，从主管的角度出发，可能必须考虑经理人的偏好以便决定是采取总公司导向还是子公司导向的组织结构。

（七）预算 [53]

预算是跨国企业通常使用的基本控制技巧。通过预算来进行控制是一种很消极的方式，它虽然可以避免超额的支出，但却不能保证目标的实现。此外，如果国外子公司的财务独立于总公司，那么总公司将更加难以控制。

（八）子公司为利润中心 [54]

另一个减少总公司控制负担的办法是将每个子公司都作为利润中心。利润中心可以担负起各种不同的责任。当总公司的授权程度较高时，子公司就要负责大部分的控制工作，而总公司只有在不满意子公司的表现时才会有提出异议。大部分的海外子公司都扮演着利润中心的角色，只在分权程度上有所不同。

使用利润中心的方式来控制子公司有几个方面的优点。它充分利用了区域知识和最佳当地化决策，减少了管理上的冲突；更可以激励员工士气，因为各地区主管都喜欢"经营自己的公司"。

就不利因素来说，地区主管评估短期利润后所进行的活动可能会影响公司的长期利润。而且具有较大自主权的子公司较难与总公司的国际业务进行整合。因此，只有当子公司在采购和销售方面都能够自给自足，而且在其他投入方面对总公司的依赖程度都不高时，高度分权才可行。

55. Interdependence and common interests.

（九）相互依赖与共同利益 [55]

控制可以分为威胁和引诱两种手段，但这通常会产生积极与消极两方面的影响。负面的影响包括被解雇的压力，这会导致绩效的降低。如果想获得良好的绩效，企业最好采用正激励。某些了公司的绩效激励是来自于它与总部之间的依存关系。子公司可以从总部获得的好处有：

（1）从原料到制成品的产品输入；

（2）产品出口到营销网络；

（3）财务资源；

（4）工程和产品的技术援助；

（5）营销诀窍；

（6）改善管理的方案。

56. DACCIS.

（十）控制信息系统 [56]

制定计划、依据计划评估绩效以及监督竞争环境与顾客环境的变化都需要信息。公司的计划与组织结构决定了所要收集的信息类型以及获取信息的途径。表 10-3 列出了一些有用的信息种类。

表 10-3　全球营销信息系统类型

市场信息	市场潜力、消费者的行为与态度、分销渠道、媒体沟通、市场信息来源及新产品的推广
竞争信息	竞争者的目标、技术、制造以及营销目标战略，竞争者的详细运营状况、物流以及人力资源管理
环境信息	外汇、东道国的法令、税收政策以及对外国公司的态度
公司资源	可以获得的人力、财务资源、技术、原料、战略性伙伴
一般信息	总体经济趋势、社会结构、政治气候与风险、先进的科学技术及管理趋势

企业通过电子邮件进行相互交谈可以进一步协调国际市场营销，使地方自治与中央集权的工作协调一致。控制信息系统有助于更进一步的监控与交换全球的竞争信息，这对于企业决定竞争反击战略来说极具价值。

10.3.3　国际市场营销控制的内容

一般来说，国际市场营销控制涉及国际市场营销的各个方面。国际市场营销人员可以从销售、产品、促销、销售渠道、人事以及利润等方面来评价控制活动。

（一）数量控制 [57]

这是国际市场营销中最便利的控制方式，即通过对产品的销售报表与预定的目标进行比较，简单了解市场的销售情况；通过将各市场的销售数量、每单位产品的获利率及市场占有率进行比较，深入了解各个市场的销售情况或销售潜能，从而对数量实施控制以达到预定的目标的管理方法。

（二）价格控制 [58]

价格控制是指企业通过建立各项价格报表，按周或月详细报告零售价格、批发价格以及各项折扣的办法，以控制海外中间商、合伙人以及当地的分支机构，防止他们为了达到销售目标乱用价格手段，从而破坏公司整体市场地位和价格策略情况发生的一种管理方法。

（三）产品控制 [59]

产品控制是指企业通过确定适合目标市场销售的产品、加强产品的质量控制、建立产品形象等手段，达到产品控制目标的一种管理方法。产品控制意在保证企业的产品在国际市场上适销对路。

（四）促销控制 [60]

促销控制是指通过对人员推销、广告、销售促进等促销活动的评价分析，明确影响上诉活动的因素，并采取措施以提高促销活动的效率的一种管理方法。

（五）渠道控制 [61]

渠道控制是指中间商的控制和管理。它是通过销售额、顾客意见调查、售后服务能力及购买频率等方面的评价分析，采取措施、纠正偏差的一种管理方法。特别是在同一市场有多家经销商的时候尤为重要，目的是防止经销商之间的削价竞争及最终客户的冲突。

（六）营销人员的控制 [62]

营销人员控制是指公司的管理层不仅要关心营销人员的业绩和报酬，更要关心其素质的提高。经常积累经营报告及各国子公司管理人员的档案，定期进行比较，经常与分机构的管理人员见面、聊天，将有助于总公司及时发现营销管理中的问题。

（七）文化控制 [63]

文化控制是指通过一个广泛的社会化过程形成一种符合管理者所要求的公司文化，以达到团结员工促进国际市场营销目标的一种管理方法。通过公司统一的标识、管理理念和信条、广告词，以促进企业特别是国际性企业在全球的统一形象。

57. Quantity control.

58. Price control.

59. Product control.

60. Promotion control.

61. Channel control.

62. Marketing personnel's control.

63. Culture control.

- 国际市场营销计划可分为短期计划与长期计划两种。短期计划包括运营计划，它有助于厂商实现短期目标，其内容包括详细的销售目标与市场占有率目标、计划的新渠道数目、品牌意识目标、新产品引进计划、销售测试计划以及其他的市场调研活动。长期计划充满了不确定性。国际市场营销企业的重点是确定一些基本范围，如技术、市场增长、竞争变化以及公司资源等方面，其目标是应付偶发事件以及抓住变动的机会。

- 反击竞争者是国际市场营销企业制定计划的另一个基本范畴。如果竞争者降价、开发出新产品或者与其他公司缔结联盟，那么国际市场营销企业可以依据计划决定反击的手段。对付竞争者最好的方法是与竞争者组成一个战略性的联盟，这种联盟可以降低风险、节省时间、获得技术与市场渠道、甚至可以确保供给来源的安全性。但是同时也存在着一个问题，即与竞争者合作是否一定就有利。一般来说，竞争者拥有与联盟互补的资产会更好。

- 组织形式是否适合国际企业要受到许多因素的制约，这些因素主要有：企业规模的大小——国内市场容量和国外市场容量的总和及比例；运营的市场数目和所处的环境；产品的特性和多样性；国外市场层次的多少、国际企业目标、企业国际化经验等也都会影响企业的组织结构。

- 全球性公司所面临的基本问题是应该采用集权化还是分权化。

独立组织形式可以集中所有的专业技能和国际经验于一身。独立的国际企业较少受到大型国内企业的挤压。独立组织形式的缺点是，当国际

企业壮大后，许多新问题就开始产生了，国际部门可能会各自为政。一旦组织形式不一样，国际部门可能不会受到高层管理者的重视。

全球性公司是一种在处理国内业务与国外业务的方式上没有差异的组织形态。这种经营形式的目标在于充分发挥国际化经营的优势。既重视国内市场，又重视国际市场。哪里机会更好，就向哪里投放更多的资源。但这种组织形式潜在的缺陷是企业各部门的人员不一定都具备从事国际市场营销业务的经验和技能，全球性公司难以摆脱母公司所在国政治、社会、文化和法律制度等方面的烙印，从而难免造成经营中的失误，使企业难以发挥预期的国际化经营的优势，实现企业资源的全球性最佳配置的目标。

- 国际企业的组织结构形式有区域型组织结构、产品型组织结构、职能型组织结构、矩阵型组织结构。

- 国际市场营销控制是指对营销计划执行过程进行监督和评价，纠正执行过程中出现的偏差，以保证既定营销目标实现的措施。其目的就是要指导国际市场业务以便实现总部的既定目标。控制是管理的本质。基本的控制程序分为三个步骤：建立标准，绩效评估，纠正偏差。

- 国际市场营销控制的方法有汇报、会议、特殊的评估技术、评估、计划、组织、预算、子公司为利润中心、相互依赖与共同利益、控制信息系统等。

- 一般来说，国际市场营销控制涉及到国际市场营销的各个方面。国际市场营销人员可以从销售、产品、促销、销售渠道、人事以及利润等

方面来评价控制活动。

【主要概念】

国际市场营销计划	区域性组织结构
产品型组织结构	职能型组织结构
矩阵型组织结构	国际市场营销控制方法
国际市场营销控制内容	

思考与练习

一、问答题

1. 一个公司在执行国际市场营销计划时应该考虑哪些基本要素？

2. 如何区分长期计划与短期计划？短期计划应该包括哪些活动？

3. 厂商的国际市场运营计划应该包括哪些要素？

4. 形成战略联盟的一般性原则有哪些？

5. 厂商的组织结构与国际市场营销计划有何关系？

6. 职能型、产品型和区域型的组织结构有哪些优点？

二、案例分析

奥佰里糖果公司的营销审计实施

奥佰里糖果公司是一家位于中西部的中型糖果公司。最近两年内，该公司的销售和利润勉强得以维持。高层管理当局认为毛病出在推销人员身上，他们"工作不卖力或者不够灵活"。为了解决这个问题，管理当局计划引进一种新的刺激报酬制度，聘用推销人员训练者对其推销人员进行有关现代经商和推销技术方面的培训。但是，在此之前，他们决定聘请一位营销顾问先进行一次营销审计。这位审计人员会晤了管理当局、顾客、销售代表和经销商，检查了各种资料。下面是这位审计人员的检查结果。

1. 这家公司的产品主要包括 18 种产品，大多数是棒头糖，其中两个领先品牌的产品都已进入生命周期的成熟阶段，约占总销量额的 76%。该公司已经留意到了快速成长的巧克力糖市场，但是还没有采取行动。

2. 该公司最近调查研究了其顾客的大致情况。其产品特别受收入较低和年龄较大的人的青睐。被邀联系竞争者产品来评价奥佰里公司巧克力产品的人认为，该公司产品"质量一般，少许有点老风味"。

3. 奥佰里公司向糖果批发商和大型连锁商店出售其产品。它的推销人员要访问许多糖果批发商接触的零售商，为其安排商品陈列和提供各种创意；推销人员还要访问批发商不接触的许多小零售商。奥佰里公司成功地渗透到许多小零售商领域，尽管不是全部细分市场，例如迅速成长的餐厅领域。它对中间商采用的主要方法是"吸进"战略、折扣、独家经营合同和赊货。而同时，奥佰里公司却没有很好地渗透到连锁店领域。它的竞争者则是着重依靠大量的消费者广告和店铺推销，同时和大型连锁店的交往也很成功。

4. 奥佰里公司的营销预算为其总销售额的 15%，相比之下，其竞争者的预算则接近 20%。大部分营销预算用于推销人员的开支上，余下的则用于广告，而用于消费者促进方面的预算就十分有限。广告预算主要用于该公司两个领先品牌的提醒广告。新产品不常开发，而一旦开发了新产品，公司则采用了"推"的策略向零售商推荐其新产品。

5. 营销组织由一位销售副总经理领导，由销售经理、营销调研经理和广告经理向销售副总经理汇报。由于销售副总经理通常是从销售人员依次晋升上来的缘故，他一般比较偏重销售人员活动，而较少注意到其他营销功能。销售人员被分配到各个地区，由地区经理负责。

营销审计人员认为，奥佰里公司的问题不是提高一下推销人员的素质便可以解决的。推销人员的问题只不过是公司处境非常不妙的一种症状。审计人员准备了一份报告，包括他的检查结果和建议，并将此报告呈送给管理层。

根据以上提供的资料，请回答以下问题：

1. 本公司的主要问题是什么？
2. 你有哪些中长建议？

chapter 11

第 11 章 国际市场营销新观念

学习目标：

通过本章的学习，能理解国际整合营销传播的含义，掌握国际整合营销传播的流程与相关策略，掌握文化营销的概念，掌握绿色营销的概念及内容，理解网络营销的含义与相关策略。

重点难点：

- 运用整合营销传播策略开展国际市场营销活动

- 在国际市场营销活动中灵活运用文化营销

11.1 整合营销观念

稍微梳理一下过去数十年营销理论的发展历程，我们可以发现，营销观念经历了消费品营销（20 世纪 50 年代）——生产营销（20 世纪 60 年代）——非营利及社会营销（20 世纪 70 年代）——服务及关系营销（20 世纪 80 年代）——整合营销（20 世纪 90 年代）的演变过程。随着社会的进步和科技的发展，尤其是信息技术的发展，企业的经营环境发生了很大变化。企业单纯追求利润的最大化已经不受欢迎了，要想持续发展，必须建立并长期维持与各利害关系者之间的良好关系。因而，以提高利害关系者对企业的认识度和信任感为目的的企业传播活动成为企业必需的经营活动。如今企业面对内、外部开展的所有形态的传播的整体化—整合营销传播越来越多地得到企业的青睐。

11.1.1 整合营销传播理论概述

1. 整合营销传播概念

整合营销传播（Integrated Marketing Communications，IMC）理论由美国西北大学教授唐·舒尔茨（Don E.Schultz）等人提出，被认为是市场营销理论在 20 世纪 90 年代的重大发展。整合营销传播是指企业在经营活动过程中，以由外而内战略观点为基础，为了与关系者进行有效的沟通，以营销传播管理者为主体所展开的传播战略，即为了让消费者、员工、投资者、竞争对手等直接利害关系者和社区、大众媒体、政府、各种社会团体等间接利害关系者进行密切、有机的传播活动[1]，营销传播管理者应该了解他们的需求，并反映到企业经营战略中，持续、一贯地提出合适的对策。为此，应首先决定符合企业实情的各种传播手段和方法的优先次序，通过计划、调整、控制等管理过程，有效地、阶段性地整合诸多企业传播活动。

为推动整合营销观念的发展，美国广告代理商会也对整合营销传播给出了定义。

---

[1] Integrated Marketing Communications refer to the communication strategies where marketing communications manager plays as the main force and takes strategic view from outside to inside in order to communicate effectively with relations. To carry out close, organic communication activities with consumers, staffs, investors, competitors, community, mass media, government, and all kinds of social groups, marketing communications managers should be aware of their needs, reflect in the business strategy, and consistently make appropriate countermeasures.

"整合营销传播是一个营销传播计划概念，要求充分认识用来指定综合计划时所使用的各种附加值的传播手段——如普通广告、直接反映广告、销售促进和公共关系——并将其结合，提供具有良好清晰度、连贯性的信息，以使得传播效果最大化。"

综合上述定义可以看出，整合营销传播的内涵在于以消费者为核心，重组企业的市场行为，综合协调地使用多种传播形式，以统一的目标和统一的传播形象传播一致的品牌信息，实现与消费者的双向沟通，从而建立起品牌与消费者的长期关系。

2. 企业实施整合营销传播的目的

（1）以消费者为中心，研究和实施如何抓住消费者、打动消费者、与消费者建立"一对一"的互动式的营销关系，不断了解客户和顾客，不断改进产品和服务，满足他们的需要 [2]。

（2）通过各种营销手段建立消费者对品牌的忠诚 [1]。

（3）整合各种传播载体，达到最有效的传播效力 [2]。

11.1.2 国际整合营销传播的特点

（1）以消费者为中心，重在与传播对象的沟通。

4Cs 理论要求现代企业制定战略策略必须以满足消费者的需要为目的，一切活动都围绕消费者展开。整合营销传播就是建立在这样的观念之上，强调以消费者为中心，以适应消费者的需求为出发点。为了达到与消费者交流、沟通的目的，整合营销传播强调建立消费者资料库，奠定与消费者交流的基础。资料库应是动态的，要不断更新消费者的信息资料，使传播者能够及时地分析消费的走向及消费者的关注点。整合营销传播的目的是影响特定受众的行为，建立起与目标消费者之间的稳固和双向的联系。企业可能获得对品牌忠诚度较高的消费群体，目标消费者也可能在消费过程中获取更多的便利。

（2）注重各种传播方式的整合，使受众获得更多的信息接触机会 [3]。

整合营销传播强调各种传播手段和方法的一体化运用。广告、公关、促销、CI、包装、新媒体等都是传播信息的工具。但要注意进行最佳的组合，

1. Building the customers loyal to brand by all kinds of marketing strategies.

2. Getting the most communicating effcet by all kinds of communication media.

---

[2]　Constantly understanding consumers and clients and improving products and services to meet their requirement by focusing on customers.

[3]　Paying special attention to integration of communications methods to make audiences have more opportunities to get information.

发挥整体效应，使消费者在不同的场合以不同的方式接触到同一主题内容的信息[4]。

（3）突出信息传播以"一个声音（Speak With One Voice）"为主。

整合营销传播的最大优势在于"以一种声音说话"。由于消费者"听得见的是一种声音"，他们能更有效地接受企业所传播的信息，准确辨认企业及其产品和服务。对于企业来说，这也有助于实现传播资源的合理配置，使其相对低成本的投入产出高效益[5]。

（4）强调传播活动的系统性 3。

整合营销传播是更为复杂的系统工程，要加强营销信息传播的系统化，更强调传播过程中各要素协同行动，发挥联合作用和统一作用。

3. Stressing on systematic of communications activities.

11.1.3　整合营销传播的五步流程

在完全整合传播计划的流程中包含了五个不同但相关的活动或步骤，并涵盖了营销与传播的多个传统职能领域[6]。这个过程已经被更有效、效率更高的新方法结合起来，所以整体效果远远超过部分的总和。它是一个封闭循环的过程。

（一）识别客户及潜在客户→（二）评估客户与潜在客户的价值→（三）规划信息与激励→（四）评估客户投资回报率→（五）项目执行后的分析与未来规划。

第①步：识别客户及潜在客户。

这一步的工作重点是整合收集到的信息，包括人口统计、地理、心理统计等，从而了解传播计划要针对什么人或什么公司来拟订。与传统细分市场相反，IMC要求集中，把个人群体的市场行为归类，把各部门的信息综合，并根据这些信息，拟订各个群体的相关传播计划。

[4]　IMC stresses on the use of integration of communications measures and methods. Communications tools include advertising, public relations, sales promotion, CI, packing, new media. But it needs the best combination, playing the overall effect to make customers get one-topic information in different situations and by different ways.

[5]　The biggest advantage of IMC is "Speak with One Voice". As consumer, "What he heard is a kind of voice", can accept the information more effectively by enterprises and precisely distinguish enterprises and their products and services. For enterprises, it can also help achieve the rational distribution of communications resource to make high yield with low cost.

[6]　Five different but related activities or steps are included in the process of complete IMC, and it covers multiple traditional fields on marketing and communications.

第②步：评估客户与潜在客户的价值。

IMC 指导原则把客户视为企业的资产，那么传播就将是一种投资行为。在整合营销传播中强调的是 5R，即相关性（Relevance）、接受度（Receptisity）、响应力（Response）、识别度（Recognition）和关系（Relationship）。

第③步：规划信息与激励。

在这一流程里，营销人员通过了解客户或潜在客户信息，提出相应的战略并确定采用什么样的营销工具。它是营销传播活动的核心重点。

第④步：评估客户投资回报率。

IMC 和只注重传播效果的传统模式不同，它的目标是要明确地判断营销传播计划已经或可能从客户和潜在客户身上得到的投资回报。在这一环节中，首先要对营销传播投资已经或可以达到的短期回报进行评估。

第⑤步：项目执行后的分析与未来规划。

这一步的核心活动是评估结果，然后把结果变成未来营销传播计划的基础。

11.1.4　国际整合营销传播策略

（一）资料库营销策略 [4]

4. Marketing strategies on materials pool.

资料库是国际整合营销传播的基础，它是进行研究及发展营销传播计划的最基本的要件。市场调研、产品开发、市场预测、定位、策略分析、制定、执行以及监控、评估等营销传播活动都离不开资料库。

资料库的创建通常从以下三个方面入手。

（1）确定你想要的资料库。国际市场营销的内容不同，想要的资料库也应有所不同，因此，了解资料库的类型非常必要。表 11-1 所示为各种资料库类型。对国际营销企业来说，可以根据自己的需要同时确定一个或几个资料库。

表 11-1　各种资料库类型

划 分 依 据	资料库类型
从组织结构的角度划分	次序型资料库、关系型资料库
从使用者的角度划分	企业内部使用的资料库、供顾客查询的资料库
从功能的角度划分	决策支持系统、财务数据库、营销数据库

（2）确定资料来源。创建资料库首先要考虑资料来源，资料的主要来源有以下几种途径：① 从交易记录中获取相关资料。需要注意的是，在获取相关资料时，企业应该考虑营销道德问题；② 从保修卡、服务卡、会员卡中获取资料。这一途径获取的资料较为详细；③ 从互动反应中获取资料。好的国际整合营销传播都会设计良好的顾客反应机制和信息收集系统；④ 向市场调研公司购买资料或者聘请市场调研公司为公司收集资料。这类收集资料的方法比较省事，但竞争对手同样可以得到；⑤ 从报刊、互联网收集。这是一条公共途径，但同时也是一座金矿。

（3）其他还要考虑的问题。

需要存储哪些资料？储存多少？能负担多少收集资料的费用？所见的信息系统能处理多少资料，并且速度有多快？资料库的资料能做什么？它有哪些分析方法？有哪些决定会以资料为主？能否直接使用资料库来准备报告书？资料库是否能方便地检索？有什么麻烦？资料库由谁来管理？谁有权查阅资料库？系统操作难易程度如何？资料库的安全性有多高？资料库的正确性如何？使用者多只可以使用一次资料库？这些使用者需要随时使用，还是每天、每周、每个月使用一次资料库？资料库的更新周期是多长？

只有在回答了上述问题后，对创建资料库的规模、功能等问题才会有一个比较清晰的轮廓。

以资料库为主的营销是一种比直销更周密的策略，它通过资料的收集以及资料的运用来发展关系策略，打通双向的沟通渠道并涉及个人化的信息，国际整合营销传播正是借助于此来开展更为有效的国际营销传播活动。

（二）整体广告策略 5

一般来说，对一个一致的品牌信息必须在接触多次后才能构成记忆留存，只有在没有干扰信息的情况下不间断地接触这一信息，才能构成品牌忠诚。这里面包括三层含义：广告传播信息"声音"的一致性，广告投放的不间断性，广告投放地址的多元化 [7]。以上三层含义经过整合就构成了整体广告策略的内容。

通常来说，在国际市场上推行整体广告应把握好以下几个步骤。

第一，仔细研究产品特性。即要了解自己的产品能满足消费者哪些方面的需要，有没有独特的卖点，对于不同国际市场上的消费者会产生哪些不同的反应。

5. Integration on advertising strategy.

---

[7] There are three implications: the uniformity of the voice of the advertising communications ,the continuity of advertising ,the diversity of advertising address.

第二，锁定目标消费者。即确定在国际市场上哪些消费者属于自己的营销对象。

第三，比较竞争品牌。即研究东道国有哪些竞争品牌，他们的竞争优势是什么，市场形象会如何，它们对产品是如何定位的。

第四，树立自己的品牌个性。这就是寻找卖点，即研究树立什么样的品牌才会受到东道国以及全球消费者的青睐。

第五，明确消费者的购买诱因。不同国际市场上的消费者甚至同一市场上的消费者购买本品牌产品的诱因和动机不同，作为国际市场营销者，首先必须弄清楚他们的诱因是什么，购买动机是什么，他们为什么要进行本品牌的尝试等。

第六，强化广告说服力。这需要通过广告内容和形式的完美结合来说服消费者购买自己的产品。

第七，广告口号旗帜鲜明。这是在众多信息中吸引消费者注意的捷径。

第八，对各种形式的广告进行整合，以达到消费者最大限度的认知。

第九，研究消费者的接触点以确定投放方式。

第十，对广告效果进行量化评估，为下次广告投放提供依据。

（三）品牌接触点管理策略[6]

6. Management strategies on brand contacting point.

接触是国际整合营销传播的核心概念，是指一切将品牌、产品类别以及任何与市场有关的活动等信息传递给顾客或潜在顾客的过程和情境。一般通过这些过程和情境，消费者可以获取信息。消费者有很多品牌接触的方法，也可以通过品牌接触点接触品牌。品牌接触点这一概念最先由北欧航空公司前总裁简·卡尔松提出。卡尔松认为，主要的品牌接触点是决定品牌好坏的关键。但是卡尔松没有对品牌接触点的定义作深入探讨。我们认为，品牌接触点是指消费者有机会面对一个品牌信息的情境，这些接触点是品牌信息的主要来源[8]。

品牌接触点要么是人为的，要么是自发的。人为的品牌接触点多指经过设计的信息，如广告、促销和对外发布信息。研究表明，经过人为设计的信息往往被受众视为不可靠信息。众所周知，广告信息的夸大、夸张甚至虚假已是司空见惯的事了。自发的品牌接触点则是那些因购买产品表现及服务等过程自动生成的情境，如卖场的服务、售后服务以及口碑等。自发的品牌

[8]　We hold the opinion that brand contact point is the context where customers have the opportunities to get in touch with the brand information . These points are the major sources of the brand information.

接触点非常重要，其重要性远胜于人为的品牌接触点。卡尔松把自发的品牌接触点称为"关键时刻"，他告诫人们，应该竭尽全力在最能取悦顾客的品牌接触点令顾客满意。自发的品牌接触点之所以重要，主要基于以下三点：①自发的品牌接触点所接触的主要对象是现有顾客而不是潜在顾客，一般留住现有顾客比争取新顾客成本要低得多。② 对自发的品牌接触点加以利用，可以为产品和品牌带来显著的正向影响。③ 自发的品牌接触点所形成的负面信息得不到及时处理，很容易对品牌产生巨大的摧毁力。

因此应该加强对品牌接触点的管理。一般来说，对于人为的品牌接触点，国际市场营销者能够通过精心的设计来保持信息的一致，然而对于自发的品牌接触点就必须小心处理，以确保一致的信息，要避免过分地商业化，因为这些沟通机会容易被误用。当国际市场营销者只利用品牌接触点分析出来的结果来找出更多向顾客和潜在顾客传达信息的机会时，如果这些接触点让他们产生反感，则他们对建立正面的品牌形象没有任何帮助。进行品牌接触点管理首先需要用心倾听来自顾客的声音，充分利用自发的品牌接触点，以建立积极有意义的互动关系，其次是要进行策略性的分析，以确定优先顺序。为此，需要把握以下管理品牌接触点的沟通之道。

① 确认品牌接触点。

② 根据各品牌接触点的潜在影响力决定其优先顺序。

③ 判断哪些品牌接触点最能得到顾客的回应。

④ 计算信息控制的成本以及每一个品牌接触点收集顾客资料的成本。

⑤ 决定哪些品牌接触点可以传达额外的品牌信息或加强有意义的对话。

品牌接触点之所以重要，是因为由各个不同接触点发出的各异信息往往是产生不一致的根源，因此，加强对品牌接触点的管理和控制可使他们在国际整合营销传播的过程中发出"一致的声音"。

11.2　绿色营销

11.2.1　绿色营销的兴起

实现可持续发展实质上是要协调好经济、社会与资源三者的关系。协调好这三者之间的关系，需要通过政府行为、公众行为与企业参与行为共同作用。可持续发展战略的实施从宏观方面，要求政府制定及实施可持续发展战略，要求国际的合作；从微观方面，要求企业营销活动有利于环境的良性发展，也就是要求企业开展绿色营销。

20 世纪 80 年代末，欧美国家广大消费者对环保问题日益重视，对绿色消费的兴趣提高。据有关民意测验统计，77% 的美国人表示企业产品的绿色形象会影响他们的购买欲；94% 的德国消费者在逛超市时会考虑环保问题；在瑞典，85% 的消费者愿意为环境清洁付较高的价格；加拿大 80% 的消费者宁愿多付 10% 的钱购买对环境有益的产品；日本消费者对普通的饮水机和"空气"都以绿色选择为标准。在美国、英国的大多数公司均已把环境纳入公司经营策略。

绿色营销的推动力来自多种因素，主要有以下几种。

（1）消费者与最终使用者的需求造成对市场的压力 [7]。一是由于社会经济的发展，在为社会及广大消费者谋福利的同时造成恶劣的自然环境及社会环境，这直接威胁着广大消费者的身体健康。因此，广大居民迫切要求治理环境污染，要求企业停止生产危害环境及人们身体健康的产品。二是由于社会经济的发展，广大居民个人收入迅速提高，他们有可能要求高质量的生活及高质量的产品，即要求绿色消费。

7. Stress caused by the demand of customers and final users.

（2）欧美经济发达国家先后制定了严格规范企业营销行为的立法 [8]。如规范土地使用计划，废气、废水、废物排放，水污染及对稀有生物的滥杀等法令，从而迫使企业日益重视环保问题。

8. The legislation on enterprises marketing behavior successively made by European and American developed countries.

（3）绿色压力团体的影响力 [9]。全球压力团体的影响力在 20 世纪 80 年代迅速发展。如在英国，其会员增长率高达 20%～30%，到 20 世纪 80 年代末，13 个最大的绿色团体的会员总人数达 500 多万人。他们通过参与各种活动来扩大其影响。

9. The influence of green stress groups.

（4）宣传媒体对环境污染事件的高度重视 [10]。诸如报道臭氧层被破坏、全球增温及非绿色产品对人们身体的损害等，从而使广大消费者注意企业行为对人们及环境的影响。

10. Highly importance on environmental pollution by media.

11.2.2　绿色营销策略

1. 绿色消费与绿色营销

绿色营销是在绿色消费的驱动下出现的。所谓绿色消费，是指消费者意识到环境恶化已经影响其生活质量及生活方式，要求企业生产及销售对环境冲击最小的产品，以减少对环境的损害的消费。绿色营销是指企业以保护环境观念作为其经营哲学思想，以绿色文化为其价值观念，以消费者的绿色消费为中心和出发点，通过制定及实施绿色营销策略满足消费者的消费需要，实现企业的经营目标[9]。

绿色营销是传统营销的延伸及扩展，它同传统营销存在着差异性。传统营销的研究焦点是由企业、顾客与竞争者构成的"三角"，通过协调三者之间的关系来获取利润。作为企业外在的自然环境，只有当它影响到"三角"，从而影响企业盈利时方被考虑。绿色营销的研究焦点是将企业营销活动同自然环境紧密结合，即研究自然环境对营销活动的影响以及企业营销活动对自然环境产生何种冲击。

绿色营销不仅同传统营销的研究焦点有差异，同传统的社会营销也有区别。传统社会营销虽然重视将企业利益同消费者及社会长远利益结合起来研究，但它并未重视社会可持续发展及绿色营销。绿色营销则重视企业经营活动同自然环境的关系，并突破了国家和地区的界限，关注对全球环境的影响，因而，绿色营销比传统社会营销具有更优越的长期性及开放式远景。

2. 绿色营销的策略因素

（1）绿色产品。它具有同传统产品不同的特点。所谓绿色产品，是指对社会或环境的改善有贡献的产品，或减少对社会和环境所造成的损害，或对环境及社会生活品质的改善优于竞争者所提供的产品。绿色产品除具有同传统产品相同的特点外，更重要的是加上了绿色内涵，即从产品能否维持环境的可持续发展及从企业应负的社会责任来评价。

绿色产品必须体现四种绿色理念：企业在选择生产何种产品及应用何种技术时，必须考虑尽量减少对环境的影响；产品在生产过程中要考虑安全性，产品在消费过程中要考虑降低对环境的负面影响；企业设计产品及包装时，要降低原材料消耗，并减少包装对环境的不利影响；从产品整体概念考虑产品设计、产品形体及售后服务，要节约费用及保护环境。

（2）绿色分销[11]。现在，绿色分销日益成为企业关注的问题。例如，提出及使用绿色通道，应用无铝燃料及控制污染装置的交通工具和使用节省燃料的交通工具；降低分销过程中的浪费，即对产品处理及存储方面的技术进行革新，以降低对资源的耗费。又如，在分销环节上简化供应环节，以节省资源的消耗。

（3）绿色促销。绿色促销是指通过绿色媒体传递绿色产品及绿色企业的

11. Green distribution.

---

[9]　Business objectives.

信息，引起消费者对绿色产品的需求及购买行为[10]。绿色促销包括绿色广告、绿色公关、绿色人员推销、绿色销售推广等。绿色广告通过设计绿色广告活动的目标形成绿色广告的任务，解决绿色广告经费的分配问题，通过一定的媒体、颜色、设计、语调、音乐及行为来传递绿色产品及企业信息；慎重选择目标顾客涵盖率高且成本又较低的媒体；对绿色广告的效果进行事前事后的测量等。绿色公共关系是树立企业及产品绿色形象的重要传播通路。绿色公关能帮助企业更直接、更广泛地将绿色信息传到广告无法到达的目标市场，给企业带来竞争优势。绿色人员推销是工业企业主要的促销管道，要有效地实施绿色营销策略，推销人员必须了解消费者对绿色消费的兴趣，回答消费者所关心的环保问题，掌握企业产品的绿色表现及企业在经营过程中的绿色表现。绿色销售推广是企业用来传递绿色信息的补充形式，通过免费试用样品、竞赛、赠送样品、产品保证等形式来鼓励消费者试用新的绿色产品，提高企业的知名度。

（4）绿色价格。绿色价格反映了环境成本，即绿色产品通常会吸收保护环境和改善环境所支出的成本，并将这些成本计入绿色价格中[11]。因此，一个企业级产品的绿化程度将影响其成本。引起绿色价格上升的因素很多，一般来说主要有由于引进对环境有力的原材料成本上升，或由于使用有利于环境的设备替换那些造成环境污染的设备而增加的费用；或由于实施环境保护法引起企业支出费用增加；或用于防范自然灾害支付的保险费及清理垃圾所支付的费用增加；或由于推行绿色营销改变公司组织结构及行政管理方式而增加费用支出等。这些因素都有可能造成绿色价格的上升，同时绿色价格亦可能因其他因素的作用而下降。如，由于产品及包装原材料的节约而降低产品成本，由于交通工具使用资源的节约及企业固定成本的节约而降低价格。随着绿色营销的发展，消费者对绿色产品的需求迅速提高，使企业对绿色产品的生产规模扩大，规模经济也会带来成本及价格的下降。

---

[10] Green promotion means that the information on green products and green businesses are delivered through the green media, so as to cause consumers demand for green products and purchase behavior.

[11] Green prices reflect environmental costs, that is to say, green products usually absorb the costs incurred by the protection of the environment and improve the environment, and these costs are included in the green price.

11.3 文化营销

进入 21 世纪以来，竞争越来越激烈，要在这样一个时代潮流中站稳脚跟，达成目标，势必要有一个先进的营销理念来导航。人是在文化中生活的，不可否认，消费者也是在企业建立的文化中消费的，只有当消费者在消费文化时产生共鸣，企业才能真正建立起消费者的品牌忠诚度。因此，利用这种文化力进行营销必然能给企业带来勃勃生机。

11.3.1 文化营销的概念

文化营销是一组合概念，简单地说，就是利用文化力进行营销，是指企业营销人员及相关人员在企业核心价值观的影响下形成的营销理念以及塑造出的营销形象在具体的市场动作过程中所形成的一种营销模式[12]。

11.3.2 企业文化营销的意义

从小的方面看，企业文化是企业全体员工衷心认同的和共有的核心价值观念，它规定了人们的基本思维模式和行为方式，这种优秀文化可以吸引外部优秀的营销人员来为本企业效力，还可以使本企业内部员工紧密团结在一起，为一个共同的目标而努力，从而达到人力资源的优化配置，确保企业经营业绩的不断提高。

就大的方面而言，知识经济这个时代，人们在消费物质形态产品的同时，更加注重消费文化形态的产品。从这个角度看，企业最大的效益是由文化创造的，企业利用文化力营销，从而优化资源配置，推动经济发展。由此看来，文化营销是实实在在的生产力。

1. 文化分析是文化营销实施的重要基础

文化分析指的是对企业和消费者所处的不同文化的分析，是发现其冲突、差异及相互作用程度的方法，通过分析能够有效营造影响和提高文化渗透力，保证组织的社会价值目标的实现[13]。文化分析是建立在对文化的正确认识基础上的，文化的内容包括信仰、态度、生活目标，社会中大多数人的价值观、

---

[12] Cultural marketing is a combination of concept, simply put, is the use of cultural power in marketing, which refers to the corporate marketing staff and related personnel's marketing concept forms under the influence of enterprise's core values and form of a marketing model whose marketing image is formed in the specific action of the market process.

[13] Cultural analysis is the analysis of the different cultures in businesses and consumers, which is the way of finding conflict, differences, and interaction.

行为方式、规则、禁忌、习俗及习惯。不同文化圈中的人们的目标和实现这些目标的各种方式存在着巨大的差异，并产生了不同的人格特征。在日本，向集体屈服并不表示自己的软弱，相反会被人看做是一种容忍、自制和成熟的表现，所有这些对于日本人来说都是优秀的品质。与之相反，美国人喜欢突出个人形象，不顾一切地表现自我，而日本人会认为这样的做法太孩子气，是软弱的表现。

2. 文化营销可以对环境因素产生影响

文化内部多元化形成了社会中具有共同情感、认知、反应、行为和环境特征的有特色的不同群体。

社会阶层的差异催生了消费者感知差异。收入的差异改变着人们的好恶和习惯。地理上的差异产生了消费者的需求差异等。环境的变化改变着人们的行为。对环境的影响会间接影响消费者的行为，但这种影响必须是在没有绝对的文化冲突的基础上。

同物质的发展规律相同，文化差异的变化并非是一成不变的，因此影响文化营销的文化与影响消费者行为的文化相互作用并发生着变化，变化的动力来自于文化间的相互渗透。

3. 文化渗透是文化营销的最根本目标

文化营销作为企业实施最有效的差异化发展的营销观念，其所营造的"影响文化"会像所有文化间的渗透发展过程一样，通过消费者行为不同程度地表现在相互作用过程中的不同阶段，但最终结果是文化营销的"影响文化"被接受并被高度评价。表现出来的就是企业社会价值的实现和持续保持的企业核心竞争力。

海尔的营销战略的成功可谓具有文化营销的特点，其星级服务是在对影响消费者行为的文化分析基础上，在冲突与相互作用过程中形成的企业"影响文化"，其独特的文化内容完全是在文化渗透和相互作用过程中产生的。其文化营销的成功所带来的是企业社会价值的实现，而且保持持续发展战略必将与社会文化紧密地结合起来，短期的追求经济利益的目标将随着文化营销所带来的差异化经营而转变，取而代之的是企业将以体现社会文化核心价值为组织目标。

11.3.3 现代企业文化营销管理中存在的问题

在现实经济生活中，多数企业还没有认识到文化可以带来经济利益这一点，或者说它们还没有找到成功地导入文化营销这一模式的途径。

从企业内部看，营销人员的营销理念不明确。在产品高度同质化的今天，要把一个什么样的，有别于其他企业、其他产品的信息传递给目标顾客群是赢得市场的关键。是成本最低、让消费者买到最便宜的商品，还是别具一格、确保他们买到的产品永远是最先进的呢？或者是最佳服务，对顾客提供始终如一的高水平的服务和帮助？营销人员是企业产品信息的传递者，他们的理念不明确是信息传递失真的根本原因，这直接造成企业产品销路不畅，大量积压。经济效益难以实现，更别谈社会效益了。

从企业外部看，企业着力追求与塑造的营销形象不清晰。主要表现在以下几个方面。（1）本企业辛辛苦苦打造的质量观念没有宣传出去，没有得到社会的认可，也就难以起到提升本企业产品形象的作用。（2）企业广告形象没有很好地与产品形象结合起来，造成重复投资，资源浪费。（3）服务在我们这个时代已成为商品的一个重要组成部分，然而在服务形象塑造方面的投资几乎是空白。这些使得企业整体营销形象没有形成，形象所应有的感召力和影响力也就无从发挥。

11.3.4 企业怎样开展有效的文化营销

1. 从国际市场上看，影响国际市场营销的一个关键因素是文化差异

（1）文化差异有时决定着企业对国际目标市场的选择。在其他条件相近的情况下，海外投资者总是先钟情于与本国文化相近的国家和地区[14]。

（2）文化差异有时决定着企业国际营销的效率和效益[12]。例如，服装的国际营销基本上就是一种文化的营销，它的效益同文化传播和沟通的程度有直接的关系。法国、意大利的服装之所以在国际市场上经久不衰，一个重要的秘诀就在于他们舍得花钱让服装设计师大量参与世界各地的文化交流。例如，1990年亚运会刚开始，皮尔·卡丹时装公司就来举办时装表演"助兴"。相比之下，上海的服装设计师在国际文化的参与方面和在服装文化知名度上距离相差太大。中国企业要想开发服装之类产品的国际市场，首先要从内涵和外延上开发产品文化，参与国际文化交流，不断提高文化知名度。不仅国际产品营销是文化营销，国际广告、展览和公关等活动更是一种文化营销。美国菲利浦·莫里斯公司为了消除文化障碍，在给中国拍摄的"万宝路"广告中选择了故宫的场景。

12. Cultural differences sometimes determine the efficiency and effectiveness of international marketing.

[14] Cultural differences sometimes determine the choice of the international target markets. In other similar circumstances, overseas investors are always interested in similar countries and regions with their own culture.

法国轩尼诗公司为了加强文化沟通，在中国举办的 XO 酒公关营销活动中策划了"轩尼诗创意和成就奖"，并把该奖授予中国著名的导演。反观中国，素以酒消费量最大的酒文化而著称于世，我们也曾在国际博览会上多次获得大奖，然而我们的茅台只是宫廷国宴用品，而与普通大众无缘，何谈走出国门，成为家宴的"人头马"？酒本身在某种意义上是家庭文化的一部分，舍此又何谈酒文化呢？正如有位学者指出的那样，名牌不等于孤芳自赏，也不等于稀世珍宝。

（3）文化差异有时还是国际营销管理的一个难题。日本的跨国公司到美国以后，马上就遇到了管理文化或企业文化的种种冲突，日本人在本国行之有效的"团队精神"、"亲善管理"等在美国似乎难以让雇员接受。因此，对一家外资企业而言，它一方面要坚持按国际惯例在东道国进行管理和营销，另一方面也要重视文化环境的适应性，因为国际营销从某种意义上讲就是文化营销。一个不能"入乡随俗"的国际企业恐怕难以获得长久的成功，不重视国际文化环境的适应性就难以在激烈的市场竞争中取胜。针对这一点，我们必须寻找文化的沟通与协调，通过文化适应来磨合文化差异，找到国际市场的文化共同点，造就有利于自己的国际市场格局。

2. 在微观环境中，企业可以根据其客观条件来运用这一模式取得优势、赢得生机

要取得文化营销的成功，必须有强势的企业文化，而企业文化的定位直接关系到营销理念和营销形象的形成与作用的发挥，从而决定文化营销的成效。

（1）必须培育和强化文化营销观念。一个强大的企业不一定有深厚的文化积淀，文化是企业的伴生物，只有企业文化渗透到员工的内心，形成企业内部的伦理和一种企业内部大多数成员所共识的理念，员工真正明白企业追求的价值标准，才能自觉维护企业的根本利益。当这种文化渗透到营销及营销相关人员的意识中，与其营销专业知识相结合，定会产生意想不到的效果，从而为企业带来源源不断的经济收益。

谈到这一点，恒源祥的成功值得借鉴。早在 1996 年恒源祥就成功举办了"恒源祥"杯中阿足球对抗赛，并创造了中国企业家为马拉多纳颁发奖杯的先河。而后又在天安门广场史无前例地举办了"恒源祥"杯儿童体操表演赛。而后的几年里，恒源祥又相继筹备"恒源祥"绒线博物馆，成立绒线编织与老年痴呆症防治课题组。所有这些为恒源祥这一百年老店增添了不少现代化色彩，使恒源祥的独特文化在企业内部根深蒂固、在企业外部广为传播。通过这一系列的文化营销活动，恒源祥这一品牌的知名度和美誉度大大提高，相应地，消费者的品牌忠诚度也就更加巩固。换言之，正是文化营销这一观念成就了恒源祥十几年来稳坐国内绒线纺织品第一把交椅的殊荣。

（2）要根据企业的实际情况进行文化定位，因为文化定位对营销理念的形成起着决定性的作用。每个企业的基本条件不同，所形成的文化也就各具特色。在这里抛弃面面俱到，仅取三种最具代表性的文化定位作一分析，看看它们是如何影响营销理念的形成的。

第一种文化定位：憎恶浪费，崇尚高效，创造一种规范化、低成本的企业文化[15]。这种企业文化的熏陶，必然使营销人员在保证价格与可靠服务的前提下尽量追求最低成本，最终形成成本领先的营销理念。

戴尔的成功证明了这一点。20世纪80年代中期，当康柏集中研制比IBM更快、更廉价的个人电脑时，戴尔却认为，只要在分销渠道中彻底砍掉中间商，就能远远胜过其他电脑商。于是，这样一种直销方式诞生了——直接向顾客销售，根据订单生产以取消库存，把后勤服务与供应商结合起来，尽可能优化并精简提供产品和基本服务的业务流程，使之规范化、简洁化并加以严格的控制和集中计划。这种规范化、低成本的企业文化的形成使得成本领先这一市场营销理念取得成功，戴尔在提供高品质的产品和服务的同时，依靠低廉的价格打败了康柏和其他个人电脑制造商。

第二种文化定位：鼓励个人想象力和成就感，创造一种渴望创造未来这一思维方式的企业文化[16]。这种文化在企业内广泛传播，营销人员必须把产品的性能以及产品的独特性作为他们赢得市场的"独门暗器"，相应地，别具一格的产品营销观念必然落地开花，结出硕果。

索尼公司一边在市场上展开声势浩大的营销活动，推销可望成为公司热销产品的微型摄像机，一边又让4个研究小组相互竞赛，抓紧研制性能更加优异的机型，以淘汰目前正热销的型号。集中注意力发明创造、产品开发及市场拓展已成为公司的核心流程，而正是这种让顾客怡然自得、使他们相信所买的产品永远是最先进的市场营销理念使索尼年平均收入远远超过其竞争对手。

---

[15]　The first cultural positioning: opposing to waste and supporting high efficiency to create a standard and low-cost enterprise culture.

[16]　The second cultural position: encouraging individual imagination and achievability; creating an enterprise culture of the mode of thinking about have a strong desire to create the future.

第三种文化定位: 具体而专业的服务,创造一种提供个性化的服务和建议,努力发展深切、持久的顾客关系的企业文化[17]。这种文化在企业内生根发芽,必然使营销人员把为顾客提供始终如一的高水平的服务和帮助作为开拓市场的敲门砖。相应地,为顾客提供最佳服务的市场营销理念也就根深蒂固,甚至成为企业的核心竞争力。

案例 11-1

　　天津喜来登大酒店住进了一位来自澳大利亚的客人,他外出时将一件掉了扣子的衣服放在房间里,当天晚上回房休息时发现纽扣已经被钉上,衣服整整齐齐地摆放在那里。原来是值班服务员整理房间时,发现客人衣服上少了一枚纽扣,便在没有任何监督和要求的情况下主动取来针线,选取了一个相同的纽扣钉上了。这位客人非常感动,他说:"我的这颗纽扣丢失已久,没想到住进贵店的第一天,服务员就主动给钉上了,她们的服务真是无微不至呀! "

　　分析:于细微处见功夫,正是这种"超越顾客期望"的提供最佳服务的营销理念使喜来登大酒店在激烈的市场竞争中站稳脚跟,保持天津同行业最高的入住率。

　　当然,文化定位的类型及其相应的市场营销理念只是一种理论上的抽象和概括。在现实经济生活中,可能并不存在单一的、与上述任何一种类型完全相同的范式,更多的可能是相互交叉、相互渗透。这就要求企业在进行文化定位时,要根据其实际情况进行具体分析,因为文化营销的实质是文化适应,而不是文化照搬。

　　(3)营销形象的塑造是文化营销取得成功的另一个关键要素。[13] 在现代市场经济条件下,由于产品质量和技术的普遍提高以及商品种类日益繁多,只靠质量和技术很难占有市场优势。在众多企业和商品形成汪洋大海之时,只有那些营销形象好的企业才有长久的生命力,才会受到消费者和社会公众的青睐。

13. Creating a marketing image is an important factor for getting success in the field of cultural marketing.

---

[17]　The third cultural position: providing the concrete and professional service and create an enterprise culture by offering personalized services and suggestions, and trying hard to develop a profound and lasting customer relation.

海尔在市场上屡屡能攻城略地，在一定程度上是与其独特的营销形象分不开的，它体现在了给消费者以无微不至的关怀。下面从较能体现营销形象的产品形象、广告形象和服务形象这三方面来看看海尔是怎样做的。

14. Product image.

产品形象 [14]。不管怎么说，能够在 1995 年挥锤砸烂 76 台不合格冰箱的商家也只有海尔。另外，海尔的高质量内涵还可以用 "68" 来量化。所谓 "68"，就是指 100 万次操作中只允许少于 3 次的失误出现。而且，海尔的质量观念 "有缺陷的产品就是废品" 也深入消费者心中。质量是产品形象的基础，更是文化营销成功的关键。

15. Advertisement image.

广告形象 [15]。众所周知，海尔以其电视广告著称，一开始就以其巧妙的构思抓住了观众的心。海尔无氟冰箱一问世，就打出了 "世界多一个海尔，地球多一份安全" 的口号。海尔还创造出了一系列的全新概念，如抗菌冰箱、变温冰箱、变频冰箱和整体带画冰箱等，再后来海尔 "真诚到永远" 的广告传遍中国大地。从中可以看出海尔广告的成长历程实际上是一个由实到虚、由功能诉求到形象诉求的过程。

海尔的广告形象的塑造无疑是成功的，通过广告这种传播媒介不断给观众以视觉刺激和意识的渗透，进而升华为对产品、对企业的好感，甚至形成对这一品牌的依赖。

16. Service image.

服务形象 [16]。服务质量的好坏已成为海尔拥有顾客多少的重要因素，因此海尔把 "将用户的烦恼减少到零" 作为服务目标，为此，海尔制定星级服务标准，其中包括售前服务——介绍产品特性和功能，为顾客答疑解惑；售中服务——在有条件的地方实行 "无搬动服务"，一次性安装到位；售后服务——通过各种途径与用户保持联系，出现问题及时解决。

难能可贵的是，海尔把星级服务落到实处。服务形象的深入人心是良好的营销形象塑造的保证，更是文化营销取得成功的精神基础。

11.4　网络营销

进入 21 世纪，人类迅速进入数字化时代，电子商务改变着工业化社会传统的、物化的营销模式。互联网对于传播的市场营销最具有革命性的影响就在于缩短了生产与消费之间的距离，减少了商品流通中经历的诸多环节，消费者可以直接操纵鼠标在网上完成购买行为。网络与经济的紧密结合推动市场营销走入了崭新的阶段——网络营销阶段。

人们早已熟知，市场营销的研究对象是市场，而随着网络经济时代的到来，这一研究对象发生了巨大的变化。网络虚拟市场有别于传统市场，其竞争游戏规则和竞争手段发生了根本性的改变。我们已经不能简单地将传统的市场营销战略搬入网络营销，传统市场营销中的一些具有优势的资源在网络市场营销中可能丢失了优势。因此，企业必须重新审视网络虚拟市场，调整思路，树立新的观念，开创新的思维，研究新的方法。

11.4.1 网络营销的概念

网络营销不单纯是指网络技术，而是市场营销；网络营销不单纯是网上销售，而是企业现在营销体系的有利补充；网络营销是 4C（整合营销）理论的必然产物。

网络营销首先是市场营销，由互联网取代了报刊、邮件、电话、电视等中介媒体，其实质是利用互联网对产品的售前、售中、售后各环节进行跟踪服务，它自始至终贯穿在企业经营的全过程中。它是直接市场营销的最新形式，是由互联网客户、市场调查、客户分析、产品开发、销售策略、反馈信息等环节组成的。

网络营销只是电子商务的基础。电子商务是利用互联网进行的各种商务活动的总和，必须解决与之相关的法律、安全、技术、认证、支付和配送等问题。这些问题中的有些问题是中国互联网发展中的瓶颈问题，而网络营销则对之需求不高，因此发展网络营销不存在障碍。国际上实施网络营销有许多成功的范例，一些知名的企业都建有自己的网站，这些网站以其各具特色的站点结构和功能设置、鲜明的主题立意和网页创意开展网络营销活动，给这些企业带来了巨大的财富。如，一些大型企业为拥有鲜明的产品形象、增加产品的知名度，斥巨资请文艺界人士为其代言，再利用这些人的光环效应为其品牌升值，使其产品获得不尽的市场扩张能力。

我们将网络营销定义为，网络营销是网络经济环境下企业整体营销战略的组成部分，是以 Internet 等各种现代通信系统为载体，运用信息技术手段，面向网络市场和现实市场，以满足客户需求为核心，营造企业经营环境的过程。

11.4.2 网络营销的基本职能

网络营销的基本职能包括信息传播与管理、网络品牌建设与推广、销售促进及网上交易的实现、客户服务与客户关系管理、网上市场调研等方面，这些也是网络营销的主要内容。

17. The information spreading and management.

1. 信息传播与管理 [17]

互联网为企业信息发布创造了优越的条件，企业不仅可以将信息发布在企业网站上，还可以利用各种网络营销工具和网络服务的信息发布渠道向更大的范围传播信息。信息发布包括网站的内容策略及内容管理、外部信息发布渠道管理、信息发布的效果管理等。信息发布是网络营销的基本内容。

18. The construction and promotion of network marketing brand.

2. 网络营销品牌建设与推广 [18]

网站的风格结构、内容的表现、周到的服务都能承载品牌的内涵、展现品牌形象。网站推广的直接效果表现为网站访问量的增加、用户数量的增长等，标志着网络营销品牌知名度的提高和品牌形象的提升。网络营销品牌管理是指通过合理利用各种途径创建和提升品牌价值，主要内容是网络品牌策略的制定、网络品牌计划的实施、网络品牌的评价等。网站推广是网络营销管理的基础内容，也是最基本的网络营销管理活动。

19. Sales promotion.

3. 销售促进 [19]

市场营销的基本目的是为最终增加销售提供支持，各种营销方法大都直接或间接具有促进销售的效果，同时还有许多针对性的网上促销策略和手段，然而这些促销方法并不限于对网上销售的支持。事实上，网络营销对于促进网下销售同样很有价值，所以一些没有开展网上销售业务的企业一样有必要开展网络营销。网络营销针对不同的产品和服务制定不同阶段的促销目标和策略，并对在线销售的效果进行跟踪控制。网络广告、商品展示、选购代理、接受团购等都是很好的促销手段。

20. Online transaction.

4. 网上交易 [20]

网上交易是企业销售渠道在网上的延伸，一个具备网上交易功能的企业网站本身就是一个网上交易场所。网上交易不是网上销售，还包括网上销售渠道管理、网上供应链管理、网上采购管理等内容。网上交易也并不局限于企业网站本身，还包括建立在第三方电子商务平台上的网上商店以及与其他电子商务网站不同形式的合作。

21. Customer service and customer relationship management.

5. 客户服务和客户关系管理 [21]

网络营销的良好的客户服务手段和准确的服务信息为建立良好的客户关系、提高客户满意度和忠诚度奠定了基础。有效整合利用在线服务手段，研究并制定满足客户要求、适应网络特点的客户服务策略，构成了在线客户服务管理的基本内容。通过信息系统管理客户信息和沟通方式，并分析客户潜在需求和采购特点，为改进营销策略提供依据，从而挖掘潜在客户、留住老客户，提供企业的市场竞争力就是客户关系管理。

6. 网上市场调研 [22]

网上市场调研具有周期短、成本低的特点，它不仅为制定网络营销策略提供支持，还是整个市场营销活动的辅助手段之一。合理利用网上市场调研手段对于市场营销策略制定具有重要价值。网上市场调研与网络营销的其他职能具有同等地位，既可以依靠其他职能的支持开展，也可以相对独立地进行，网上市场调研的结果反过来又可以为其他职能更好的发挥提供支持。

11.4.3　网上调研

市场调查是针对特定营销环境进行简单调查、收集资料和初步分析的活动 [18]。利用互联网进行市场调查即为网上市场调查。市场调查是市场营销整个领域中的一个重要元素，同样，网上市场调查是企业开展网络营销活动的基本职能之一。网络应用的普及发展使许多传统的企业市场调研、用户需求信息收集等工作也实现了网络化。与传统的市场调研方法相比，利用互联网进行市场调研有很多优点，主要表现在缩短调研周期、节约费用、不受地理区域限制等方面。网上市场调查对企业策略制定、产品宣传、营销活动推广、市场宣传拓展、网上品牌传播、网站推广等方面均起到积极的推动作用。

网上调查的范围很广泛，像销售活动评估、产品与包装分析、价格分析、市场进入策略、创新和产品开发研究、流通渠道、消费行为、市场竞争分析、客户意识、员工状况分析等，均属于网上市场调查的内容。

1. 从事网上市场调查的公司或机构

目前，从事网上市场调查的公司或机构主要有以下几类。

（1）互联网研究与管理机构。中国互联网络信息中心是中国科学院下属的互联网规范管理机构，每年都会进行"中国互联网络发展状况统计"、"中国互联网络信息资源数量调查"等网上市场调查活动。CNNIC 的网上市场调查属于公益性质，具有较高的权威性和普遍性，其调查数据包括网络行业在内的各行各业，是企业、个人和机构从事互联网活动的重要决策参考。

（2）专业咨询与调查公司。对于专业咨询与调查公司而言，网上市场调

[18] Marketing research refers to the activities for specific marketing circumstance including surveys, data collection and analysis aimed at preliminary.

查是它们开展市场调查业务的重要途径之一。调查公司往往根据业务需要，将适合在网上开展调查的部分通过网上市场调查获取信息，同时配以入户调查、电话调查、固定样本跟踪调查、座谈会调查等调研方法得出综合结论。

（3）各类大中型 ICP 服务商。许多网站出于自身的需要经常开展网上调查活动，用来了解用户心理和消费习惯等内容，以便于改进工作策略与方法。此外，配合网络广告的发布，广告主也会要求广告商通过专项网上调查的形式，配合产品宣传，以有奖调查的形式开展网上促销活动。

（4）专业网络营销服务商。网上市场调查虽然是网络营销的基本职能，但真正提供该项服务的专业网络营销服务商却并不多见。其中的原因主要在于国内网络营销的水平还不够高，大多数网络营销服务商的网络营销服务还集中在网站推广这一领域，有待扩展和深入。虽是如此，也有部分网络营销服务商致力于为企业客户提供网络营销整体解决方案，其中包括了网上市场调查服务。专业网络营销服务商的介入将快速拓展网上市场调查的市场，使得网上市场调查更为普及。

例如，全国首家陶瓷商城——金瓷商城在开张半个月后，就着手开展了网上市场调查。调查内容主要包括顾客对金瓷商城的了解途径、购物体验、产品认可程度、支付和配送选择、促销的接受程度、售后服务和其他意见及建议等。整个调查时间持续一个月，通过网页在线调查、在各类网站发布调查广告，以参与调查赠送礼品的形式吸引网民参与。这次调查获得了大量的第一手资料，为网站今后的工作改进和业务开展取得了重要参考，使商城能够更贴近网民的需要，有力地促进了网站销售工作。

2. 网上市场调查方式

网上市场调查的方式主要有在线调查表、电子邮件调查、海量数据库搜索调查、网站数据库分析调查等形式，与其他市场调查的区别主要在于充分利用互联网的特性展开市场调查，技术含量高，调查目标定位更为准确，调查数据更加科学精准。预计未来网上市场调查的发展将会有如下一些趋势。

（1）网上市场调查将成为更为重要的网络营销手段之一[23]。当前，网络营销虽然是热门话题，但是网络营销产品还仅仅局限于网站推广方面。企业开展网络营销还没有站在整体营销战略的高度来进行，而是为了网站而进行网络营销。将来这种认识上的误区终会消除，同时网上市场调查等一批网络营销的其他重要职能将逐步走上舞台。

（2）专业网上市场调查服务商将会出现[24]。目前还没有专业的网上市场

23. Online market research will become one of the more important marketing tools.

24. Professional online service provider of market research will appear.

调查服务商从事网上市场调查服务。传统的咨询与调查服务商虽然也在开展网上市场调查服务，但在技术水平、网络营销认知程度、网上调查方法研究与探索上还做得不够到位。相反的是，专业网络营销服务商在对客户心理研究、市场调查理论与实践的把握上也还有很多工作要做。随着网上市场调查的市场需求扩大，集两者之所长从事专业网上市场调查服务机构的出现将成为顺理成章的事情。

（3）为私人服务的网上调查将出现 [25]。网络将自然人的个性展示发挥到极致，各种各样的个性化需求也层出不穷。为私人服务的网上调查也将成为市场需求的一部分。

25. The online survey for private service will appear.

11.4.4　企业网上经营的方式和内容

按照企业网上经营的发展过程，可将企业网上经营活动划分为四个阶段，即了解互联网、网络营销、电子商务、电子商业。企业的网上经营活动进入电子商务和电子商业阶段，必须建立在企业信息化比较完善的基础之上，而且建立了比较完善的网上支付体系和信用经济基础以及相应的法律环境等，营销的内容和方式与初期的网络营销活动有根本区别，在这里将不做讨论。下面介绍前两个阶段企业开展网络营销的基本内容和方式。

按照是否拥有自己的网站来划分，企业的网络营销可以分为两类：无站点网络营销和基于企业网站的网络营销。

1. 无站点网络营销：游击战

顾名思义，无站点网络营销就是企业没有建立自己的网站，而是利用互联网上的资源开展初步的网络营销活动，属于初级的网络营销。无站点网络营销是绝大多数企业要经过的初级阶段，但由于每个企业的情况不同，这一阶段的持续时间可能会有很大差别。

企业开展网络营销首先从了解互联网开始。一个对互联网一无所知的企业经营管理人员不可能在一夜之间作出开展电子商务的决定。然而，各种媒体对互联网、电子商务等概念的大宣传，使得即使不置身其中也无法不受到冲击。一些企业之所以能冷静面对这一网络浪潮，是因为经营者更清楚自己的需要，他们不愿把有限资源投入到无限的收益预期当中。通过对互联网的逐步了解，企业才可能逐步走向网上经营之路。对于大多数传统行业来说，这个阶段显得更为普遍。

（1）企业上网初期的特征

企业上网初期的特征主要表现在有上网的意识，但缺乏对网上经营的了解；没有专业人才；没有或者拥有较少的财务预算；对上网时机的把握没有明确的信号；对如何上网、上网的基本条件和投资等信息缺乏足够的了解；企业上网与否，偶然因素往往起决定作用。

大多数企业上网的初期阶段非常相似，尚未建立内部信息系统，一般通过当地 ISP 申请上网账号，通过拨号的方式上网。公司经理人员会迫不及待地把 E-mail 地址印在名片上，向客户传达公司已经上网的信息，公司内只有极少数人利用网上信息和资源，上网可能仅仅是一种时髦或炫耀。

如何找到网上资源、如何利用网上的信息资源，诸如此类的问题可能都还没有完全解决，其他问题，如上网后能为企业带来什么效益、如何利用互联网进行网上经营活动等都不可能制定明确的计划。一段时间之后，企业最大的发展可能是网上有大量的免费资源。于是，企业大量利用免费资源，如免费域名、免费网页空间、免费电子邮件、免费信息发布、免费软件下载等。总之，"免费的午餐"在互联网上是再平常不过的事情了。

（2）无站点网络营销的内容和方法

从严格意义上来说，在这一阶段真正的网络营销还没有开始。由于没有建立自己的网站，也没有专业网络营销人员，对于大部分企业来说，很难取得良好的效果。通过互联网取得的顾客反馈信息很少能转化为最终订单，收集的大量信息有效利用率也不高。但是尽管如此，只要具备上网的基本条件，就可以展开一些基本的网络营销活动，这些网络营销活动主要有下列几种方式。

① 免费发布供求信息。在互联网上有许多网站为企业发布供求信息提供平台，一般可以免费发布信息，有时这种简单的方式也会取得意想不到的效果。例如，可以在阿里巴巴全球贸易网免费发布信息。除了阿里巴巴之外，可以发布产品供求信息的中文网站还有很多，不过各网站的信息反馈效果可能大不一样。

② 直接向潜在客户发送信息。互联网是一个信息的海洋，人们可以根据自己的需要查询所需要的内容。互联网是营销的一种工具，企业可以利用互联网上的信息寻找潜在客户，然后有针对性地向潜在客户发送信息，达到宣传的目的。寻找潜在客户的方式通常是到网上信息平台寻找买方信息。比如，经常到一些贸易信息网和电子公告版去看看，说不定会发现潜在的客户。可以根据需求信息中的联系方法主动向潜在客户介绍你的产品或服务，也可以选用搜索引擎查询你的潜在客户。这种方式比较适用于生产资料、半成品、集团购买的产品等情形，对于一般消费品来说效果可能不理想。例如，生产

发光二极管的目标市场是光电行业的生产厂家，可以利用搜索引擎或分类目录查询生产发光显示类产品公司，根据各公司网站的简述将搜查结果进行简单筛选，然后逐个访问潜在客户的网站，利用网站上的信息了解潜在客户的企业规模、地理区域、产品结构、联系信息等相关资料，然后根据具体情况采取相应的方法与潜在客户取得联系。

③ 网上拍卖。网上拍卖是电子商务领域比较成功的一种商业模式，在国内已经有多家网站经营网上拍卖，如雅宝、易趣等。这种方式比较简单，只要在网站进行注册，然后按照提示，很容易就可以发布产品买卖信息。不过网上拍卖的成交率和价格水平评价指标现在还没有统计数字，而且经历的过程较长，最后的结果也具有较大的不可预测性。无论如何，作为一种全新的电子商务模式，值得做一些尝试，即使成交量不高，至少也可以达到一定的宣传效果。

④ 加入专业经贸信息网 [26]。这种方式在某些方面类似于"免费发布供求信息"，不同之处在于，一些专业网站可以提供更多的服务，如可以提供固定的网址并制作简单的网页。经过专业分类的信息网为客户查询供应商信息提供了方便，加入这类信息网有助于网站访问者发现你的信息，不过这种服务有时是需要支付一定费用的。

26. Joining professional economic and trading information nets.

⑤ 加入行业信息网 [27]。行业信息网是一个行业的门户网站，由于汇集了整个行业的资源，为供应商和客户了解行业信息提供了极大方便，形成了一个网上虚拟的专业市场。如果你所在的行业已经建立了这样的专业信息网，加入行业信息网是网络营销的必要手段，即使已经建立了自己的网站，仍有必要加入行业信息网。

27. Joining industry information nets.

2. 基于企业网站：阵地战

经过对网上营销的初步认识，随着对网络营销知识的不断积累，利用免费资源的弊端和不足逐渐表现出来，企业已不能满足于仅仅发布一些信息的"游击战"，于是开始建立自己的企业网站，开展"阵地战"的要求日益迫切。这样就进入了真正意义上的网络营销阶段——基于企业网站的网络营销。

网络营销阶段的主要内容包括域名申请、网站规划、网页制作、网站发布、网站推广以及网站的管理和维护等内容。网络推广是网络营销的核心内容，网站推广的主要方法有搜索引擎登记与排名、网络广告、电子邮件营销、交换链接、交换广告、新闻组与论坛、信息网和分类广告、整合营销等。

（1）搜索引擎登记与排名

搜索引擎实质上是一个用于查询网站的数据库[19]。搜索引擎有两类。一类是搜索方式，当人们在搜索引擎中键入关键字时，搜索引擎根据自己的排名机制扫描数据库中数以百万计的网页，然后根据其与关键词的相关程度来决定网页的排名，并显示在反馈结果中。另一类搜索引擎是分类目录，习惯上也叫搜索引擎，但不是真正意义上的搜索引擎。它与搜索引擎的工作原理完全不同，分类目录是靠人工来进行的。当人们向分类目录提交网站时，分类目录的编辑人员将访问你的网站，并评审你的网站是否满足要求，如果满足，会把你的网站加入索引数据库中。由于分类目录靠人工进行，因此不是所有的网络都能加入其数据库中，虽然数据库的容量有限，但质量较高。搜索引擎是由程序控制的，其数据库容量很大。如果在分类目录中未找到想要的网站，可利用搜索引擎继续查找。

搜索引擎是人们发现新网站的主要手段，所以当一个网站建成并正式发布之后，首要的推广任务是向各大搜索引擎登记。如果网站的潜在客户不仅限于国内，那么除了向国内主要的搜索引擎登记之外，还要向国外的搜索引擎登记。虽然有一些软件可以自动向多个搜索引擎登记，但对于几个主要的搜索引擎，一定要采取人工注册的方式，以提高注册的质量。

注册搜索引擎的数量固然重要，但搜索引擎结果的排名对增加网站访问量的影响更为直接。如果结果在第 3 页或几百名之后，别人很难发现你，因此在设计网站时就应考虑到登记搜索引擎的需要，对网站设计进行优化。

（2）网络广告

网络广告是一种常用的网站推广手段，是利用超文本链接功能而实现的一种宣传方式[20]，常见的网络广告有标志广告（Banner）、文本广告、电子邮件广告、分类广告等多种形式。其中标志广告又是最通用的，因此有时也将网络广告等同于标志广告。

标志广告通常以 GIF、JPG 等格式创建图像文件，然后插入到网页里来表现广告内容，同时还可以运用 Java 等语言使其产生交互性，用户点击标志广告后通过超链接到达广告所要宣传的内容页面。据统计，标志广告的平均点击率在 1% 左右。

与传统媒体相比，网络广告有着独特之处，如成本低廉、不受地理区域

---

[19]　Search engines are essentially a database for inquiring websites.

[20]　Online advertising is a commonly used means of website promotion and a propaganda way realized by the use of hypertext links.

限制、交互性、广告效果容易统计、实时性、用户主动性等。

（3）电子邮件营销

电子邮件营销被证明是一种效果很好的网上营销工具，据统计，其反馈率在5%~15%，远远高于标志广告的回应率。根据某咨询公司最近的研究结果，在2004年，每年有2 000亿次商业活动是通过E-mail进行的，E-mail营销将形成一个48亿美元的行业。电子邮件营销已经受到广泛重视，甚至许多B2B电子商务企业也在利用电子邮件营销手段。

电子邮件营销不是随意向潜在客户发送产品信息，而是以事先征得用户许可的"软营销"方式来进行，所以也常称为许可E-mail营销。其基本思路是通过为顾客提供某些有价值的信息，如时事新闻、最新产品信息、免费报告以及其他为顾客定制的个性化服务内容，吸引顾客参与，从而收集顾客的电子邮件地址，在发送定制信息的同时对自己的网站、产品或服务进行宣传。在本公司没有条件实施邮件列表的情况下，也可以通过向第三方购买电子邮件地址、与第三方合作等方式开展电子邮件营销，或者委托专业的电子邮件营销服务公司。

从营销的手段、提供服务的内容和顾客的关系等方面综合分析，许可E-mail营销有下列八种主要模式：顾客关系E-mail、企业新闻邮件、提醒服务/定制提醒计划、许可邮件列表、赞助新闻邮件、赞助讨论列表、鼓动性营销、伙伴联合营销。

（4）交换链接

交换链接（也称互惠链接）是一种增加网站曝光机会从而提高访问量的一种有效方式，而且交换链接数量的多少也是搜索引擎决定你网站排名的一项参数，因此，交换链接被认为是网络营销的一项重要手段，也是评价网络营销效果的一项标准。

实现交换链接的方法是寻找与自己的网站具有互补性、相关性的站点或者潜在客户站点，并向它们提出与你的站点进行交互链接的要求。在自己的网站上为合作伙伴的站点设立链接通常有图片链接及文本链接两种形式，文本链接由于占用字节少且不影响网页的整体效果而被广泛采用。

互惠链接还可以提高你的网站"质量"。因为一个网站不可能大而全，但为了给用户提供"完整"的方案，一个解决办法就是建立互惠链接，这也是被业界证明的。你的网站应该有你自己的特色，有自己的核心业务，外延部分应该外包出去，"交给"互惠链接。

在选择链接对象时应该有一定的标准，因为建立友情链接不仅仅是为了增加访问量，还应对你的网站内容起补充的作用，以便更好服务于你的用户。如果你链接了大量低水平的网站，则会降低访问者对你的网站的信任，甚至失去潜在顾客。

（5）交换广告

28. The exchange advertis-ements are a kind of online advertisements for free in general.

交换广告是网络广告的一种，一般是免费的。[28] 交换广告与交换链接有许多相似之处，它们都是出于平等互惠的目的、为了增加访问量而采取的一种推广手段。其主要区别在于交换的是标志广告，而不是各自网站的 Logo 或名称，而且通常是加入专业的广告交换网，从而与其他成员建立交换广告，而不是自行寻找相关的网站直接交换双方的标志广告。广告投放和显示次数也是由广告交换网决定的，在网站显示广告网络成员的广告，同时显示在交换广告网其他成员的网站上。互惠链接可以放置在你网站的子目录或其他任何位置，当用户浏览网站之后再跳转到其他网站。而免费广告交换则不是，一般的免费广告交换网要求在网站首页放置 Banner 广告，而不是网站内部。

在为数众多的广告交换组织中，网盟是较具规模与专业性的中文标志广告交换服务网，全球有上万家中文网站加入网盟。网盟的免费广告交换服务可以使你轻易地与成千上万个中文网页交换广告显示，在你的网页上显示其他会员的广告次数越多，你的广告显示在其他网站的次数也越多（网盟采取 2∶1 的交换比例，即在你的网站显示 2 次广告，可以获得 1 次广告显示机会）。加入网盟的方法很简单，只要你的网站有一定的质量，直接到网盟网站在线申请会员资格即可，经网盟确认后，只需在你的网页加入网盟指定的 HTML 代码，网盟各会员的网页广告就会出现在你的网页中，你的广告也会出现在会员的网页上。

（6）新闻组与网上社区

新闻组（Usenet）是互联网的基本服务之一。互联网使得具有相同专业兴趣的人们组成成千上万的具有很强针对性的通信区和新闻组，参加某一新闻组的人们有着共同兴趣或关心特定主题。利用新闻组可有效地推广你的网站。但是由于国内互联网发展较晚，新闻组的功能并没有得到充分的利用，人们往往直接利用其他更为方便和容易参与的形式，如 BBS、网络社区等。

网络社区是网上特有的一种虚拟社会，社区主要通过把具有共同兴趣的访问者组织到一个虚拟空间，以达到成员相互沟通的目的。其中论坛和聊天室是最主要的两种表现形式，在网络营销中有独到的应用，可以增进和访问者或客户之间的关系，还有可能直接促进网上销售。论坛是一个非常好的场所，通过它你可以了解别人的观点，同时可以帮助他人或者向他人求助。论坛一般都有特定的讨论主题，定期参加论坛的人有电子杂志的编辑、企业家、管理人员以及对某些话题感兴趣的任何人。

网络社区营销是网络营销区别于传统营销的重要表现。除了利用别人的网站论坛和聊天室之外，也可以建立自己的网上社区，为网络营销提供直接渠道和手段。综合起来，建立自己的论坛和聊天室对于得到访问者的信任、增加网站访问量以及进行在线调查等有着独到的作用。

案例 11-2

新年的第一瓶"可口可乐"，你想与谁分享

2009 年春节，"可口可乐"实施了消费者情感关怀，抓准了受众微妙的心态，倡导可口可乐积极乐观的品牌理念，推出"新年第一瓶可口可乐,你想与谁分享？"这个新年期间的整合营销概念,鼓励人们跨越过去,冀望未来，以感恩与分享的情愫，营造了 2009 年新年伊始的温情。

活动充分整合了目前国内年轻人热衷的社交型网站、视频网站以及每日都不能离开的手机，让数以万计的消费者了解了"新年第一瓶可口可乐"的特殊含义，并积极参加了分享活动，分享了自己的故事、自己想说的话。

除了使用在年节时最广为应用的短信拜年，向 iCoke 会员发出"新年第一瓶可口可乐"新年祝福短信之外，"可口可乐"同时也在 iCoke 平台上提供国内首次应用的全新手机交互体验，让拥有智能手机的使用者体验手机增强现实技术的新科技。用户收到电子贺卡时，只要将手机的摄像头对准荧幕上的贺卡，就能看见一瓶三维立体的可口可乐与环绕的"新年第一瓶可口可乐，我想与你分享"的动态画面浮现在手机屏幕上，并伴随着活动主题音乐。新技术的大胆运用给年轻消费者与众不同的超前品牌体验。

自活动开始，参与人数随着时间呈几何数增长。超过 5 百万的用户上传了自己的分享故事及照片，超过 3 百万的 SNS 用户安装了定制的 API 参与分享活动，近 2 百万的用户向自己心目中想分享的朋友发送了新年分享贺卡。同时，论坛、视频网站和博客上，一时间充满了"新年第一瓶可口可乐"的分享故事。除了惊人的数字外，消费者故事的感人程度与照片视频制作的精致程度，均显示了该活动所创造的影响力及口碑，也证明了可口可乐在消费者情感诉求与网络趋势掌握方面的精准度。

资料来源：作者根据有关资料整理。

分析：借助网络社区开展营销活动，可口可乐公司是成功的。它完全可以作为一次经典的社区营销教材。它所释放的影响力，可以说让企业见证了网民强大的舆论力量，也给企业提供了一个新的营销平台和窗口。在第七届"中国营销盛典"活动中，该案例被评为2009网络营销十大经典案例。

（7）信息网和分类广告

有资料表明，网上读者对互联网上的重大新闻与分类广告的兴趣不相上下，因此，充分利用信息网和分类广告的功能有助于网站推广并增加成交机会。

用专业的信息网发布信息和分类广告类似于无站点网上营销的方法，但比无站点营销更具有优势，因为分类广告中往往只能提供有限信息。如果拥有自己的网站，只需在发布信息中写明网址，有兴趣的访问者会根据网址来访问你的网站，从网站上可以获得更加详细的信息。

另外，如果你的站点属于某些特定行业或组织，而这些行业或组织假如建有会员站点，不要忘记加入这类会员网站，至少也应该在会员网站申请一个链接。

（8）整合营销

虽然网络营销比传统营销具有很多方面的优越性，但并不意味着网络营销可以脱离或者完全替代传统营销。事实上，由于互联网只是人们生活中的一部分，而且大部分人并没有上网，即使对于绝大多数经常上网的人者来说，也并没有达到只接受互联网信息而忽略其他传统媒体信息的地步。因此，网络营销只是企业营销中的一部分，网络营销只有与传统营销相结合，才能发挥更大的优势。

整合营销至少包含两方面的含义：一是网络营销与传统营销的整合，二是网络营销各种手段的整合 [21]。

网络营销与传统营销的整合，即利用传统营销的推广手段来推广网上的服务，如在报纸、杂志、电视等媒体上做广告，常见的还有路牌广告、车厢广告、宣传册、信函广告、组织研讨会等多种形式。向传统媒体和网络媒体发布新闻也是一种效果较好的推广方式。另外，不要忘记在所有公司文化用品和展示场所的适当位置印刷或标示出公司的网址，如在信封、传真纸、公文纸、名片以及各类广告中。在参加各种展览会或其他活动时，也不要忘记在醒目位置显示出公司的 UPL 地址。

---

[21]　Integrated marketing at least has two meanings. One is the integration of online marketing and tradition marketing and the other is the integration of all tools in online marketing.

网络营销各种手段的整合告诉我们，各种网络营销手段之间不是孤立的，更不是排他的。为加强网络营销的效果，可以采取多种手段齐头并进的方式，所有的工作都与网络营销效果有关，从网站策划、网页制作、服务方式等基本环节做起，总目标都是取得最好的宣传和推广效果。

除了上述常用的网络营销手段之外，还有许多方式，如利用免费上网服务和在线竞猜增加访问量。企业可以根据自己的实际情况选择其中的若干方法实现最佳网络营销效果。

11.4.5　网络营销绩效的提高

1. 使用短的、有吸引力的标题。不要有太深奥和太多的创造性，应确保你的卖点的集中。

2. 包含强烈的号召力。如果你提供10％的折扣，为了吸引注意力，用高亮度黑体字显示出来。

3. 根据你试图影响的浏览者提出创意。

4. 突出你的信息和创意重点。如果你卖的是旅游用品，不要把焦点放在你站点的功能上，而应集中到你要卖的东西上。

5. 在网页上使用不同的促销方法增加整体信息。在你自己的网站上，在网页的顶部、中部和底部都进行促销。在你的营销网站上，看一看在你的创意支配的网页上，能否能够在一天里的任何时候进行购买。

6. 祈求点清晰明显。不要隐藏祈求点。如果你要别人点击，你就告诉他们。

7. 带客户到他们需要去的地方。如果你能够在最初的促销信息中实现交易，你在这桩交易机会中就占有了优势。

8. 保持简单。一旦你得到潜在客户的注意，不要让他们再一段一段地阅读，马上指出要点。如果他们需要，再提供给他们其他的信息。

9. 展示产品。如果你的产品物有所值，就值得展示它。

10. 要达成交易，就要建立诚信。

本章小结

- 整合营销传播被认为是市场营销理论在20世纪90年代的重大发展。整合营销传播的内涵在于以消费者为核心重组企业的市场行为，综合协调地使用多种传播形式，以统一的目标和统一的传播形象传播一致的品牌信息，实现与消费者的双向沟通，从而建立起品牌与消费者的长期关系。

- 绿色营销是在绿色消费的驱动下出现的。所谓绿色消费，是指消费者意识到环境恶化已经影响其生活质量及生活方式，要求企业生产及销售对环境冲击最小的产品，以减少对环境的损害的消费。绿色营销是指企业以保护环境观念作为其经营哲学思想，以绿色文化为其价值观念，以消费者的绿色消费为中心和出发点，通过制定及实施绿色营销策略，满足消费者的消费需要，实现企业的经营目标。

- 文化营销是一组合概念，简单地说，就是利用文化力进行营销，是指企业营销人员及相关人员在企业核心价值观念的影响下形成的营销理念，以及塑造出的营销形象在具体的市场动作过程中所形成的一种营销模式。

- 网络营销是网络经济环境下企业整体营销战略的组成部分，是以Internet等各种现代通信系统为载体，运用信息技术手段，面向网络市场和现实市场，以满足客户需求为核心，营造企业经营环境的过程。

【主要概念】

国际整合营销传播	文化营销
绿色营销	网络营销
网上调研	网上广告

思考与练习

一、问答题

1. 什么是国际整合营销传播？你是如何理解的？

2. 试述国际整合营销传播策略。

3. 什么是文化营销？现代企业如何开展文化营销？

4. 讨论网络营销与电子商务的异同。

5. 国际企业网上经营的方式和内容有哪些？

二、案例分析

安踏签约奥委会

在经济危机时期，安踏保持惊人的高调，联姻中国奥委会，其所涉权益覆盖范围之广、年限之长、赞助金额之高，在中国奥林匹克运动史上是空前的。对于此次营销事件的传播，安踏并没有局限于常规的营销手段——新闻发布会加上相关新闻报道的方式来进行推广告知，而是更多地选择了网络整合营销的方式来告知全社会，这是为什么呢？

在这次联姻奥委会的成功营销战役中，安踏运用网络营销方式也脱离了"一招鲜吃遍天"的初级阶段方法，打出一系列的网络整合营销"组合拳"：从买断门户网站的首屏广告，到门户网站从未做过的超大尺寸疯狂动画广告、网站、网络视频、博客、口碑、社会化媒体等方式，应有尽有。如此一来，使用的营销手段显得丰富多彩。《网络整合营销兵器谱》一书中提出，单一的网络营销已死，网络营销正在向高度整合的方式过渡。安踏的这次战役成功地运用了整合营销，实现了360度的网络覆盖。

根据以上资料，回答问题。

安踏成功的原因是什么？请运用所学的相关理论对此进行分析。

参考文献

[1] 菲利普·R·凯特奥拉 (Philip R.Cateora), 玛丽·C·吉利 (Mary C.Gilly), 约翰·L·格雷厄姆 (John L.Graham), 崔新健. 国际营销 (第14版)(英义版). 北京: 中国人民大学出版社, 2009.

[2] 菲利普·R·凯特奥拉 (Philip R. Cateora). 国际市场营销学 (原书第15版). 北京: 机械工业出版社, 2012.

[3] 菲利普·R·凯特奥拉 (Philip R.Cateora), 玛丽·C·吉利 (Mary C.Gilly), 约翰·L·格雷厄姆 (John L.Graham), 赵银德, 周祖城, 乔桂强. 国际市场营销学 (原书第14版). 北京: 机械工业出版社, 2009.

[4] Michael R.Czinkota, Ilkka A. Ronkainen. 国际营销 (第8版). 北京: 北京大学出版社, 2007.

[5] 卡瑞 (Curry.J.E.), 俞利军. 国际营销. 上海: 上海外语教育出版社, 2009.

[6] 甘碧群, 彭星间. 国际市场营销学. 北京: 高等教育出版社, 2006.

[7] 维恩·特普斯特拉, 拉维·萨拉特, 郭国庆. 国际营销 (第8版). 北京: 中国人民大学出版社, 2007.

[8] 迈克尔·R·钦科陶 (Michael R.Czinkota), 伊尔卡·A·隆凯宁 (Ilkka A.Ronkainen), 迈克尔·H·莫菲特 (Michael H.Moffett), 姚新超, 史纪明. 国际商务 (原书第7版). 北京: 中国人民大学出版社, 2011.

[9] 迈克尔·R·钦科陶 (Michael R.Czinkota), 伊尔卡·A·隆凯宁 (Ilkka A.Ronkainen), 迈克尔·H·莫菲特 (Michael H.Moffett). 国际商务 (英文版·原书第7版). 北京: 机械工业出版社, 2010.

[10] 沃伦·J·基根 (Warren J.Keegan), 马克·C·格林 (Mark C.Green), 傅慧芬, 戚永翎, 郭晓凌. 全球营销学 (第4版). 北京: 中国人民大学出版社, 2009.

[11] 菲利普·科特勒 (Philip Kotler)(作者), 凯文·莱恩·凯勒 (Kevin Lane Keller), 王永贵. 营销管理 (第14版·全球版). 北京: 中国人民大学出版社, 2012.

[12] 加里·阿姆斯特朗 (Gary Armstrong), 楼尊. 市场营销原理 (第13版). 北京: 中国人民大学出版社, 2010.

[13] 加里·阿姆斯特朗 (Gary Armstrong), 菲利普·科特勒 (Philip Kotler), 吕一林. 市场营销学 (第9版). 北京: 中国人民大学出版社, 2010.

[14] 菲利普·科特勒 (Philip Kotler), 加里·阿姆斯特朗 (Gary Armstrong). 市场营销原理 (第13版)(英文版). 北京: 清华大学出版社, 2011.

[15] 加里·阿姆斯特朗 (Gary Armstrong), 菲利普·科特勒 (Philip Kotler), 赵占波, 何志毅. 市场营销学 (英文第10版). 北京: 机械工业出版社, 2011.

[16] 菲利普·科特勒 (Philip kotler), 凯文·莱恩·凯勒 (Kevin lane keller). 营销管理 (第12版). 上海: 上海人民出版社, 2006.

[17] 菲利普·科特勒 (Philip Kotler)(作者), 凯文·莱恩·凯勒 (Kevin Lane Keller), 洪瑞云 (Swee Hoon Ang). 营销管理 (英文版·亚洲版·第5版). 北京: 中国人民大学出版社, 2011.

[18] 纪宝成. 市场营销学教程 (第5版). 北京: 中国人民大学出版社, 2012.